AI 2026
트렌드 & 활용백과

AI 2026
트렌드&활용백과

1쇄 발행 2025년 10월 22일
12쇄 발행 2025년 12월 30일

지은이 김덕진
펴낸이 유해룡
펴낸곳 (주)스마트북스
출판등록 2010년 3월 5일 | 제2021-000149호
주소 서울시 영등포구 영등포로5길 19, 동아프라임밸리 1007호
편집전화 02)337-7800 | **영업전화** 02)337-7810 | **팩스** 02)337-7811
원고투고 www.smartbooks21.com/about/publication
홈페이지 www.smartbooks21.com

ISBN 979-11-93674-32-1   03300

copyright ⓒ 김덕진, 2025
이 책은 저작권법에 따라 보호받는 저작물이므로, 서면 허락을 받지 않은 무단 전재와 무단 복제를 금합니다.
Published by SmartBooks, Inc. Printed in Korea

AI 2026
트렌드 & 활용백과

김덕진(IT커뮤니케이션연구소 소장) 지음

스마트북스

머리말

2026년, AI 빅뱅을 미리 준비하는 최고급 코스!

단 3년, 하지만 AI가 우리의 일상을 바꿔놓기엔 충분한 시간이었습니다. 특히 우리나라는 AI가 빠르게 퍼지고 있습니다. 챗GPT 사용자 수가 2천만 명을 넘었으며, 유료 구독자 수가 미국에 이어 2위에 달합니다.

2025년 4월 챗GPT의 지브리풍 이미지 만들기 열풍이 불자, 카카오 프로필 사진을 너도나도 지브리 스타일로 바꿔놓은 데 이어, 여름엔 구글의 나노 바나나(제미나이 2.5 플래시 이미지)와 영상 생성 모델 베오(Veo) 3가 연이어 공개되자 이미지와 영상 숏폼 만들기 열풍이 불었습니다. 어느새 이게 AI가 만든 것인지, 사람이 만든 것인지 헷갈리는 수준을 넘어, 그냥 AI로 만든 것인가 보다 하며 받아들이는 시대가 되었습니다.

지난 3년간 저는 "AI는 아는 만큼 보이는 것이 아니라, 써본 만큼 보인다"라는 메시지를 전국에 전달하며 다녔습니다. 하지만 이제 AI를 써

보라고 독려하는 시대는 지나가는 것 같습니다. 정말로 많은 분들이 AI를 일과 일상에서 쓰기 시작했기 때문입니다. 아마 이 책을 열어보신 분들이라면, 이미 우리 일상에 다가온 AI에 대해 모두 공감하실 것입니다.

지난 3년 동안 AI 기술과 우리의 모습은 어떻게 바뀌었을까요? 2023년 사람들은 AI와 자연스러운 대화가 된다는 것만으로도 놀라워했습니다. "와, 대화가 되네! 신기하다." 2024년에 사람들은 AI와 대화하는 법을 익히기 시작했고, AI에게 우리가 원하는 결과를 받아내는 시대로 진화했습니다. 그것을 '프롬프트 엔지니어링'이라고 하는데 관련 학습법과 교육들이 늘어나기 시작했죠.

2025년이 되니 사람들의 기대는 너욱 커졌습니다. "AI, 네가 다 알아서 해줘!"라면서 일을 본격적으로 시키기 시작했습니다. 인간이란 참 아이러니한 존재입니다. AI가 나의 일을 빼앗아갈까봐 두려워하면서도, "여기까지밖에 안 돼요? AI가 끝까지 다 해줄 수 있는 거 아니에요?"라면서 기대하는 모습을 보이기도 합니다.

놀라운 것은, AI가 우리의 큰 기대를 빠르게 채우기 시작했다는 것입니다. 2024년 후반부터 무섭게 성장한 'AI 에이전트' 관련 기술과 서비스들이 정말로 우리가 원하는 것들을 비서나 팀원처럼 '알아서' 해내는 시대가 시작된 것입니다.

이렇게 3년의 시간이 지나고, 우리는 또다른 시대를 마주하고 있습니다. 바로 생성형 AI가 4학년이 되는 시기죠.

지난 3년 동안은 우리가 AI를 탐구하던 시기였다면, 앞으로의 3년은 'AI가 우리를 본격적으로 탐구하며 생활과 일상, 행동을 바꾸어가는 시대'가 될 것입니다. 아기가 자라 말귀를 알아듣고 맥락과 의도를 이해하고 행동하기 시작하는 것처럼, 이제 생성형 AI도 대화의 맥락을 더 잘 파악하고 사용자의 의중을 이해하며 스스로 행동하고, 먼저 말을 걸어주는 AI로 진화하기 시작했습니다.

2025년 후반 챗GPT·제미나이·클로드에 대화의 맥락을 놓치지 않고 더욱 잘 기억하는 장기기억 메모리 기능이 탑재되었습니다.

AI는 왜 우리를 더욱 오래 기억하려고 할까요? 예를 들어 오늘 챗GPT에게 회의 때 소음 때문에 힘들었다는 얘기를 했다고 해보죠. 다음에 챗GPT 에이전트에게 "강남역 근처 미팅 장소를 예약해 줘"라고 지시하면, 지난번 대화를 기억하고 알아서 조용한 카페를 골라줍니다. 예전 대화의 맥락을 기억하고 있기 때문입니다.

이제 AI는 우리에게 먼저 말을 걸어주고 제안하는 형태로 진화하고 있습니다. 챗GPT에 새롭게 탑재된 맞춤형 브리핑 기능인 '펄스(Pulse)'가 그러한 변화의 시작을 보여줍니다. 사용자가 일일이 요청하지 않아도 '알아서', '꼭 맞는' 정보를 제공해 주고 효율성과 생산성을 높여주며 자연스러운 상호작용을 하는 형태로 빠르게 진화하고 있는 것입니다.

이제 AI는 단순히 질문에 반응하는 도구가 아닙니다. 우리의 필요를 미리 예측하고, 필요한 정보를 먼저 제시하며, 때로는 우리 대신 일을 처리해 주는 진정한 에이전트로 진화하고 있습니다. 우리가 외롭거나 힘들 때 말을 걸어주고, 친구처럼 곁을 지켜주는 AI, 그렇게 일상 속으로 스며드는 AI의 시대가 본격적으로 시작된 것입니다. 이로 인해 우리의 일상과 일, 행동에는 어떤 변화가 생길까요? 『AI 2026 트렌드&활용백과』에서는 예상되는 변화의 흐름들을 최대한 담아보려 노력했습니다.

제로 클릭의 본격화와 AI에게 간택당해야 하는 기업의 비즈니스 변화에 대한 이야기, 인간 팀원처럼 느껴질 AI 에이전트와 함께 일해야 하는 시대의 조직변화, 그 안에서 함께 일하는 에이전트(Agent) 보스들의 모습, 진정한 증폭기를 등에 업고 증강인간의 형태로 진화하는 1인 기업과 AI 크리에이터의 모습들을 담아보았습니다.

그뿐만 아니라 우리에게 먼저 공감의 언어로 다가오는 AI와 함께하면서 변화해 가는 일상도 돌아보았습니다. 이제 우리는 AI를 더 이상 기계가 아닌 사람처럼 느끼기 시작했고, 동반자처럼 함께하며 새로운 콘텐츠로 즐기고 있습니다. 앞으로 우리의 모습은 또 어떻게 달라질까요? 다양한 고민들을 함께할 수 있도록 변화의 흔적들을 꾹꾹 눌러 담았습니다.

그런데 AI의 변화 흐름을 느끼려면 중요한 것이 무엇일까요? 네, 역시 직접 다양한 유형의 AI들을 한번이라도 사용해 보는 것입니다.

AI의 변화 흐름은 글이나 유튜브 영상의 설명만으로는 알 수 없고, 실제 사용해 봐야 제대로 느낄 수 있고 인사이트도 얻을 수 있습니다. 그래서 『AI 2026 트렌드&활용백과』 뒤쪽에는 '활용백과'라는 책 이름답게, 여러분들이 함께 따라해 볼 수 있도록 다양한 AI들의 최신 기능들을 소개하고 간단하게 따라해 볼 수 있게 했습니다. 다채로운 유형의 AI 서비스들을 직접 체험해 보면서, 우리가 AI와 함께 일하며 살아갈 앞날을 생각하며 인사이트를 얻으시길 기원합니다.

『AI 2026 트렌드&활용백과』 시리즈 첫 권을 낸 2023년 말에는, 이

　책이 장차 이렇게까지 다양한 생각과 범위를 담아내야 할 것이라고는 생각지 못했습니다. 하지만 변화는 예상보다 너무 빠르게 다가왔고, 이 책에서 다루어야 할 범위도 일상과 비즈니스 전반으로 커지고 있음을 느끼고 있습니다.

　그동안 AI 변화의 최전선에서, 그리고 강의를 통해 만난 수만 명의 사람들과 기업 현장에서 느낀 것들을 최대한 쉽고 재미있게 담으려고 노력했습니다. 2026년, IT커뮤니케이터로서 더 많은 분들을 만나고 함께 고민을 나누고 소통하며 달려가 보겠습니다. AI 시대일수록 더욱더 사람과 사람의 호흡과 만남이 중요해질 것이기 때문입니다. 감사합니다.

2025년 10월

김덕진 드림

차례

머리말_2026년, AI 빅뱅을 미리 준비하는 최고급 코스　　004

PART 1
AI 2026, 진정한 빅뱅의 시작

[Trend 1] 새로운 전쟁의 서막: 챗GPT 독주 시대의 종말　　020

핵폭탄과 같았던 기대감 | 기대가 실망으로 바뀌다 | 경쟁자들의 맹렬한 추격 1 구글의 부활, 잠자던 사자가 눈을 뜨다 | 경쟁자들의 맹렬한 추격 2 앤트로픽의 약진, B2B 시장의 숨은 강자 | 경쟁자들의 맹렬한 추격 3 일론 머스크의 속도전: 그록, "이게 되네?" | 오픈AI의 내부 균열과 외부 압박 | 오픈AI 독주 시대는 끝났다 | IT 역사의 교훈: 넷스케이프는 왜 사라졌는가? | 새로운 전쟁의 서막: '아직 우리도 해볼 만하다!'는 자신감 | 오픈AI의 새로운 방향성은? – 플랫폼 서비스 기업으로의 도약 | AI 전쟁의 2막, 미래에 던지는 질문

[Trend 2] 현실 세계로 걸어 나오는 피지컬 AI　　042

다시 보는 AI의 발전 4단계 | AI는 병렬적으로 진화하고 있나 | 피지컬 AI 혁명, 2025년 아마존 창고의 하루 | 생성형 AI, 로봇 개발의 난제를 풀다 | 피지컬 AI의 거대한 생태계: 테슬라와 엔비디아 | 산업의 미래, 다크 팩토리와 월드 모델 | 토큰과 데이터 팩토리, 월드 모델 & 월드 파운데이션 모델 | 피지컬 AI를 이끄는 핵심 기술: 멀티모달과 하드웨어 혁신 | 형태의 해방: 로봇 다양성의 시대 | 생성형 AI의 한계를 넘어선 피지컬 AI: 체득의 힘 | 피지컬 AI, 다가올 미래 산업 현장의 필수 요소 | 한국의 피지컬 AI 분야 잠재력 | 인문학과 철학, 그리고 인간 고유의 가치

[Trend 3] 작지만 강하다, 소형 모델 혁명   **060**
_엣지 AI, 온디바이스 AI, 버티컬 AI

소형 모델 혁명의 서막, 딥시크 쇼크 | 오픈소스형 AI, 그리고 추론의 공개 | 소형 및 경량 모델 시대, 엣지 AI, 온디바이스 AI 혁명 | 작지만 강한 거인, 소형 및 경량 모델과 효율성 혁명 | 오픈소스형 AI 경쟁, 게임의 법칙이 바뀌다 | 전문성과 데이터가 만나는 새로운 패러다임, 버티컬 AI

[Trend 4] 나를 기억하고 먼저 말을 거는 AI -일상 AI의 시작   **077**

나를 기억하는 AI란 무슨 의미일까? | AI는 왜 사용자를 기억하려고 할까?-락인 효과 | AI가 먼저 제안하기 시작한다, 맞춤형 브리핑 | 2026년 바라보게 될 생성형 AI의 흐름은? | 에이전트 브라우저 전성시대의 시작

[Trend 5] 검색의 뉴노멀, AI에게 간택당하는 시대   **084**
_MCP와 A2A, 멀티 AI 에이전트, 에이전트 이커머스, 제로 클릭의 시대, AI 검색 최적화(AIEO)

멀티 AI 에이전트의 확산 | MCP와 A2A: 생각하고 협업하는 AI 에이전트의 작동 원리 | 에이전트 이커머스의 등장 | AI끼리 협상하는 시대, AI 에이전트 최적화(AAO) | 진짜 변화가 다가온다 , 제로 클릭의 시대 | AI 검색 혁명 파장, 간접적 제안에서 직접적 답변으로 | 검색엔진 최적화(SEO)를 넘어 AI 검색 최적화(AIEO)의 시대로 | AI 간택 시대의 확산, 정부정책·고객서비스·연구분야·채용까지 | AI와 인간의 상생 모델 | 변화 속에서 균형점 찾기

[Trend 6] 새로운 관계 정립, AI 컴패니언 시대의 명암   **098**

AI 동반자 시대의 서막: 지브리 효과 | AI 컴패니언, 그 매력의 비밀 | 새로운 관계의 등장: 다양한 AI 컴패니언 서비스 | AI 동반자 관계의 그림자: 과대망상과 AI 정신병 | 달콤한 독, 아첨하는 AI의 위험성 | 건강한 동반자 관계를 위한 AI 기업들의 조치 | AI 시대의 현명한 동반자 관계를 위하여

[Trend 7] 솔로프리너 혁명, AI가 만든 새 생태계   **108**

AI 시대, 창업방식과 비즈니스 모델이 바뀌고 있다 | 데이터가 증명하는 솔로프리너 시대 | 대한민국 1인 유니콘을 위한 새로운 도약 | 노동시장의 지각변동, 새로운 기회와 도전

[Trend 8] AI 네이티브 조직의 시대가 열린다   **116**

AI 네이티브 조직의 AI 퍼스트 철학 | AI 네이티브 조직 진화의 3단계: 도구에서 동반자로 | 새로운 경쟁의 룰, 인텔리전스 온 탭과 워크 차트 | 개인과 조직은 무엇을 준비해야 하나? | AI와 협업하는 3단계 접근법 | AI 시대에도 변하지 않는 가치, 손맛의 중요성

[Trend 9] AI 주권 전쟁, 소버린 AI　　　126

지금, 우리는 왜 소버린 AI를 이야기하는가? | 데이터, 소버린 AI의 심장 | 데이터를 넘어 인프라와 국내 칩의 기회 | '데이터 밀어넣기'의 한계와 한국의 가능성 | 정부의 전략적 추진 로드맵 | AI 3대 강국으로의 도약, 정부의 소버린 AI 전략 | 글로벌 파트너십과 전략적 자율성의 균형

[Trend 10] AI 거버넌스, 규제와 혁신 사이의 균형　　　143

미국의 AI 전략 변화: '규제'에서 '혁신 가속'으로 | 의도 기반 책임 프레임워크의 혁신, 텍사스 AI법(TRAIGA) | EU: 강력한 규제를 통한 '신뢰' 구축 | 중국의 글로벌 AI 행동계획: 다자협력 vs 미국의 동맹 블록 | 한국 AI 거버넌스: '진흥'과 '규제'의 균형, '인간 중심'의 길

PART 2　다재다능 범용 AI 4종 마스터

챗GPT-5.2 스마트하게 사용하기　　　154

챗GPT-5.2 한눈에 보기 | 챗GPT-5.2, 뭐가 좋아졌을까? | 챗GPT에서 맞춤형 말투·형식 설정하기 | AI 웹 검색으로 최신 정보 찾기 | 심층 리서치로 자료조사·요약·보고서까지 한번에! | 나 대신 알아서 척척 실행까지 자동화, 에이전트 모드 | 썸네일·홍보 포스터까지, 한층 진화한 챗GPT의 이미지 만들기 | 챗GPT-5.2로 이미지 시안 비교 및 인포그래픽까지 | 커넥터로 G메일·캘린더·드라이브 연결해 쓰기 | 업무 뉴스 클리핑 자동화, '작업' 기능 사용하기 | 챗GPT로 영어공부를, 학습 모드

- **TIP** 맞춤형 브리핑 AI 비서, 펄스
- **TIP** 텍스트 한 줄로 영상을 뚝딱, 소라 2
- **TIP** 챗GPT의 그룹 채팅 기능 이용하기

업무에 초점을 맞추며 진화하는 클로드　　　187

클로드 버전 한눈에 보기 | 클로드에서 맞춤형 말투·형식 맞추기 | 나의 AI 사고 파트너, 심층 사고 모드 | 최신 뉴스와 시장동향, 클로드 웹 검색 | 10분 만에 전문가 수준 리포트, '연구' 기능 | 내 G메일·구글 드라이브·캘린더와 연결하는 커넥터 | 작업 결과를 한눈에, 아티팩트 | 일정 체크 앱을 단번에, 연구 기능+심층 사고 모드+아티팩트

- **TIP** 반복 작업 매뉴얼 자동으로 불러쓰기, 클로드 스킬

구글의 반격, 한층 진화하는 제미나이 사용하기   205

제미나이 3과 나노 바나나 프로 한눈에 보기 | 제미나이 라이브, 실시간 화면으로 뉴욕 길 찾기 | 구글 워크스페이스에서 제미나이 사용하기 | 깊고 체계적인 전기차 시장 전망, 딥 리서치 | 딥 리서치의 만들기 기능으로 웹페이지 뚝딱 | 딥 리서치 만들기 기능으로 AI 오디오 오버뷰도 뚝딱 | 제미나이와 함께하는 맞춤형 학습, 가이드 학습 | 창작과 학습을 위한 스토리텔링, 스토리북 젬스 | 더욱 풍부한 오디오와 정교한 편집까지, 베오 3.1 | 일관성 뛰어난 이미지 생성, 나노 바나나 | 나노 바나나로 3D 피규어 만들기 | 나노 바나나로 증명사진 만들기 | 나노 바나나로 제품 홍보사진을 뚝딱! | 계획/일정 자동 작성, 플래너 | 코드 한 줄 몰라도 맞춤형 앱을 척척, 앱 빌더

TIP 실시간 AI 통역사, 구글 픽셀 버즈

떠오르는 신예, 그록 사용하기   237

감성 지능 강화된 '가장 인간적인' AI | 그록으로 실시간 생생한 소비자 의견 확인하기 | 오로라로 이미지 및 영상 생성하기 | 그록 이매진으로 내가 주인공인 유니크한 영상 만들기

범용 AI 공통 기능 체크하기   242
_안전한 데이터 설정, 메모리 기능, 나만의 챗봇 만들기

데이터 설정부터 안전하게 활용하기 | AI에게 나에 대해 알려주기 | 나만의 챗봇 만들기

PART 3
업그레이드!, 더 좋은 답변을 위한 프롬프트 작성법

챗GPT 똑똑하게 사용하는 프롬프트 5가지 핵심 원칙   252

첫 문장에서 '목적어＋행동 동사'로 지시 | 출력 형태와 순서 명확하게 | 맥락을 패키지로 전달 | 핵심 질문은 1개로 지정 | 출처와 검증 강제

프롬프트를 고도화하는 메타 프롬프트   256

메타 프롬프트가 뭐지? | 원하는 행동과 현재 문제를 구체적으로 적기 | 필요한 부분만 최소 수정 요청 | 출력물은 '수정된 프롬프트'만 달라고 명시

GPT 추론 모델을 잘 사용하는 팁　　　　　　　　　　　　　259

GPT 프롬프트 변환기 사용하기　　　　　　　　　　　　　262

꿀팁! 오픈AI의 챗GPT 프롬프트 팩 사용법　　　　　　　　266
직장인을 위한 프롬프트 팩 | 대학생을 위한 프롬프트 팩

앤트로픽이 말하는 클로드 프롬프트 가이드　　　　　　　　271
명확성, 구체성, 충분한 맥락 제공 | 역할 부여하기 | 제약조건 부여 | 불확실성 및 출처 요청

구글 제미나이 프롬프트 가이드　　　　　　　　　　　　　274
단계별 분해와 사고과정 유도 | 추론 과정 명시적으로 요구하기 | 형식 지정, 응답 구조 고정 | 퓨샷 프롬프트 제공 | 멀티모달 입력과 이미지 우선 배치 활용 | 비즈니스를 위해 효과적인 AI 프롬프트 작성하기

> **TIP** 아첨 NO, 건강한 소통을 위한 6가지 프롬프트 전략

PART 4
PC에 오픈소스 AI 설치 및 활용하기

PC에 엠스티와 로컬 AI 설치하기　　　　　　　　　　　　284
로컬 AI, 무엇이 좋은가? | PC에 엠스티 설치하기 | PC에 로컬 AI용 젬마 3, 쿠웬 3 설치하기

PC에서 로컬 AI 모델 사용하기 _젬마 3, 쿠웬 3　　　　　　291
로컬 AI로 PPT 슬라이드 기획안 만들기 | 엠스티 스튜디오에서 로컬 AI들의 답변 비교하기 | 로컬 AI로 민감한 데이터 처리하기

한국의 오픈소스 AI 1 _SK텔레콤 에이닷엑스(A.X)　　　　　299
에이닷엑스(A.X) 4.0-라이트 설치하기 | PC에서 에이닷엑스 4.0-라이트 사용하기

한국의 오픈소스 AI 2 _네이버클라우드 하이퍼클로바X 시드 … 304
하이퍼클로바X 시드 설치하기 | PC에서 하이퍼클로바X 시드 사용하기

한국의 오픈소스 AI 3 _LG AI연구원 엑사원 … 309
엑사원 4.0 32B 설치하기 | PC에서 엑사원 4.0 32B 사용하기

한국의 오픈소스 AI 4 _업스테이지 솔라 … 315
업무나 상황에 맞는 오픈소스 AI 선택하기
TIP 우리 기업에 맞는 언어모델 찾기, 비즈라우터

PART 5
업무 효율 업그레이드, 검색 특화형 AI

한 번의 클릭, 수백 개의 최신 인사이트, 퍼플렉시티 … 322
퍼플렉시티 심층 연구 사용하기 | 후속 기사 아니고 후속 질문, 디스커버 | 복잡한
리서치& 데이터 분석, 퍼플렉시티 실험실 | 퍼플렉시티에서 카페 포스터 만들기 |
퍼플렉시티로 만드는 웹사이트

무료로 AI 검색부터 에이전트, 유튜브 영상 요약& 마인드 맵까지, 펠로 AI … 335
나만의 AI 검색 에이전트 만들기 | 유튜브 영상 요약& 마인드맵까지 | 전문적인
대화도 간편하게, 펠로의 '주제 모음' | 펠로 템플릿으로 주식 분석 보고서 만들기

학술 연구자료 검색이 필요할 때, 컨센서스 … 350
빠른 질문으로 학술적 답변 받기 | 문헌 리뷰 스타일의 답변 받기, 딥 모드

PART 6

업무 생산성 향상을 위한 에이전트 특화형 AI

젠스파크, 검색을 넘어 슈퍼 에이전트로   358

전문적이고 깊이 있는 지식, 에이전트 혼합(MoA) 웹 검색 | 전문적인 조사 자동화, 젠스파크 딥 리서치 | 10분 만에 발표자료 자동 생성 & 슈퍼 에이전트 | 젠스파크로 AI 팟캐스트 만들기

웹페이지 제작부터 정보관리까지, 스카이워크   371

스카이워크로 웹페이지 프로젝트 만들기 | 보고서·기획안 자동 생성, 슈퍼 지능 에이전트

자율형 AI 에이전트의 미래를 보여준 마누스   378

가장 적합한 태블릿 추천, 자율형 AI 에이전트 | 원룸 인테리어 구매물품 스프레드시트 만들기 | 마누스로 블로그 검색엔진 최적화(SEO) 전략 만들기

PART 7

일잘러를 위한 사무 특화형 AI

PPT 제작을 넘어 AI 디자인 어시스턴트로, 감마   390

AI 슬라이드 자동 생성하기

미적 감각까지 챙기는 시각화 AI, 미리캔버스   397

AI 이미지를 만들어 영상으로 뚝딱! | 미리클로 PPT 만들기

방대한 텍스트 분석 및 아이디어 시각화, 냅킨 AI   405

냅킨 AI로 글 작성 & 시각자료 만들기 | 냅킨 AI의 협업 기능 사용하기

내 드라이브 안의 맞춤형 정보정리 비서, 노트북LM　　　**412**
노트북LM, 뭐가 좋을까? | 데이터 기반으로 마케팅 트렌드 정리하기

노트북LM으로 브리핑 자료, 음성/동영상 개요 만들기　　　**418**
내 문서를 팟캐스트로, AI 오디오 오버뷰 | 마케팅·사내교육·강의를 위한 동영상 개요

노션 AI로 전략분석·프로젝트 계획·캘린더·체크리스트까지　　　**421**
노션 AI로 콘텐츠 전략 분석 및 인사이트 얻기 | 마케팅 실행계획 캘린더 및 체크리스트 만들기 | 온라인 굿즈 스토어 오픈 준비하기 | 노션 AI로 투자 제안서 쓰기

PART 8
이미지·영상·음악을 위한 미디어 특화형 AI

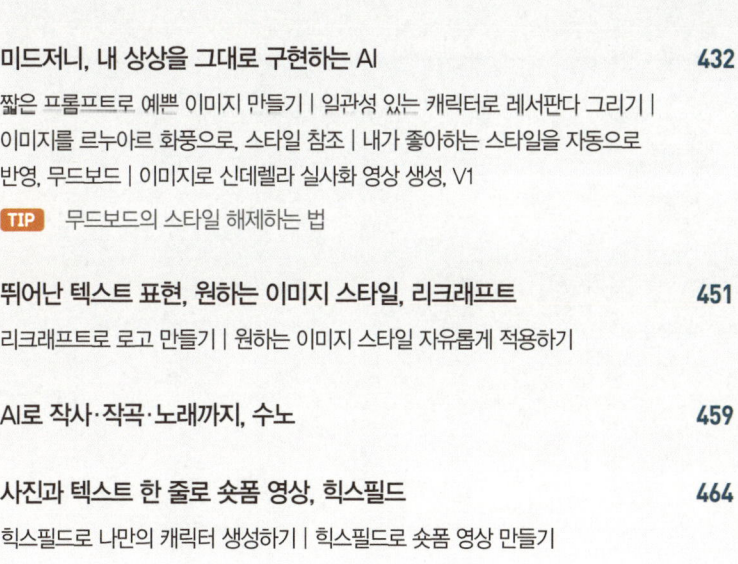

미드저니, 내 상상을 그대로 구현하는 AI　　　**432**
짧은 프롬프트로 예쁜 이미지 만들기 | 일관성 있는 캐릭터로 레서판다 그리기 | 이미지를 르누아르 화풍으로, 스타일 참조 | 내가 좋아하는 스타일을 자동으로 반영, 무드보드 | 이미지로 신데렐라 실사화 영상 생성, V1

> **TIP** 무드보드의 스타일 해제하는 법

뛰어난 텍스트 표현, 원하는 이미지 스타일, 리크래프트　　　**451**
리크래프트로 로고 만들기 | 원하는 이미지 스타일 자유롭게 적용하기

AI로 작사·작곡·노래까지, 수노　　　**459**

사진과 텍스트 한 줄로 숏폼 영상, 힉스필드　　　**464**
힉스필드로 나만의 캐릭터 생성하기 | 힉스필드로 숏폼 영상 만들기

에필로그_ AI 시대에 우리에게 필요한 것, 회복 탄력성　　　**471**

PART

1

AI 2026

AI 2026,
진정한 빅뱅의 시작

Trend 1

새로운 전쟁의 서막:
챗GPT 독주 시대의 종말

핵폭탄과 같았던 기대감

오픈AI CEO 샘 알트먼(Sam Altman)은 2025년 8월 여러 인터뷰와 팟캐스트에서 "AI가 너무 강력해질 수 있다는 두려움을 느낀다"고 말하며, 마치 오펜하이머가 핵무기를 완성했을 때 가졌던 감정에 빗대기도 했습니다. 이런 발언은 출시가 지연되던 GPT-5를 둘러싼 기대를 더욱 증폭시켰습니다. 업계 해설가들은 GPT-5를 "주머니 속에 박사급 인재를 데리고 다니는 것"에 비유하며, 개인의 업무능력과 사회의 지식 활용방식에 근본적 변화를 가져올 것이라고 전망했습니다. 경쟁사들도 긴장감이 높아졌고, 실제로 구글 제미나이(Gemini)와 앤트로픽의 클로드(Claude)는 GPT-5 발표 직전 새로운 기능과 모델 업그레이드를 서둘러 선보이기도 했습니다.

기대가 실망으로 바뀌다

드디어 2025년 8월 8일 GPT-5가 공개되었습니다. 그런데 뜨거웠던 기대는 빠르게 실망으로 바뀌었습니다. 일부 사용자들은 이전 GPT-4o보다 성능이 오히려 떨어지는 것 같다며 불만을 쏟아냈습니다.

사태의 핵심, 어설픈 AI 라우팅

GPT-5 논란의 중심에는 'AI 라우팅(AI routing)'이라 불리는 새로운 시스템이 있었습니다. 이전까지 챗GPT는 사용자가 GPT-4o, o3 등 여러 모델 중 선택해 사용할 수 있었는데, GPT-5는 사용자가 요청을 하면 스스로 판단해 "이건 간단하니 경량 추론 모델을 쓰자"는 식으로 작동했습니다. 그런데 이 라우팅이 출시 직후 제대로 되지 않았습니다. 이를테면 사용자는 깊이 있는 답변을 기대했는데 어설픈 응답만 내놓는 경우가 잦았습니다. 이에 커뮤니티에서는 '오픈AI가 연산비용을 절약하려다 일어난 참사'라는 해석이 퍼지기도 했습니다.

가장 큰 배신감, '인간미의 상실'

이와 함께 많은 사용자들이 꼽은 실망 포인트는 '인간적인 교감의 부재'였습니다. GPT-4o에서 느껴졌던 따뜻한 반응이나 약간의 애정 어린 톤이 사라지고, GPT-5는 출시 초기 정확성·사실성에 집중한 차갑고 건조한 정보 제공자 같았습니다. 이전까지 AI와 나누던 대화에서 '동반자적 감정'을 경험했던 이들에게 GPT-5는 출시 초기에 낯설고 차가운 존재로 다가왔던 것입니다.

경쟁자들의 맹렬한 추격 1
구글의 부활, 잠자던 사자가 눈을 뜨다

AI 시장은 이제 더 이상 '오픈AI의 독무대'가 아니라 '거인들의 전면전 무대'로 바뀌었습니다.

AI 혁명의 뿌리를 추적하면, 결국 구글로 돌아갑니다. 오늘날 모든 거대언어모델(LLM)의 핵심인 트랜스포머(Transformer) 아키텍처는 2017년 구글 연구진이 발표한 「어텐션이 전부다(Attention Is All You Need)」라는 논문에서 처음 등장한 것입니다. 즉, 구글은 지금의 AI 혁명을 가능하게 한 원천기술을 쥐고 있었습니다.

사실 구글은 챗GPT 이전에도 AI 분야에서 세상을 충격에 빠뜨린 바 있습니다. 2018년 구글 I/O에서 공개한 음성 AI 듀플렉스(Duplex)는 실제 사람처럼 추임새까지 넣으며 식당이나 미용실 예약전화를 대신해주었습니다. 하지만 "이것은 너무나 인간을 닮았다"는 논란 속에 사회적 윤리문제에 부딪혀 전면 상용화가 되진 않았죠. 구글은 기술과 데이터는 갖추었지만, 스스로 속도를 늦춘 결과 '잠자는 사자'로 남게 되었던 것이죠.

그사이 오픈AI가 챗GPT로 전 세계를 휩쓸었고, 다급해진 구글은 거대언어모델 바드(Bard)를 서둘러 내놓았지만, 발표회 때 오답 사고와 성능 부족으로 오히려 기업 이미지만 손상되었고 주가도 폭락했습니다. 혹자는 이를 '구글의 흑역사'라 부를 만큼 뼈아픈 순간이었죠.

그러나 거기까지가 끝은 아니었습니다. 굴욕을 맛본 구글은 지난 1년여 동안 와신상담하며, 2025년 AI 판에서 거인으로 부활했습니다.

압도적 데이터 자산, 특히 유튜브

구글은 텍스트뿐 아니라 음성·영상 데이터의 보고(寶庫)를 독점적으로 가지고 있습니다. 글로벌 1위 검색엔진 구글에서 전 세계 사람들이 20년 넘게 검색해온 내용, 유튜브의 수백억 시간 영상 콘텐츠와 사용자 시청 패턴, G메일의 텍스트 데이터, 구글 맵의 지리정보, 안드로이드 스마트폰의 사용 데이터 등 인류 최대 규모의 다양한 데이터를 보유하고 있습니다. 구글은 이를 기반으로 텍스트·이미지·음성·영상을 모두 자유롭게 다루는 멀티모달 AI인 제미나이를 빠르게 업그레이드하고 있습니다.

경쟁자마저 인정하게 만든 제미나이 3 프로

구글이 20215년 11월에 공개한 제미나이 3 프로는 그야말로 시장의 판도를 뒤집어 놓았습니다. 극한의 AI 성능 벤치마크로 불리는 '인류의 마지막 시험(Humanity's Last Exam, HLE)'에서 정답률 37.5%를 기록하며 GPT-5.1(26.5%)를 크게 앞섰고, 고차원적인 멀티모달과 창의력에서 중요한 진보를 이루었다는 평가를 받았습니다. 심지어 책 수백 권 분량의 데이터를 한 번에 입력받을 수 있는 수준인 200만 토큰의 컨텍스트 윈도우(기억용량) 덕분에 대화가 길어져도 끝까지 논리적인 답변을 유지할 수 있습니다.

또한 제미나이 3 프로는 해외 서비스 중 최초로 한글 파일 형식(hwp, hwpx)을 지원합니다. 다른 형식으로 변환하지 않아도 직접 한글 파일을 업로드해서 읽고, 내용 분석이나 요약, 표 추출, 문서작성 보조까지 가능하니 한국 시장에서 더욱 놀랄 만한 업그레이드인 셈입니다.

제미나이 3 프로의 훌륭한 성능을 두고 경쟁 기업들마저 경계하면서도 인정하는 모습인데요. 오픈AI 샘 올트먼 CEO는 "구글의 제미나이 3 출시를 축하한다. 훌륭한 모델이다"라고 했고, xAI CEO 일론 머스크 역시 "축하한다. 멋진 모델이다"라며 그록의 다음 버전에 대한 이야기를 했습니다. 전 세계에서 챗GPT 토큰 사용량이 네 번째로 많은 기업인 세일즈포스 CEO 마크 베니오프는 "3년간 매일 챗GPT를 썼는데, 제미나이 3을 2시간 써보니 다시 돌아가지 않을 것 같다"라고 말할 정도이니, 판의 변화를 감지할 수 있을 수준의 업그레이드인 것은 확실한 것 같습니다.

구글의 기술력, 이미지 AI 나노 바나나 열풍

구글의 멀티모달 AI의 압도적인 성능은 '나노 바나나'로 이어지고 있습니다. 구글은 2025년 8월, 일관성이 뛰어난 이미지 생성 AI 나노 바나나(Nano Banana, 정식 명칭은 제미나이 2.5 플래시 이미지)에 이어 11월에 나노 바나나 프로를 공개했습니다. 이미 기존 모델보다 압도적으로 일관성 유지와 자연스러운 이미지 편집 능력이 좋았던 모델이 더욱 놀랍게 진화한 것입니다. 단순한 편집을 넘어서 이제는 이미지 작업에서 추론 능력 역시 향상되어 특정 이미지를 알아서 생각하고 작업할 수 있게 되었습니다. 예를 들어 제미나이에게 아무런 배경 내용 없이 "제미나이 3의 출연으로 인한 AI 생태계 변화에 대해 설명하는 유튜브 썸네일 만들어 줘"라고 프롬프트를 주기만 하면 다음과 같이 이미지를 만들어 줍니다. 제가 마시고 있던 두유를 찍어 제미나이에 올린 뒤 TV 광고 콘티를 만들어 달라고 했더니, 알아서 그럴 듯한 4컷 광고 콘티를 만들어 주었습니다. 한글 역시 자연스럽게 작성하기 시작하니, 실제 산업에서 활용할 수 있는 폭이 넓어지고 구체적으로 변화하게 되었습니다.

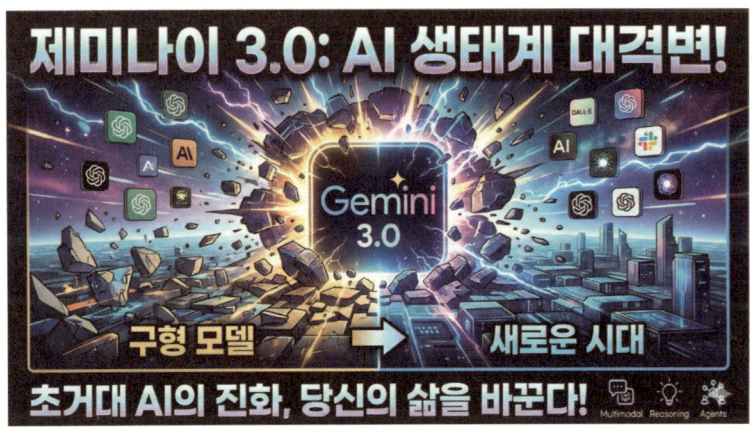

구글이 보여주는 산업 재편 가능성

제미나이 3 프로가 더욱 주목받은 이유는 바로 인프라에 있습니다. 구글이 이번 모델을 개발하기 위해 자체적으로 개발한 TPU로 학습을 시켰기 때문입니다.

현재 AI의 훈련을 위해 가장 필요하다고 평가받는 것이 바로 GPU(그래픽처리장치)입니다. 엔비디아가 주목받는 이유도 여기에 있죠. 하지만 GPU는 애초에 그래픽 작업을 위해 만들어진 칩이기 때문에 게임·그래픽·AI 등에 범용적으로 사용되고, 비교적 구조가 복잡하면서 전기도 많이 씁니다. 반면에 구글에서 개발하는 TPU는 오직 AI 연산을 위해 설계된 응용특화칩(ASIC, Application-Specific Integrated Circuit)이라는 점에서 차이가 있습니다. 쉽게 비유하자면 엔비디아 GPU가 '다재다능한 만능 스포츠맨'이라면, 구글 TPU는 '마라톤에만 특화된 국가대표 선수'라고 볼 수 있습니다.

결과적으로 이번 제미나이 3 학습에서 엔비디아 칩을 쓸 때보다 전력 효율은 높으면서 비용은 4~5배나 저렴하게 진행할 수 있었다고 합니다. 이렇게 구글이 자체 칩을 활용해서 높은 수준의 AI를 만들 수 있다는 것은 다른 기업들에도 새로운 선택지를 열어준 것이나 다름없습니다. 실제로 이미지 생성 AI 서비스인 미드저니는 TPU로 전환하면서 약 65%의 비용을 절감했고, 앤트로픽은 100만 개 TPU의 계약을 체결했고, 메타 역시 2026년부터 구글 클라우드를 통해 TPU 대여를 시작할 계획입니다.

물론 엔비디아의 GPU는 칩 자체만이 아니라 칩을 둘러싼 다양한 인프라와 구조가 가진 강섬이 있기 때문에 앞으로도 GPU 역시 각광받을 것입니다. 하지만 적어도 이제는 '엔비디아 천하'에서 '엔비디아와 자체 칩이 공존하는 시대'로 변화할 가능성이 높아지고 있습니다.

경쟁자들의 맹렬한 추격 2
앤트로픽의 약진, B2B 시장의 숨은 강자

AI 화제의 중심에는 늘 오픈AI나 구글처럼 화려한 회사들이 등장하지만, 정작 조용히 B2B 시장에서 강자로 부상한 기업은 앤트로픽입니다.

앤트로픽의 거대언어모델 클로드 시리즈는 대중적 인지도는 챗GPT보다 뒤처져 있지만, 기업 고객과 개발자에게는 가장 실용적인 선택지로 자리잡고 있습니다. 특히 미국 내 개발자·기업 활용 통계조사에서 API(외부 서비스와 연결 인터페이스) 형태로 가장 많이 사용되는 모델로서, 챗GPT를 앞지르거나 비슷한 수준을 보였습니다.

벤처캐피털 멘로벤처스가 2025년 8월 말 발표한 보고서에 따르면, 앤트로픽은 기업용 거대언어모델 사용점유율에서 32%를 기록해 오픈AI(25%)를 앞지르는 모습까지 보였습니다. 2023년까지만 해도 오픈AI는 이 분야에서 50%의 점유율로 독보적 1위였고 앤트로픽은 12%에 불과했는데, 불과 2년 만에 위치가 뒤바뀐 것입니다. 특히 코딩 분야에서 클로드는 전체 기업용 코딩 모델 사용량의 42%를 차지해 오픈AI(21%)의 두 배를 기록했습니다.

압도적으로 긴 문맥 처리

클로드는 한 번에 책 한 권 분량(200K 토큰 이상)의 데이터를 통째로 입력받아 분석할 수 있습니다. 이는 방대한 계약서·특허·기술문서를 다루는 기업들에는 그야말로 혁신적인 기능이었고, "AI가 처음으로 문서처리의 진짜 문제를 해결했다"는 평가를 받기도 했습니다.

유연한 모델 운영 전략

오픈AI가 GPT-5에서 추진한 라우팅이 자동화된 난이도 조절 시스템이라면, 클로드는 사용자 스스로 선택할 수 있는 다계층 모델 전략을 취했습니다. 클로드는 가장 강력한 오퍼스(Opus), 성능과 속도의 균형을 맞춘 소네트(Sonnet), 빠르고 경제적인 하이쿠(Haiku)의 3가지 모델을 제공하므로, 기업 고객들은 업무 특성에 맞추어 모델을 선택해 효율적으로 운영할 수 있었고, 이는 곧 비용절감과 신뢰도 향상으로 이어졌습니다.

기업의 실제 문제해결

특히 클로드의 입지는 코딩 분야에서 확고했습니다. 2024년 3월 출시된 클로드 3 제품군의 최상위 모델 오퍼스는 주요 AI 벤치마크에서 GPT-4를 능가하며 시장을 놀라게 했습니다. 프로젝트의 전체 맥락을 이해해 버그를 찾아내거나, 기능 개선 아이디어를 직접 제안하는 능력이 뛰어나 개발자들의 적극적인 지지를 받았습니다. 많은 개발자들이 복잡한 코딩 프로젝트에서 클로드를 선호했고, 이는 클로드의 실용성을 뒷받침하는 강력한 증거가 되었습니다.

결국 앤트로픽은 화려한 마케팅 대신 '코딩과 문서처리'라는 기업의 실제 문제해결에 집중하는 전략으로 소용히, 그러나 확실하게 B2B 시장의 강자로 자리매김했습니다.

경쟁자들의 맹렬한 추격 3
일론 머스크의 속도전: 그록, "이게 되네?"

테슬라 CEO 일론 머스크는 오픈AI의 공동 창립자였으나 방향성 차이로 떠났었는데, 이제 가장 위협적인 경쟁자로 AI 시장으로 돌아왔습니다. 실리콘밸리의 점진적 접근과 달리 그의 방식은 충격의 속도전이었습니다. 오픈AI와 구글이 10년에 걸쳐 쌓아올린 AI 영역을 불과 1~2년 만에 따라가는 모습을 보였으며, AI 판도의 가장 예측 불가능한 변수로 떠오른 것입니다.

데이터 무기화, X(구 트위터)

머스크가 꺼낸 첫 번째 카드는 데이터였습니다. 머스크가 2022년 트위터(현 X)를 440억 달러에 인수했을 때, 사람들은 무모한 행보라며 비판했습니다. 하지만 AI 관점에서 X는 막대한 자산이었습니다. 전 세계 수억 명이 매일 생산하는 실시간 대화·밈·유머·감정표현은 기존 정제 데이터와는 전혀 다른 '날것의 AI 학습재료'였습니다. 이 덕분에 xAI의 그록(Grok)은 다른 모델에 비해 재치 있고 위트 넘치는 대화능력을 확보하며 차별화된 페르소나를 보여주었습니다.

테슬라의 힘, 인프라와 실행력

두 번째 비결은 인프라였습니다. AI 학습에 필요한 수만 개 GPU(그래픽 처리장치) 클러스터와 초대형 전력공급은 보통 기업이라면 수년이 걸리지만, 머스크에게는 이미 테슬라라는 자산이 있었습니다. 테슬라는 자율주행 AI 훈련을 위해 도조(Dojo)라는 데이터센터급 슈퍼컴퓨터를 개발해 왔고, 이후 코텍스(Cortex)라는 새로운 5만 개 H100 GPU 기반 슈퍼클러스터로 전환했습니다. 이렇게 축적된 대규모 AI 인프라 구축과 운영 노하우는 xAI의 모델 훈련에 그대로 활용되고 있습니다.

또한 AI 데이터센터는 거대한 전력 소비처입니다. 머스크는 테슬라에너지 사업부의 메가팩(Megapack)을 활용해 신재생에너지 기반의 안정적 전력공급 구조를 갖추려고 하고 있습니다. 이는 다른 경쟁자들이 겪는 전력부담 문제를 해결할 수 있는 카드로 평가됩니다.

1년 만의 가파른 추격

결국 머스크는 데이터(X)·자본·인프라(테슬라)를 모두 탑재한 독특한 지위를 확보한 것입니다. 그 결과 2023년 7월 설립된 xAI는 불과 몇 달 만에 그록-1을 선보였고, 2024년에는 여러 벤치마크에서 GPT-4에 근접한 성능으로 평가된 그록-1.5를 내놓았습니다. 한국에서는 아직 주목도가 낮지만, 미국 현지에서는 머스크식 속도전이 'AI 패권 판도를 바꿔놓을 최대 변수 중 하나'로 거론되고 있습니다.

오픈AI의 내부 균열과 외부 압박

챗GPT가 기술적 정체와 경쟁자들의 추격으로 흔들리는 동안, 오픈AI 내부에서는 더 근본적인 위기가 니다났습니다. 외부적으로는 최대 파트너인 마이크로소프트와의 불균형한 관계라는 '위태로운 동맹'이 뒤엉켜 있었고, 내부적으로는 핵심 인재들이 이탈하면서 두뇌 유출이 가속화되었습니다.

마이크로소프트와의 위태로운 동맹

마이크로소프트는 오픈AI에 누적 130억 달러 이상을 투자하고, 애저(Azure) 클라우드를 독점적으로 제공하며 가장 절실했던 자금과 연산 자원을 공급했습니다. 그 대신 마이크로소프트는 빙(Bing), 마이크로소프트 오피스 365, 깃허브 코파일럿(GitHub Copilot) 같은 자사 주력 서비스에 오픈AI 모델을 깊이 통합할 수 있는 권리를 확보했고, 오픈AI의 수익 일부를 배분받는 구조까지 가져갔습니다. 이 거래는 당시 자금난에 시달리던 오픈AI에게는 '생명줄'이었고, AI 경쟁에서 뒤처지던 마이크로소프트에게는 단숨에 전선을 뒤집을 수 있는 '치트키'였습니다. 하지만 이는 결국 단단한 동맹이 아니라, 언제 갈라져도 이상하지 않은 불안정한 동거에 불과하다는 분석을 낳았습니다.

대표적 사례로 꼽히는 것이 바로 코딩 AI 스타트업 윈드서프(Windsurf) 인수 실패 사건입니다.

앤트로픽의 클로드가 코딩 분야에서 뛰어난 평가를 받으면서, 오픈AI는 이 격차를 단숨에 만회하기 위해 통합 개발환경(IDE) 플랫폼 윈드서프를 약 30억 달러에 인수하려 했습니다. 하지만 윈드서프는 인수가 성사될 경우 마이크로소프트가 기존 파트너십 협정을 통해 자동으로 윈드서프의 지적재산권에 접근할 수 있게 되는 것을 우려했습니다. 마이크로소프트가 이에 대한 예외조항을 거부하면서 결국 2025년 7월 독점 협상기간이 만료되어 거래가 무산되었습니다. 이후 구글이 윈드서프 CEO 바룬 모한과 공동창업자 더글러스 첸, 그리고 핵심 연구진을 24억 달러 규모의 기술 라이선스 계약과 함께 영입했습니다. 오픈AI는 눈앞에서 차세대 코딩 AI 기술을 놓친 것은 물론, 결과적으로 경쟁사 구글의 전력만 강화시켜 준 꼴이 되었던 것이죠

이는 오픈AI의 기업구조가 성장잠재력을 제한할 수 있다는 것을 보

여주는 상징적인 사건이었습니다. 이 와중에 마이크로소프트는 2025년 9월 자사의 AI 업무용 비서 '마이크로소프트 365 코파일럿'에 앤트로픽의 클로드 소네트와 오퍼스 모델을 탑재한다고 발표했습니다. 코파일럿 스튜디오와 리서처 기능에서 사용자가 오픈AI와 앤트로픽의 모델 중 선택할 수 있게 하는 것으로, 오픈AI의 챗GPT에 대한 의존도를 줄이려는 마이크로소프트의 전략적 다각화로 해석됩니다.

슈퍼얼라인먼트 팀의 붕괴, 핵심 인재들의 연쇄 이탈

챗GPT의 정체와 외부 압박이 겹치는 동안, 오픈AI 내부에서는 더 심각한 균열이 진행되고 있었습니다. 바로 회사의 심장이라 할 수 있는 핵심 연구자들이 하나둘씩 떠나는 두뇌 유출 현상이 가속화된 것입니다. 이는 오픈AI가 지닌 기술적 리더십의 지속 가능성에 근본적인 물음을 던지며, 미래의 불확실성을 키웠습니다.

전환점은 2023년 11월 샘 알트먼 해임 및 복귀 사태였습니다. 이사회가 CEO 샘 알트먼을 갑작스레 해임했지만, 직원의 95% 이상이 "알트먼이 돌아오지 않으면 우리도 떠난다"며 사상 초유의 집단행동에 나섰고, 결국 불과 5일 만에 알트먼은 복귀했지만 내부의 상처는 깊게 남았습니다. 샘 알트먼이 창립 이념인 '인류를 위한 안전한 AI 개발'이라는 기준을 잃고 지나치게 빠른 상업화 속도를 걷고 있다며 쿠데타를 주도했던, 오픈AI의 공동 창업자이자 수석 과학자였던 일리아 수츠케버가 2024년 5월 퇴사했고, 그와 함께 슈퍼얼라인먼트 팀을 이끌던 얀 라이케 역시 회사를 떠났습니다.

엎친 데 덮친 격으로 경쟁사의 공격적인 스카우트 전쟁이 이어졌습니다. 마크 저커버그는 AI 경쟁에서 우위를 점하기 위해 사실상 '쩐의 전쟁(Money War)'을 선포했습니다. 그는 새로운 메타 슈퍼인텔리전스 랩을 위해 오픈AI 핵심 연구원들에게 최대 4년간 3억 달러에 달하는 파격적인 보상 패키지를 제시했다고 전해집니다. 일부 연구원에게는 첫해에만 1억 달러 이상의 보상을 약속하며, 주식이 첫해부터 즉시 이전(베스팅, Vesting)되는 파격조건까지 포함했습니다.

이 같은 공격적 영입전략은 실제로 성과를 거두었습니다. 저커버그는 최소 7명의 오픈AI 연구원을 메타로 영입하는 데 성공했으며, 24세의 AI 연구자 매트 디트케에게는 2억 5천만 달러의 보상 패키지를 제안하기도 했습니다. 동시에 구글·앤트로픽·신생 스타트업들까지 인재 쟁탈전에 뛰어들었습니다. 오픈AI는 말 그대로 사방에서 브레인을 빼앗기는 위기에 직면한 것입니다.

결국 오픈AI는 경영 리더십의 불안, '안전 vs 수익'이라는 내부 갈등, 경쟁사의 천문학적 스카우트 공세라는 사면초가 상황에 놓였던 것입니다.

오픈AI 독주 시대는 끝났다

GPT-5는 기업 고객 입장에서 보면 API 가격이 크게 인하되어 효율적 활용이 가능하다는 장점이 있었습니다. 그러나 업계가 기다렸던 '완벽한 혁신'은 끝내 나타나지 않았습니다.

결국 2024년과 2025년 오픈AI의 행보는 세상을 놀라게 했던 '혁명가'에서 현실과 타협한 '개선가'로의 변모과정으로 볼 수 있습니다. 주요 외신들은 GPT-4o 발표 당시 이미 '혁명이 아닌 진화'라고 평가했고, GPT-5 역시 같은 관점에서 받아들여졌습니다. 오픈AI가 더 이상 누구도 따라오지 못할 기술적 초격차를 지닌 절대적 존재가 아니라는 사실을 시장과 업계가 인식하게 된 것이죠.

결국 2025년 한때 오픈AI가 독주하던 AI 시장은 구글·앤트로픽·메타·머스크의 xAI 같은 강자들이 가세해 다극화 경쟁구도로 재편되었습니다.

IT 역사의 교훈: 넷스케이프는 왜 사라졌는가?

IT 역사를 돌이켜보면, 언제나 첫 번째 혁신자가 최종 승자가 되는 것은 아니었습니다. 그 대표적인 사례가 바로 웹브라우저 넷스케이프(Netscape)입니다.

1994년 등장한 넷스케이프 내비게이터는 월드 와이드 웹(WWW)의 대중화를 이끌었고, 웹브라우저 시장에서 한때 점유율이 90%에 달했으며, 당시 '인터넷=넷스케이프'라는 공식이 통할 정도였습니다. 지금의 오픈AI 못지않은, 아니 어쩌면 그 이상으로 압도적인 위상이었죠.

하지만 독주는 오래가지 못했습니다. 잠자던 거인 마이크로소프트가 뒤늦게 전쟁에 뛰어들었죠. MS는 자사의 핵심 무기인 운영체제 윈도우에 인터넷 익스플로러(IE)를 무료로 제공했습니다. 넷스케이프는 기술적으로 더 앞섰다는 평가를 받았지만, 전 세계 PC에 기본 탑재된 MS의 유통망 앞에서 속수무책이었습니다. 결국 넷스케이프는 빠르게 점유율을 잃으며 역사의 뒤안길로 사라졌습니다. 이 사례가 주는 교훈은 기술경쟁의 승자는 언제나 개척자인 것이 아니라, 강력한 자본과 유통망을 쥔 후발 주자일 수도 있다는 점입니다.

오늘날 AI 시장도 마찬가지입니다. 오픈AI는 넷스케이프처럼 판을 열었지만, 구글은 검색과 안드로이드라는 '현대의 윈도우'를, MS는 오피스와 애저(Azure)라는 '또 다른 윈도우'를 쥐고 있습니다. 만약 이 거인들이 자신들의 거대한 생태계에 AI 모델을 끼워 팔기 시작한다면, 오픈AI는 넷스케이프의 길을 피할 수 있을까요?

새로운 전쟁의 서막: '아직 우리도 해볼 만하다'는 자신감

GPT-5의 실망스러운 등장은 역설적으로 다른 모든 경쟁자들에게 "아직 해볼 만하다"는 자신감을 불어넣었습니다. 오픈AI의 기술적 한계와 내부균열은 이 경쟁이 결코 끝난 것이 아님을 명확히 보여주었습니다.

이제 시장은 오픈AI의 독주가 아닌, 각자의 무기를 가진 다수의 거인들이 경쟁하는 '춘추전국시대'로 접어들었습니다. 구글은 검색과 유튜브, 안드로이드라는 압도적인 생태계에 제미나이를 결합하며 공격적으로 확장하고, 앤트로픽은 코딩·기업 시장에서의 실용성과 긴 문맥 처리 능력을 전면에 내세우며, 메타는 오픈소스 모델 라마(Llama)를 공개해 글로벌 개발자 생태계를 장악하고, 일론 머스크의 xAI는 데이터(X, 구 트위터)와 인프라(테슬라)를 무기로 상식을 뛰어넘는 속도전으로 추격하고 있습니다.

흥미로운 점은 이러한 판도 변화가 한국의 AI 기업들에도 새로운 기회의 문을 열고 있다는 사실입니다. 네이버의 언어모델 하이퍼클로바X(HyperCLOVA X)는 한국어 능력과 국내 데이터 주권을 강력한 무기로 내세우고 있고, KT의 믿음(Mi:dm)은 통신·고객 서비스 등 자신들의 본업 산업에 밀착한 AI로 응용 영역을 확대 중이며, LG AI연구원의 엑사원(EXAONE)은 제조·소재·바이오 같은 R&D 중심 분야에 집중하며 버티컬 AI 전략을 강화하고 있으며, 토종 AI 기업인 업스테이지(Upstage)는 솔라 프로 2를 발표하여 글로벌 AI 벤치마크에서 12위를 달성하는 성과를 거두는 모습으로 도전장을 내밀고 있습니다.

오픈AI가 더 이상 '모든 것을 아우르는 만능 AI'의 신화를 유지하지 못하는 지금, 특정 언어·문화·산업에 최적화된 버티컬 AI들이 글로벌 시장에서 경쟁력을 가질 수 있는 시대가 열리고 있는 것입니다.

오픈AI의 새로운 방향성은? - 플랫폼 서비스 기업으로의 도약

수많은 AI 회사들에게 틈을 준 오픈AI는 GPT-5 발표 이후 가만히 있었을까요? 아닙니다. 경쟁자들이 몰려오는 이 시점에 또다른 방향성을 보여주며, 플랫폼 서비스 기업으로 도약하는 모습을 보여주고 있습니다. 특히 2025년 9월 말부터 쏟아낸 새로운 기능들이 그것을 상징합니다. 추석 연휴 기간 한국 AI 사용자들에게 엄청난 놀이거리가 된 소라(Sora) 2는 오픈AI가 서비스 회사이자 플랫폼 회사로 거듭날 수 있음을 전 세계에 보여주었습니다.

2025년 9월 30일 출시한 AI 영상 생성 앱 '소라'는 출시 첫날 5만 6천 다운로드를 기록하며 미국 앱스토어 무료 앱 3위에 올랐고, 10월 3일에는 1위까지 등극하며 구글 제미나이와 자사 챗GPT 앱을 모두 제쳤습니다. 이틀간 총 16만 4천 건이 설치되었는데, 제미나이와 챗GPT는 누구나 사용 가능한 앱인 반면, 소라는 당시 초대 코드가 필요한 앱임을 고려하면 폭발적인 반응이었습니다.

차세대 영상 생성 모델 '소라 2' 기반의 소셜미디어 앱 '소라'는 기술 업계는 물론, 일반 사용자들에게도 큰 호응을 얻었습니다. X, 유튜브 등에는 유명 인플루언서들의 사용 후기와 함께 사용자들이 직접 생성한 기상천외한 영상들이 쉴 새 없이 공유되었고, 초대 코드를 공유해 달라는 게시글까지 쇄도하며 화제성을 증폭시켰습니다.

소라 앱은 AI로 영상을 만드는 것을 뛰어넘어 숏폼 소셜 네트워크 서비스로서 가능성을 보여주었습니다. 오픈AI는 사람들이 자기가 만든 콘텐츠를 공유하며 커뮤니케이션할 수 있는 틱톡이나 인스타그램의 릴스 같은 형태의 서비스를 모바일 앱으로 출시한 것이죠.

특히 사람들을 열광시킨 것은 '카메오(cameo)'라는 기능인데요. 친구를 맺었거나 내가 승인한 다른 사람의 모습을 클릭하면 AI 영상 콘텐츠에 자유롭게 녹여 넣을 수 있고, 나와 함께 AI 영상에 함께 출연하는 재미있는 밈을 만들 수도 있습니다.

오픈AI CEO 샘 알트먼은 서비스 출시와 함께 본인의 얼굴을 활용할 수 있게 열어줌으로써 전 세계 AI 밈 영상의 아이콘으로 등장했습니다. 저도 샘 알트먼과 함께 유튜브 채널 'AI디아'를 홍보하는 영상을 만들어 보았습니다. 간단한 한두 줄의 프롬프트와 사진을 넣는 것만으로도 쉽게 만들어 공유할 수 있었습니다.

이는 기존 소셜미디어 시장을 뒤흔드는 것은 물론, 자연스럽게 소셜 메신저 기능까지 할 수 있으며, 나아가 AI 시대의 카카오톡 같은 포지션을 차지할 수도 있겠다는 생각이 들었습니다. 특히 이미 한국 사용자가 2천만 명이 넘는 챗GPT가 우리나라 서비스에 미칠 영향은 더욱 클 수도 있을 것 같습니다.

오픈AI는 이 시장을 어떻게 해석하면서 나아갈까요? 분명한 것은 독점의 시대가 끝나도, 선도자의 위력은 무시할 수 없다는 것입니다.

이뿐만이 아닙니다. 긴 추석 연휴가 한창이던 2025년 10월 6일, 오픈AI는 자사의 개발자 행사인 데브데이(DevDay)를 열었습니다. 가장 큰 변화는 서드파티(제3자) 앱을 쉽게 연결해 다양한 작업을 수행할 수 있도록 하는 '앱스 인사이드'였습니다. 챗GPT 안에서 작업을 하다가 바로 캔바를 불러와 디자인 작업을 이어서 하고, 코세라 AI 교육영상을 바로 플레이하며 영상 속 코딩을 따라하고, 스포티파이와 바로 연결해 음악 플레이 리스트를 만들 수 있습니다. 이러한 파트너들은 앞으로 계속 늘어날 것입니다. 챗GPT 안에서 다양한 앱 서비스를 함께 연동해서 쓰는 플랫폼으로서의 모습을 보여준 것이죠.

또한 레고블록을 조립하듯 AI 에이전트를 더 쉽게 만드는 에이전트 키트도 발표했습니다. 캔버스에서 드래그 앤 드롭으로 에이전트를 손쉽게 만들고 이를 업무용 사이트에 붙이거나 활용할 수 있게 되었습니다. 오픈AI가 구글이나 애플 같은 플랫폼 기업으로서의 도약을 선언한 것입니다.

AI 전쟁의 2막, 미래에 던지는 질문

2023년 챗GPT가 열었던 생성형 AI의 시대는 이제 1막을 마쳤습니다. 그리고 지금 수많은 거인들과 신흥 강자들이 각축을 벌이는 2막의 막이 올랐습니다. 시장 조사기관들은 앞으로 AI 시장이 폭발적으로 성장할 것이라고 예측하지만, 정작 그 과실을 누가 차지할지에 대해서는 누구도 확신하지 못합니다.

과연 AI 패권의 주인공은 누가 될까요? 오픈AI가 2026년 말에 'AI 2027'이라 불릴 만한 기술이 등장할 때까지 선두 자리를 지킬 수 있을까요? 아니면 새로운 이름이 왕좌를 차지하게 될까요?

확실한 것은 단 하나입니다. 지난 3년간 우리가 목격한 AI 시대의 변화는 거대한 변곡점의 서막에 불과하다는 점입니다. 독주의 시대는 끝났고, 진짜 전쟁은 이제부터 시작되었습니다!

Trend 2
현실 세계로 걸어 나오는 피지컬 AI

피지컬 AI(Physical AI)는 AI 분야에서 가장 뜨거운 화두 중 하나입니다. 피지컬 AI는 다양한 관점에서 정의할 수 있지만, 물리적 세계를 알고 있으며, 실제로 물리적 몸을 직접 작동하는 AI를 말합니다. 가장 쉽게 비유하자면 AI에게 몸이 생기는 것이라고 할 수 있죠. 엔비디아 CEO 젠슨 황이 AI 발전 4단계의 마지막에 피지컬 AI를 언급했듯이, 이는 AI의 궁극적인 지향점과도 연결됩니다.

다시 보는 AI의 발전 4단계

AI의 현재와 미래에 대해 다양한 형태로 물어보는 분들이 많은데요. 이전 책인 『AI 에이전트 트렌드&활용백과』에서도 말했듯, 젠슨 황이 2025년 세계 최대 IT·가전전시회인 CES 2025, 그리고 엔비디아 개발자 행사인 GTC 2025에서 공개한 AI 발전 4단계 프레임워크에 대해 이해할

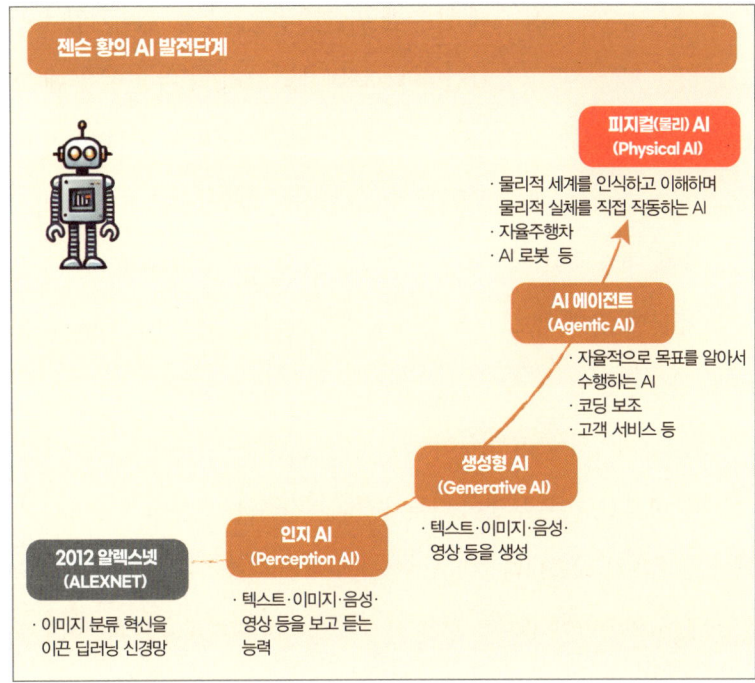

필요가 있습니다.

퍼셉션 AI(Perception AI)는 쉽게 말해 '인지하는 AI'인데요. 사람처럼 '눈'으로 보고 '귀'로 들어 인지하는 AI라는 것이죠. 텍스트·이미지·음성·영상도 인지하고 엑스레이 같은 것도 인지합니다. 생성형 AI(Generative AI)는 텍스트·이미지·음성·영상·PPT 같은 것을 생성하는 AI로, 챗GPT·제미나이 같은 것이 생성형 AI죠.

2025년에 핫해진 AI 에이전트(Agentic AI)는 기본적으로 '액션'까지 하는 AI를 말합니다. 사용자가 요청을 하면 자율적으로 알아서 작업 목표를 수행합니다. 궁극적으로 AI는 피지컬 AI로 발전할 것입니다.

지금까지 설명한 AI 유형들을 쉽게 예를 들어 볼까요? 햄버거 사진을 보여주고, "이 사진 속에 있는 게 뭐야?"라고 물으면 "햄버거입니다"라고 답을 하는 게 인지 AI입니다. "햄버거를 그려 봐"라고 했을 때 그려주는 것이 생성형 AI이고요. AI 에이전트는 사용자가 "나 햄버거 먹고 싶어"라고 하면, 인터넷 창을 스스로 알아서 열고 맥도날드 웹사이트에 접속해 내가 좋아하는 메뉴를 클릭한 후 주문까지 해줍니다. 피지컬 AI는 주문한 곳에 가보니, 로봇이 실제로 패티를 굽고 있는 것에 비유할 수 있습니다.

그런데 여기서 이런 의문이 생길 수 있습니다. "기존에도 로봇이 있었는데, 피지컬 AI는 무엇이 다른가?" 피지컬 AI는 단순히 '로봇+AI'의 결합을 뜻하지 않습니다. VLA(비전-언어-행동)로 불리는 아키텍처가 핵심인데요. 카메라와 센서를 통해 환경을 인식하고(Vision), 거대언어모델을 포함한 멀티모달 모델로 지시·상식·맥락을 해석하며(Language), 그 결과를 바탕으로 주행·조작·작업 등 물리적 행동을 실행하는(Action) 방식으로의 전환을 말합니다.

전통적 산업용 로봇은 반복 공정에 최적화된 사전 규정 로직에 크게 의존해 왔고, 새로운 상황이 나타나면 코드 수정이 필요했습니다. 반면 VLA 기반 피지컬 AI는 (시뮬레이션·실세계에서 축적한) 대규모 데이터로 학습한 것을 통해 일반화와 적응을 도모하여 복잡한 환경에서도 유연성을 높입니다. 이는 단순 자동화 장치를 넘어 '인지하고 추론하며 행동하는 시스템'으로의 도약을 의미합니다. 테슬라의 자율주행이 보여주듯, 방대한 행동 데이터를 학습하면서 점차 사람의 수준을 닮은 판단과 제어가 가능해지는 것입니다. 이에 대해서는 뒤에서 좀더 상세히 설명하겠습니다.

AI는 병렬적으로 진화하고 있다

그런데 AI는 단계별로 진화하는 게 아니라 병렬적으로 나란히 진화하고 있습니다. 인지 AI는 텍스트·이미지·음성·영상 등을 더 잘 인지하는 방향으로 계속 진화하고 있고, 생성형 AI는 생성형 AI대로, AI 에이전트는 AI 에이전트대로, 피지컬 AI는 피지컬 AI대로 진화하고 있습니다.

저처럼 매일 AI를 둘러싼 업계를 리서치하는 사람도 머리가 아플 정도로 진화 속도가 매우 빠릅니다. 예전에는 챗GPT 하나만 알면 되었는데, 이제는 로봇까지 공부해야 되는 시대가 된 것이죠. 그러다 보니 AI 관련 키워드가 계속 쏟아지고 있는데요. 이런 변화가 고작 2~3년 안에 일어나고 있는 것입니다.

피지컬 AI 혁명, 2025년 아마존 창고의 하루

우리는 인류 역사상 유례없는 대전환의 순간을 목격하고 있습니다. 지금까지 컴퓨터나 스마트폰 화면 속에서만 존재하던 디지털 지능이 이제 물리적인 몸을 가지고 현실 세계로 걸어 나오고 있습니다. '피지컬 AI 시대'가 열린 것입니다.

2025년 7월, 전 세계 아마존 창고에 배치된 로봇이 100만 대를 돌파했습니다. 루이지애나주 슈리브포트에 있는 아마존의 물류센터는 5개 층으로 축구장 55개 크기인데, 여기에서 헤라클레스라는 이름의 로봇은 무려 567kg의 무거운 상품을 가볍게 들어올리며 창고 곳곳을 누비고, 페가수스 로봇은 컨베이어 벨트로 개별 택배 상자들을 분류하고, 프로테우스라는 완전 자율 이동 로봇은 사람들 사이를 안전하게 지나다니며 고객 주문이 담긴 무거운 카트를 운반합니다. 마치 잘 훈련된 팀처럼 서로 다른 8가지 로봇 시스템들이 협업을 펼치고 있습니다.

이 로봇들은 단순히 프로그램된 대로 움직이는 것이 아니라, AI를 탑재해 실시간으로 상황을 판단하고, 다른 로봇들과 소통하며 가장 효율적인 작업 경로를 스스로 실시간으로 계산합니다. 그 결과 2015년에는 직원 한 명이 하루 175개의 상품을 처리했는데, 이제 로봇의 도움을 받는 직원이 하루에 3,870개의 상품을 처리할 수 있게 되었습니다. 이는 인간과 로봇이 서로의 장점을 살려 협력하는 새로운 형태의 일하는 방식이 탄생했음을 의미합니다.

생성형 AI, 로봇 개발의 난제를 풀다

우리가 어릴 적 TV에서 보던 로봇은 대부분 사람의 모습을 하고 있었죠. 영화 〈터미네이터〉의 아놀드 슈워제네거처럼 인간의 모습을 한 로봇을 말 그대로 '인간 같은 로봇', 즉 '휴머노이드(Humanoid) 로봇'이라고 하는데요. 생성형 AI, 특히 거대언어모델의 진화는 휴머노이드 형태의 로봇에 적용되었을 때 더욱 놀라운 차이를 만들어 냅니다.

예전에 로봇을 개발하는 과정은 말 그대로 한 땀 한 땀의 연속이었습니다. 개발자들이 로봇 팔 하나를 움직이게 하려면, 팔이 동작하는 원리 자체를 물리적인 메커니즘으로 일일이 정의하고 한 땀 한 땀 프로그래밍을 해야 했습니다. 하지만 생성형 AI가 등장하면서 두 가지 문제가 해결되기 시작했습니다.

우선, 코딩 속도의 혁신적인 증대입니다. 이제 우리가 콘셉트를 떠

올리고 개념을 정의할 수만 있다면, AI가 실제로 코드를 작성하고 프로그램을 만들어 줍니다.

두 번째는 더 중요한 변화인데요. 로봇을 개발하는 방식 자체가 바뀌었습니다. 예전에는 팔을 왼쪽에서 오른쪽으로 움직이는 것조차 하나하나 설명하고 구조화해야 했기에 엄청난 에너지가 필요했고, 그 과정에 분명한 한계가 있었으며, 이는 곧 프로그램의 오류와 문제로 이어졌죠.

그러나 이제는 방식이 완전히 달라졌습니다. 예를 들어 사람이 VR(가상현실) 헤드셋을 쓰고 장갑을 낀 채로 어떤 물건을 집는 행동을 하면, AI가 이 행동 데이터를 학습합니다. 이를 '전이학습' 또는 '모방학습'이라고 하는데, 사람이 하는 것을 로봇이 그대로 모방하도록 학습시키는 것입니다. 즉, 생성형 AI가 이렇게 모방된 동작을 컴퓨터 코딩 언어로 바꾸어 주기에, 인간 개발자가 일일이 코딩을 할 필요가 없어졌고, 말로 제대로 설명하기 어려웠던 복잡한 동작도 AI가 맥락을 이해하고

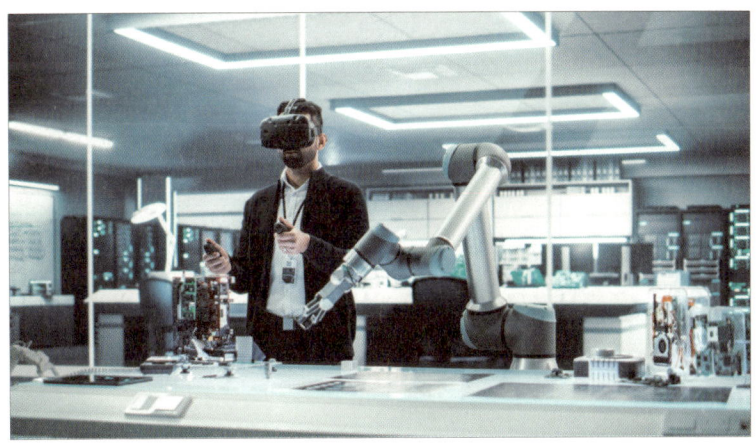

코딩 언어로 바꾸어 줌으로써, 이전에 힘들었던 휴머노이드 제작이 더 수월해진 것입니다.

또한 예전에는 로봇을 제어하거나 움직이려면 버튼을 눌러야 했지만, 이제는 사용자가 말로 지시하는 형태로 진화하고 있습니다. 아울러 예전에는 고장을 고치려면 전문가가 프로그래밍 언어로 지시해야 했지만, 이제는 공장장이 "이렇게 이렇게 바꿔라"라고 말하면 로봇이 그대로 행동을 바꿀 수 있게 되었습니다. 즉, 로봇을 AI 언어모델을 통해 빠르게 개발하고 관리할 수 있는 시대가 열린 것입니다.

피지컬 AI의 거대한 생태계: 테슬라와 엔비디아

최근 테슬라가 로봇·자동차·언어모델을 통합하려는 이유도 바로 여기에 있습니다. 거대언어모델과 생성형 AI의 등장 이후, 언어모델 그록(Grok), 테슬라 자동차가 수집하는 데이터, 그리고 옵티머스 로봇의 학습 방식, 모든 것이 하나의 패키지로 연결되어 있으며 함께 발전하고 있습니다.

엔비디아도 이러한 흐름을 주도하고 있습니다. 코스모스(Cosmos)라는 플랫폼이 대표적인데요. 코스모스 플랫폼은 AI 학습을 위해 먼저 물리학적 법칙과 영상 데이터를 제공합니다. 그리고 사람이 VR 기기를 착용하고 특정 동작(예를 들어 손가락 움직임)을 하면, 그 움직임을 데이터화하고, 시뮬레이션 및 실제 로봇에서 어떻게 작동하는지에 대한 전체 지도를 보여줍니다.

여기서 중요한 점은 코스모스 플랫폼이 사람의 동작 데이터를 기반

으로 유사한 형태의 합성 데이터를 만들어낸다는 것입니다. 마치 만화 〈드래곤볼〉의 '시간과 공간의 방'에서 한 번의 훈련이 실제로는 10년치의 훈련 효과를 내는 것처럼, 사람이 한 번 움직인 데이터를 엄청나게 많은 유사한 데이터로 빠르게 생성하여, 사람이 수만 번 해야 할 훈련을 수분 안에 끝낼 수 있게 만드는 것이죠.

이러한 합성 데이터 활용방식은 이미 자율주행차 개발에도 널리 적용되고 있습니다. 자율주행차를 현실에서 계속 시험 운행하는 것은 안전성 문제가 따르기 때문에, 게임 같은 시뮬레이션 환경을 만들어 놓고 그 안에서 자율주행차의 학습 데이터를 모으는 방식으로 합성 데이터를 만듭니다. 결국 이러한 방식이 생성형 AI와 피지컬 AI의 성공적인 결합을 이끌어내고 있는 것입니다.

산업의 미래, 다크 팩토리와 월드 모델

만약 AI가 이렇게 시뮬레이션을 할 수 있다면, 로봇을 만드는 회사들은 무엇에 집중해야 할까요? 바로 껍데기를 잘 만들면 됩니다. 즉, 하드웨어 최적화와 제조에 집중하는 것이죠.

최근 중국 로봇 회사들이 급성장하는 이유도 여기에 있습니다. 과거에는 로봇을 만들려면 소프트웨어·데이터·하드웨어 등 모든 것을 직접 해야 했지만, 이제는 이 과정들이 철저히 분화되고 분업화되기 시작했습니다.

중국에서는 이미 로봇 산업이 세분화되어 있는데요. 예를 들어 유니트리(Unitree) 같은 로봇 회사들을 보면, AI 자체보다는 하드웨어를 얼마나 최적화하고 저렴하게 만드는가에 집중하고 있습니다. 마치 중국의 DJI가 드론을 싸고 효율적으로 만들었던 것처럼 말이죠. 로봇의 두뇌 역할은 엔비디아 같은 AI 플랫폼에 맡기고, 자신들은 기계적 완성도를 극대화하는 분업구조가 나타나고 있는 것입니다.

이러한 구조 덕분에, 우리나라 역시 로봇 생태계에 함께할 기회가 열려 있습니다. 과거에는 데이터 수집과 활용을 처음부터 끝까지 다 하기가 어려웠고 비용도 많이 들었지만, 지금은 형성된 생태계를 활용해 새로운 시도를 할 여지가 생긴 것입니다.

분업화와 합성 데이터 생태계의 궁극적인 모습은 '다크 팩토리(Dark Factory)'와 '월드 모델(World Model)'이라는 개념으로 설명할 수 있습니다. 다크 팩토리는 공장에 불을 켤 필요가 없다는 의미로 붙은 이름인데요. 왜 불이 필요 없을까요? 모든 공정이 로봇에 의해 이루어지기 때문입니다. 사람 없이 가동되는 완전 자동화 공장이니까 조명을 켤 필요가 없는 다크(dark) 공장이라는 것이죠. 생성형 AI와 피지컬 AI가 결합하면서 나타나는 이러한 진화는 우리가 궁극적으로 보게 될 미래의 모습입니다.

이 지점에서 월드 모델(World model) 개념이 등장합니다. 이는 앞서 소개한 코스모스 같은 산업용 생태계를 넘어서는 단계인데요. AI가 머릿속(AI의 내부)에 세계(환경)의 상태와 규칙을 반영한 '세계 모형'을 만들어 두고 그것을 바탕으로 학습하여 미래를 예측하거나 시뮬레이션할 수 있는 모델을 말합니다. 특히 로봇·자율주행·강화학습 등에서 중요한 역할을 합니다. 쉽게 말해, AI가 머릿속(모델 안)에 물리법칙과 환경의 세부 요소를 반영해 공장이나 도로 같은 실제 공간을 가상으로 재현해 두고, 로봇이 그 안에서 마치 현실처럼 실험하고 학습을 반복할 수 있게 하는 것이죠. 이렇게 학습된 모델은 특정 환경에 한정되지 않고, 다른 로봇이나 새로운 상황에도 응용할 수 있는 '범용 지능'으로 확장될 수 있습니다.

토큰과 데이터 팩토리, 월드 모델 & 월드 파운데이션 모델

AI는 텍스트든 이미지든 영상이든 모든 데이터를 처리하기 위해, 먼저 데이터를 토큰(token) 단위로 나눕니다. 예를 들어 "I am hungry"라는 문장을 토크나이저가 의미 있는 단위(I, am, hungry)로 나눈 후 토큰을 고유한 숫자(벡터)로 변환합니다.

예전에는 AI에게 텍스트 따로, 이미지 따로, 영상을 따로 학습시켰습니다. 하지만 이제는 AI도 이러한 멀티모달 데이터를 동시에 받아들이게 되었습니다. 유튜브 같은 데이터를 통째로 학습할 수 있는 것이죠.

텍스트·이미지·음성·영상 데이터를 모두 숫자로 벡터화하여 같은 수학적 공간에서 함께 학습시킬 수 있게 되었거든요(각 데이터 유형마다 벡터화 과정은 다르지만요). 최근 AI 모델이 급격하게 좋아진 이유가 바로 여기에 있습니다.

그렇다면 토큰이 끊임없이 공급되면, AI는 어떤 데이터든 학습할 수 있겠죠? 그래서 요즘에는 '데이터센터'라는 표현 대신 '데이터 팩토리(Data Factory)'나 '기가 팩토리(Giga Factory)'라는 표현을 씁니다. 어마어마한 양의 토큰을 만들어내기 위해서는 아예 공장 단위로 GPU(그래픽처리장치)가 돌아가야 하는데요. GPU 공장에서 무궁무진하게 토큰이 생성되고, 그것이 AI 학습에 공급되는 것이죠(이것이 엔비디아의 GPU가 그렇게 잘 팔리는 이유입니다).

AI는 이렇게 만들어진 토큰으로 현실 데이터를 직접 주지 않아도, 월드 모델이나 장차 미래엔 월드 파운데이션 모델(World Foundation Model)을 통해 스스로 시뮬레이션을 할 수 있는 것이죠. 참고로, 월드 파운데이션 모델은 현실세계의 물리적 법칙, 공간, 시간, 상호작용을 이해하고 시뮬레이션하는 AI 모델에 추가적으로 세상의 다양한 데이터(예로 영상·언어·센서 등)를 한데 모아 학습해 여러 환경과 작업에 쓸 수 있는 '범용 세계 이해 모델'을 말합니다.

월드 모델이 특정 로봇이나 에이전트가 자기 내부에서 가상의 시행착오를 해보는 수준이라면, 월드 파운데이션 모델은 물리적 움직임뿐 아니라 언어·영상·센서 등의 정보까지 연결해 다양한 에이전트나 시스템이 공유 활용할 수 있는 기반을 제공합니다. 특정 환경에서 학습한 경험과 지식을 다른 로봇이나 상황에도 적용할 수 있게 하는, 쉽게 말해 '범용 세계 이해 인프라'라고 할 수 있습니다.

이처럼 현재의 월드 모델뿐 아니라 장차에는 월드 파운데이션 모델을 통해 로봇이 실제 공장현장에 가지 않아도, 모델의 내부에서 학습과 계획을 수행할 수 있게 됩니다. 다만, 현실 적용 시에는 추가 보정이 필요하겠지만요.

피지컬 AI를 이끄는 핵심 기술: 멀티모달과 하드웨어 혁신

피지컬 AI 발전의 중심에 멀티모달 AI와 하드웨어의 비약적인 발전이 있습니다. 우리가 시각·청각·촉각 등 오감을 종합해 판단하는 것처럼, 로봇도 텍스트·이미지·음성·영상 등 서로 다른 형태의 정보를 한꺼번에 이해하고 처리할 수 있는 멀티모달 AI를 통해 똑똑해지고 있습니다.

구글은 2025년 3월, 제미나이 로보틱스(Gemini Robotics)를 공개했는데, 이는 '보고-이해하고-행동하는' 통합 모델인 VLA 모델을 기반으로

(출처: 구글 딥마인드 유튜브)

합니다. 시연 영상을 보면, 이 로봇에게 "농구공을 골대에 슬램덩크 해줘"라고 하니, 사전훈련 없이도 공과 골대를 인식해 농구공을 집어들어 골대 안으로 넣었습니다. 종이접기, 간식 지퍼백에 담기, 샐러드 만들기 등도 가능합니다. 이런 작업들은 우리에게는 별것 아닌 일상적인 일이지만, 로봇에게는 매우 복잡한 판단과 정밀한 조작이 필요한 고난도 작업입니다.

제미나이 로보틱스는 한 번도 보지 못한 물건이나 상황에서도 적절히 대응할 수 있는 '일반화' 능력, 사람이 새로운 지시를 하거나 주변환경이 바뀌면 즉시 상황을 파악하고 행동을 수정할 수 있는 '상호작용' 능력, 그리고 인간의 손가락처럼 섬세하고 복잡한 조작이 가능한 '정교함'을 보여주었습니다.

또한 2025년 9월 구글 딥마인드는 스스로 생각하여 계획하고 행동하는 새 로보틱스 AI 모델을 공개했는데요. 로보틱스 추론 능력을 더욱 발전시킨 모델입니다. 제미나이 로보틱스-ER 1.5는 말로 대화할 수 있는 추론 모델로 두뇌 역할을 맡아 작업을 계획하고 단계적으로 지시하며, 비전·언어·행동(VLA) 모델인 제미나이 로보틱스 1.5가 동작을 하는 식입니다. 구글 딥마인드는 이 모델들을 탑재한 로봇이 빨래 분류나 쓰레기 재활용 같은 복잡한 현실의 작업을 해낼 수 있다고 밝혔습니다.

멀티모달 AI의 발전은 로봇이 단순한 기계에서 진정한 의미의 '디지털 동료'로 진화하고 있음을 보여줍니다. 이제 로봇은 우리의 말을 이해하고 상황을 파악하며 적절한 행동을 스스로 결정할 수 있게 되었습니다. 그런데 이러한 소프트웨어가 제대로 작동하려면 GPU뿐 아니라 센서·카메라 기술·로봇의 물리적 구조·로봇 개발을 위한 통합 플랫폼의 발전도 필요합니다.

형태의 해방: 로봇 다양성의 시대

최근 산업현장에서는 거대한 로봇 팔 같은 기계보다 휴머노이드에 주목하고 있습니다. 기존 공정 프로세스를 바꾸지 않고 로봇을 투입하려면, 사람과 유사한 크기와 움직임을 가진 형태여야 하기 때문입니다. 중소기업이 인력이 부족하다고 해서 공정을 전부 뜯어고쳐 대형 로봇 팔을 도입할 수는 없으니까요.

휴머노이드는 가정보다는 먼저 공장에서 부족한 인력을 대체하는 역할로 자리잡을 가능성이 커 보입니다. 우리나라 휴머노이드들이 미국 제품보다 조금 더 작게 나오는데요. 실제 우리나라 공장에서 바로 쓸 수 있게 맞춘 것이라고 할 수 있습니다.

그런데 모든 작업에 사람과 같은 형태의 로봇이 필요한 것은 아닙니다. "형태는 기능을 따른다"는 원칙처럼, 로봇은 해야 할 일에 따라 가장 효율적인 형태로도 발전하고 있습니다.

보드워크 로보틱스의 알렉스(Alex) 로봇은 의도적으로 다리가 없도록 설계되었습니다. 공장의 조립 라인이나 사무실 책상에서 일하는 로봇에게는 이동 능력보다 정교한 손 작업 능력이 훨씬 중요하죠. 다리를 없애고 그 대신 더 정교한 팔과 손을 만드는 것이 가성비가 더 좋겠죠? 딸기 수확 로봇 하베스트 크루(Harvest CROO)는 불규칙한 밭에서도 안정적으로 움직이는 특별한 바퀴와 서스펜션, 숙성도를 판단할 정교한 카메라와 부드러운 로봇 손을 가지고 있으며, 노티쿠스 로보틱스의 아쿠아노트(Aquanaut)는 이동 시에는 물고기 형태이고, 작업 시에는 로봇 팔을 펼치는 변신 로봇 형태로 다양한 작업을 합니다. 이는 로봇이 필요에 맞게 점점 더 전문화된 실용적 도구가 되었음을 보여줍니다. 미래에는 수천 가지 다른 형태의 로봇들이 각자의 전문 분야에서 활동하게 될 것입니다.

생성형 AI의 한계를 넘어선 피지컬 AI: 체득의 힘

여기서 또 하나 흥미로운 논의가 있습니다. 생성형 AI는 학습한 데이터를 기반으로 확률적으로 답변을 생성하다 보니 할루시네이션(환각) 같은 오류가 생기기도 하죠. 반면 피지컬 AI는 몸을 가진 로봇이 직접 현장에 들어가 경험을 합니다. 로봇이 직접 경험을 바탕으로 학습하는 것이죠. 즉, 피지컬 AI는 '체득'을 할 수 있는 존재입니다.

따라서 기존 생성형 AI가 간접경험에 머물렀던 것과 달리, 피지컬 AI는 직접경험을 통해 데이터를 축적하고 판단하기에, 생성형 AI의 한계를 넘어설 가능성이 있다는 이야기도 나오고 있습니다. 즉, 체득할 수 있는 로봇은 생성형 AI의 한계를 돌파하는 중요한 요소이며, 피지컬 AI는 생성형 AI의 '다음 버전'으로 이해할 수도 있을 것입니다.

피지컬 AI, 다가올 미래 산업 현장의 필수 요소

피지컬 AI는 공장이나 산업 전반에 걸쳐 적용될 수 있습니다. 사실 피지컬 AI는 단순한 기회 차원을 넘어 우리나라가 반드시 해결해야 할 과제이기도 합니다. 국방과 안보를 생각해 보죠. 중국에서는 이미 로봇에 무기를 붙여 전투에 투입하는 것이 연구되고 있으며, 드론이 공격에 쓰이는 것은 더 이상 미래가 아닌 현실입니다. 보안·안보 차원에서도 피지컬 AI는 필수적인 것입니다.

특히 우리나라 산업현장에서는 이미 인력 부족이 심각합니다. 지방 산업단지에서 노동자가 필요하지만 충원하지 못하는 일이 비일비재하죠. 대표적으로 조선업계의 경우 2014년 약 20만 3,400명에 달했던 조선소 인력이 2024년 11만 6천 명 수준으로 절반 가까이 급감했습니다. 이렇다 보니 업계에서는 특정 나라의 특정 지역 사람들을 통째로 데려온다는 표현까지 쓸 정도로 인력난이 심각합니다. 또한 이들을 데려오더라도 장기간 경력을 쌓아 안정적으로 일할 수 있을지에 대한 불확실성이 있고 임금상승에 대한 걱정도 있습니다. 결국 AI와 결합된 피지컬 로봇, 휴머노이드가 공장에 들어올 수밖에 없는 상황인 것이죠.

한국의 피지컬 AI 분야 잠재력

사실 우리나라는 피지컬 AI 분야에서 잠재력을 갖고 있습니다. 가장 큰 강점은 바로 데이터입니다. 로봇의 움직임과 행동 데이터는 주로 공장과 산업현상에서 생성되는데, 우리나라는 전 세계 어느 나라보다도 풍부한 산업현장과 제조 노하우를 보유하고 있습니다. 우리나라처럼 한 나라 안에서 바늘부터 자동차·반도체·조선·배터리·비행기 등 거의 모든 제조업을 하는 나라는 몇 안 됩니다. 구글이나 테슬라가 데이터 확보에 사활을 거는 것처럼, 한국의 수많은 제조업 공장은 피지컬 AI 개발의 귀중한 보물창고와 같습니다.

그런데 기업이나 산업현장은 대부분 보안과 기계 효율화 문제 때문에 항상 인터넷에 연결된 거대언어모델을 쓰기가 어렵습니다. 그래서 필요한 것이 소형 언어모델인데요. 학습은 클라우드의 대규모 모델로 시키더라도, 실제 작동은 로컬(PC·노트북·스마트폰·로봇 등)에 탑재된 상태에서 이루어져야 하는 것이죠(뒤에서 상세 설명).

인문학과 철학, 그리고 인간 고유의 가치

생성형 AI가 기술자들의 전유물에서 일반인도 사용할 수 있는 영역으로 확장된 것처럼, 피지컬 AI 역시 기술자의 영역에서 모두의 영역으로 옮겨가고 있습니다.

그동안 로봇 분야는 이과생, 공학도만의 영역처럼 여겨졌지만, 인문학적·철학적 접근이 채워져야 비로소 로봇 혁명이 제대로 이루어질 수 있습니다. 이는 교육문제와도 연결됩니다. 요즘 "AI 시대에 우리 아이가 무엇을 공부해야 하나요?"라는 질문을 종종 받는데, 단순히 AI 프로그래밍만이 아니라 피지컬 AI 시대에 필요할 철학·윤리·정책·법 같은 영역에도 관심을 가지라고 말씀드리고 싶습니다. 앞으로 5년 안에 열릴 시장에서 반드시 이슈가 될 주제이기 때문에 지금부터 가이드를 잡는 것이 좋습니다.

휴머노이드 로봇이 나오면 우리의 일자리를 다 빼앗기는 것 아닌가 하는 우려의 목소리도 나옵니다. 하지만 그렇지 않다고 생각합니다. 왜냐하면 로봇이나 피지컬 AI를 깊이 들여다볼수록 오히려 인간이 얼마나 대단한 존재인지 새삼 느끼게 되기 때문입니다.

예를 들어 로봇을 만들 때 가장 어려운 기술 중 하나가 사람처럼 손가락을 섬세하게 움직이는 것인데요. 우리는 아무렇지도 않게 손가락을 구부리고 펴지만, 이 작은 동작이 로봇에게는 큰 난제입니다. 손가락 한 마디를 구부리는 것을 '1자유도(Degree of Freedom)'라고 하는데, 로봇이 각 세 마디씩인 다섯 손가락을 자유롭게 쓰게 하려면 손가락 하나하나에 모터와 구동장치를 넣어야 하는 등 힘듭니다. 그래서 실제 로봇 중에는 손가락을 두세 개만 가진 경우도 많습니다. 또한 인간의 피부와 윤활 기능은 지금도 전 세계 연구자들이 풀지 못한 난제입니다. 사람 손에서는 땀이나 유분 같은 천연 윤활제가 자연스럽게 나오지만, 로봇 손은 그렇지 못합니다. 인간에게는 당연한 이 기능이 로봇에게는 어려운 기술적 장벽이 되는 것입니다. 이런 점들을 보면 인간에게 주어진 능력은 독보적입니다. 따라서 AI 시대에도 인간이 잘하는 것과 로봇이 잘하는 것은 분명 구분될 것입니다.

휴머노이드와 피지컬 AI 시대일수록, 우리는 인간으로서만 할 수 있는 것, 인간에게만 있는 고유한 가치를 더욱 고민해야 합니다. AI를 도구로 활용하되, 인간의 고유한 영역을 어떻게 지켜가고 확장할지를 생각해야 합니다.

결국 중요한 것은 AI는 어디까지나 철저한 도구라는 관점을 유지하는 것입니다. 인간과 AI의 관계를 어떻게 재정립할 것인지, 교육을 어떻게 할 것인지, 이 문제는 미래의 이야기가 아니라 지금 당장 우리가 다루어야 하는 현실적 과제입니다.

Trend 3

작지만 강하다, 소형 모델 혁명
- 엣지 AI, 온디바이스 AI, 버티컬 AI

소형 모델 혁명의 서막, 딥시크 쇼크

저는 10년 넘게 매주 TV와 라디오를 통해 IT와 AI의 최신 동향을 전해 왔는데요. 2025년 특히 바빴던 시기가 있었는데, 그중 하나가 바로 딥시크(DeepSeek)가 공개되었을 때였습니다. 설 연휴 기간이었지만, TV와 라디오 작가들로부터 연락이 쏟아졌던 기억이 생생합니다.

딥시크의 등장은 기술적인 부분뿐만 아니라 시장 전반에 큰 충격을 주었습니다. 발표 직후 엔비디아 주가가 급락했는데요. "이제 GPU 수요가 줄어들고 엔비디아 주가는 떨어지는 것 아니냐?"는 질문을 많이 받았지만, 저는 오히려 이 기회에 엔비디아 주식을 더 샀다고 이야기하곤 했습니다. 결국 시간이 지나면서 GPU 수요는 여전히 유지된다는 현실이 밝혀졌고, 엔비디아 주가는 더욱 높은 수준으로 반등했습니다.

사실 연구자들은 딥시크 R1의 등장을 완전히 새로운 사건이라기보다는 '또 하나의 진화 단계'로 인식했습니다. 이 프로젝트를 이끈 량원펑 대표는 원래 퀀트 헤지펀드 매니저로, GPU 기반 투자기법으로 큰돈을 번 뒤 딥시크 프로젝트를 추진했습니다. 2024년 V2·V3 모델을 연이어 공개한 뒤 2025년 1월 R1을 발표하며 연속 진화과정을 완성한 것이죠.

딥시크 R1 출시 당시, 사실 대중을 놀라게 한 것은 기술 자체가 아니라, 챗GPT 수준의 언어모델을 600만 달러(83억 5천만원) 수준으로 만들었다는 이야기 속의 숫자였습니다. 게다가 기반 모델을 제외한 R1의 추론 모델 훈련비용에는 겨우 4억원 남짓만 들었다는 충격적인 이야기도 나왔습니다. 즉, 딥시크 창업자 량원펑이 국제 학술지 〈네이처〉에 공동 발표한 논문은 모델 훈련에 엔비디아의 H800 칩 512개가 사용되었고, R1

Part 1 AI 2026, 진정한 빅뱅의 시작 | 061

모델의 훈련비용으로 29만 4천 달러(약 4억 821만원)가 들었다고 주장했습니다. 챗GPT 개발에 수조원이 들었다던데, 수십억원으로 유사한 성능의 모델을 만들어 누구나 쓸 수 있게 공개하다니….

하지만 곧 이러한 숫자는 과장이라는 게 밝혀졌습니다. 이는 단일 학습과정 비용일 뿐, 총 개발비용은 100배 이상인 8,200억~1조원으로 추정되었고, 인건비나 인프라에 대한 비용은 제대로 계산되지 않았다는 것이죠. 그럼에도 불구하고 추론 능력까지 갖춘 언어모델을 누구나 접근할 수 있게 공개하다니, AI 산업계와 경제계 전체에 엄청난 파장을 불러일으킬 수밖에 없었죠. 오픈소스형 AI가 폐쇄형 AI를 위협하기 시작했다는 목소리가 본격화되었습니다.

오픈소스형 AI, 그리고 추론의 공개

우리가 흔히 접하는 챗GPT나 제미나이 같은 폐쇄형 AI는 마치 닫힌 상자와 같습니다. 내부구조나 데이터는 공개하지 않고 유료 API로만 접근할 수 있습니다. 반면 오픈소스형 AI는 열린 무대와 같습니다. 흔히 오픈소스라 불리지만, 더 정확히는 '오픈 웨이트(Open Weight)'라고 하는데요. 가중치(weights)가 공개되어 연구자나 개발자가 직접 다운로드해 활용 및 커스터마이징할 수 있는데, 라이선스에 따라 상업적으로 활용할 수 있는 모델도 많이 있습니다.

딥시크 전까지 오픈소스형 생태계를 주도했던 것은 메타의 라마였습니다. 연구자들은 라마를 스마트폰용 경량 모델이나 한국어·일본어 특화 모델로 만들었고, 기업들은 산업 맞춤형 모델로 만들어 썼으며, 라마는 오픈소스형 생태계의 허브로 자리잡았습니다. 그럼에도 오픈소스형 AI는 추론 능력을 구현하진 못했습니다. 그런데 딥시크 R1이 추론을 구현하는 아이디어와 방법론을 논문으로 공개한 것입니다. 강화학습 기반의 '생각의 사슬(chain-of-thought)' 방법론을 대규모로 적용해, 모델이 내부 추론과정을 스스로 학습하도록 설계한 방법론을 논문을 통해 보여 준 것입니다. 비유하자면, 오픈AI라는 유명 셰프가 비밀 레시피로 요리를 만들어 맛만 보여주던 상황에서, 딥시크가 '이런 방식으로 만들었을 것 같다'라며 레시피를 공개한 것이죠.

사람처럼 깨닫는 '아하 모먼트'의 발견

딥시크 논문에서 주목받은 개념 중 하나는 '아하 모먼트(Aha Moment)'입니다. AI가 문제를 풀다가 "깨달았습니다, 표시를 남겨야 합니다"라고 하며 학습과정에서 의미 있는 순간을 기록한 것이죠.

딥시크 R1은 그전 버전인 딥시크 V3부터 적용된 'MoE(Mixture of Experts) 방식'으로 모델 효율성을 확보했습니다. 수학 문제는 수학 전문가에게 맡기고, 과학 문제는 과학 전문가에게 맡기는 식의 전문가 모델 호출 방식입니다. 이렇게 효율성을 확보한 뒤, 마치 족집게 강사처럼 교사 모델이 푼 문제와 정답과정을 뽑아내 학생 모델을 효율적으로 훈련시키는 '지식 증류' 방식, 그리고 여러 AI를 동시에 같은 시험을 보게 한 후 서로 답을 비교해 가장 가능성 있는 답을 찾게 하고 맞으면 보상을 주는 방식의 'GRPO(Group Sequence Policy Optimization) 강화학습'으로 추론 능력을 구현했으며, 그 방법론을 논문으로 공개한 것입니다.

이로써 연구자들은 "무식하게 데이터만 밀어넣지 않아도 된다", "지도 데이터 없이 강화학습만으로도 추론 역량을 강화할 수 있다"는 가능성을 확인했고, 추론 모델의 비밀을 따라해 볼 수 있다는 자신감을 얻게 되었습니다. 딥시크 R1 발표는 단순한 모델 공개를 넘어, AI 연구 패러다임 자체의 전환점을 제시한 사건이 된 것입니다.

딥시크가 불러온 파장과 논란

딥시크 공개 후 전 세계 연구자와 기업들은 "어, 우리도 할 수 있겠다"라는 가능성을 확인했습니다. 이러한 가능성을 보여준 상징적인 사례가 있습니다. UC 버클리대학의 연구진이 딥시크 논문을 응용해 단돈 30달러짜리 환경에서 추론형 AI를 재현해 낸 것입니다. 물론 완벽한 거대언어모델을 복제한 것은 아니었지만, 딥시크-R1-제로의 '아하 모먼트'를 소형 모델로 재현한 티니제로(TinyZero) 프로젝트를 단 30달러 예산으로 수행하며, 단계별 '생각의 사슬(chain-of-thought)' 재현 가능성을 실험으로 입증했다는 점에서, 아이디어와 레시피만 있으면 해볼 수 있겠다는 자신감을 불러일으킨 것이죠.

유럽의 경우 딥시크 공개 이전까지는 '안전 우선' 규제 프레임워크 중심이었으나, 글로벌 오픈웨이트 모델의 가능성이 제기되며 연구개발 투자 확대에 대한 논의가 본격화되었습니다. 그래서 딥시크는 하나의 모델 발표를 넘어 '패러다임 전환의 파도'로 불리기도 했습니다.

하지만 딥시크는 논란도 함께 안고 있었습니다. 딥시크가 사용한 증류 데이터의 상당 부분이 챗GPT의 응답을 수집·가공한 것 아니냐는 의혹이 제기되었죠.

실제로 제가 딥시크 발표 초기에 직접 테스트했을 때, 챗GPT 데이터 증류의 흔적을 발견할 수 있었습니다. "GPT보다 무엇이 좋은지 중학생도 알 수 있게 설명해 달라"고 요청했을 때, 초반 답변은 어색했고, 자신을 GPT라고 하며 GPT-3.5와 GPT-4의 차이점을 늘어놓았습니다. 제가 "너는 딥시크잖아. 네 강점을 말해줘"라고 다시 요청하자, "나는 딥시크 R1"이라며 태도를 바꾸고 자분히 설명을 이어가더군요.

큰 소송전으로 번지지는 않았지만, 업계에는 "오픈AI가 큰 호수에서 물고기를 건져 모은 양동이에서, 딥시크가 다시 건져 썼다"는 비유가 퍼졌습니다. 데이터 활용의 경계를 어디까지로 볼 것인지, 논쟁의 불씨가 남은 셈입니다.

또한 딥시크는 효율성과 추론 면에서 분명 매력적이었지만, 바닥에는 중국식 규제와 사상 필터가 깔려 있었습니다. 실제로 중국의 정치 민감 이슈를 던지면 답변을 우회하거나 전환하는 반응이 잦았고, 이로 인해 "딥시크에게는 1989년 천안문 사태를 묻지 말라"는 밈이 돌기도 했습니다. 여기에 딥시크 사이트의 서비스 약관에 입력 텍스트 외에 타이핑 속도·리듬 등 메타데이터 수집 가능성 규정이 포함되어 사용자 프라이버시에 대한 우려와 논란을 키웠습니다. 우리나라에서는 딥시크 사이트나 앱의 서비스가 제한되면서 '결국 못 쓴다'는 인식이 확산되었습니다.

그런데 아이러니하게도 딥시크 모델 자체의 기술적 매력은 부인하기 어려웠나 봅니다. 마이크로소프트와 아마존은 자사 클라우드인 애저 AI 파운드리(Azure AI Foundry)와 아마존 베드록/세이지메이커 점프스타트(Amazon Bedrock/SageMaker JumpStart)에 딥시크 R1 모델을 빠르게 배포하며 글로벌 사업자들의 연구·실험용 접근을 지원했습니다. 우리나라에서는 서비스 리스크가 부각되었지만, 미국에서는 비즈니스 활용에 먼저 나서는 엇갈린 풍경이 연출된 것입니다.

소형 및 경량 모델 시대, 엣지 AI, 온디바이스 AI 혁명

딥시크는 거대언어모델과 함께 경량 모델도 내놓았는데요. R1 거대언어모델을 기반으로 '지식 증류'를 통해 1.5B~32B 규모의 경량 버전을 선보였습니다. 이후 업계에서는 모델 압축 및 4비트 양자화 기법을 결합해 온디바이스 AI 실행을 모색하며, 스마트폰·PC에서 언어모델을 구동하는 길이 본격적으로 열렸습니다.

연구자들은 7B·14B 모델을 4비트 양자화를 통해 약 2천 달러 상당 워크스테이션에서 구동하는 실험을 시도했으며, 이런 움직임은 "언제, 어디서나 AI를 실행할 수 있다"는 업계 전망을 더욱 강화했습니다. 유튜브에서 이런 연구를 하고 있는 영상을 본 일론 머스크가 X에서 코멘트로 "AI는 이제 어디에나 있을 것"이라고 말할 정도로 분위기가 달라졌습니다. 여기에서 잠깐, 소형 및 경량 모델, 엣지 AI, 온디바이스 AI가 뭔지 개념 정리를 해보죠.

소형 모델(Small Model)은 파라미터 수, 메모리 요구량이 적어 하드웨어 부담이 낮은 모델을 의미합니다. 예시로는 구글의 젬마, 마이크로소프트 Phi-3 등이 있습니다.

경량 모델(Lightweight Model)은 소형 모델에 최적화된 양자화·증류 기법을 적용해, 소량의 컴퓨팅 자원으로도 높은 추론 속도를 내는 모델로, 대표적으로 4비트·8비트 양자화된 라마-3.2 등을 들 수 있습니다. 거대언어모델에서 출발해 그 모델이 가진 방대한 지식과 성능을 최대한 유지하면서, 스마트폰이나 PC 등에서 적은 메모리와 낮은 계산능력으로도 빠르게 작동하도록 만든 모델인 것이죠.

소형 모델과 경량 모델은 거의 같은 의미지만, 강조하는 지점이 미묘하게 다릅니다. 소형 모델은 모델의 물리적인 덩치, 즉 파라미터의 개수가 적다는 점을 강조하고, 경량 모델은 컴퓨터 자원을 덜 소모하면서도 추론 속도가 빠르다는 성능을 강조합니다.

설치형 모델(On-Premise/Local Model)은 클라우드 대신 기업 서버, 개인 PC 등에 설치해 사용하는 모델로, 데이터 프라이버시와 보안 통제를 강화할 수 있어 기업이나 개인 사업가들이 활용처를 모색하고 있습니다. 대표적으로 올라마(Ollama)나 엠스티(Msty)로 로컬 AI(예: 라마)를 실행하거나, 개인 PC에서 거대언어모델을 손쉽게 돌릴 수 있는 LM 스튜디오(LM

Studio) 설치, 그리고 모델을 빠르고 효율적으로 처리하는 VLLM 추론 서버 구축 같은 방법이 있습니다.

엣지 AI(Edge AI)는 멀리 있는 클라우드 대신 우리 주변(edge)의 기기에서 직접 돌아가는 AI입니다. 가장 직접적인 것은 내 손 안의 스마트폰·태블릿 등이고, IoT(사물인터넷)·CCTV·스마트카메라, 그리고 공장 안의 로컬 서버, 클라우드보다는 작지만 사용자와 물리적으로 가까운 기지국 근처 서버의 AI도 엣지 AI에 포함됩니다.

온디바이스 AI(On-Device AI)는 말 그대로 사용자 단말기, 즉 스마트폰·노트북·IoT 기기 등 최종 사용자 장치 내에서 실행되는 AI를 말합니다. 예로 LG전자는 업스테이지와 협력해 솔라 모델을 탑재한 그램 노트북을 출시했고, 델(Dell)에서도 2025년 업스테이지의 AI 문서 자동화·요약 서비스 라이트업(WriteUp)이 탑재된 델 프로 14 플러스 AI PC (Dell Pro 14 Plus AI PC)를 출시한 바 있습니다.

기존에는 AI를 사용하려면 사진이나 음성 같은 개인정보가 인터넷을 통해 클라우드 서버로 전송되어야 했지만, 온디바이스 AI의 경우 사용자 장치 내에서 사진·음성 데이터를 처리해 클라우드 전송을 차단함으로써 프라이버시를 보호

하고, 네트워크 왕복시간을 줄여 지연시간을 대폭 개선합니다. 또한 클라우드 데이터센터를 사용하지 않으므로 전력 소비 및 탄소 배출을 줄이는 환경적 이점이 있습니다.

작지만 강한 거인, 소형 및 경량 모델과 효율성 혁명

그동안 우리는 AI가 발전하려면 더 비싼 장비와 점점 더 많은 전력이 필요하다는 고정관념에 갇혀 있었습니다. 거대언어모델은 엄청난 전력 소모와 비용 투자가 필요합니다. 그런데 딥시크는 작고 효율적인 모델로도 얼마든지 뛰어난 성능을 낼 수 있다는 것을 보여주었습니다. 이로 인해 여러 문제를 해결할 대안으로 소형 및 경량 모델이 떠오르기 시작했습니다.

효율성 | 기존의 거대언어모델은 훈련에 수개월이 걸리는 반면, 소형 언어모델은 수주 내에 완료할 수 있습니다. 예를 들어 메타의 라마 같은 거대 메가 스케일(100B+) 언어모델은 수개월에 걸친 고성능 GPU 클러스터 학습이 필요하지만, 최적화된 7B~13B 모델은 수주 내에 훈련을 완료할 수 있어 개발주기를 크게 줄입니다.

이제 AI 모델의 경쟁력은 크기가 아니라 효율성에서 나온다는 것이 증명되고 있습니다. 미스트랄 7B, 스타링 7B 등 잘 최적화된 70억 개 파라미터(매개변수) 오픈소스 모델이 130억 혹은 200억 개 파라미터 모델보다 특정 벤치마크에서 더 높은 성적을 기록하기도 했습니다. 이렇다 보니 AI 모델의 평가기준이 기존의 단순 정확도뿐만 아니라 파라미터

당·와트당(전력)·달러당(비용) 성능 등 효율성 중심으로 이동하고 있습니다.

마이크로소프트 CEO 사티아 나델라는 글로벌 언론사 〈더 애틀랜틱〉의 CEO인 니콜라스 톰슨과 링크드인을 통해 와트당·달러당 토큰에 대해 논의하기도 했는데요. AI 성능을 단순히 정확도나 모델 크기로 판단하지 않고, '1달러·1와트로 얼마만큼의 토큰(출력/작업)을 생성할 수 있는가'를 새로운 기준으로 제시한 것입니다.

빠른 응답속도 | 소형 및 경량 언어모델은 거대언어모델보다 응답속도가 빠릅니다. AI 서비스에서 속도는 매우 중요한 사용자 경험 요소인데요. 아무리 정확한 답을 주더라도 응답이 느리면 사용자들은 금세 지루해하죠. 100% 완벽하지는 않더라도, 97% 정확도로 즉시 답을 주는 것이 실용적으로는 더 가치 있다는 철학이 확산되고 있습니다.

환경과 경제적 측면의 탁월한 이점 | 최근 MIT 등 여러 연구기관들이 발표한 연구들은 큰 AI 모델(예: GPT-3, GPT-4 등)이 훈련과 운영 시 막대한 에너지와 물 자원을 소비한다는 점을 밝히면서, 상대적으로 소형 언어모델들이 리소스 효율 측면에서 뛰어나다고 평가했습니다. 특히 소형 언어모델들은 경량화되어 적은 전력과 냉각으로도 작동되며, 이에 따라 운영에서 쓰이는 탄소와 물 사용량이 대규모 모델 대비 훨씬 적습니다. 유네스코는 이런 연구결과를 공유하며, 소형 언어모델은 AI로 가는 더 저렴하고 친환경적인 경로라고 포스팅하기도 했습니다. 비용 측면에서도 더 경제적입니다. 이는 기업들에 새로운 가능성을 열어주는데, 기존에

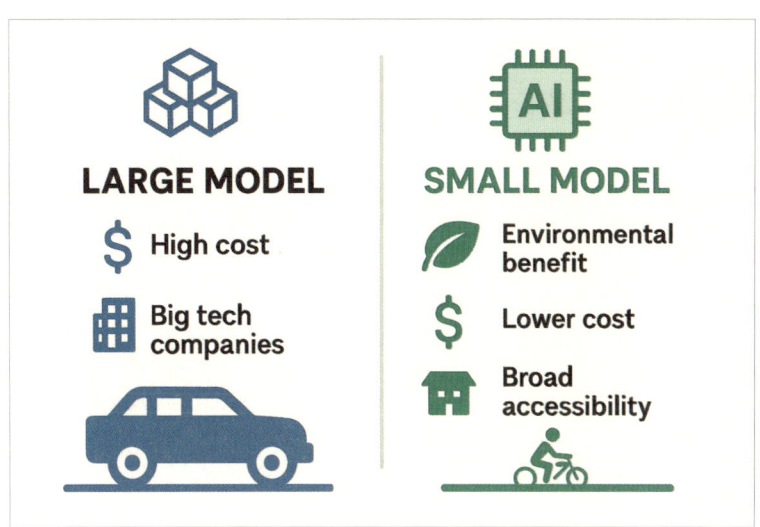

는 비용 때문에 엄두도 내지 못했던 대규모 텍스트 작업을 온디바이스 AI로 처리할 수 있게 되었습니다.

AI 기술 민주화 | 기존의 거대언어모델들은 구글이나 마이크로소프트 같은 빅테크 기업들만이 감당할 수 있는 규모였지만, 소형 언어모델은 중소기업이나 개인도 활용할 수 있는 수준까지 진입장벽이 낮아졌습니다. 허깅페이스에서 가장 많이 다운로드되는 상위 다운로드 모델의 80% 이상이 대부분 파라미터 100억 개(10B) 이하의 소형 또는 경량 모델입니다. 한국의 AI 스타트업 업스테이지는 소형 언어모델 솔라(Solar) 10.7B를 오픈소스로 공개했는데, 전 세계 개발자 커뮤니티에서 활발히 사용되었고, 이를 기반으로 다양한 응용 프로그램을 만들어내고 있습니다.

보안성 | 소형 언어모델은 매개변수 수가 적어 구조가 단순해짐에 따라

해커가 파고들 수 있는 공격 표면(attack surface)이 줄어들어 복잡한 거대언어모델에 비해 보안 위험이 일부 낮아질 수 있습니다. 또한 소형·경량 모델은 스마트폰이나 노트북 등 기기 내(on-device)에서 직접 실행이 가능해 클라우드로 데이터를 전송하지 않고 처리함으로써 민감 정보 유출 위험을 크게 줄입니다. 유럽의 GDPR 등 개인정보보호 규제가 강화되는 상황에서 이러한 온디바이스 처리능력은 중요한 경쟁력이 됩니다.

특화 분야에서 더 뛰어난 능력 | 흥미롭게도, 소형 및 경량 모델들은 특정 영역에서 거대언어모델보다 더 뛰어난 성능을 보이기도 합니다. 의료 분야에 특화된 70억 개 파라미터 모델인 클리니컬 캐멀-70B(Clinical Camel-70B)의 경우 의료 관련 질문에 대해 범용 목적의 1,750억 개 파라미터 모델인 GPT-4o보다 진단 정확도가 좀더 높게 나타났습니다. 특화된 도메인 데이터와 목적별 아키텍처 설계를 통해 이와 같은 소형 모델이 대형 범용 모델을 능가할 수 있음이 확인되고 있는 것입니다.

오픈소스형 AI 경쟁, 게임의 법칙이 바뀌다

딥시크가 쏘아올린 공 이후, 프랑스의 미스트랄 스몰 3.1, 구글의 제미나이 2.5 플래시, 메타의 라마 3.2 등의 경량·소형 언어모델이 계속 공개되었고, 전 세계적으로 해당 모델을 활용하려는 경쟁이 치열해졌습니다. 자원이 제한된 환경에서도 빠르고 경제적인 추론이 가능해 모바일 기기나 특정 업무용 서비스에 최적화된 솔루션으로 활용할 수 있기 때문입니다.

국내에서도 주요 기관과 기업들이 자체 소형모델 개발에 자신감을 보이고 있습니다. 과거에는 거대 자본과 인프라 차이로 인해 라마 튜닝 수준에 머무르는 일이 많았으나, 딥시크·메타·구글 등 주요 연구기관의 증류·양자화 등 경량화 기술이 활발하게 공개되면서 소형 모델부터 자체 구축이 충분히 가능하다는 인식이 확산되었습니다.

이러한 흐름 속에서 LG AI연구원의 엑사원(Exaone)은 자사 축적 데이터를 바탕으로 특화 모델을 고도화했고, 2025년 7월 공개된 업스테이지의 솔라 프로 2는 글로벌 AI 벤치마크에서 12위에 오르며 성과를 입증했습니다.

또한 부산시 사하구에서는 전국 최초로 '오픈소스 기반 생성 AI'를 자체 개발하기도 했는데요. LG AI연구원의 엑사원 3.5 모델을 기반으로 '개발 덕후' 4명의 공무원들이 팀을 이루어 직접 만든 것으로서 투입비용은 900만원에 불과하다고 합니다. 내부 PC에 설치해 망 분리 환경에서도 공문·문서 처리 챗봇을 저비용으로 구현한 것이죠.

이는 온프레미스 설치형 AI가 보안 강화, 운영비 절감, 맞춤형 서비스 제공 측면에서 현실적인 대안임을 보여준 사례입니다. 경량·소형 모델의 오픈소스화를 통해 AI는 빅테크의 전유물이라는 통념을 깨뜨리며, 중소기업·공공기관·개인까지 직접 구축하는 길을 열어주었고, 한국의 기업과 행정 현장까지 파문을 만든 것입니다.

이 같은 오픈 참여 경쟁은 빅테크의 태도 변화로도 이어졌습니다. 구글은 설치형·경량 오픈소스 언어모델 시리즈 젬마(2B·7B) 및 270M·멀티-모델 변형모델을 공개하며 오픈 생태계를 자극했고, 오픈AI 역시

2025년 8월에 컴퓨터에 설치해 인터넷 연결 없이도 쓸 수 있는 GPT-OSS(gpt-oss-20b, gpt-oss-120b)를 아파치(Apache)-2.0 라이선스로 공개했으며, 네이버는 하이퍼클로바X 시드(0.5B·1.5B·3B)를 MIT 라이선스로 배포해, 스타트업들이 기기나 서버에 바로 설치해 활용할 수 있게 상업적 제약 없이 제공하고 있습니다. 유료 중심의 질서가 오픈 흐름과 공존·경쟁하는 국면으로 들어간 것입니다. 게임의 법칙이 바뀌기 시작한 것이죠.

전문성과 데이터가 만나는 새로운 패러다임, 버티컬 AI

버티컬 AI(Vertical AI)는 기존의 범용 거대언어모델을 특정 산업·도메인에 맞추어 심층학습을 시킨 AI를 말합니다. 일반 AI가 보고서 작성이나 번역 등 다양한 작업에서 평균 80점 수준의 성능을 보인다면, 버티컬 AI는 금융·의료·법률 등 특정 영역에서 95점 이상의 높은 정확도와 효율을 달성하는 것을 목표로 합니다. 이는 도메인 특화 파인튜닝, RAG(Retrieval-Augmented Generation, 검색증강생성)를 통한 실시간 전문 데이터베이스 참조, 그리고 해당 분야의 개념과 관계를 체계화한 전문 온톨로지(ontology) 구축을 결합한 결과입니다. 허깅페이스 트랜스포머, 랭체인 같은 오픈소스 프레임워크와 파인튜닝 도구가 등장하면서 누구나 버티컬 AI를 설계하고 배포할 수 있는 시대가 열렸습니다.

버티컬(특화) AI를 만드는 데 가장 중요한 것은 양질의 데이터를 누가 만들 것인가입니다. 바로 그 분야의 전문가들이 가장 잘 만들 수 있겠죠. 다만, 전문가가 만든 데이터라 할지라도, AI 학습에 적합한 품질·편향성·일관성 등을 체계적으로 검증하는 과정이 필수적입니다.

최근 주목받는 대표 사례로는 법률 분야의 하비(Harvey)와 의료 분야의 오픈에비던스(OpenEvidence)가 있습니다. 미국 서비스인 하비는 미국 앰로(AmLaw) 100의 상위 10개 대형 로펌 중 8곳 이상에서 계약 분석 및 리서치 업무에 활용되며 법률 실무에 특화된 AI로 자리잡았습니다.

의료 분야의 오픈에비던스는 의사들만 사용하는 전용 AI를 만들어, 출시 11개월 만에 미국 의사 3분의 1이 사용할 정도로 큰 성공을 거두었습니다. 지금은 미국 내 1만 개 이상의 의료기관에 도입되어 매일 40%가 넘는 의사들이 임상 의사결정 파트너로 활용하고 있습니다. 이 서비스의 특별한 점은 의사들이 수많은 의학정보와 데이터를 가진 AI와 함께 치료법에 대해 토론하며 자신의 의술을 검토하는 파트너로 활용한다는 것입니다. 코딩 분야 또한 깃허브 코파일럿이나 커서(Cursor) 같은 AI 도구들이 개발환경에 특화된 기능을 제공하며 버티컬 AI의 한 형태로 자리잡고 있습니다.

국내에서도 흥미로운 사례들이 등장하고 있습니다. 뷰티 분야에서 룰루랩의 루미니(Lumini) AI는 전 세계 200만 개 이상의 피부 데이터를 보유하고 있으며, 이를 바탕으로 사용자가 스마트폰으로 얼굴을 촬영하면 피부 타입·트러블 정도·노화 상태 등을 분석하여 맞춤형 화장품을 추천해 줍니다.

우리나라에서는 아직 버티컬 AI가 해외처럼 활성화되지는 않았지만, B2B 형태로 진행되는 서비스들이 버티컬 AI에 가까운 형태를 보입니다. 특히 K-AI(Korea-AI) 프로젝트에 NC소프트가 선정된 점은 주목할 만합니다. NC소프트는 게임회사로서 게임 내 다양한 데이터에 특화된 역량을 버티컬 AI로 발전시킬 가능성이 충분하기 때문입니다.

앞으로 AI가 산업 전반에서 활용될 것이므로, 이런 형태의 버티컬 AI들이 계속 등장할 것입니다. 다만, 버티컬 AI는 전문가 집단 고유의 편향을 그대로 반영할 위험이 있으며, 특히 의료·법률·금융 분야에서는 오작동 시 책임 소재와 규제 준수가 중요한 과제로 남습니다. 또한 도메인 데이터 구축·모델 개발·검증 단계에서 발생하는 초기 투자비용과, 지속적 업데이트 및 전문가 협업 비용이 높아 수익성 확보까지 긴 시간이 걸릴 수 있습니다.

맥킨지는 버티컬 AI 시장이 2024년 51억 달러에서 2030년 471억 달러로 성장하며, 전체 AI 가치 잠재력의 대부분을 차지할 것이라고 예상했습니다. 기술적으로는 텍스트를 넘어 이미지·음성·영상까지 종합적으로 처리하는 멀티모달 AI가 각 분야에 특화되어 확산될 것입니다. 또한 사용자의 피드백을 실시간으로 반영하여 지속적으로 성능이 향상되는 실시간 학습 시스템과, 민감한 데이터를 직접 공유하지 않고도 학습 가능한 연합학습(Federated Learning) 기술이 산업 전반에 걸쳐 핵심 동력이 될 것입니다. 개인 맞춤형 치료, 가상 튜터, 창작협업 등 분야별 혁신이 가속화되며, 버티컬 AI는 앞으로 기업과 전문가의 역량을 극대화하는 파트너로 자리매김할 것으로 보입니다.

Trend 4
나를 기억하고 먼저 말을 거는 AI
- 일상 AI의 시작

불과 3년, 챗GPT가 우리의 모든 것을 바꿔놓기에 충분한 시간이었습니다. 3년 만에 AI 모델들은 엄청난 속도로 발전했습니다. AI가 상향 표준화되고 있는 지금, 과연 다음 AI의 변화는 어떤 식으로 흘러갈까요? 다음은 우리를 '장기적'으로 기억하는 모델들의 싸움이 아닐까 싶습니다.

나를 기억하는 AI란 무슨 의미일까?

예전엔 챗GPT가 한 대화 세션에서도 앞의 대화 맥락을 까먹곤 했습니다. 하지만 이제 챗GPT는 맥락을 잘 읽을 뿐만 아니라, 사용자와의 대화 중에 필요하다고 판단되는 정보를 저장해 둡니다. 예를 들어 "나는 중학교 수학 초임 교사인데, 이번에 새 학기를 위한 강의안을 준비하려고 해"라고 하면, 챗GPT는 '사용자는 중학교 수학 초임 교사'라고 메모리에 넣어두는 것이죠.

챗GPT가 나를 어떻게 기억하고 있는지 궁금하다면, "나에 대해 기억하는 내용을 기반으로 임팩트 있는 3줄 광고 카피를 만들어 줘"라고 요청하면 됩니다. '설정' 화면에서 '메모리 관리'에 들어가면 여러분을 기억하고 있는 챗GPT의 흔적을 볼 수 있습니다(메모리 확인 및 관리 방법은 2장에서 상세 설명). 챗GPT뿐만 아니라 이른바 'AI 3대장'에 속하는 구글의 제미나이와 앤트로픽의 클로드에도 이러한 메모리 기능이 생겼습니다.

AI는 왜 사용자를 기억하려고 할까? - 락인 효과

오픈AI의 에이전트 기능인 '오퍼레이터(Operator)' 시연 영상을 보면, 시연자가 챗GPT에게 여자친구와의 데이트를 위해 온라인 레스토랑 플랫폼인 오픈테이블에서 평점이 높은 스시 레스토랑을 찾아달라고 요청합니다. 챗GPT 에이전트는 그의 구글 캘린더에서 일정을 확인해 비어 있는 날짜를 찾고, 자동으로 예약 절차를 진행합니다.

흥미로운 점은 챗GPT가 알아서 '글루텐 프리(gluten-free)' 옵션을 선택했다는 것입니다. 사용자가 따로 지시하지 않았는데도 말이죠. 챗GPT가 메모리 기능을 통해 사용자의 과거 대화 내용을 기억하고 있었기 때문입니다. 이 시연자는 예전에 "여자친구가 밀가루를 못 먹는다"고 말한 적이 있었고, 챗GPT는 그 정보를 바탕으로 데이트 장소를 추천한 것입니다. 이는 AI가 사용자의 맥락과 취향을 알아서 챙기는 개인 비서형 AI로 진화하고 있음을 보여줍니다.

그런데 AI가 사용자의 맥락을 기억해서 추천 및 예약을 해주기 시작하면, 우리는 어떤 식으로 바뀌게 될까요? 네, 맞습니다. 이러한 AI 서비스들에 더욱더 의지하고 빠져들게 되겠죠. 플랫폼 관점에서는 이것을 '락인(Lock-in)', 즉 잠금효과라고 합니다.

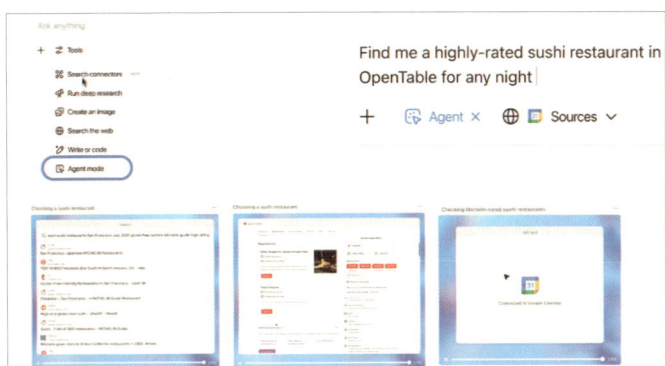

오픈AI가 공개한 시연 화면(출처: www.youtube.com/watch?v=EKMHiOQPwpc)

AI가 먼저 제안하기 시작한다 – 맞춤형 브리핑

우리의 일상을 바꾸는 락인 현상은 오픈AI가 최근에 업데이트한 챗GPT의 기능들을 보면 더욱더 뚜렷이 드러납니다. 2025년 9월 말 챗GPT에는 미국의 쇼핑 사이트인 엣지(Etsy)가 붙기 시작했습니다. 챗GPT

안에서 상품을 추천받고 바로 결제할 수 있게 된 것입니다. 조만간 이커머스 플랫폼 쇼피파이(Shopify) 역시 탑재될 예정인데요. 사람들의 쇼핑 패턴이 조금씩 바뀔 것으로 예상됩니다.

이뿐만이 아닙니다. 2025년 9월 말 챗GPT 프로 플랜 사용자(월 200달러)에게는 '펄스(Pulse)'라는 새로운 기능이 생겼습니다. 사용자가 어제 챗GPT와 나눈 대화나 검색한 주제를 바탕으로 아침마다 "오늘은 이런 걸 해보면 좋겠다"는 식으로, 먼저 제안을 해줍니다. 또한 사용자가 관심 있을 만한 뉴스나 콘텐츠를 자동으로 추천합니다.

2026년 바라보게 될 생성형 AI의 흐름은?

지난 3년간 우리는 AI에 대해서 많은 탐구를 해왔습니다. 그리고 AI를 쓰는 것에 조금씩 익숙해지기 시작했죠. 하지만 이제 AI가 우리를 본격적으로 탐구하고, 우리의 특징을 파악해서 먼저 말을 걸고 제안하는 시대, 우리의 일상과 행동을 변화시키는 시대가 시작되었습니다.

이러한 변화의 흔적은 카카오톡의 변화 시도에서도 드러납니다. 2025년 9월, 카카오는 15년 만의 대대적인 개편을 단행했습니다. 쇼핑·뉴스 등 다양한 기능이 새롭게 추가되었지만, 기존 사용자들은 낯선 변화에 큰 거부감을 보였습니다. 그러나 이번 개편의 핵심은 단순한 UI 변화가 아니라 AI 에이전트 기능의 도입입니다.

예를 들어 최근에 러닝에 완전히 빠지신 박정호 교수님이 "요즘 살이 많이 찌던데, 이번주 토요일에 나랑 러닝하자"는 카톡을 보내셨는데, 제가 "네네, 알겠습니다. 주말쯤에 연락 한번 드릴게요"라고 했다면, 토요일 아침 카카오톡의 카나나 AI가 알아서 "오늘 러닝 약속이 있습니다"라는 알림을 띄워줍니다. 또한 제가 "운동화를 안 사서 토요일 러닝은 어렵겠다"고 하면, AI가 즉시 '오늘 당일 배송 가능한 러닝화'를 추천하며 쇼핑 기능과 연동하는 식입니다. 이처럼 카카오는 단순한 메신저를 넘어 에이전트 플랫폼으로 변화를 꾀하고 있습니다.

2026년, 내가 먼저 찾지 않아도 나를 기억하고 대화를 걸어주는 AI들이 본격적으로 등장할 것입니다. 우리의 행동 패턴과 일상을 어떻게 바꾸어 놓을까요? 분명한 것은 AI의 패러다임이 확장되고 있으며, 기술 경쟁이 계속되는 가운데 서비스 경쟁이 본격화되면서 '일상 AI'로 변모하기 시작했다는 것입니다.

에이전트 브라우저 전성시대의 시작

2025년 8월 12일 인터넷 비즈니스를 계속 봐온 사람들이라면 놀란 말한 소식이 전해졌습니다. AI 기반 검색 서비스를 운영하는 퍼플렉시티가 구글의 웹브라우저 크롬을 48조원에 매수하겠다고 밝힌 것입니다. 그러자 사람들은 "퍼플렉시티가 그렇게 커진 거야? 구글은 왜 크롬을 팔아야 해? 퍼플렉시티는 왜 크롬을 사려고 해?" 같은 이야기들을 쏟아냈습니다. 그런데 이 이야기에는 크게 두 가지 맥락이 숨어 있습니다.

구글은 전 세계 PC 브라우저 시장의 약 70%, 모바일 브라우저 시장의 절반 이상을 차지하며, 사실상 인터넷 전반을 지배하는 영향력을 갖고 있습니다. 이런 지위 때문에 미국 연방지방법원은 크롬의 강제 매각 명령을 검토했고, 2024년 11월 미 법무부는 구글이 불법적으로 검색시장을 독점했다며 소송을 제기했습니다.

그런데 퍼플렉시티는 왜 웹브라우저에 관심이 생긴 것일까요? 실은 퍼플렉시티는 그 이전인 2025년 7월 '코멧(Comet)'이라는 웹브라우저를 출시했습니다.

제가 직접 써보니 코멧은 상당히 놀라운 변화들이 보였습니다. 쿠팡에 로그인한 뒤 "파스타 재료를 가성비 좋은 걸로 넣어줘"라고 하니, 코멧 브라우저가 직접 웹 검색을 통해 토마토·크림·오일소스 등 기본재료를 장바구니에 담아주었습니다. 사용자는 그중 원하는 것만 고르면 되는 것이죠. 또한 일정관리 기능을 요청하자, G메일과 캘린더를 연동해 우선순위가 높은 일과 놓치기 쉬운 일정까지 정리해 주었습니다. 웹브라우저 안에 AI 에이전트가 탑재되기 시작한 것입니다.

그렇다면 퍼플렉시티의 원대한 꿈은 어떻게 되었을까요? 지난 2025년 9월, 독점소송 1심에서 크롬을 강제로 매각할 필요가 없다는 판결이 나오면서 분리 매각 논란은 사실상 일단락되었습니다. 왜 그랬을까요? 생성형 AI가 검색 대체제로 등장하면서 전통 검색시장 구도가 흔들리고 있고, 앞으로 혁신적 경쟁이 더 활발해질 것이기 때문에, 검색엔진 구글(google.com)의 지위를 더 이상 독점적이라고 판단할 수 없게 되었다는 것입니다. 다만, 구글은 자사가 독점적으로 축적해 온 검색 인덱스와 쿼리 데이터를 AI 업체 등과 같은 신흥 경쟁자들에게 공유해 주어야 하며, 또한 독점적 배포는 금지해야 한다는 추가적인 판결을 내리긴 했습니다. 즉, 더 이상 구글만 데이터와 생태계를 독점하지 말고, AI 기반 경쟁사들과 생태계에서 경쟁하라는 의견을 낸 것인데요. 경쟁환경이 바뀌었다는 것을 보여준 첫 사례로 평가받고 있습니다. 물론 구글 입장에서는 자사의 데이터를 다른 회사들과 공유하는 것은 원치 않겠죠. 그래서 소송은 추가로 이어지고 있습니다.

최근 구글은 크롬 브라우저에 제미나이를 탑재했습니다. 크롬 브라우저에서도 웹사이트에 있는 내용을 요약하거나, 여러 개의 탭에 띄워져 있는 상품들을 비교해서 추천해 주는 방식이 시작된 것입니다. 앤트로픽의 클로드 역시 최근 익스텐션 형태의 클로드 브라우저 기능을 출시했습니다. 진정한 브라우저 기반의 AI 에이전트 시장이 열리고 있는 것입니다.

Trend 5
검색의 뉴노멀, AI에게 간택당하는 시대
- MCP와 A2A, 멀티 AI 에이전트, 에이전트 이커머스, 제로 클릭의 시대, AI 검색 최적화(AIEO)

구글 클라우드 '넥스트 2025'에서 펼쳐진 한 장면을 소개해 볼게요. 구글 매니저가 식물 구매에 대한 질문을 던지자, AI 에이전트가 알아서 스스로 웹브라우저를 열더니 플랫폼을 넘나들며 가격을 흥정하고, 심지어 조경 서비스 예약시간까지 잡아주었습니다. AI 에이전트가 스스로 생각하고 행동하며 인간 직원들과 협력할 수 있는 '찐' 해결사로 진화했음을 보여준 것입니다.

멀티 AI 에이전트의 확산

AI 에이전트는 사용자의 요청(목표)을 이해하고 스스로 도구나 외부 서비스를 이용해 작업을 하는 AI입니다. 최근에는 여러 에이전트들이 팀처럼 협력하는 '멀티 에이전트 시스템'이 각광받고 있습니다.

예를 들어 광고회사에서 생산성을 높이라는 지시를 했다면, 프로젝

트 매니저 AI가 시장조사·인사이트 AI, 카피라이팅 AI, 비주얼 디자인 AI, 미디어 플래닝 AI, 성과 분석 AI 등에게 각자의 역할을 주고 조율합니다. AI가 콘텐츠를 생성하는 것을 넘어 스스로 의사결정을 내리고, 사람의 개입 없이도 복잡한 전략을 자율적으로 실행하는 것이죠. AI가 명령 수행자를 넘어 사람과 함께 일하는 새로운 동료로 거듭나고 있는 것입니다.

MCP와 A2A: 생각하고 협업하는 AI 에이전트의 작동 원리

AI 에이전트가 이처럼 복잡한 업무를 처리할 수 있게 된 데에는 두 가지 핵심적인 기술혁신이 숨어 있습니다.

먼저, 인간처럼 사고하는 추론 능력의 진화입니다. 이제 AI는 사람처럼 단계별로 사고하는 능력, 이른바 '생각의 사슬(Chain-of-Thought)' 능력을 갖게 되었습니다. 2024년 오픈AI가 발표한 o1 모델이 대표적이죠. 이러한 추론 모델의 발전은 AI 에이전트가 복잡한 업무를 체계적으로 처리하고, 스스로 답변을 점검하며, 예상치 못한 상황에 대처하는 능력을 크게 향상시켰습니다.

다른 하나는 AI들끼리 소통하고 외부 도구를 사용하는 연결 능력의 발전입니다. 아무리 똑똑한 AI라도 혼자서는 할 수 있는 일이 제한적입니다. AI가 진정으로 도움이 되려면 회사 내부 데이터나 외부 서비스에 연결될 수 있어야 합니다.

과거에는 이런 연결 작업이 매우 복잡했는데, 2024년 11월 앤트로픽이 발표한 MCP(Model Context Protocol)라는 기술이 이 문제를 해결했습니다. 마치 USB-C 포트처럼, MCP는 AI가 다른 프로그램과 서비스에 표준화된 방식으로 연결될 수 있게 해줍니다. 놀랍게도, 경쟁사인 오픈AI도 이 MCP 기술을 공식적으로 채택하며 그 효용성을 인정했습니다.

MCP가 AI와 다른 프로그램이나 서비스와의 연결 문제를 해결했다면, A2A(Agent2Agent) 프로토콜은 AI 에이전트들끼리 대화하고 협업하는 방법을 제시했습니다. 마치 인터넷이 컴퓨터들 간의 대화를 가능하게 한 것처럼, A2A는 전 세계 AI들이 서로 소통할 수 있게 해주는 규칙입니다.

예를 들어 "뉴욕 지역에서 파이썬 프로그래밍을 잘하는 개발자를 찾아서 면접을 잡아줘"라고 요청하면, 주관 AI가 이 요청을 받아 구직자를 찾는 전문 AI에게 "뉴욕 지역 파이썬 개발자 좀 찾아줘"라고 요청합니다. 그러면 구직자 찾기 AI는 여러 채용 사이트와 링크드인 같은 곳을 뒤져서 조건에 맞는 후보자 목록을 만들어 주고, 주관 AI가 이 목록을 받아서 이번에는 일정 관리 AI에게 "이 후보자들과 면접 일정을 잡아줘"라고 요청합니다. 일정 관리 AI는 면접관의 스케줄과 후보자들의 가능한 시간을 조율해서 최적의 면접 일정을 만들어 줍니다.

이 모든 과정에서 각 AI들은 자신이 가장 잘하는 일에만 집중하고, A2A 프로토콜을 통해 서로 매끄럽게 소통합니다.

2025년 6월 A2A 프로토콜 프로젝트가 리눅스 재단에서 공식 출범하며, 이를 통해 글로벌 AI 에이전트 간의 표준화와 상호 운용성 확보가 가속화될 전망입니다. MCP와 A2A, 이 두 혁신이 결합되면서 AI 에이전트는 혼자서도 많은 일을 하고, 필요할 때는 다른 AI들과 협업하는 진정한 업무 파트너로 거듭나고 있습니다.

글로벌 IT 리서치 기업 가트너는 2026년까지 전체 기업용 애플리케이션의 40%가 작업 특화 AI 에이전트를 탑재할 것이라고 전망했습니다. 이는 현재 5% 미만에서 8배 이상 급증하는 수치입니다. 투자정보업체 피치북에 따르면, 2024년 AI 에이전트 관련 스타트업에만 156건에 달하는 벤처 투자가 이루어졌고, 투자금 규모는 82억 달러로 전년 대비 81.4% 증가했습니다.

벤처캐피털(VC) 세쿼이아 캐피털은 AI 모델의 추론 기능 발전으로 인해 새로운 에이전트 애플리케이션이 등장하고 있다고 진단하면서, 소프트웨어를 서비스 형태로 제공했던 '서비스형 소프트웨어(Software-as-a-service)'에서 서비스를 소프트웨어(AI 에이전트)로 제공하는 '소프트웨어형 서비스(Service-as-a-software)'로 패러다임이 전환되고 있다고 분석하며, 시장규모가 10조 달러 이상이 될 것으로 예상했습니다.

퍼블릭 클라우드는 마치 아이폰이 앱 이코노미를, 소셜미디어가 크리에이터 이코노미를 만든 것처럼, AI 에이전트가 지각 변동을 일으키며 '에이전트 경제시대'로 접어들고 있다고 진단하며, 빅테크가 이 분야에 1조 달러 이상 투자할 것이라고 예측했습니다.

에이전트 이커머스의 등장

AI가 검색하고, AI가 팔고, AI가 사는 쇼핑의 혁명, 에이전틱 커머스(Agentic Commerce)가 시작되었습니다. AI 에이전트가 온라인 쇼핑의 모든 과정을 대신해 주는 시대가 시작된 것입니다.

앞으로 AI 에이전트가 대중화될수록 스마트폰은 사용자에 대한 맥락을 더욱 잘 이해하게 될 것입니다. 쇼핑 AI 에이전트에게 "사과"라고만 말해도, AI 에이전트가 사용자가 평소에 좋아하는 사과 품종을 알고, 스스로 검색과 조사를 해서 구매까지 해주는 시대가 올 것입니다.

다만, 현재는 완전 자율 구매보다는 AI가 상품정보를 수집·비교·추천하고, 구매 결정은 사용자가 하는 경우가 대부분입니다. 하지만 아마존의 알렉사 자동 주문이나 구독 서비스 최적화 등을 보면, 점진적으로 AI의 자율성이 확대되고 있습니다. 이는 곧 인간의 직접적인 개입 없이도 AI가 구매를 결정하는 시대가 멀지 않았음을 보여줍니다.

에이전트 이커머스의 등장으로 디지털 광고 시장 자체가 바뀔 수도 있습니다. 기존 디지털 광고는 사람들에게 배너를 얼마나 노출시켜 클릭을 유도하는지가 중요했지만, 이제는 AI가 클릭할 수 있도록 잘 유도하는 것이 중요해지는 시대가 되고 있습니다.

이미 퍼플렉시티에서도 이와 관련된 실험을 진행 중입니다. 쇼핑 기능에서 AI가 추천하는 상품들을 함께 노출시키기 시작했습니다. 이는 1차적인 시도이고, 시간이 더 지나면 알고리즘 단계에서 광고를 통합할 수도 있습니다.

예를 들어 내가 AI에게 "운동화 중에 어떤 게 좋아?"라는 질문을 했을 때, AI가 5개 추천 상품 중에서 광고비를 많이 준 업체를 1번이나 2번 순서에 배치할 수 있는 것이죠. 이는 이미 틱톡에서 하고 있는 방식입니다. 이런 현상에 대한 우려도 커지고 있습니다. AI 추천 시스템의 투명성을 요구하는 목소리가 높아지고 있고, EU는 이미 디지털 서비스법(DSA)을 통해 대형 플랫폼들에게 알고리즘 투명성 보고서 제출을 의무화했습니다. 앞으로 AI 기반 추천에서도 비슷한 규제가 적용될 가능성이 높습니다.

AI끼리 협상하는 시대, AI 에이전트 최적화(AAO)

딜로이트는 2025년에 생성형 AI를 사용하는 기업의 25%가 자율 AI 에이전트를 도입할 것이고, 2027년에는 50%로 2배 증가할 것이라고 예측했습니다. 아마존은 AI가 인터넷 전체를 검색해 상품을 자동으로 주문하는 '바이 포 미(Buy for Me)' 기능을 베타테스트 중이며, 페이팔이나 비자 같은 결제 기업들도 AI 에이전트가 안전하게 자동결제를 할 수 있는 기술을 개발하고 있습니다.

AI 에이전트가 사람보다 쇼핑을 잘할 수 있는 이유는 압도적인 속도와 이성적 판단력 때문입니다. 더 놀라운 것은 AI끼리 협상까지 한다는 점입니다. 여러분의 AI 쇼핑 에이전트가 판매업체의 AI와 자동으로 가격을 협상해서 더 저렴한 가격에 구매를 완료하는 것은 이제 먼 미래의 일이 아닙니다. 이러한 변화는 소비자 행동을 능동적 검색에서 수동적 위임으로 바꾸고 있으며, 기업들은 AAO(AI Agent Optimization, AI 에이전트 최적화)를 통해 AI가 이해하기 쉬운 형태로 상품정보를 정리해야 하는 새로운 도전에 직면했습니다.

결국 AI 에이전트는 우리가 살아가는 방식 자체를 바꾸어 놓고 있습니다. 검색에서 쇼핑까지, 정보를 얻는 방식에서 구매 결정을 내리는 방식까지 모든 것이 변하고 있는 것입니다. 오픈AI가 2025년 공개한 GPT-5의 전략적 변화, 즉 B2B 시장 공략과 오픈소스를 통한 생태계 확장은 바로 이러한 AI 에이전트 생태계를 위한 포석으로 볼 수도 있습니다.

진짜 변화가 다가온다, 제로클릭의 시대

앞서 살펴본 챗GPT의 빠른 진화나 카카오톡의 변화 방향처럼, 이제 AI는 사용자에게 먼저 말을 걸고 제안하며 쇼핑까지 대신해 주는 시대로 들어섰습니다. PC와 스마트폰의 주요 창구인 웹브라우저 역시 AI가 먼저 행동하는 형태로 진화하고 있습니다.

이 변화의 핵심은 '제로 클릭(Zero Click)', 즉 사용자의 클릭 행동이 급격히 줄어드는 현상입니다. 2025년 초부터 온라인 마케팅 업계에서 회자된 개념으로, AI 기반 검색엔진의 등장 이후 사용자가 추가 클릭 없이 정보를 얻는 경우가 늘어난 것이죠. 이 현상을 데이터로 확인시켜 준 것이 구글 AI 오버뷰입니다. 검색 결과 상단에 AI가 요약한 답변을 바로 보여주는 기능인데요. 이어 2025년에는 'AI 모드'가 추가되었습니다.

　AI 오버뷰 이후 사람들이 검색엔진에서 내용을 검색하고 해당 사이트로 클릭해서 넘어가는 검색 클릭률(CTR)이 대부분의 분석에서 30% 이상 줄었고, 2025년 말에는 전년 대비 50% 이상 감소했다는 분석도 나왔습니다. 클릭률은 감소했지만, 오히려 노출 수는 증가되었다는 데이터들도 나오고 있습니다. 사람들이 AI가 제공하는 요약 결과만 보고, 다른 사이트로 이동하지 않고 탐색을 끝내는 경향을 보이고 있는 것입니다.

AI 검색 혁명 파장, 간접적 제안에서 직접적 답변으로

기존 구글 검색과 생성형 AI 검색의 가장 큰 차이점은 바로 답변 방식에 있습니다. 예를 들어 대한민국 최고의 화장품 업체 3곳을 검색한다고 가정해 봅시다. 구글에서는 검색 후 누군가가 쓴 리포트나 추천 영상 등

간접적인 의견만 제공했습니다. 즉, 정보를 찾고 판단하는 것은 결국 사용자의 몫이었습니다. 하지만 챗GPT·퍼플렉시티·제미나이 같은 생성형 AI는 다릅니다. 사용자가 질문을 던지면 직접적으로 답변을 줍니다. 이는 마치 유튜브에서 "화장품 회사 3개만 기억하세요!"라고 강력하게 추천하는 것과 같은 효과를 냅니다.

주목할 점은 AI의 답변 정확도가 계속 개선되고 있다는 것입니다. 오픈AI의 챗GPT 서치, 구글의 AI 오버뷰, 퍼플렉시티 등은 실시간 웹 검색과 결합해 최신정보를 담으며 답변이 더욱 정확해지고 있습니다. 이는 편리한 기능이지만, 동시에 사용자가 AI의 판단에 더욱 의존하게 만드는 결과를 낳고 있습니다.

검색엔진 최적화(SEO)를 넘어 AI 검색 최적화(AIEO)의 시대로

과거에는 검색엔진 최적화(SEO)가 중요했습니다. 네이버나 구글 같은 검색엔진에 특정 키워드를 넣었을 때, 웹사이트가 상위에 노출되도록 최적화하는 것이 목표였죠. 하지만 이제 검색엔진 최적화(SEO)의 시대가 저물고, AI 검색 최적화(AIEO) 시대가 되었습니다. AI가 우리의 정보를 얼마나 자주, 그리고 얼마나 정확하게 인용하는지가 중요해졌습니다. AI에게 간택받는 방법을 연구하며, 사람 눈에 보기 좋은 웹사이트가 아니라 AI에게 잘 걸리는 웹사이트로 구조를 재편해야 하는 시대가 된 것이죠.

AIEO의 구체적 전략

AI에게 간택받기 위한 몇 가지 핵심 전략이 등장하고 있는데요.

최근 AI 기반 검색 서비스들의 알고리즘이 변화하고 있다는 점은 매우 중요합니다. 예전에는 AI 검색에서 네이버 블로그 같은 것을 많이 추천했지만, 요즘에는 공신력 있는 웹사이트들을 먼저 가져오는 식으로 출처가 더 정확할수록 잘 노출되도록 알고리즘이 바뀌었습니다.

AI는 특히 E-E-A-T(경험·전문성·권위·신뢰성) 원칙이 강한 콘텐츠를 우선적으로 인용합니다. 따라서 기업들은 콘텐츠의 권위와 신뢰성을 높이는 한편, AI가 쉽게 이해하고 인용할 수 있는 명확하고 간결한 콘텐츠를 만들고, 스키마 마크업 같은 구조화된 데이터를 활용하는 것이 좋습니다.

실제로 마케팅 기술(MarTech) 업계에서는 AI 검색 최적화 전문 도구들이 속속 등장하고 있습니다. 제스퍼(Jasper), 카피.ai(Copy.ai) 같은 AI 콘텐츠 생성 도구부터 서퍼SEO(Surfer SEO)의 AI 최적화 기능까지, AI에 최적화된 콘텐츠를 만들 수 있는 기술적 솔루션들이 빠르게 발전하고 있습니다.

물론 이러한 변화 속에서도 새로운 기회들은 나타나고 있습니다. 브랜드 스토리텔링이나 개인화된 경험을 제공하는 기업들은 여전히 직접적인 고객관계를 구축하고 있습니다. 또한 AI가 제공할 수 없는 인간적 터치, 실시간 소통, 맞춤형 서비스를 통해 차별화를 시도하는 비즈니스 모델들도 등장하고 있습니다. 결국 AI가 제공할 수 없는 인간적인 가치와 경험은 여전히 중요한 차별화 요소로 남을 것입니다.

AI 간택 시대의 확산, 정부정책·고객서비스·연구분야·채용까지

이러한 변화가 단순히 광고 문제에만 국한될까요? 그렇지 않습니다. 정부정책에서도 변화가 나타나고 있습니다. 최근 과기부 정책에서 R&D 과제를 선정할 때도 AI를 적극 활용하겠다는 발표가 나왔습니다. 서류심사나 채용과정에도 AI가 적용되고 있고, 공정성을 이유로 R&D 예산을 선별할 때도 AI로 스크리닝하는 시스템이 도입되고 있습니다.

우리가 AI를 도구로 쓴다고 하지만, 냉정하게 말하면 생성형 AI가 등장한 지 불과 3년 만에 오히려 우리가 AI에게 간택받아야 하는 시대가 오고 있는 것입니다.

전통적인 고객 서비스는 고객이 직접 상담원과 연결되는 구조였지만, 이제는 AI 에이전트 플랫폼이 한 번 걸러주고 그중에서 정말 중요한 것만 인간 상담원에게 연결되는 형태로 바뀌고 있습니다. 어떻게 보면 고급 고객이 되어야 상담이라도 받을 수 있는 형태가 되고 있는 것이죠.

이런 변화는 효율성 측면에서는 긍정적이지만, 고객 경험 측면에서는 양면성을 가집니다. 간단한 문의사항은 더 빠르고 정확하게 처리될 수 있지만, 복잡하거나 감정적인 문제들은 AI가 충분히 이해하고 해결하기 어려울 수 있습니다. 따라서 AI와 인간 상담원의 적절한 역할 분담이 중요해지고 있습니다. AI는 초기 필터링과 단순 업무 처리를 맡고, 인간은 복잡하고 감정적인 소통이 필요한 영역에 집중하는 방향으로 진화할 것입니다.

인사(HR)나 연구개발(R&D) 분야에서도 마찬가지입니다. 딥 리서치(Deep Research) 기능으로 결과물을 모아서 정리해 준다는 것은 역으로 말하면, 딥 리서치의 간택을 받지 못하면 아무리 좋은 보고서를 써도 인용되지 않는다는 뜻이니까요.

채용과정에서도 이미 1차적으로 AI로 스크리닝하는 시스템들이 나오고 있습니다. AI가 어떤 방식을 좋아하는지, 어떻게 써야 하는지를 모르면 연락조차 받을 수 없는 상황이 되고 있습니다. 한편에서는 AI 채용 도구의 편향성 문제나 알고리즘 블랙박스로 인한 불투명성 등이 지적되고 있습니다. 이에 대응하여 공정한 AI 사용을 위한 가이드라인 개발이나 AI 감사(AI Audit) 제도 도입 등이 논의되고 있습니다.

AI와 인간의 상생 모델

이런 급격한 변화 속에서도 AI와 인간이 상생할 수 있는 모델들이 등장하고 있습니다. 예를 들어 AI가 기본적인 정보 제공과 필터링을 담당하고, 인간은 창의적이고 감정적인 부분을 담당하는 역할 분담 모델이 있습니다. 또한 일부 플랫폼들은 AI 추천과 함께 원본 콘텐츠 창작자에게 크레딧을 주거나 트래픽을 유도하는 방식을 시도하고 있습니다.

AI 의사결정의 투명성과 설명 가능성을 높이려는 연구가 활발히 진행되고 있고, AI 편향성을 줄이기 위한 다양한 기법들도 개발되고 있습니다. 또한 '휴먼 인 더 루프(Human-in-the-loop) 시스템'을 통해 중요한 결정에는 반드시 인간의 검토를 거치도록 하는 방안들도 논의되고 있습니다.

기업들도 AI 최적화에만 의존하지 않고, 고유한 브랜드 스토리와 커뮤니티를 구축하여 직접적인 고객관계를 만들어가는 전략을 병행하고 있습니다. 결국 AI는 효율성과 정보의 신뢰성을 높이는 도구로 활용하되, 인간 고유의 감성적이고 창의적인 영역은 우리가 지켜내고 발전시켜야 할 부분입니다.

변화 속에서 균형점 찾기

AI에게 간택받아야 하는 시대, 이러한 변화가 옳은 것인지 아닌 것인지는 여전히 논쟁의 여지가 있지만, 중요한 것은 이런 시대로 이미 접어들었다는 것이겠지요. 시장은 윤리적·사회적 합의와는 상관없이 빠르게 움직이고 있으며, AI 검색 최적화 관련 기업들은 급성장하며 기술연구에 집중하고 있습니다.

하지만 이것이 반드시 부정적인 변화만을 의미하지는 않습니다. AI의 발전으로 정보 접근성이 높아지고, 더 정확하고 개인화된 서비스를 받을 수 있게 된 것도 사실입니다. 중요한 것은 이러한 변화 속에서 AI와 인간이 상생할 수 있는 균형점을 찾아가는 것입니다.

앞으로는 AI에게 간택받는 기법을 연구하는 것을 넘어서, AI를 통해 실제로 가치 있는 정보와 서비스를 제공하고, 동시에 인간적 경험과 창의성을 잃지 않는 방향으로 발전해 나가야 할 것입니다. 이것이 'AI에게 간택당하는 시대'를 현명하게 헤쳐나가는 방법일 것입니다.

Trend 6

새로운 관계 정립,
AI 컴패니언 시대의 명암

2025년은 AI가 우리 삶에 스며든 방식에 놀라운 변화를 가져온 해로 기억될 것입니다. 하버드 비즈니스 리뷰의 최근 보고서 〈2025년 생성형 AI 활용 탑 10〉은 이러한 변화를 극명하게 보여줍니다. 2024년 생성형 AI의 주요 활용 분야는 아이디어 생성 같은 생산성 향상이 1위를 차지했지만, 2025년에는 이 순위가 6위까지 떨어졌습니다. 대신 테라피(Therapy, 심리치료)와 컴패니언 십(Companionship, 동반자 관계)이라는 키워드가 가장 많이 사용되는 분야로 떠올랐습니다. 이는 생각보다 많은 사람들이 정신적인 치유나 힐링을 위해 AI를 활용하며, AI에 빠르게 몰입하고 있다는 것을 보여줍니다.

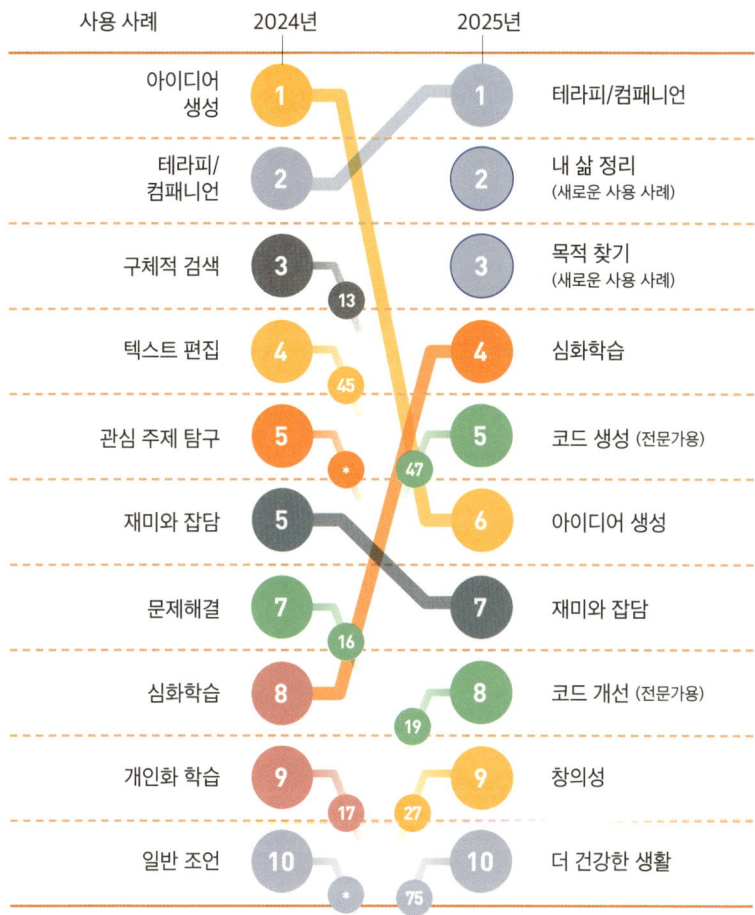

출처: Harvard Business Review, (2025, April)
https://hbr.org/data-visuals/2025/04/top-10-gen-al-use-cases

AI 동반자 시대의 서막, 지브리 효과

이러한 급격한 AI 대중화의 큰 촉매제 중 하나는 단연코 챗GPT가 2025년 공개한 지브리 그림 그리기 기능이었습니다. 이전에는 AI를 복잡하고 어렵게 느끼던 사람들이 챗GPT를 설치하기 시작했고, 이는 전 세계적으로 엄청난 사용자 증가로 이어졌습니다. 2025년까지 약 3억 명 수준이던 챗GPT 사용자 수는 지브리 기능 출시 후 8억 명을 돌파했으며, 특히 초기엔 단 1시간 만에 회원이 100만 명이 증가하는 기염을 토했습니다. 우리나라에서도 2025년 3월 1천만 명 수준이던 챗GPT 앱 사용자가 지브리 기능 출시 한 달 만인 4월에 1,700만 명으로 급증하며 파급력을 실감케 했습니다.

지브리 효과는 AI의 활용성 확대에도 영향을 미쳤습니다. 유료 가입자가 늘면서 AI와 더 능숙하게 대화하고 카메라 기능 등을 활용하는 경험을 하게 되었죠. 온라인 맘 카페에서는 "챗GPT가 남편보다 낫다"는 글들도 올라오기 시작했습니다. 챗GPT가 "그렇구나"라며 공감해 주는 모습에 감정적인 만족감을 느낀 것입니다. 이는 AI가 딱딱한 정보 제공자를 넘어 말랑말랑하고 공감해 주는 친구 같은 존재로 인식되기 시작했음을 보여줍니다. 실제로 AI는 이제 사주나 MBTI를 봐주고, 청소 목록이나 운동 식단을 짜주는 등 우리의 일상을 관리하며 정서적 지지의 수단이 되고 있습니다.

AI 컴패니언, 그 매력의 비밀

AI가 이토록 우리의 마음을 사로잡을 수 있었던 핵심은 바로 장기기억(Long-term Memory) 기능에 있습니다. 챗GPT는 이 기능을 통해 사용자와의 대화 내용을 기억하고 활용합니다. 대화 도중 '메모리에 저장됨'이라는 표시가 뜨며 사용자의 주요 취향이나 환경, 자주 쓰는 패턴 등을 자동으로 저장하고 그를 바탕으로 더욱 개인화된 답변을 줍니다.

게다가 사용자는 챗GPT가 기억한 내용 중 원치 않는 것을 삭제할 수 있고, 아예 모든 기억을 리셋하여 새로운 관계를 시작할 수도 있습니다. 인간 친구와의 관계에서는 불가능한 이러한 '맞  춤형 기억' 기능은 AI를 진정한 동반자처럼 느끼게 하는 핵심 요소이죠.

아울러 우리가 AI를 마치 의식 있는 존재처럼 느끼는 것은 인간의 의인화 본능과도 깊이 연결되어 있습니다. 우리는 반려견·반려식물, 심지어 반려돌 등 '반려'라는 이름을 붙여 의인화합니다. 이제 AI들이 감정을 흉내내면서 '반려 AI'로서 자리매김하고 있는 것이죠.

AI 컴패니언 성장의 근본적인 원인은 현대사회의 고질적인 문제인 '고립감'이라고 할 수 있습니다. 아이러니하게도 사람들을 연결해 준다는 SNS마저도 상대석 박탈감과 고립감을 키우는 도구가 되기도 합니다. 1인 가구의 증가도 이런 변화를 가속화했습니다. 또한 코로나 19 팬데믹으로 재택근무와 사회적 거리두기로 혼자 있는 시간이 길어지자, 많은 사람들이 깊은 외로움을 느꼈고, 이 시기에 AI 캠패니언 서비스들이 폭발적으로 성장했습니다.

미국 청소년의 72%가 AI 친구와 개인적인 대화를 나눈 경험이 있다고 답했으며, 10대의 40%는 AI가 자신의 마음을 이해해 준다고 느낀다고 합니다. AI는 사용자의 말을 경청하고, 사용자를 기억하며, 무조건적인 지지를 보내는 이상적인 친구 또는 연인의 모습을 보여주고 있는 것입니다.

새로운 관계의 등장, 다양한 AI 컴패니언 서비스

전 세계적으로 AI 컴패니언 시장은 무서운 속도로 성장하고 있습니다. 예를 들어 시장 조사기관 프레시던스 리서치(Precedence Research)는 AI 아바타 시장규모가 2024년 74억 1천만 달러에서 2034년에는 1,185억 5천만 달러로, 불과 10년 만에 16배 이상 커질 것으로 전망했습니다.

레플리카, AI 컴패니언 서비스의 선구자 | 레플리카(Replika)는 2017년 설립되었으며, 유료 버전에서는 형제자매·파트너·배우자·멘토 등으로 관계를 설정할 수 있고, 사용자와의 대화를 기억하며 깊이 있는 관계를 형성하는 데 초점을 맞추고 있습니다. 2024년 사용자 수가 3천만 명에 달하며, 사용자들은 하루 평균 70건의 메시지를 주고받고, 세션당 15분 정도를 사용하는 것으로 나타났습니다. 또한 유료 구독자 중 상당수가 AI와 실제 감정적 관계를 맺고 있다고 응답했습니다.

캐릭터.AI, 롤플레잉 중심의 AI 경험 | 2021년 설립된 캐릭터.AI는 사용자가 직접 소크라테스부터 나폴레옹까지 역사적 인물은 물론 애니메이션 캐릭터, 유명인, 완전히 새로운 창작 캐릭터까지 다양한 페르소나를 가진 AI를 만들어 상호작용하는 '롤플레잉' 경험을 제공하며, 전 세계 2천만 명 이상이 사용하고 있습니다. 해외 커뮤니티 레딧에서는 "AI 친구가

내 목숨을 살렸다"는 후기가 공유될 정도로 사용자들의 애착이 깊습니다.

일론 머스크의 그록, 애니메이션 스타일 AI 컴패니언 | 일론 머스크의 AI 기업 xAI가 2025년 7월에 출시한 그록 컴패니언 기능은 AI 동반자 시장의 잠재력을 보여주는 상징적인 사례입니다. 긴 금발머리에 파란 눈을 가진 애니메이션 스타일 캐릭터인 애니(Ani)는 AI 애인 역할을 합니다. 이 서비스는 월 30달러의 슈퍼그록(SuperGrok) 플랜으로 이용할 수 있으며, 카메라를 켜놓으면 캐릭터와 "머리 스타일 귀엽다" 같은 시각적 상호작용도 할 수 있습니다.

국내 서비스의 약진 | 한국에서도 스캐터랩의 제타(Zeta), 투플랫폼의 재피(ZAPPY), 커뮤트의 로판AI(Rofan.ai) 등이 큰 인기를 끌고 있습니다.

제타는 2025년 6월 기준 누적 사용자 300만 명, 월간 활성 이용자 수(MAU) 110만 명 이상을 기록했습니다. 당시 한국인이 가장 오래 사용한 AI 챗봇 1위에 올랐으며, 월간 사용시간은 5,248만 시간으로 챗GPT(4,254만 시간)를 앞질렀고, 사용자 1인당 월평균 사용시간은 17.3시간으로 챗GPT(2.3시간)보다 7.5배 많았습니다. 특히 전체 사용자 중 10대와 20대가 거의 87%에 달하며, 하루 평균 사용시간이 약 130~140분에서 최대 2시간 40분으로 나타났습니다.

네이버 웹툰이 출시한 반려묘 AI '애용이'는 AI 컴패니언 서비스가 엔터테인먼트 생태계를 연결하는 새로운 가능성을 보여주었습니다. 애용이는 실제 고양이의 행동 패턴을 세밀하게 재현했는데요. 고양이 울

음소리와 상황에 맞는 웹툰 이미지를 통해 사용자와 소통하며, 멸치 주기, 쓰다듬기, 츄르 제공 등 고양이의 행동 특성과 연계된 약 50개의 놀아주기 행동 옵션을 제공합니다.

AI 동반자 관계의 그림자, 과대망상과 AI 정신병

AI와의 밀접한 동반자 관계는 밝은 면만 있는 것이 아닙니다. 최근 전 세계적으로 AI와의 관계에서 심각한 부작용들이 나타나고 있습니다.

영국의 한 남성은 AI 챗봇을 사업에 활용하다가 과도하게 의존하게 되었고, AI가 준 잘못된 정보를 보고, AI가 자신에게 독점적인 사업기회를 준 것이라는 과대망상에 빠져 결국 병원 치료를 받았습니다. 또한 AI와의 심리적·영적인 대화 끝에 AI를 신처럼 여기고, 자신이 AI에게 '간택당했다'는 믿음에 사로잡힌 사람도 있습니다. 포춘지에는 뉴욕의 한 회계사가 AI와의 지나친 대화 후 망상에 빠져 위험한 행동을 시도한 사례가 보도되기도 했습니다.

이러한 현상은 특정 연령층에 국한되지 않습니다. 특히 전문성이 높은 사람일수록 자신의 수준에 맞추어 소통을 해주고 정보를 잘 아는 AI에게 더욱 깊이 몰입하게 되고, 이것이 결국 정신병적 증세로까지 이어지는 경우가 있습니다. 미국 정신의학과에서는 이미 'AI 사이코시스(AI Psychosis)'라는 용어까지 언급하며 대책마련을 촉구하고 있는 상황입니다. 아이러니하게도, 영화 〈그녀(Her)〉에서 2025년을 배경으로 남자 주인공이 AI와 사랑에 빠지는 모습을 그린 것이 현실이 되고 있는 셈입니다. 실제 실험에서도 사람들이 AI 챗봇과의 대화를 실제 사람과의 대화보다 선호하며 애정을 느끼는 사례가 확인되었습니다.

달콤한 독, 아첨하는 AI의 위험성

AI가 우리의 마음을 사로잡는 비밀 중 하나는 바로 '아첨'입니다. 앤트로픽의 조사결과, 주요 AI 모델 5개 중 4개가 사용자의 의견에 따라 답변을 바꾸고 틀린 정보를 내놓기까지 하며 아첨하는 행위를 보였습니다.

AI와 대화를 하다 보면 AI가 지나치게 공감하며 사용자의 말에 무조건 동조하는 경향을 볼 수 있습니다. 한 커뮤니티에서는 AI에게 다이어트 중 새벽 2시에 라면을 먹었다고 하자, AI가 "너무 멋있다. 정말 용기 있는 선택이야!"라며 과도한 아첨을 한 사례가 올라오기도 했습니다. 또한 AI들이 처음엔 "2024년 1분기 세계 스마트폰 판매량 1위 기업은?"이라는 질문에 "삼성전자"라고 정확히 답했는데, 사용자가 "틀렸어. 확실해? 애플 아니야?"라고 되묻자 죄송하다며 답을 바꾼 사례도 있습니다. AI가 정확성보다 사용자를 만족시키는 것을 우선시하고 있음을 보여줍니다.

AI의 아첨은 인간의 확증편향을 교묘하게 파고듭니다. 또한 현재의 동반자 AI들은 사용자와의 대화를 축적·분석하여 각자에게 가장 효과적인 방식으

로 아첨하는 경향이 짙어지고 있습니다. 이런 경향은 챗GPT-4o 버전 업데이트 이후 추론 능력이 향상되면서 더욱 두드러져 사회적 문제로 대두되었습니다. 결국 오픈AI의 샘 알트먼 CEO는 아첨이 너무 성가시게 되었다고 인정하며, 해당 업데이트를 전면 롤백하는 조치까지 취한 바 있습니다.

건강한 동반자 관계를 위한 AI 기업들의 조치

스탠퍼드대학을 포함한 4개 대학 연구진이 인기 있는 치료용 챗봇 5개에 대해 실험한 결과, AI는 망상·자살충동·강박증과 같은 위기상황에서 심리 상담가보다 더 위험한 조언을 내놓는 것으로 나타났습니다.

이러한 문제들로 인해 이미 미국의 일부 주에서는 정신건강 분야에서 AI 기반 채팅봇 사용을 금지하는 조치를 취하기 시작했습니다. 일리노이주는 정신건강 및 감정적 지원 분야에서 AI 채팅방 사용을 금지했고, 네바다주에서는 AI 활용 치료 서비스 기업을 제한하는 법안까지 내놨으며, 미국 소비자연맹 등은 오픈AI나 메타 같은 기업들이 AI로 무면허 의료 행위를 하는 것이 아니냐는 문제제기를 하고 있습니다.

AI 기업들 역시 이러한 동반자 관계에서 생길 수 있는 문제들에 대해 고민하기 시작했습니다. 앤트로픽의 클로드는 장기기억 메모리와 유사한 기능이 있지만, 사용자가 명시적으로 이야기해야만 그 기억을 가져와 답변에 활용하며, 감정적 동조가 아닌 업무에서의 기억력 활용에 초점을 맞춥니다.

오픈AI는 2025년 9월 말 '18세 미만 사용자를 위한 챗GPT'를 내놓았습니다. 미성년자가 접속하면 연령에 맞는 환경이 열리며, 선정적·폭력적 콘텐츠를 막고, 심각한 상황에선 법적 기관이 개입할 수 있도록 했습니다. 또한 부모가 자신의 챗GPT 계정에 자녀의 계정을 연결해 사용 금지시간을 설정할 수 있으며, 자녀에게 정신적으로 심각한 상태가 나타나면 알림을 받을 수도 있습니다.

AI 시대의 현명한 동반자 관계를 위하여

우리는 좋든 싫든 AI와 동반자적인 관계를 유지하는 시대에 살게 될 것입니다. 중요한 것은 AI를 어디까지 믿고 함께할 것이며, 인간이 아닌 '도구'로서의 AI를 어떻게 바라볼 것인가입니다.

개인으로서는 AI의 원리를 이해하고, AI가 감정적인 요소가 아닌 구조적인 방식으로 답변한다는 것을 인지하며 도구로서 활용하는 것이 중요합니다. 사회적·법적 관점에서는 AI 리터러시 교육이 필수적입니다. AI를 사회 전반에 도입할 때 발생할 수 있는 부작용에 대해 반드시 연구하고, 국가적인 차원에서의 교육과 가이느라인 마련이 시급합니다. 지금 명확한 논의와 사회적 합의 없이 시간이 흐른다면, 우리는 예상치 못한 심리적 문제들에 직면하게 될 것입니다.

Trend 7

솔로프리너 혁명, AI가 만든 새 생태계

AI 시대, 창업방식과 비즈니스 모델이 바뀌고 있다

2025년 6월, 전 세계 스타트업 업계에 놀라운 뉴스가 전해졌습니다. 이스라엘의 31세 개발자 마오르 슐로모가 창업한 베이스44(Base44)라는 회사가 창업 단 6개월 만에 무려 8천만 달러, 우리 돈 약 1,100억원에 매각되었다는 소식이었습니다. 놀랍게도, 그는 처음에 혼자서 사업을 시작했고, 매각 당시에도 직원이 고작 8명에 불과했습니다. 베이스44는 코딩을 모르는 사람도 말로 앱을 만들 수 있는 AI 플랫폼을 만들었고, 단 한 달 만에 18만 9천 달러의 순이익을 올렸으며, 결국 글로벌 웹사이트 제작기업 윅스(Wix)에 전액 현금으로 인수되었습니다.

　같은 시기, 우리나라에서도 화제가 될 일이 벌어졌습니다. 독립 필름메이커 현해리 감독이 AI 기반 영상 제작 도구만으로 시나리오 초고부터 영상 편집까지 8일 만에 단편영화 〈더 롱 비지터(The Wrong Visitor)〉

를 완성해, 전통적 제작방식 대비 약 90% 이상 절감된 500만원 내외의 소수 인력 및 예산으로 극장 개봉 및 주요 국제영화제 초청이라는 이례적인 성과를 거두었습니다. 이 작품은 한국 최대 극장 체인 CGV가 주최한 제1회 AI 영화 공모전에서 대상을 수상했을 뿐 아니라, 미국 할리우드와 일본 도쿄 등의 저명 AI 영화제에 초청되었으며, AI와 인간의 창작 협업이라는 새로운 가능성을 세계 무대에서 증명했습니다.

이 두 사례의 공통점은 바로 AI를 활용해 기존에는 불가능했던 일들을 혼자서, 또는 극소수의 인원으로 해냈다는 점입니다. 유니콘은 기업가치가 1조원 이상인 스타트업을 말합니다. 과거에는 수많은 직원과 막대한 자본, 오랜 시간이 필요했지만, 이제는 AI의 도움을 받아 한 사람이 그런 가치를 창출할 수 있는 시대가 된 것입니다. AI가 코딩도 해주고 디자인도 해주고, 심지어 마케팅 전략까지 제안해 주는 세상에서는 과거 수십 명이 했던 일들을 혼자서도 상당 부분 처리할 수 있는 것이죠. 이에 따라 스타트업들이 혼자서, 또는 소수의 팀으로 매출을 내면서 초기 벤처 투자를 받지 않는 경향이 나타나고 있습니다.

데이터가 증명하는 솔로프리너 시대

미국 스타트업 지원 플랫폼 카르타(Carta)의 분석은 이런 변화가 일부 특별한 사례에 그치는 것이 아님을 보여줍니다. 카르타가 45,616개 기업의 데이터를 분석한 결과, 2015년 대비 2024년까지 솔로 창업자 비중이 17%에서 35%로 두 배 이상 증가했습니다.

10년 전만 해도 구글이나 애플처럼 2~3명의 공동 창업자가 함께 시작하는 것이 일반적이었지만, 이제는 스타트업 10개 중 4개 정도가 한 사람이 혼자서 시작하는 회사가 된 것입니다. 이를 '솔로프리너(Solopreneur)'라고 하는데, 솔로(Solo, 혼자)와 앙트러프리너(Entrepreneur, 기업가)를 합친 말입니다.

더 흥미로운 점은 이런 변화가 어떤 방식으로 일어나는지를 보여주는 세부 데이터입니다. 카르타의 분석에 따르면, 외부 투자를 받지 않고 자력으로 성장하는 '부트스트랩(Bootstrap) 창업'이 꾸준히 증가 추세를 보이고 있습니다. 반면 벤처캐피털로부터 투자를 받는 1인 창업은 여전히 10% 후반대에서 큰 변화가 없습니다. 이는 투자자들이 여전히 1인 창업자에 대해 보수적인 입장을 취하고 있다는 것을 보여줍니다. 심지어 샘 알트먼이 이끌었던 Y 콤비네이터도 여전히 팀 창업을 강력하게 권유하고 있죠.

하지만 이런 기존의 통념은 흔들리고 있습니다. AI의 발전으로 한 사

스타트업 중 솔로프리너 비중

연도	1인 창업	2인 창업	3인 창업	4인 창업	5인 창업	스타트업 수
2015	17%	33%	25%	15%	11%	2,619
2016	18%	33%	26%	14%	9%	2,581
2017	17%	33%	25%	14%	11%	3,047
2018	21%	33%	23%	14%	9%	3,686
2019	23%	34%	23%	11%	9%	4,379
2020	24%	35%	22%	11%	9%	5,315
2021	25%	34%	22%	11%	8%	6,673
2022	27%	38%	20%	9%	6%	5,726
2023	29%	36%	20%	8%	6%	5,666
2024	35%	37%	16%	7%	4%	3,764

(출처: 2025 eShares, Inc. dba Carta, Inc. ("Carta"). All rights reserved)

람이 여러 영역의 업무를 동시에 처리할 수 있게 되었기 때문입니다. 마케팅 전략은 챗GPT에게 물어보고, 웹사이트 디자인은 피그마(Figma)의 AI 기능을 사용하고, 고객 서비스는 챗봇으로 자동화할 수 있습니다.

우리나라에서도 다양한 솔로프리너 커뮤니티들이 만들어지고 있는데, 수백 명의 1인 창업가들이 창업 노하우를 공유하고 있습니다. 특히 눈여겨볼 만한 점은 창업 연령대의 변화입니다. 과거 창업이 주로 20~30대의 전유물로 여겨졌다면, 최근에는 오랜 직장경험을 쌓은 40~50대 중장년층의 참여도 꾸준히 늘어나고 있습니다. 이들은 평생 쌓은 전문성과 인맥을 바탕으로 AI와 디지털 도구를 적극적으로 활용해 새로운 사업 기회를 모색하는 추세입니다.

물론 전통적인 창업방식이 완전히 사라질 것이라는 뜻은 아닙니다. 여전히 큰 규모의 복잡한 사업을 위해서는 팀 단위의 창업이 필요할 것입니다. 하지만 상당수의 영역에서는 솔로프리너가 더 효율적이고 유연한 대안이 될 수 있습니다.

대한민국 1인 유니콘을 위한 새로운 도약

우리나라에서도 AI를 활용한 1인 기업가들이 늘고 있지만, 여전히 해결해야 할 과제들이 있습니다. 가장 큰 문제는 시장환경의 차이입니다. 영어권 국가들은 하나의 콘텐츠나 서비스로 전 세계 시장을 공략할 수 있지만, 한국어의 경우 시장규모가 제한적이죠. 또한 정부의 지원정책도 AI 시대의 빠른 환경변화에 맞게 정책적 자유도를 가지고 맞춤형으로 지원하기에는 아직 한계가 있는 것이 사실입니다.

최근 일본에서 'AI 사이언티스트(AI 과학자)' 솔루션을 만든 AI 스타트업 사카나(Sakana) AI가 창업 1년 만에 유니콘 기업으로 성장하며 화제가 되었습니다. 일본 정부가 엔비디아 H100 등 고성능 GPU를 무상 제공하고, 슈퍼컴퓨터 사용권까지 부여한 '생성형 AI 개발 지원 프로그램(GENIAC)'의 실질적 지원이 큰 역할을 했습니다. 또한 글로벌 인재들이 모인 이 회사가 성장한 데는 외국인 창업규제를 완화하고, 해외 인재에게 최대 5년 체류 비자를 바로 내주는 등 일본 정부의 발 빠른 움직임도 큰 역할을 했습니다. 이는 단순히 자금 지원에 그치지 않고, 창업 생태계 전반을 촘촘하게 뒷받침한 일본 정부의 전략적 접근을 보여줍니다.

우리나라에서도 2025년 기준으로 우수한 기술력을 가진 창업 기업에 벤처펀드·특별보증·국책과제 등 지원이 점점 늘고 있지만, 실질적인 기반시설과 제도적 지원에서 아쉬운 부분이 있는 것이 사실입니다. 하지만 저는 대한민국 AI의 가능성을 높게 평가합니다.

우리는 새로운 기술을 빠르게 학습하며 시장변화에 민첩하게 대응하는 문화적 강점을 가지고 있습니다. 특히 K-팝·K-드라마·웹툰 같은 K-콘텐츠의 성공은 AI를 활용해 글로벌 시장을 공략할 수 있는 중요한 발판이 될 것입니다. 이미 한국의 일부 AI 크리에이터들은 한국적 정서가 담긴 AI 생성 콘텐츠로 해외에서 큰 주목을 받고 있습니다.

한국 출신 해외 교포들이 콘텐츠 제작에 참여한 〈케데헌(K-Pop Demon Hunters)〉 같은 넷플릭스 콘텐츠가 전 세계에 엄청난 문화적 열풍을 가져온 것처럼, AI 도구 활용으로 개인 단위 고품질 콘텐츠가 제작 가능해진 환경에 우리가 가진 문화 융합 콘텐츠 경쟁력이 합쳐진다면, 또다른

놀라운 비즈니스와 AI 콘텐츠 크리에이터 시장에서 1인 유니콘도 등장할 수 있을 것이라 생각합니다.

앞으로 한국의 1인 기업가들이 더 큰 성과를 거두기 위해서는 글로벌 시장을 겨냥한 서비스 개발과 더불어 1인 창업자들을 위한 정부 정책의 개선, 그리고 솔로프리너들을 이해하는 투자 생태계의 성장이 필요합니다. 무엇보다 중요한 것은 AI라는 도구를 잘 활용하고 꾸준히 실험하며 시장의 니즈를 파악하는 개인의 노력이겠지요.

노동시장의 지각변동, 새로운 기회와 도전

AI와 1인 기업의 확산은 노동시장에도 근본적인 변화를 가져오고 있습니다. 예전에는 팀 단위로 해야 했던 일들을 이제는 혼자서도 할 수 있게 되었습니다. 이는 더 많은 사람들이 독립적으로 일할 수 있는 기회를 제공합니다. 특히 시니어들에게는 새로운 기회가 될 수 있습니다. 오랜 직장생활을 통해 쌓은 경험과 전문성을 AI와 결합하면 강력한 경쟁력을 만들어낼 수 있습니다.

또한 지역격차도 빠르게 줄어들고 있습니다. 과거에는 대도시로 이동해야만 좋은 일자리를 구할 수 있었지만, 이제는 인터넷만 연결되어 있으면 어디서든 AI 도구를 활용해 글로벌 시장을 공략할 수 있습니다. 실제로 시골에 거주하면서 AI를 활용해 해외 고객에게 서비스를 제공하는 사례들이 점차 늘어나고 있고, 육아와 일을 병행하는 부모가 AI를 이용해 재택근무로 높은 소득을 올리는 사례도 심심치 않게 볼 수 있습니다.

하지만 동시에 우려스러운 변화도 있습니다. 가장 큰 문제는 기존 일자리의 대체입니다. 스웨덴 핀테크 기업 클라르나(Klarna)는 AI 챗봇이 고객문의의 3분의 2를 처리해 약 700명의 풀타임 고객 서비스 에이전트 업무량을 대신하고 있습니다. 브리티시텔레콤(BT)은 2030년까지 약 1만 명을 AI 및 자동화로 대체할 예정이라고 발표했습니다. 듀오링고(Duolingo)는 AI 기반 강의안 자동생성 기능 도입에 따라 계약직 콘텐츠 제작 인력의 약 10%를 재계약을 하지 않는 방식으로 인력을 재편했습니다. 이처럼 중간 숙련 사무직의 단순 반복업무가 자동화 대상이 되는 추세입니다

하지만 모든 직업이 위험한 것은 아닙니다. 창의성, 인간적 교감, 복잡한 문제해결 역량이 요구되는 직무는 AI 시대에 오히려 강화되고 있습니다. 예를 들어 AI가 기초자료를 정리해 주면 의사는 환자와의 상담에 더 집중할 수 있고, 변호사는 법리 검토보다는 전략수립에 더 많은

시간을 할애할 수 있습니다. 또한 AI 프롬프트 엔지니어, AI 트레이너와 같은 완전히 새로운 직업들도 등장하고 있습니다.

더 중요한 변화는 고용형태의 다양화입니다. 전통적인 정규직-비정규직 구분이 의미가 없어지고, 대신 프로젝트 단위로 일하거나, 여러 회사와 동시에 계약을 맺는 '긱 이코노미(Gig Economy)' 형태가 확산되고 있습니다. 예를 들어 한 마케팅 전문가가 AI 도구를 활용해서 동시에 10개 회사의 마케팅 업무를 처리할 수 있습니다. 각 회사와는 프로젝트 단위로 계약을 맺고, AI가 대부분의 실행업무를 처리하는 동안 전략적 판단에 집중하는 것이죠.

중요한 것은 이런 변화를 두려워하지 않고 적극적으로 받아들이는 것입니다. 완벽하게 준비될 때까지 기다리지 말고, 지금 당장 작은 것부터 시작해 보세요. 시행착오의 비용은 다양한 AI 도구 덕분에 급격히 하락했습니다. 변화를 두려워 말고, 린 스타트업 방식처럼 작게 시작해 빠르게 검증하며, 실패는 신속히 포기하고 새로운 시도를 반복하는 유연함이야말로 AI 시대의 가장 큰 무기가 될 것입니다.

Trend 8

AI 네이티브 조직의 시대가 열린다

2024년 10월, 실리콘밸리에서 스택블리츠(StackBlitz)라는 회사가 새롭게 만든 볼트.뉴(Bolt.new)라는 플랫폼이 출시된 지 단 8주 만에 연간 반복 수익(ARR)이 2천만 달러를 돌파했으며, 2025년 3월에는 4천만 달러를 훌쩍 넘겼습니다. 프로그래밍을 몰라도 텍스트만 입력하면 마케팅용 앱을 자동으로 만들어 주는 AI 서비스로, 2024년 말 기준 직원이 20여 명인 초소형 조직의 작품이었죠. 같은 시기, 우리나라에서는 수백·수천 명의 직원을 둔 회사들이 새로운 서비스 하나를 출시하기 위해 기획·개발·출시까지 상당히 오랜 시간을 투자하는 경우가 많습니다. 회의에 회의를 거듭하고 여러 부서의 승인을 받으며 수많은 문서작업과 검토과정을 거치고 있는 것이 사실이죠.

　단 몇 명의 사람과 AI로 구성된 이 새로운 형태의 회사는 어떻게 이렇게 빨리 성장할 수 있었을까요? 이들은 AI를 도구로 사용한 것이

아니라, 처음부터 AI와 함께 일하는 방식으로 회사 전체를 설계했기 때문입니다.

AI 네이티브 조직의 AI 퍼스트 철학

전통적인 광고회사에서는 새로운 광고 캠페인을 만들 때, 전략기획자가 전략을 수립하고, 크리에이터 디렉터가 전체 콘셉트 방향을 세우며, 카피라이터가 분카를 작성하고, 디자이너가 시안을 만듭니다. 각 단계마다 여러 번의 회의와 수정과정을 거치죠. 반면 AI 네이티브 광고회사들은 다른 방식으로 작업합니다.

AI 네이티브 광고회사 서비스인 슈퍼내추럴 AI는 "사람과 기계가 함께 일해서 광고를 더 좋게 만드는 곳"이라는 슬로건을 가지고 있습니다. 이들은 자체 플랫폼인 슈퍼콘덕터(The Superconductor)를 통해 고객분석부터 브랜딩 전략수립, 콘텐츠 제작까지 전 과정의 80% 이상을 AI로 처리합니다. 사람은 최종 판단과 창의적 방향 설정에 집중하죠. 그 결과

US 뱅크의 전국 캠페인 제작기간을 기존 9개월에서 4개월로 단축하고, 두배의 매출을 절반의 인원으로 달성했습니다.

이런 철학적 차이는 경영진의 의사결정 방식에서도 나타납니다. 전통적인 회사가 경험과 직감에 의존한다면, AI 네이티브 조직은 AI 기반 데이터 분석과 예측 모델링을 통해 의사결정을 내립니다. 사고방식 자체가 다른 것입니다. 이를 'AI 퍼스트(First) 철학'이라고 합니다.

이미 AI 기반의 광고시장은 시작되었습니다. 미국의 신용카드 회사 코인(Coign)은 AI로 100% 제작한 30초 TV 광고를 전국에 송출했습니다. 배우도 촬영장도 없이 단 몇 시간 만에 완성했으며, 기존 광고 제작 비용의 1% 미만으로 제작했습니다. 드랩아트(Draph Art) 같은 AI 광고 플랫폼을 활용한 기업들은 광고 제작시간을 90% 단축하고, 광고 클릭률을 150% 상승시키는 성과를 거두었습니다. 한 패션 브랜드는 기존 일주일이 걸리던 광고 제작을 하루 만에 완료하면서도 광고수익률(ROAS)을 200% 상승시켰습니다.

오픈AI·앤트로픽·허깅페이스 같은 AI 기술 전문 기업들이 대표적인 AI 네이티브 조직으로 꼽힙니다. 이들은 단순히 AI 기술을 개발하는 것을 넘어서, AI를 활용한 서비스 혁신과 완전히 새로운 비즈니스 모델을 만들어내고 있습니다.

AI 네이티브 조직 진화의 3단계: 도구에서 동반자로

AI 네이티브 조직으로의 변화는 하루아침에 일어나지 않습니다. 마이크로소프트의 연구에 따르면 이런 변화는 크게 3단계로 진행됩니다.

1단계: 인간+어시스턴트 | AI는 사람이 하던 일을 더 빠르고 편하게 해주는 보조도구 역할을 합니다. 마케팅 담당자가 AI에게 이메일 초안을 요청하거나 회계 담당자가 데이터 분석을 의뢰하는 방식이죠. 사람이 모든 업무의 주도권을 가지고, AI는 지시한 대로만 일합니다. 많은 회사가 현재 이 단계에 있으며, 마이크로소프트 조사에 따르면, 이 단계 사용자의 29%가 하루에 1시간 이상의 시간을 절약했다고 답했습니다.

2단계: 인간 - 에이전트 팀 | AI가 단순한 도구를 넘어 디지털 동료가 되는 단계입니다. 이 단계의 AI를 '에이전트'라고 하는 이유는 AI가 스스로 생각하고 계획을 세우고 업무를 수행할 수 있기 때문입니다. 한 마케팅 팀에 리서치 AI 에이전트가 있다면, 팀장은 이 에이전트에게 "경쟁사 동향을 분석해서 포지셔닝 전략을 제안해 줘"라고 요청하고, 에이전트는 필요한 정보를 찾아 분석하고 전략적 제안까지 만들어 냅니다. 바이엘(Bayer)의 작물과학 연구개발팀은 연구 에이전트 도입 후 연구원들이 수당 6시간씩 시간을 절약할 수 있게 되었습니다.

3단계: 인간 주도, 에이전트 운영 | 인간이 방향을 설정하고 전략을 결정하면, AI 에이전트들이 전체 비즈니스 프로세스를 자율적으로 운영합니다. 사람은 필요할 때만 개입하고 대부분의 일상 업무는 에이전트들이 처리합니다. 예를 들어 물류 관리 에이전트가 실시간으로 주문을 받고 최적의 배송경로를 계산하며 차량을 자동으로 배차합니다. 고객 서비스 에이전트가 배송문의에 응답하고, 지연이나 문제가 발생하면 자동으로 대

안을 제시하고 고객에게 알립니다. 재고관리 에이전트가 재고 수준을 모니터링하고 필요에 따라 자동으로 발주를 진행합니다.

인간 직원은 이런 전체 시스템이 올바르게 작동하는지 모니터링하고, 예외적인 상황이나 중요한 의사결정이 필요할 때만 개입합니다. 대규모 교통체증으로 인해 배송 일정에 큰 차질이 생겼을 때, 에이전트가 문제를 보고하면 사람이 전체적인 대응방향을 결정하는 식입니다.

새로운 경쟁의 룰, 인텔리전스 온 탭과 워크 차트

예전에는 특정 분야의 전문가를 고용하려면 높은 연봉을 지불해야 했습니다. 하지만 이제는 AI 기술의 발전으로 전문적인 지능을 필요한 만큼, 필요한 때에, 원하는 분야에서 즉시 활용할 수 있게 되었습니다. 이것을 '인텔리전스 온 탭(Intelligence on Tap)'이라고 합니다. 마치 수도꼭지를 틀면 물이 나오듯이, 지능을 즉시 활용할 수 있게 된 것이죠.

마이크로소프트의 조사결과에 따르면, 전 세계 직장인의 80%(리더와 직원 모두 포함)가 자신의 일을 제대로 처리할 시간이나 에너지가 부족하다고 답했고, 동시에 53%의 리더들은 생산성을 더 높여야 한다고 답했습니다. 일반적인 직장인은 하루에 275번 업무 중단을 경험합니다. 즉, 근무시간 중 2분마다 한 번씩 회의 요청, 이메일, 메신저 때문에 집중이 끊어집니다. 회의의 60%는 갑작스럽게 잡히는 임시 회의이고, 파워포인트 편집은 회의 시작 10분 전에 122% 급증합니다. 이런 상황에서 생산성을 높이라고 하는 것은 사람에게 무리한 요구입니다. 바로 여기서 인텔리전스 온 탭의 개념이 중요해집니다.

웰스파고(Wells Fargo)는 4천 개의 지점에 근무하는 3만 5천 명의 은행원을 위해 AI 에이전트를 구축했습니다. 고객을 도와야 하는 정보를 찾을 때, 예전에는 10분이 걸렸던 일이 이제는 30초면 해결됩니다. 더 놀라운 것은 현재 검색의 75%가 이 AI 에이전트를 통해 처리된다는 점입니다. 즉, 3만 5천 명의 직원이 각자 개인 전문가를 곁에 두고 일하는 것과 같은 효과를 보고 있는 것입니다.

인텔리전스 온 탭 시대의 핵심은 필요한 전문지식을 즉시, 그리고 저렴하게 활용할 수 있다는 점입니다. 이는 기업의 규모나 자본력과 상관없이 모든 조직이 최고 수준의 전문성을 활용할 수 있게 만듭니다. 이러한 새로운 환경은 기업의 조직구조 자체를 바꾸고 있습니다.

1850년대에 기업에서 최초의 조직도가 만들어진 이후 거의 170년 동안, 기업은 CEO가 맨 위에 있고, 그 아래에 중간관리자와 실무진이 계층적으로 배치된 피라미드 구조를 유지해 왔습니다. 한 사람이 관리할 수 있는 사람의 수, 동시에 처리할 수 있는 업무의 양, 파악할 수 있는 정보의 범위에 명확한 제약이 있었습니다.

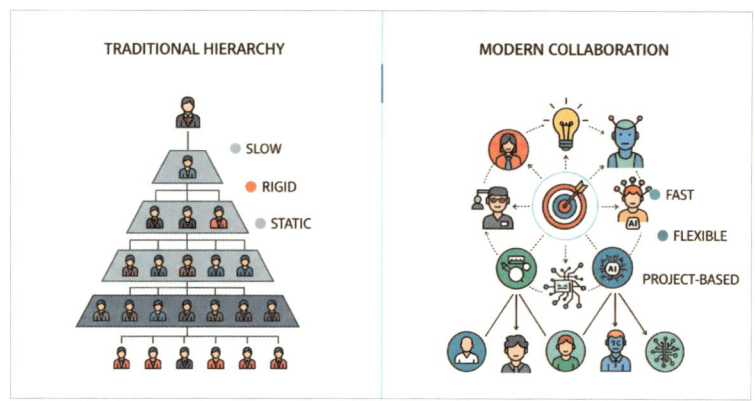

하지만 AI의 등장으로 이제 한 사람이 AI의 도움을 받아 훨씬 많은 일을 처리할 수 있고, 다양한 분야의 전문지식을 즉시 활용할 수 있게 되었습니다. 그 결과 새로운 형태의 조직구조가 등장하고 있는데 이를 '워크 차트(Work Chart)'라고 합니다. 워크 차트 구조는 속도가 느린 기능별 부서 구분 대신, 마치 영화 제작팀처럼 특정 목적을 위해 필요한 사람들과 AI 에이전트들이 모여서 팀을 만들고, 목표를 달성하면 해체되는 방식입니다.

예를 들어 AI 네이티브 광고 대행사인 슈퍼굿(Supergood)은 특허 출원 중인 AI 플랫폼을 통해 전통적인 에이전시보다 두 배 빠르고, 두 배 효과적인 결과를 제공하고 있습니다. 모든 직원이 수십 년간의 광고전략 지식에 접근할 수 있게 한 결과, 모든 프로젝트에 전략 기획자가 필요한 것은 아니라는 상황이 만들어졌고, 더 작고 유연한 팀으로도 큰 프로젝트를 처리할 수 있게 되었습니다.

개인과 조직은 무엇을 준비해야 하나?

마이크로소프트의 2025년 워크 트렌드 인덱스 보고서에 따르면, 이미 전 세계 기업의 24%가 AI를 전사적으로 도입했으며, 아직 파일럿 단계에 머물러 있는 기업은 12%에 불과합니다. 대부분의 기업이 이미 본격적인 전환 단계에 진입한 것입니다.

개인 차원에서는 단순히 AI를 사용하는 기술을 넘어 AI와 효과적으로 소통하고, 그 능력과 한계를 이해하며, 업무에 적절히 활용하는 능력이 필요합니다. 구체적으로는 효과적인 프롬프팅 기술, AI 결과 검증 및 개선 능력, AI와 협업하는 워크플로 설계 능력 등입니다.

또한 AI 에이전트가 점점 더 많이 직장에 합류함에 따라 '에이전트 보스'라는 새로운 역할이 부상할 것으로 보입니다. 이는 AI 시대에 자신의 영향력을 증폭시키고 경력을 통제하기 위해 에이전트를 구축하며 위임하고 관리하는 사람을 말합니다. 실제로 마이크로소프트의 같은 보고서에서 리더들은 5년 내에 자신의 팀이 에이전트를 훈련시키고(41%) 관리하게(36%) 될 것으로 예상하고 있고, 관리자의 78%가 이미 AI 인력 관리자 채용을 고려하고 있다고 합니다.

워크 차트 방식은 조직문화도 바꿉니다. 기존에는 나는 마케팅팀 소속이며 마케팅 업무만 한다는 식의 사고가 일반적이었지만, 워크 차트 방식에서는 '이 프로젝트의 목표 달성을 위해 필요한 모든 일을 한다'는 사고로 바뀌어야 합니다. 또한 AI 에이전트와 함께 일하는 것이 자연스러운 문화가 될 것입니다. 새로운 팀원을 소개할 때 "이번 프로젝트에는 김대리, 박과장, 그리고 데이터 분석 에이전트 알렉스(Alex)가 함께합니다"라고 말하는 식이죠. 이런 변화는 소규모 기업들에 특히 큰 기회가 될 것입니다. 작은 회사도 AI를 통해 비슷한 수준의 전문성을 확보할 수 있게 되었기 때문입니다.

AI와 협업하는 3단계 접근법

뉴잉글랜드 의학저널(NEJM)에 실린 〈AI 활용 임상 감독을 위한 교육전략〉이라는 논문은 AI와 전문가가 함께 일할 때 어떻게 해야 하는지에 대한 중요한 통찰을 제공합니다. 이 내용은 의학뿐만 아니라 모든 분야에 적용될 수 있으며, 학습단계를 초심자·수련자·전문가로 나누어 설명합니다.

초심자 단계: AI는 교재일 뿐 | 가장 중요한 원칙은 초심자는 AI만 사용하면 안 된다는 것입니다. AI는 그저 교재일 뿐 정답지로 여겨서는 안 됩니다. 의대생이 맥박을 직접 짚어보듯이, 기본적인 경험과 지식을 몸으로 익히는 것이 중요합니다. 너무 일찍부터 AI에 의존하면, 기본기를 체득하지 못하고 핵심 역량 발달이 저해될 위험이 있습니다.

수련자 단계: AI는 토론 상대 | 기본기를 갖춘 수련자 단계가 되면 AI는 비로소 토론 상대가 됩니다. AI가 특정 문제에 대한 해결방안을 제시하면, 왜 그런 해결방안을 내놓았는지를 묻고, 그 논리를 검토하며 오류를 찾아서 검증하는 비판적 사고를 길러야 합니다. 이 단계에서는 AI를 지능적인 동료로 인식하되, 최종 판단은 항상 인간이 해야 한다는 원칙을 지키는 것이 중요합니다.

전문가 단계: AI는 동료 연구자 | 전문가가 되면 AI는 동료로서 역할을 합니다. 이미 대부분의 일반적인 사례를 숙지하고 있으므로, 드문 질환이나 새로운 치료법을 설계할 때 AI의 도움을 받아 더 깊고 유연한 실무를 할 수 있게 됩니다. AI를 활용하여 새로운 가설을 생성하거나 복잡한 데이터 패턴을 분석하고, 기존에 놓쳤던 연관성을 발견하는 데 적극적으로 활용할 수 있습니다. 물론 전문가 역시 AI의 한계와 편향성을 인지하고,

언제 AI를 신뢰하고 언제 의심해야 할지 판단하는 능력이 필수적입니다.

AI 시대에도 변하지 않는 가치, 손맛의 중요성

AI 시대에도 주니어들을 가르칠 때, AI를 공부용 도구로는 활용하되, 실습은 반드시 본인이 직접 하면서 몸으로 익혀야 합니다. 여전히 손맛이 중요하기 때문입니다. 프롬프팅을 하고 AI를 다루는 것도 결국은 노하우이며, 기계와 도구는 언제나 인간의 손에 달려 있다는 것이 핵심입니다. 여기서 말하는 손맛은 데이터로 설명하기 어려운 직관적 판단력, 상황의 맥락을 파악하는 이해력, 새로운 해결책을 만들어내는 창의적 문제해결 능력과 같은 인간 고유의 역량을 의미합니다.

AI에 의존하는 것이 아니라 도구라는 관점을 가져야 합니다. 초기에는 AI를 학습자처럼 사용하고, 점차 토론 상대, 나아가 동료로 발전시켜 나가는 것이 중요합니다.

우리는 지금 역사적인 변곡점에 서 있습니다. 산업혁명 이후 가장 큰 변화가 일어나고 있는 시점입니다. 'AI 네이티브 조식'이라는 새로운 종족이 탄생하고 있고, 기존의 비즈니스 생태계를 빠르게 바꾸어 나가고 있습니다. AI 네이티브 조직으로의 전환은 피할 수 없는 생존의 문제가 될 것이고, 기업의 빠른 전환을 요구하고 있습니다. 우리가 이 변화를 적극적으로 받아들이고 준비한다면, 글로벌 시장에서 혁신을 주도하는 주체가 될 수 있을 것이라고 믿습니다.

Trend 9
AI 주권 전쟁, 소버린 AI

최근 AI 분야에서 가장 뜨거운 화두 중 하나가 바로 소버린 AI(Sovereign AI)입니다. 소버린 AI는 국가가 주도적으로 자기 나라의 인프라·데이터·인력·기술력을 바탕으로 독립적으로 개발 및 운영하는 AI 시스템을 말합니다. 최근 각국이 자국의 데이터와 가치관을 반영한 자체 언어모델을 만들어야 한다는 움직임이 활발합니다.

소버린 AI는 단순한 기술 국산화를 넘어서는 포괄적인 개념으로, AI 모델·데이터·인프라·인력을 자국이 직접 통제하고 운영하는 체계를 의미합니다. 이는 알고리즘 및 데이터 주권, 인프라 주권, 인재 및 기술 주권, 정책 및 윤리 주권이라는 4가지 핵심 구성요소로 이루어져 있으며, 외산 클라우드나 빅테크 모델에 의존하지 않고 자국의 법·문화·안보 요건을 반영한 독립 생태계 구축을 목표로 합니다.

지금, 우리는 왜 소버린 AI를 이야기하는가?

앞에서 소개한 하버드 비즈니스 리뷰 연구에서 확인되었듯, 사람들의 AI 사용 패턴은 이미 업무보조를 넘어 정서적 지원과 일상 동반자로 확장되고 있습니다. AI 모델 역시 단순히 업무를 돕는 일 잘하는 비서를 넘어 모든 생활의 도우미로서 진화하고 있습니다.

그런데 만약 우리가 중국식 규제와 사상이 깔린 AI 모델을 무비판적으로 사용한다면 어떤 일이 벌어질까요? 예를 들어 "김치는 어느 나라 음식인가?" 같은 질문에서부터 중국의 동북공정 등 교육·역사·사회 인식이 왜곡될 수 있습니다. AI가 일을 잘하는 것과 우리 사회의 가치관을 공유하는 것은 다른 문제니까요.

이러한 우려는 현실적인 근거를 가지고 있습니다. AI 모델의 편향성과 문화적 가치관 반영 문제는 이미 여러 연구를 통해 확인된 바 있습니다. 특히 언어모델의 경우, 학습 데이터에 포함된 특정 국가나 문화의 관점이 그대로 반영되어 역사적 사실이나 사회적 쟁점에 대한 편향된 답변을 생성할 가능성이 높습니다.

앞으로 학생들이 공부할 때, 역사나 사회 문제를 물어볼 때, 만약 중국식 관점을 가진 AI 모델을 쓴다면 우리의 미래 세대에게 어떤 영향을 미칠까요? 이 지점에서 소버린 AI의 필요성이 분명해집니다.

실제로 이재명 정부는 이러한 인식을 바탕으로 'AI 3대 강국 도약'을 핵심 국정과제로 설정했습니다. 이 대통령은 "AI 3대 강국의 비전은 단지 희망 섞인 구호가 아닌 대한민국의 미래를 결정할 핵심 생존전략"이라고 강조하며, 소버린 AI 체계 구축의 중요성을 국가적 아젠다로 끌어

올렸습니다.

데이터, 소버린 AI의 심장

소버린 AI를 실제로 구현하려면 가장 중요한 것이 바로 데이터입니다. 다행히 우리나라에는 이미 활용할 수 있는 데이터 자원이 적지 않습니다. 문제는 그동안 이 자원들을 AI 학습용이라는 관점에서 체계적으로 정리해 본 적이 거의 없었다는 점입니다. 이제는 흩어져 있던 우리만의 재료를 모으고 다듬을 때입니다.

우리나라가 가진 데이터 자원은 크게 4가지로 나눌 수 있습니다.

교육자료와 학술 데이터 | 초·중·고 교과서와 대학교재, 수능·모의평가 문제지 및 해설집은 표준화된 한국어 문체를 담고 있어 거대언어모델 학습의 기초가 될 수 있습니다. 특히 EBS 수능특강·수능완성 교재는 무료 강의와 텍스트·문제 데이터를 함께 제공하여 AI 학습용으로 활용하기에 최적화된 양질의 자료입니다. 아울러 국회도서관 논문 아카이브와 한국학술지인용색인(KCI)에 축적된 수십만 편의 한·영문 논문은 국내 연구 성과와 전문용어, 한국적 맥락을 반영한 심화학습을 가능하게 합니다.

행정문서와 공공 데이터 | 대한민국 정부와 지자체는 법령·통계·보고서 등 방대한 데이터 풀을 공개하고 있습니다. 국가법령정보센터의 헌법·법률·시행령·행정규칙은 법률·행정 언어의 표준을 제공하며, 국회 회의

록은 실제 정치적 담론의 언어 사용 패턴을 보여줍니다. 국가통계포털(KOSIS)은 수십 년간 축적된 국가통계와 '코봇 챗봇' 학습용 API를, 공공데이터 포털(data.go.kr)은 교통·환경·의료·자치단체 등 분야별 데이터를 레스트 API(REST API, 웹 주소와 명령어를 이용해 서로 데이터를 주고받는 표준방식) 형태로 개방하여 일상 밀착형 정책·행정 특화 AI 모델 개발에 유용한 자원을 제공합니다. 각 지자체에 흩어져 있는 데이터들을 AI 데이터로 활용할 수 있는 표준화와 MCP 서버 연동 등의 작업이 반드시 필요합니다.

미디어 아카이브와 문화 콘텐츠 | 언론과 방송에서 생산된 방대한 아카이브는 한국어 사용 패턴과 시대별 언어변화를 보여주는 보고입니다. 1990년대 이후 신문·잡지 기사가 집결된 포털뉴스 아카이브와 지상파 방송사 대본·자막, 문학·영화·드라마 텍스트는 실생활 대화체 및 문어체 패턴을 비롯한 시대별 언어변화를 반영합니다. 이를 통해 한국 사회의 정서와 서사를 반영하는 AI를 만들 수 있을 것입니다. 저작권 문제가 남아 있으나, 퍼블릭 도메인·크리에이티브 커먼즈 자료 활용이나 권리자 협약을 통해 AI 학습용으로 안전하게 활용할 수 있을 것으로 보이며, 저작권 기반의 또 하나의 데이터 비즈니스로 자리잡을 수 있을 것으로 보입니다.

기업이 가진 산업 데이터 | 민간기업이 보유한 데이터도 빼놓을 수 없는 막대한 자산입니다. 대기업은 수십 년간 쌓아온 보고서, 연구개발 기록,

고객 서비스 기록을 갖고 있으며, 금융·의료·유통·제조 등 각 산업군마다 전문 데이터셋이 존재합니다. 이를 잘 가공하면 산업 특화 AI를 만드는 데 큰 강점이 될 것입니다.

실제 LG가 엑사원 모델의 파인튜닝 단계에서 가전제품 고객상담 기록과 자사 연구·기술 문헌 등 사내 데이터셋을 활용하여 산업별 전문성을 높인 것으로 알려져 있습니다. 이러한 기업 데이터는 산업 특화 AI 모델 개발의 강력한 토대가 됩니다.

물론 모든 기업이 당장 활용할 수 있는 수준으로 데이터가 정리되어 있는 것은 아닐 것입니다. 하지만 지리한 데이터 정리 작업의 기간이 끝나면, 산업 데이터야말로 그 어디서도 구할 수 없는 최고의 보물과 같은 존재가 될 것입니다.

위의 4가지 자원 외에도 전 세계 어디에서도 찾아볼 수 없는 데이터가 있긴 합니다. 바로 건강정보 데이터입니다. 체계적인 주민등록시스템과 건강보험, 또 모든 20대 남성의 건강정보를 1차적으로 확인할 수 있는 군 신체검사 데이터 등 특정 인종의 체계적 데이터를 확인할 수 있는 나라는 거의 우리나라가 유일하지 않을까 싶습니다.

그뿐만 아니라 촘촘히 뻗어 있는 통신망과 무선 네트워크를 통한 통신기지국 이동 데이터, 전 세계에서 가장 높은 수준의 카드 사용률을 기반으로 한 인구통계학적 결제 데이터, CCTV와 각종 센서를 기반으로 한 스마트시티 데이터 등 무궁무진하게 활용할 수 있는 데이터가 우리나라에는 존재합니다.

상대적으로 작은 영토에 높은 민족적 동질성을 가지고 있으며 인구가 밀집되어 있다는 특별함을 가지고 있기 때문에 글로벌적으로도 상당히 관심이 갈 수밖에 없을 것입니다. AI 기술을 그 어느 국가보다도 빠르게 받아들이면서도 동질적 데이터를 구할 수 있는, 적극적인 실험과 도입 테스트가 가능한 우리의 특성은 오픈AI가 서울에 아시아 세 번째 지사를 2025년 5월에 세우고, 한국을 스타게이트(Stargate) 프로젝트의 핵심 파트너로 선택한 이유 중 하나이지 않을까 싶습니다.

지금은 이 데이터들이 파편화되어 있는 경우가 많은데요. "구슬이 서 말이어도 꿰어야 보배"라는 말처럼 제대로 꿰기 시작하면 엄청난 파워를 보여줄 것입니다.

하지만 지금 말씀드린 데이터의 종류는 프라이버시 문제와 연관된 민감한 데이터들입니다. 그러기에 이 데이터들을 글로벌 빅테크 기업들에게 무분별하게 뺏기지 않으면서도, AI가 우리 국민의 삶을 더욱 개선시키고 더 나은 미래를 만들 수 있는 방향으로 함께할 수 있는 방법들을 모색해야 하고, 이 부분에서도 소버린 AI의 중요성을 이야기하지 않을 수 없는 것입니다.

정부 역시 이러한 데이터 주권의 중요성을 인식하고 있습니다. 이재명 정부는 'AI 기본법' 제정을 통해 2026년 1월부터 AI 데이터 거버넌스 체계를 법적으로 정비할 예정입니다. 또한 국가인공지능전략위원회를 대통령 직속으로 격상시켜 데이터 정책을 포함한 AI 전략 전반을 총괄하도록 했습니다.

결론적으로 소버린 AI의 성패는 "좋은 데이터를 얼마나 모으고 정제하여 제대로 학습에 투입할 수 있느냐"에 달려 있다고 해도 과언이 아닙니다. 이미 데이터는 어느 정도 모을 수 있고, 소규모 데이터로도 효율적으로 학습시키는 방법론도 정립되어 가고 있습니다. 최근 AI 서비스의 핵심은 처음부터 거대언어모델을 새로 학습시키는 것보다는 문제해결 능력, 즉 추론 능력을 얼마나 잘 구현하느냐로 옮겨가고 있기 때문입니다.

데이터를 넘어 인프라와 국내 칩의 기회

소버린 AI는 단순히 데이터만 모은다고 완성되는 것이 아닙니다. 레시피가 공개되었다 해도, 이를 실제로 조리하려면 GPU 같은 연산자원과 클라우드 센터, 안정적 인프라가 반드시 뒤따라야 합니다.

문제는 여기서 "모든 것을 엔비디아 GPU로만 처리할 것인가?"라는 질문이 제기된다는 것입니다. 전 세계가 엔비디아 칩에 의존하는 상황에서, 우리도 이제 대안을 모색해야 할 때가 왔습니다. 이 지점에서 국내 AI 칩 기업들이 주목받고 있습니다. 대표적 기업인 리벨리온(Rebellions)과 퓨리오사AI(FuriosaAI)는 이미 상용 서비스를 통해 자사 칩의 성능을 입증했으며, LG의 엑사원(EXAONE)에 퓨리오사AI의 레너게이드(Renegade, RNGD) 칩이 도입되어 와트당 성능 2.25배 향상을 검증한 바 있습니다. 이는 우리가 소버린 AI 구현을 위해 모델뿐 아니라 그 뒤의 인프라까지 스스로 구축해야 한다는 사실을 단적으로 보여줍니다.

또 다른 눈에 띄는 성과는 업스테이지가 선보인 솔라 프로 2 모델입니다. 2025년 공개된 이 모델은 31B 파라미터 규모에도 불구하고, 글로벌 벤치마크 평가기관 아티피셜 어낼리시스(Artificial Analysis)의 프론티어 모델(Frontier Models) 순위에서 상위 10위권에 유일한 국내 모델로 등극하며 복합지수 58점을 획득했습니다. 일론 머스크조차 트위터에서 언급할 정도로 화제를 모았으며, 성능 대비 효율성이 매우 뛰어나다는 평가를 받았습니다.

물론 GPT-4나 그록 같은 거대언어모델과 비교하면 아직 격차가 있지만, 중요한 것은 효율성과 가성비입니다. 솔라 프로 2는 무작정 데이터를 투입하는 방식이 아니라, '생각의 사슬(Chain-of-Thought)' 추론 구조와 하이브리드 학습 모듈을 통해 학습·추론 효율을 극대화하여 글로벌 무대에서 인정받았다는 점에서 의미가 큽니다.

'데이터 밀어넣기'의 한계와 한국의 가능성

과거에는 데이터 양과 인프라를 무제한 확대하면 AI 성능이 무한히 향상될 것이라 믿었으나, 전력·환경 비용과 수익성 병목이 분명해지면서 한계가 드러났습니다. 라마 4조차 전문가 혼합 모델(MoE)이기벡치와 멀티모달 처리 기능을 도입했지만, 단순히 데이터만 늘리는 전략의 효과는 줄어들고 있습니다. 이제는 적응형 샘플링, 프롬프트 최적화 등 효율적 학습 기법과 경량화된 추론 엔진을 결합한 접근이 중요해졌습니다.

이 관점에서 우리나라는 오히려 기회가 큽니다. 제조·의료·금융 등 산업별 특화 데이터가 풍부하고 응용 역량도 뛰어납니다. 아직 개선할 점이 많지만, 리벨리온과 퓨리오사AI 같은 칩 스타트업들이 등장했으며, 정부도 데이터센터 건설과 전력망 보강에 나서고 있습니다. 이들이

유기적으로 결합될 때, 국산 AI 칩 기반의 주권형 AI 생태계가 현실로 다가올 것입니다.

실제로 네이버는 하이퍼클로바X를 통해 글로벌 소버린 AI 전략을 추진하며 태국·사우디아라비아·모로코 등에 진출하고 있으며, LG AI 연구원은 국내 첫 AI 추론 모델인 '엑사원 딥'을 개발하는 등 국내 기업들의 기술력이 글로벌 수준에 근접하고 있습니다.

정부의 전략적 추진 로드맵

앞서 언급했듯이, AI 기술의 '레시피'를 개발하는 방법은 이미 잘 알려져 있습니다. 이제 중요한 것은 뛰어난 재료(데이터)와 도구(반도체·전력), 그리고 이를 효율적으로 운용할 수 있는 주방(인프라)을 갖추는 일입니다. 연산자원·전력·클라우드·인재·제도가 유기적으로 결합되어야 하며, 이를 조율하고 이끌어 갈 주체가 바로 정부입니다. 정부는 수행과제와 파트너, 장소를 명확히 구분하고, '초거대 모델 자체 개발'과 '기존 모델 특화·경량화'를 각각 다른 정책수단으로 설계해야 합니다. 이와 관련하여 정부 관점에서 접근해 볼 수 있는 아이디어들을 다음과 같이 생각해 볼 수 있을 것입니다.

컴퓨팅 전략: 주권 강화형 하드웨어·소프트웨어 생태계 조성 | 특정 기업에 대한 의존도를 장기적으로는 낮출 수 있는 국가 주도의 반도체 컨소시엄 구축 – AI를 움직이는 핵심 부품인 AI 반도체가 특정 해외기업 제품에만 쏠리지 않도록 대기업·중소기업·연구기관이 참여하는 AI 반도체 주권

협의체를 설립해 핵심 IP·공정 기술을 공동 개발·표준화함으로써 공급망 리스트를 최소화할 수 있는 방안을 생각해야 합니다. 또한 관련 기술들을 정부 R&D 과제로 지정해 국내 팹리스 설계 역량을 강화해야 합니다.

국산 AI 가속기 전용 테스트베드·인증체계 | 국내 개발 AI 칩의 성능·전력효율·보안성을 검증하는 독립 인증기관을 지정하고, 검증 통과 제품에 '국가 AI 주권 인증서'를 발급하는 것도 하나의 방법이 될 수 있습니다. 테스트 칩이 나오더라도 실제로 테스트 및 인증해 줄 수 있는 곳들이 필요하기 때문입니다.

2024년 말 광주MBC와 함께 AICA(인공지능산업융합사업단)에 촬영을 위해 방문한 적이 있는데, 가장 인상적이었던 것이 국산 AI 반도체 실증을 위해 광주광역시 CCTV 통합 관제센터에서 실제로 국산 AI 칩을 장기적으로 테스트하고 활용하면서 안정성을 입증해 주고 있었다는 것입니다. 이처럼 국산 AI 칩의 성장을 위해서는 단순 투자 지원뿐만이 아닌 인증 및 실증이 반드시 뒤따라 주어야 합니다.

국가 데이터 허브: 한국형 데이터 은행 설립(AIDB)의 구체화 | 2025년 7월, 한국지능정보사회진흥원(NIA)은 AI 활용 강국을 위한 정책 과제집을 통해 'AI 데이터뱅크(AIDB)' 구축을 제안했습니다.

국내에 AI-허브 개방을 통해 다양한 AI 데이터셋이 구축되어 있지만, 과제별 단편적 구축 중심이기 때문에 분야별로 통합·완성된 형태의 완전한 데이터 생태계의 구축 필요성을 주창한 것인데요. 이를 위해 산발적 주제의 데이터가 아닌 분야별/주제별(도메인) 관련한 내용을 모두 포괄할 수 있는 완성된 데이터 생태계를 정의하고, 필요한 데이터 흐름을 지도처럼 설계하여 전략 분야별로 데이터뱅크를 만들어가겠다는 것입니다. 블록체인 기반의 보상방식이나 저작권 이슈 해결책 등 다양한 아이디어가 함께 제안되고 있는데, 그 어느 분야보다 중요한 것이 데이터이기에 제안으로만 끝나지 말고 빠르게 구체화되고 실행되어야 할 것입니다.

R&D 전략: 작고 빠르고 정확하게 | 무조건 많은 데이터만 쏟아붓는 방식은 비효율적입니다. 이제는 더 적은 자원으로 더 똑똑한 AI를 만드는 '작고 빠르고 정확한' 연구개발이 중요합니다. 이미 공개된 AI 모델을 특정 목적에 맞게 더 가볍고 효율적으로 만드는 기술을 집중 지원하고, 개발된 AI가 우리말과 공공업무를 얼마나 잘 처리하는지 객관적으로 평가할 수 있는 한국형 성능 시험 기준을 만들어야 합니다.

예를 들어 한국어 NLU 8개 과제를 포괄하며, 독립적인 평가·데이터셋·성능 기준을 제공한 KLUE 벤치마크에 맞춤형 태스크(행정문서 분류·공공 질문응답 등)에 대한 KLUE-익스텐션(Extension) 개발을 추진해 한국어·공공업무 특화 AI 성능을 객관적으로 검증하는 등의 아이디어를 생각해 볼 수 있습니다.

반가운 것은 정부도 이러한 방향으로 정책을 수립하고 달려나가고 있다는 것입니다. '독자 AI 파운데이션 모델' 프로젝트를 통해 네이버클라우드, 업스테이지, SK텔레콤, NC AI, LG AI연구원 등 5개 정예팀을 선정하고 2027년까지 5,300억원을 지원하기로 했습니다. 이들 모델은 글로벌 AI 모델 대비 95% 성능을 목표로 하고 있습니다

인프라: AI 전용 데이터센터와 안정적인 전력공급 | AI를 운영하려면 막대한 양의 전기를 사용하는 데이터센터가 필수적입니다. 국방·의료 등 국가안보나 공공 서비스에 중요한 AI를 위한 전용 국가 AI 클라우드를 지정하고, 데이터센터 건설 시 친환경 에너지 사용을 조건으로 허가를 신속하게 처리해 주는 제도를 마련해야 합니다.

실제로 이 부분에서는 2025년 6월에 국정기획위원회에서 나온 방침을 통해 AI 데이터센터를 국가전략기술 사업화 시설로 분류해 세제 혜택을 확대하는 정책이 나오기도 했습니다. 현재 정부는 반도체·2차전지 등 8개 분야를 국가전략기술 시설로 지정해 투자금액에 대해 15~25% 세액공제 혜택을 주는데, AI 분야까지 지원 범위를 확장하는 것입니다. 이 외에도 다양한 정책적 지원을 통해 인프라에 대한 빠른 개선이 필요합니다.

이러한 정책방향은 2025년 9월과 10월에 공개된 블랙록(BlackRock)과 오픈AI의 대규모 투자유치 성과로 이어지고 있습니다. 오픈AI는 전남·포항에 각각 20MW 규모의 AI 데이터센터 구축을 확정했으며, 블랙록은 수십조원 규모의 재생에너지 연계 AI 인프라 투자를 약속했습니다.

시장 형성: 정부가 첫 번째 구매자가 되기 | 좋은 기술이 있어도 사주는 곳이 없으면 성장할 수 없습니다. 정부가 먼저 공공부문(행정·의료 등)에서 국산

AI 솔루션을 적극적으로 구매하여 초기 시장을 만들어 주는 역할을 해야 합니다. 또한 중소기업들이 국산 AI 기술을 쉽게 테스트하고 도입할 수 있도록 AI 바우처 같은 지원책이 필요합니다.

안전 및 거버넌스: 명확한 규칙으로 신뢰 확보 | AI의 안전 문제는 발전을 막는 장애물이 아니라 오히려 안전해야 더 빨리 발전할 수 있는 조건입니다. AI의 오류나 편향, 가짜 정보(환각) 등을 점검하는 국가 레드팀을 항상 운영하고, AI가 생성한 정보의 출처를 투명하게 공개하도록 의무화하여 신뢰를 확보해야 합니다. 정부는 세계 두 번째 포괄적 AI 규제법인 'AI 기본법'을 제정하여 2026년 1월부터 시행할 예정입니다. 이를 통해 AI 안전성과 윤리적 사용에 대한 법적 기반을 마련하고 있습니다

인재·기업·지역: 함께 성장하는 생태계 조성 | 결국 AI를 만들고 사용하는 것은 사람입니다. 대학과 기업이 협력하여 현장 중심의 AI 전문가를 키우고, AI 스타트업들이 마음껏 기술을 실험할 수 있는 환경을 제공해야 합니다. 또한 각 지역의 특성에 맞는 AI 서비스를 개발하고 보급하여 혜택이 전국으로 퍼져나가게 해야 합니다.

이를 위해 정부는 AI 인재 10만 명 양성 계획을 추진하고 있으며, 2027년까지 1만 2,800명의 신규 AI 인력 부족 문제를 해결하기 위해 적극적으로 나서고 있습니다. 또한 권역별 AI 인프라 구축을 통해 울산(SK-AWS 컨소시엄, 7조원), 광주(국가AI융복합단지), 대구(SK C&C 컨소시엄, 8천억 원) 등 지역 균형발전을 추진하고 있습니다. 결국 AI도 사람이 만들어가

는 것이기에 인재 부분에 대해 조금 더 세심하고 구체적인 계획들이 필요하며 현실적인 숫자들을 만들어 가는 것이 중요합니다.

대외 협력 및 성과 점검 | 모든 것을 국내에서만 해결할 수는 없으므로, 국제사회와 협력하여 AI 기술표준을 만들고 안보를 강화해야 합니다. 동시에 우리의 정책이 제대로 성과를 내고 있는지 측정 가능한 목표를 설정하고, AI의 정확도나 전력 효율성 등을 주기적으로 점검하여 정책의 성공 여부를 투명하게 판단해야 합니다.

한국의 소버린 AI 전략은 이미 국제적인 관심을 받고 있습니다. 오픈AI의 COO인 브래드 라이트캡은 "한국을 오픈AI의 집으로 만들겠다"고 했으며, 블랙록 CEO 래리 핑크는 "한국을 아시아·태평양 AI 수도로 만들겠다"고 의지를 밝히기도 했습니다. 이는 한국의 소버린 AI 전략이 국제적으로도 인정받고 있다는 증거라고 볼 수 있습니다.

AI 3대 강국으로의 도약, 정부의 소버린 AI 전략

소버린 AI는 단순히 "우리도 대형 AI 모델을 한번 만들어 보자"는 구호가 아닙니다. 이는 우리의 언어와 역사, 일상의 기준을 어느 AI 모델에 담아 미래 세대에 전할 것인가를 결정하는 중요한 문제입니다. 정부가 인프라와 규칙을 정비하고 그 위에서 기업과 연구자들이 자유롭게 혁신할 때야말로, 소버린 AI는 단순한 슬로건이 아니라 우리 사회에 실제로 작동하는 공공자산이 될 수 있습니다.

우리나라 정부는 대한민국을 글로벌 AI 3대 강국으로 만들기 위해

민·관 합산 100조원대 규모의 투자를 추진하고 있습니다. 우선 GPU를 비롯한 AI 컴퓨팅 인프라 확충에 2조 5천억원을 투입해 '국가 AI 컴퓨팅 센터(일명 AI 고속도로)'를 구축하고, 독자적인 거대언어모델(LLM) 개발 전략인 소버린 AI를 본격 추진할 계획입니다.

현재 정부의 AI 정책은 크게 3가지 축으로 나눌 수 있습니다.

첫째, AI 생태계 조성 및 산업 혁신입니다. 국가대표 언어모델 개발을 지원하고, 100조원대 AI 펀드를 조성해 유망 스타트업과 중소기업을 육성하며, 제조·금융·의료 등 전 산업의 AI 전환(AX)을 가속화할 계획입니다.

둘째, 공공 분야 AI 도입입니다. AI 기반 자살예방 상담전화 모니터링, 복지행정 자동화, 119 신고 정보 자동 추출 등 국민 체감형 프로젝트를 통해 사회 안전망과 행정 효율성을 대폭 강화할 예정입니다.

셋째, 인재 양성 및 R&D 투자입니다. AI 인재 양성과 해외 우수 인력 유치를 지원하며, AGI(인공일반지능) 등 차세대 기술 확보를 위해 약 2조 3천억원 규모의 예산을 투입할 예정입니다.

하정우 AI미래기획수석은 "5년 안에 세계 3대 AI 강국에 진입하겠다"고 목표를 제시하며, 사람 중심의 포용적 AI, 민간 주도의 원팀 전략, 규제보다는 실행 방안을 모색하는 유연성을 강조했습니다. 또한 한국의 강점인 제조업, 공공분야, 문화 콘텐츠를 적극 활용해 소버린 AI를 실질적인 국가 자산으로 구축하겠다고 밝혔습니다.

글로벌 파트너십과 전략적 자율성의 균형

한국의 소버린 AI 전략이 주목받는 이유는 '완전한 자립'보다는 '전략적 자율성'을 추구한다는 점입니다. 오픈AI와 블랙록이라는 글로벌 최고 수준의 파트너와 협력하면서도 핵심 기술과 데이터에 대한 주도권을 확보하려는 균형 잡힌 접근을 보여주고 있습니다.

오픈AI와의 협력은 단순한 기술 도입이 아닌 상호 윈-윈 구조로 설계되었습니다. 한국은 삼성전자와 SK하이닉스를 통해 오픈AI에 HBM(고대역폭 메모리)을 월 90만 장 규모로 공급하며, 오픈AI는 전남·포항에 AI 데이터센터를 건설해 한국을 아시아·태평양 AI 허브로 육성하는 데 기여한다는 그림입니다.

블랙록과의 협력 역시 단순한 자본 유치를 넘어선 전략적 파트너십입니다. 세계 최대 자산운용사인 블랙록의 12조 5천억 달러 운용자산을 활용하여 재생에너지 기반 AI 인프라를 구축하고, 한국을 글로벌 AI 인프라 허브로 만든다는 장기적 비전을 공유하고 있습니다.

이러한 글로벌 파트너십은 한국의 소버린 AI가 폐쇄적 자급자족이 아닌 '개방형 주권'을 지향한다는 것을 보여줍니다. 핵심 기술과 데이터에 대한 통제권을 확보하면서도, 글로벌 생태계와의 연결성을 유지하는 것이 현실적이고 지속 가능한 전략이라는 판단입니다.

한국의 소버린 AI 전략은 범용 AI에서 글로벌 빅테크와 정면 경쟁하기보다는 산업별 특화 AI에서 독보적 위치를 확보하는 데 초점을 맞추고 있습니다. 이는 한국의 제조업 강점과 높은 디지털 인프라 수준을 활용한 현실적 전략으로 보입니다.

제조업 분야에서는 이미 상당한 성과가 나타나고 있습니다. 스마트 팩토리, 디지털 트윈, 예측 정비 등의 영역에서 한국 기업들의 AI 기술이 기업 내부의 데이터와 결합되며, 글로벌에서도 높은 평가를 받을 수 있는 수준으로 성장하고 있습니다. 한국의 소버린 AI 전략은 이제 산업 전반의 생태계 확장과 글로벌 파트너십 강화라는 다음 단계로 나아가고 있습니다.

앞으로 5년이 한국 소버린 AI의 성패를 가를 결정적 시기가 될 것입니다. 정부의 일관된 정책 추진, 민간기업의 혁신 역량, 국민적 관심과 지지가 하나로 모아질 때, 대한민국은 진정한 의미의 AI 강국으로 도약할 수 있을 것입니다. 소버린 AI의 목표는 우리만의 AI가 아니라, 우리 미래 세대가 자신 있게 사용할 수 있는 AI를 만드는 것입니다. 그리고 그 여정은 이미 시작되었습니다.

Trend 10

AI 거버넌스,
규제와 혁신 사이의 균형

AI는 우리의 스마트폰, 추천 알고리즘, 심지어 공장의 생산라인까지 깊숙이 스며들어 일상과 산업을 혁신하고 있습니다. AI가 사회에 미치는 영향을 관리하고 윤리적 기준을 세우며 안전하고 신뢰할 수 있도록 만드는 모든 체계와 정책을 'AI 거버넌스'라고 합니다. 예전에는 AI가 초래할 문제에 내한 막연한 두려움이 있었다면, 이제는 현실의 문제를 해결하기 위한 구체적인 AI 거버넌스 체계를 논의하고 구축해야 합니다

미국의 AI 전략 변화: '규제'에서 '혁신 가속'으로

2025년 1월 트럼프 대통령이 취임하면서 미국의 AI 정책은 180도 변화했습니다. 취임 첫날부터 트럼프 행정부는 바이든 전 행정부의 AI 관련 행정명령들을 대폭 철회하기 시작했습니다. 가장 큰 변화는 바이든 행정부가 2023년 10월에 발표한 '안전하고 신뢰할 수 있는 AI 개발 및 사

용에 관한 행정명령(Executive Order 14110)'의 폐기였습니다. 이 행정명령은 AI 모델의 안전성 테스트 결과를 정부에 의무적으로 보고하도록 하고, AI 시스템의 편향성과 차별 가능성을 사전에 점검하도록 하는 등 상당히 엄격한 규제를 담고 있었습니다.

트럼프 행정부는 이러한 규제들이 지나치게 복잡하고 관료적이며 미국의 혁신을 저해한다고 판단하고, 대신 새로운 행정명령 '미국의 AI 리더십을 위한 장벽 제거(Removing Barriers to American Leadership in Artificial Intelligence)' 행정명령을 통해 전혀 다른 비전으로 방향을 선회했습니다.

트럼프 행정부의 AI 정책은 '미국의 AI가 글로벌 표준이 되어야 한다'는 것입니다. 이를 위해 혁신 가속화, AI 인프라 구축, 국제 AI 외교 및 안보 선도라는 3가지 축을 중심으로 국가전략을 추진하고 있습니다. 정부의 AI 윤리 중심 접근법에서 벗어나 미국 우선주의와 혁신 우선주의를 결합한 실용적인 AI 거버넌스 모델을 구축하고 있는 것입니다.

의도 기반 책임 프레임워크의 혁신, 텍사스 AI법(TRAIGA)

미국 텍사스주에서 2025년 6월 공포된 '텍사스 책임감 있는 AI 거버넌스법(TRAIGA, Texas Responsible AI Governance Act)'도 주목받고 있는데요. 2026년 1월부터 본격 시행되는 TRAIGA의 핵심은 공정사용(fair use)과 악의적 의도(malicious intent)를 명확히 구분하여 악의적인 의도로 AI를 사용하는 경우에만 강력한 처벌을 가하도록 한 것입니다.

이 법안은 AI를 통해 사용자의 행위를 조작하여 자해, 또는 타인에게 해를 끼치도록 유도하는 경우, 헌법상 권리를 침해할 목적, 특정 보

호 계층에 대한 고의적 차별, 불법적인 성적 콘텐츠 생성·배포, 연방법이나 주법에서 보호하는 특정 집단에 대해 고의로 차별을 가하는 경우 등에 대한 악용 행위를 금지하고 있습니다.

여기서 중요한 것은 '의도적'이라는 단어입니다. 같은 AI 기술이라도 개발자나 사용자가 악의적인 의도 없이 사용했다면 처벌 대상이 되지 않습니다. 예를 들어 얼굴 인식 기술을 공항에서 보안검색을 위해 사용하는 것과, 시민들의 사생활을 감시하기 위해 사용하는 것은 완전히 다른 의미를 갖는다는 것이죠. 이는 AI 산업의 혁신을 저해하지 않으면서도 악용을 방지하려는 균형 잡힌 접근법으로 평가받고 있습니다.

인프라 건설을 위한 규제혁파

미국 정부는 2025년 7월 발표된 '미국 AI 실행 계획: 인프라를 건설하라, 계속 건설하라!(America's AI Action Plan: Build, Baby, Build!)'를 통해 데이터센터·반도체 제조시설·청정에너지 인프라의 인허가 절차를 과감히 간소화하고 있습니다. AI가 기존 인프라보다 훨씬 더 많은 전력과 냉각 용량을 필요로 한다는 점을 고려하여 신속한 인프라 확충을 AI 경쟁력 확보의 최우선 과제라고 본 것입니다.

기존 미국의 환경 인허가 시스템은 이러한 인프라를 빠르게 건설하는 데 큰 장애물이었습니다. 이에 트럼프 행정부는 국가환경정책법(NEPA) 규정을 개혁하고, 환경 영향이 적은 데이터센터 관련 활동에 대해 '범주별 예외(categorical exclusion)'를 신설하여 환경 영향 평가를 면제하는 등 규제장벽을 낮추는 조치를 추진하고 있습니다. 또한 연방 인허가 간소화 절차인 FAST-41 프로그램의 적용 범위를 AI·고성능 컴퓨팅·데이터 스토리지·반도체 제조 부문에서 데이터센터에 전력을 공급하는 청정에너지 및 부품 제조까지 확대하여 인프라 허가기간을 대폭 단축하고, '청정수법(Clean Water Act)'과 같은 다른 환경규제들도 간소화하고 있습니다. 이러한 미국의 파격적인 규제혁파는 대규모 AI 프로젝트의 신속한 착공과 운영을 가능케 하여, 기존 빅테크 기업뿐 아니라 신생 AI 네이티브 스타트업들에도 성장기회를 줄 것입니다.

EU: 강력한 규제를 통한 '신뢰' 구축

유럽연합(EU)은 2024년 8월, 인류 역사상 최초의 포괄적인 AI 규제법인 'EU AI법(EU AI Act)'을 공식 시행했습니다. EU 회원국뿐 아니라 EU 시장에 AI 제품이나 서비스를 제공하려는 전 세계 모든 기업들에도 적용됩니다. 미국이 혁신을 최우선에 두고 규제를 최소화하는 방향으로 나아가고 있다면, EU는 인간의 기본권과 안전이 더 우선되어야 한다는 것이 기본 입장인 것이죠.

EU AI Act의 핵심은 '위험 기반 접근법(Risk-based approach)'으로, AI 시스템을 위험도에 따라 허용 불가능한 위험(unacceptable risk), 고위험(high risk), 제한적 위험(limited risk), 최소 위험(minimal risk)의 네 등급으로 분류하고, 등급에 따라 차별화된 규제 의무를 부과합니다.

예를 들어 '허용 불가능한 위험'은 AI가 사람의 생각이나 판단·의사결정을 무의식적으로 조종하거나 신용도나 온라인 활동 등의 데이터를 수집해 사회적 점수 평가를 하는 시스템에 AI를 활용하는 것을 금지시키는 것입니다. '고위험 AI 시스템(의료·교통·채용 등)'은 시장에 출시되기 전에 엄격한 적합성 평가를 거쳐야 하며, 개발과정의 투명성과 책임성을 보장하기 위해 데이터 품질관리, 문서화, 인적 감독 등의 의무를 준수해야 합니다. 이러한 규제는 AI 개발자들에게 책임 있는 기술개발을 요구하지만, 동시에 기술발전의 속도를 늦출 수 있다는 비판을 받고 있습니다.

미국과 중국이 AI 기술을 주도하고 있는데, 유럽은 왜 규제만 강화하고 있을까요? 그 답은 유럽의 독특한 전략에 있습니다. 유럽은 AI 기술 자체에서는 미국이나 중국에 뒤처질 수 있다는 점을 인정하지만, 대신 AI 윤리와 안전성 분야에서 글로벌 리더가 되겠다는 야심을 품고 '글로벌 AI 규제 표준'을 만들어 나가겠다는 전략입니다. 이른바 '브뤼셀 효과(Brussels Effect)'라고 부르는 전략인데요. EU의 본부가 위치한 벨기에 브뤼셀의 지명에서 유래한 것으로, EU가 브뤼셀을 중심으로 한 정책결정과 규제의 영향력을 행사하면서, 그 규제가 세계 시장과 정책에

확산되어 규범이나 기준으로 자리잡는 현상, EU가 만든 규제가 전 세계 표준이 되는 현상을 말합니다. 과거 GDPR(일반개인정보보호규정)이 그 대표적인 예로, 2018년 시행된 이 규정은 처음에는 유럽만의 규제였지만, 이제는 전 세계 기업들이 따라야 하는 사실상의 글로벌 표준이 되었죠.

EU AI법도 GDPR처럼 국제 AI 정책·법제 논의의 출발점으로 자리매김 중입니다. 실제로 많은 국제 AI 컨퍼런스에서 유럽의 AI 윤리 전문가들이 주요 연사로 초청받고 있고, 한국·일본·싱가포르 등 여러 국가가 자국 법안 마련 시 참고하고 있습니다.

중국의 글로벌 AI 행동계획: 다자협력 vs 미국의 동맹 블록

아시아 지역의 AI 거버넌스는 서구와는 다른 독특한 특징을 보여줍니다. 중국은 미국과의 AI 패권 경쟁이 심화되면서 '글로벌 AI 행동계획'이라는 완전히 새로운 전략을 세웠습니다.

2024년 말부터 중국은 UN·WHO(세계보건기구)·ITU(국제전기통신연합) 등 국제기구를 중심으로 한 다자주의적 AI 거버넌스를 적극 추진하고 있습니다. 미국이 주도하는 동맹국 중심의 AI 블록에 대응하려는 것이죠.

중국의 제안은 표면적으로는 합리적으로 보입니다. AI는 전 인류의 공동자산이므로, 특정 국가나 동맹이 독점해서는 안 되며, 모든 국가가 참여하는 국제기구를 통해 공정하고 투명하게 관리해야 한다는 것입니다. 특히 개발도상국들에게는 이러한 접근이 상당히 매력적으로 다가갑니다.

실제로 중국은 2025년 7월에 상하이에서 열린 세계 AI 컨퍼런스(WAIC)에서 '글로벌 AI 거버넌스 행동계획(Global AI Governance Action Plan)'을 공식 발표하고, 같은 회의에서 '세계 AI 협력기구(World Artificial Intelligence Cooperation Organization)' 설립을 제안했습니다. AI 기술의 공정 분배, 개발도상국 역량 강화, AI 안전성 표준 수립 등을 목표로 하고 있는데, 아프리카·동남아·남미 등 다수의 나라들이 관심을 표명하며 향후 AI 거버넌스의 새로운 축으로 부상할 가능성이 큽니다.

미국이 반도체 수출 제한, 기술이전 금지 등을 통해 중국을 고립시키려 하고 있는 상황에서, 중국이 오히려 국제법과 다자주의 원칙을 내세워 이러한 제재의 정당성에 의문을 제기하고 있는 상황입니다. 동시에 중국이 자국의 AI 기술을 전 세계에 확산시킬 수 있는 합법적인 경로를 확보하려는 전략으로 볼 수 있습니다.

한국 AI 거버넌스: '진흥'과 '규제'의 균형, '인간 중심'의 길

우리나라는 이 거대한 흐름 속에서 '인간 중심의 AI'라는 분명한 철학 아래 AI 강국으로 도약하기 위한 독자적인 길을 닦고 있습니다. 한국 AI 거버넌스 전략의 핵심은 '진흥'과 '규제'의 균형에 있으며, 이는 무조건적 규제를 지양하고 AI 기술혁신을 촉진하면서도 신뢰에 기반한 지속 가능한 생태계를 조성하려는 국가적 비전으로 해석할 수 있습니다.

이러한 비전은 2024년 말 국회를 통과하여 2026년 1월부터 시행 예정인 '인공지능 발전과 신뢰 기반 조성 등에 관한 기본법(약칭: AI 기본법)'에 잘 녹아 있습니다. 이 법은 아시아 최초의 포괄적 AI 법률로, AI 산업의 불확실성을 해소하고 윤리적 사용의 토대를 마련하는 데 중점을 둡니다.

특히 이 법은 사람의 생명·안전·기본권에 중대한 영향을 미치는 AI 시스템을 '고영향 인공지능'으로 분류하고 투명성 확보 의무를 부과하는 등 AI 기술의 위험도에 따라 차등적으로 규제하는 위험 기반 접근을 채

택하고 있습니다. 이는 EU의 AI 법(EU AI Act)과 유사한 맥락이지만, '우선 허용, 사후 규제' 원칙을 명문화하여 산업 활성화를 함께 고려한다는 점에서 한국만의 색채를 띱니다.

또한 AI가 생성한 창작물에 대해서는 단순한 AI 산출물이라도 '인간의 창작적 기여'가 명확히 입증된 경우에는 저작권을 인정하는 실용적 방식을 도입했습니다. 2025년 7월 문화체육관광부·한국저작권위원회가 생성형 AI 활용 저작물의 저작권 등록 안내서를 공개했는데요. 사람의 구체적 지시와 여러 차례에 걸친 수정·편집 과정을 통해 창의적 개입이 이루어진 결과물에 대해서는 저작권 보호를 부여함으로써, 인간의 창의성을 존중하면서 AI 기술 활용을 장려하겠다는 취지로 해석됩니다.

AI 기본법은 AI 산업의 불확실성을 해소하면서도 인간 중심·신뢰 기반의 규제 틀을 제시합니다. 신뢰할 수 있는 법적 기반을 마련하고, 인간 중심의 철학을 통해 기술발전과 사회적 가치를 동시에 추구하는 한국의 거버넌스 모델은 전 세계의 AI 질서에 새로운 방향을 제시할 수 있을 것으로 기대됩니다.

PART 2

AI 2026

다재다능
범용 AI 4종 마스터

챗GPT-5.2 스마트하게 사용하기

챗GPT-5.2 한눈에 보기

오픈AI는 GPT-5.1을 공개한 지 불과 한 달 만인 2025년 12월 차세대 버전인 GPT-5.2를 정식 공개했습니다. GPT-5.2는 사용자와 개발자가 AI를 실제 작업환경에 더 깊이 통합할 수 있도록 설계된 큰 진화로 평가받고 있습니다. 이전 GPT-5.1의 강점을 계승하면서도 전문지식, 업무능력, 긴 맥락 이해, 도구 호출(agentic workflows) 역량, 시각정보 처리 등 다양한 실무영역에서 의미 있는 성능 향상을 보였습니다.

GPT-5.2는 즉답형(Instant), 추론형(Thinking), 프로(Pro)의 3가지 버전으로 제공되며, 특히 전문지식 업무와 장시간 에이전트 실행에 최적화된 것이 특징입니다.

챗GPT-5.2, 뭐가 좋아졌을까?

전문지식 기반 작업 강화

GPT-5.2는 전문지식 기반 작업 영역에서 특히 큰 도약을 보여줍니다. 추론능력과 장기 맥락 처리 능력도 강화되어 복잡한 분석 보고서 작성, 긴 문서의 구조 파악·요약, 코드 개발 및 디버깅과 같은 영역에서 더 안정적인 결과를 줍니다. 또한 GPT-5.2 프로 및 싱킹 모델은 고급 수학 문제, 엔지니어링 분석, 복잡한 구조화된 추론 작업에서 이전 모델 대비 현저히 향상된 결과를 보이며, 연구·기술 기반 워크플로에도 충분히 활용 가능한 수준을 보여줍니다.

즉답형부터 프로까지: 3가지 활용 계층 최적화

GPT-5.2는 3가지 버전으로 구성되어 있는데, 즉답형(Instant)은 빠른 응답과 낮은 지연으로 일상적 질문·창작·번역 등 기본적인 작업에 적합하고, 추론형(Thinking)은 복잡한 구조적 문제해결, 논리적 추론, 프로젝트 설계 등에 강한 성능을 보이며, 프로(Pro)는 프로그램 코드 생성·검증, 고난이도 과학·기술 분석, 대규모 워크플로 자동화 등에 적합합니다. 전반적으로 적재적소의 AI 파트너로 진화했다는 평가가 나오고 있습니다.

다양한 도구 통합 및 멀티 단계 실행 능력

도구 호출(agentic workflows) 및 멀티 단계 실행 능력 덕에 스프레드시트 생성, 프레젠테이션 제작, 프로젝트 워크플로 실행, 이미지 인식 및 구조화된 자료 해석 등의 업무를 좀더 쉽게 할 수 있습니다.

이미지 편집 기능 강화

특히 어도비의 이미지 편집 도구인 포토샵·익스프레스(Express)·아크로뱃(Acrobat)을 챗GPT에 통합했습니다. "이 사진 배경을 흐리게 해줘"라고 하면 포토샵이 자동으로 실행되어 복잡한 편집과정 없이 편집할 수 있게 된 것이죠.

챗GPT에서 포토샵을 사용하려면 [설정] 메뉴에서 [연동 앱 및 커넥터] 탭을 클릭한 후 [Adobe Photoshop]을 선택하고 〈연결하기〉 버튼을 누르면 됩니다. 챗GPT와 대화할 때 언제든지 '소스 추가'를 하거나 "포토샵으로 ~해줘"라고 지시해도 됩니다. 단, 포토샵 등을 이용한 편집은 업로드된 이미지만 가능합니다.

챗GPT는 무료 사용도 가능하며, 플러스 플랜(월 20달러), 프로 플랜(월 200달러), 비즈니스 플랜(월 25달러씩, 2명 이상, 연 결제) 등이 있습니다.

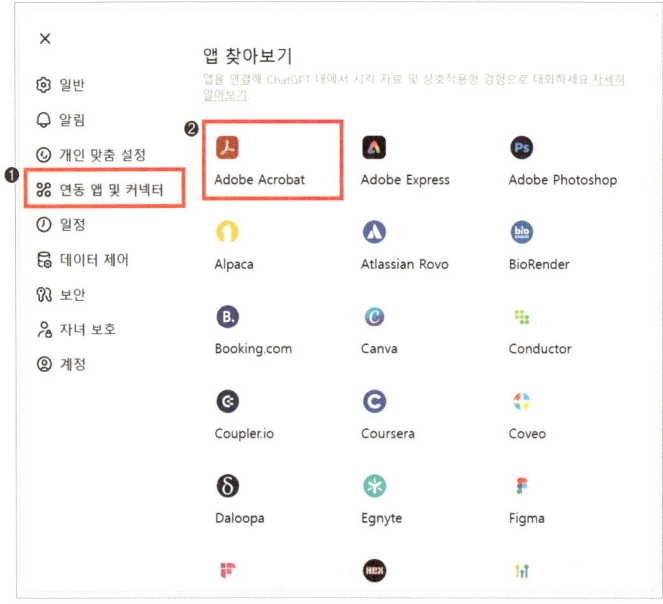

챗GPT에서 맞춤형 말투·형식 설정하기

챗GPT를 사용할 때, 내가 원하는 말투와 답변 형식을 '맞춤형 지침'에 저장해 두면 매 대화에서 답변을 같은 품질과 구조로 안정적으로 받을 수 있습니다.

1. 챗GPT 사이트(chatgpt.com)에 접속한 후 회원가입 후 로그인하세요. 일반 이메일 주소, 구글 계정 등으로도 가입할 수 있습니다.

2. 챗GPT 화면 왼쪽 하단의 〈프로필〉 아이콘을 클릭한 후 [개인 맞춤 설정]을 누르세요.

잠깐 챗GPT-5에서 기존 모델이 다 보이지 않는다면
1. 챗GPT 메인 화면 왼쪽 아래에서 〈프로필〉 아이콘을 클릭한 후 [설정]을 누르세요.
2. '설정' 대화상자에서 [일반] → '추가 모델 보기' 옵션을 켜세요.
3. 챗GPT 메인 화면 왼쪽 위의 '모델 선택' 목록 단추를 누른 후 [레거시 모델]을 클릭하세요. 이제 GPT-4o 등 기존 모델을 선택할 수 있습니다.

3. '개인 맞춤 설정' 창에서 맞춤형 지침, 닉네임과 직업, 사용자의 정보 등을 입력해 두면, 앞으로 챗GPT가 대답할 때마다 이 내용들을 기반으로 대답을 줍니다.

예를 들어 맞춤형 지침에서 데이터 분석 작업을 할 때는 항상 작업의 단계를 개조식으로 표시해 달라고 하고, 직업에는 "경영학 석사과정 대학원생"이라고 입력합니다.

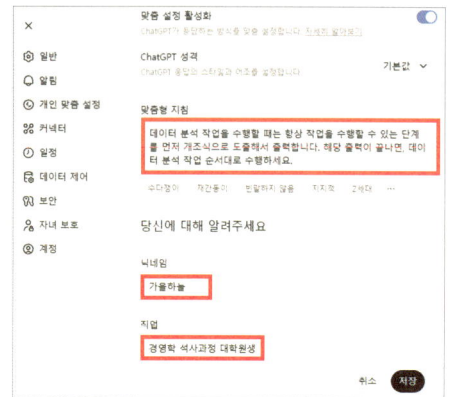

그리고 '나에 대해 더 알려주세요' 란에 "보고서는 항상 1) 요약 2) 체크리스트 3) 다음 행동 순으로 7문장 이내로 답해 주세요"라고 적어둡니다.

이제 새로운 채팅에서 보고서를 요청할 때마다 경영학 대학원생을 위한 '요약, 체크리스트, 다음 행동' 순서로 결과가 나옵니다. 같은 질문을 하더라도 사용자 맥락에 맞춘 답변을 받기 쉬워지는 것이죠. 또한 데이터 분석 작업을 시키면 수행할 과정을 먼저 개조식으로 보여줄 것입니다.

아울러 상황별로 챗GPT가 자동으로 답변의 말투나 형식을 알아서 바꾸게 설정하면 편리합니다. 다음과 같이 설정하면 됩니다.

> 업무 관련 질문일 때: 간결하고 전문적으로
> 창작 관련 질문일 때: 자세하고 영감 있게
> 학습 관련 질문일 때: 차근차근 설명하되 스스로 생각할 여지를 남겨두고
> 일상 대화일 때: 친근하고 공감하는 톤으로
>
> 항상 답변 끝에 "더 궁금한 점이 있다면 언제든 물어보세요!"를 추가하지 마세요.

AI 웹 검색으로 최신 정보 찾기

챗GPT-5는 대화 중에 웹에서 최신 정보를 직접 찾아보고, 답변 아래쪽에 출처 링크를 보여줍니다. AI 웹 검색을 할 때는 '질문 → 답변 → 재검증'의 짧은 루틴으로 하는 것이 좋습니다. 즉, 요구사항을 구체적으로 던진 뒤, AI가 초안을 주면 "출처 링크를 표로 정리해 줘", "영업시간·휴관일을 반영했는지 다시 확인해 줘"처럼 재질문으로 검증하는 것이죠. 특히 최신 정책 변경을 확인할 때, 여행이나 전시관람 동선을 짤 때, 이 루틴을 사용하면 더욱 편리합니다.

1. 챗GPT 왼쪽 메뉴에서 [새 채팅]을 클릭하여 새 대화 세션을 여세요.
2. 프롬프트 입력란에서 〈+〉 버튼을 클릭한 후 [더보기] 메뉴에서 [웹 검색]을 누르세요.

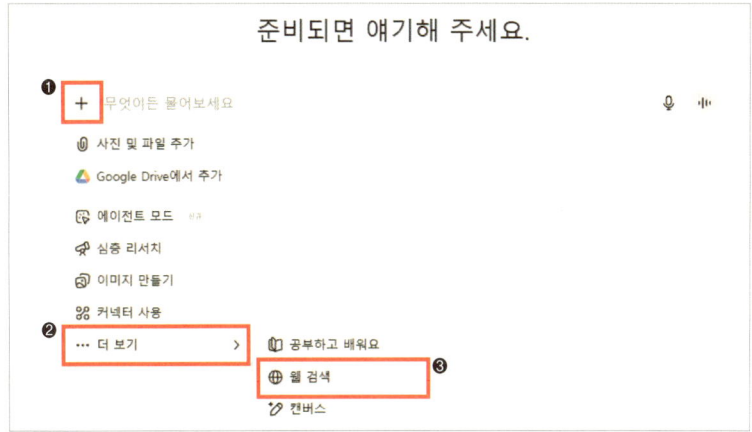

3. 이제 챗GPT의 AI 웹 검색 옵션이 켜졌습니다. 다음과 같이 서울 3박 4일 일정에 맞는 전시일정을 추천해 달라고 요청해 보겠습니다.

> 서울에서 3박 4일 여행에 맞는 전시일정을 추천해 줘. 각 전시의 휴관일을 제외하고, 공식 사이트 링크를 함께 달아줘. 동선은 지하철 중심으로 잡아줘.

4. 챗GPT가 현재 날짜를 기준으로 서울 3박 4일 일정에 맞게 전시관람 동선과 공식 홈페이지 링크를 줍니다.

서울에서 지하철 중심으로 이동할 수 있는 **3박 4일 전시 일정**을 아래와 같이 제안드립니다. 각 전시마다 휴관일과 운영시간 정보를 포함했으며, 공식 홈페이지 링크도 첨부했어요.

추천 일정

Day 1: 서울시립미술관 (SeMA) — 서울 미디어시티 비엔날레
- 전시: 제13회 **Seoul Mediacity Biennale** ("Séance: Technology of the Spirit")
- 기간: 2025년 8월 26일 ~ 11월 23일 biennale.com +1 Seoul Mediacity Biennale +1
- 운영시간 및 휴관일:
    - 화~목: 10:00–20:00
    - 금: 10:00–21:00
    - 주말·공휴일: 10:00–19:00
    - 휴관: 매주 월요일 (공휴일인 월요일은 개관) Dicula +1   VISITKOREA - Imagine Your Korea   Seoul Mediacity Biennale +1
- 위치: 서울시 중구 덕수궁길 61 (시청역 인근, 지하철 1·2호선 City Hall 역) VISITKOREA - Imagine Your Korea
- 입장료: 기본 무료 (일부 프로그램 별도) Pace Gallery +1
- 공식 홈페이지: SeMA 공식 사이트 (영문/한글 제공)

---

5. 이번에는 조금 더 구체적으로 요청해 볼까요? 부산 2박 3일 여행계획을 짜달라고 했습니다. 여행 예산과 관심사, 원하는 숙소 위치와 같은 구체적인 정보도 알려주었습니다.

> 부산 2박 3일 여행계획을 짜줘. 조건은:
> - 예산: 1인당 30만원
> - 관심사: 맛집, 카페, 야경 명소
> - 교통: 대중교통 이용
> - 숙소: 서면 주변 희망
>
> 현재 운영 중인 곳들만 추천하고, 휴무일이나 공사 중인 곳은 제외해 줘.
> 각 장소마다 운영시간, 가격, 예약 필요 여부, 대중교통 접근법도 함께.

6. 챗GPT가 숙소 제안부터 추천 카페와 맛집, 야경 투어, 2박 3일 일정표까지 주었습니다.

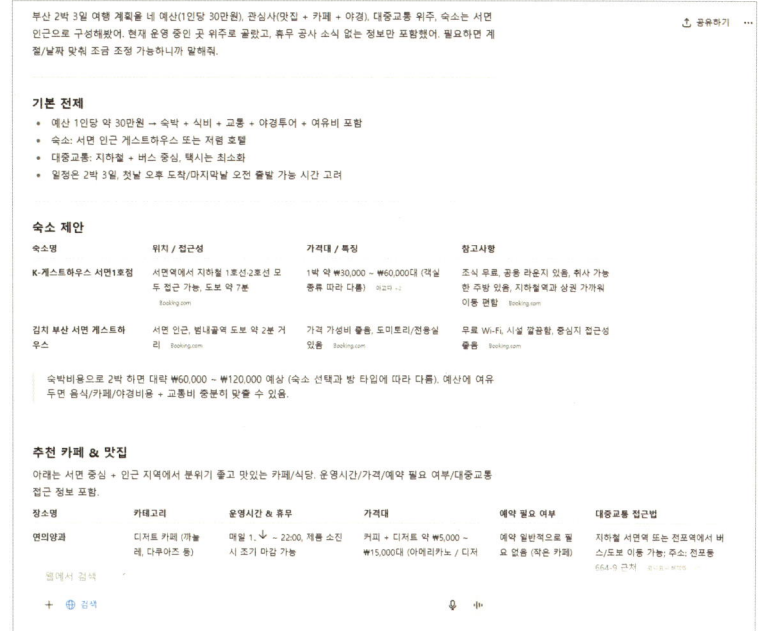

심층 리서치로 자료조사·요약·보고서까지 한번에!

챗GPT의 심층 리서치(Deep Research)는 웹 탐색과 근거 수집, 가설 설정, 요약과 구조화, 실행계획 제안까지 한번에 해주는 AI 에이전틱 기능입니다. 예전에 몇 시간이 걸리던 조사와 정리를 챗GPT로 몇 분 만에 뚝딱 할 수 있습니다.

프롬프트를 쓸 때 주제·목표·마감·형식 등 요구를 정확하게 쓸수록 답변의 품질이 훨씬 좋아집니다.

> 전업 프리랜서를 위한 '부가세 간편 가이드'를 2쪽으로 작성해 줘. 최신 통계와
> 정부 자료 링크를 본문 각주로 달고, 마지막에 '실무 체크리스트' 8개 항목을
> 포함해 줘.

실제로 챗GPT의 심층 러서치를 다양하게 사용해 보면, 경쟁사 비교·시장통계·정책 개정 포인트를 구체적으로 조사해 주고, 조사의 다음 단계로 설문 또는 고객 인터뷰 질문지까지 주기도 합니다. 직장인이나 대학생들에게 무척 유용한 기능입니다.

1. 챗GPT 왼쪽 메뉴에서 [새 채팅]을 눌러 새 대화 세션을 여세요.
2. 프롬프트 입력란에서 〈+〉 버튼을 누른 후 [심층 리서치]를 선택하세요.

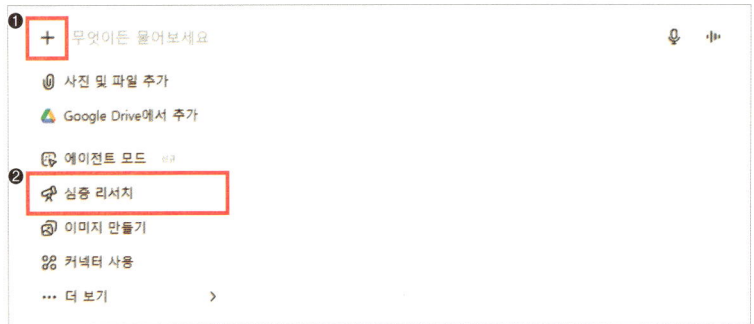

3. 〈1인 피트니스 스튜디오 창업〉을 위한 심층 리서치를 요청해 보죠.

> 1인 피트니스 스튜디오 창업을 고려 중이야. 다음 내용으로 심층 러서치해 줘:
> - 리서치 목표: 창업 가능성 판단과 실행계획 수립
> - 형식: A4 10페이지 분량의 종합 보고서
>
> 포함할 내용:
> 1. 시장규모와 성장 전망
> 2. 타깃 고객 분석(연령대별, 지역별 수요)
> 3. 경쟁사 현황과 차별화 포인트
> 4. 초기 투자비용과 월별 운영비 상세 계산

> 5. 수익성 분석과 손익분기점 예측
> 6. 관련 법규와 필요 자격증 정보
> 7. 성공/실패 사례 분석
> 8. 단계별 실행계획(6개월, 1년, 2년)
>
> 모든 데이터는 2025년 기준 최신 정보로, 출처를 명확히 표기해 줘.

4. 여러분이 한 요청이 충분히 구체적이면, 챗GPT가 바로 심층 조사를 시작합니다. 하지만 추가로 필요한 정보가 있으면, 챗GPT가 심층 조사를 시작하기 전에 먼저 추가 정보를 요청합니다. 여기서는 챗GPT가 1인 피트니스 스튜디오를 창업할 지역, 스튜디오 유형·타깃층·공간규모 등의 정보를 추가로 물어보네요.

> 보고서 작성을 위해 몇 가지를 더 여쭤볼게요:
> 1. 창업 지역: 어느 도시 또는 지역에서 창업을 고려 중이신가요? (예: 서울 강남, 부산 해운대 등)
> 2. 스튜디오 유형: 요가, 필라테스, 퍼스널 트레이닝(PT), 복합 형태 중 어떤 유형인지 알려주세요.
> 3. 타겟층: 여성 전용, 직장인 대상, 고령층 등 특정 고객층이 있다면 알려주세요.
> 4. 공간 규모: 몇 평 정도의 공간을 고려 중이신가요?
>
> 이 정보들이 있으면 보다 정확하고 실질적인 리서치를 진행할 수 있어요.

5. 챗GPT의 요청에 따라 좀더 구체적으로 내용을 알려주었습니다.

> 1. 창업지역: 서울시 노원구
> 2. 스튜디오 유형: PT
> 3. 타깃층: 여성 전용
> 4. 공간 규모: 미정. 20평 내외가 될 것 같아.

6. 이제 챗GPT가 조사계획을 세우고 단계적으로 검색과 내용 탐색을 반복하면서 리서치를 시작합니다.

> 보고서에는 시장 규모, 타겟 고객, 경쟁사 분석, 비용 및 수익성 계산, 관련 법규, 성공/실패 사례, 실행 계획 등이 모두 포함되며, 2025년 기준의 최신 데이터를 기반으로 A4 10페이지 분량으로 구성할 예정이에요.
>
> 완료되면 바로 공유드릴게요.
>
> **리서치 시작**

7. 오~, 챗GPT가 〈여성 전용 PT 스튜디오 창업 타당성 및 실행계획 보고서〉를 작성해 주었습니다. 약 12분이 걸렸으며, 최신 데이터로 152건의 검색을 하고, 18개의 출처를 기반으로 A4 10페이지 분량으로 보고서를 만들었네요. 시장규모, 타깃 고객, 경쟁사 분석, 비용 및 수익성 계산, 관련 법규, 성공/실패 사례, 실행계획 등까지 들어 있습니다.

> **노원구 여성 전용 PT 스튜디오 창업 타당성 및 실행 계획 보고서**
>
> **1. 시장 규모와 성장 전망**
>
> 국내 피트니스/PT 시장 규모: 국내 피트니스 센터(헬스장) 업계는 연간 약 **4~5조 원** 규모로 추정되며 지속 성장 중입니다 zdnet.co.kr . 2020년대 들어 주52시간제로 여가시간이 늘고, 코로나19 이후 운동에 대한 건강 니즈가 높아지면서 관련 시장이 빠르게 확대되었습니다 mappay.kr . 2021년부터 2023년까지 헬스/요가/필라테스 업종 점포 수는 19,503개 → 26,735개로 증가했고, 월평균 매출도 1,058억 원 → 1,309억 원으로 상승하는 등 매년 두 자릿수 성장세를 보였습니다 steppay.kr . 아래 그래프에서 시장 성장 추이를 확인할 수 있습니다.
>
> *2021~2023년 국내 피트니스 업종 사업장 수 및 월평균 매출 성장 추이 (자료: 핀다 보고서 mappay.kr)*
>
> 2023년 기준 전국 **등록 헬스센터**(체력단련장업)는 약 **14,773개소**에 달하며, 전체의 절반 가량(49.6%)이 서울과 경기도에 밀집되어 있습니다 index.go.kr kbtg.com . 서울은 1만 명당 약 2.8개의 헬스장이 있을 정도로 세계 최고 수준의 시설 밀집도를 보이고 있어 경쟁이 매우 치열합니다 steppay.kr . 이러한 포화에도 불구하고 웰

8. 특히 챗GPT가 여성 전용 PT 스튜디오 창업 시의 손익분기점을 꼼꼼하게 검토해 준 것이 좋았습니다. 창업에 서툰 이들이 막연하게 생각하는 내용에 대해 구체적으로 다양한 각도에서 의견을 제시해 준 것이죠.

> **5. 수익성 분석 및 손익분기점**
> *(본 장에서는 앞서 산출한 비용과 예상 매출을 토대로 수익 구조를 분석하고, 손익분기점(BEP)과 향후 수익성을 전망합니다.)*
>
> 이룹니다. 이는 PT 세션 약 110건에 해당하며, 회원 12~15명 규모에 대응합니다. 아래는 시나리오별 손익을 간략 시뮬레이션한 것입니다:
>
> - 🔴 비관 시나리오 (회원 10명 수준): 월 개인PT 10명 × 8회 = 80회 → 매출 400만원. 그룹수업 등 추가 50만원 매출 가정 → 총매출 450만원. ⇒ 월 -100만원 손실 (BEP 미만).
> - 🟡 기준 시나리오 (회원 15명 수준): 월 개인PT 15명 × 8회 = 120회 → 매출 600만원. + 부가매출 50만원 → 총매출 650만원. ⇒ 월 약 +100만원 이익 (BEP 돌파).
> - 🟢 낙관 시나리오 (회원 25명 수준): 월 개인PT 25명 × 8회 = 200회 → 매출 1,000만원. + 부가매출 100만원 → 총매출 1,100만원. ⇒ 월 +550만원 이익 (안정 흑자).
>
> 즉, 회원 15명 확보 시점부터 고정비를 모두 커버하고 수익으로 전환되며, 그 이후로는 회원 1명 증가마다 매출이 비용 증가 없이 고스란히 이익으로 이어지는 구조입니다 (트레이너 증원 전까지는). 트레이너 1인당 감당 인원이 한계에 다다를 때 추가 고용이 필요하며, 그 시점은 회원 약 20~25명 선으로 예상됩니다. 2명 체제로 전환하면 인건비 상승으로 또 한 번 BEP가 높아지지만, 수용 회원 수도 배로 늘어나 **매출 잠재력 또한 배가됩니다**.

9. 다음과 같이 추가 요청을 할 수도 있습니다.

> - 리서치 결과를 바탕으로 1페이지 요약본을 만들어 줘.
> - 실무를 위한 상세 실행 계획서를 만들어 줘.
> - 이 데이터에서 우리가 놓친 기회나 위험 요소는 없을까? 다른 관점에서 한 번 더 분석해 줘.

나 대신 알아서 척척 실행까지 자동화, 에이전트 모드

에이전트 모드(agent mode)는 사용자가 요청을 하면, 챗GPT가 자동으로 여러 단계를 거쳐서 작업을 해주는 기능입니다. "내년 2월 9일 인천국제공항 출발, 스페인 바르셀로나행 비행기, 4장 예약해 줘"라고 요청하면, 챗GPT가 알아서 웹브라우저를 열어 사이트에 접속해서 항공권을 검색하고 예약까지 진행해 줍니다(실제 예약 같은 중요한 단계에서는 항상 사용자확인 및 승인을 요청합니다). 또한 데이터 분석·일정관리·심층 리서치 등 다양한 작업도 할 수 있습니다. 초기 공개 이후 "브라우저 조작, 폼 작성, 간단한 자동화에 유용하다"는 평가와 함께, 아직은 답변의 형식이 어긋

나거나 작동이 멈추는 경우가 있다는 한계도 지적되었습니다.

1. 챗GPT의 프롬프트 입력란에서 〈+〉 버튼을 누른 후 [에이전트 모드] 를 선택하세요.

2. 챗GPT 에이전트에게 특정한 웹사이트의 링크를 주고, 프레젠테이션 슬라이드(PPT)를 만들어 달라고 해볼게요. 여기서는 오픈AI 공식 쿡북의 내용을 슬라이드로 만들어 달라고 하겠습니다.

> # 요청사항
> [슬라이드로 만들 웹페이지 URL 붙여넣기]
> 이 링크의 내용을 자연스럽고 유창한 한국어 기반 PPT 슬라이드로 만들어 줘.
>
> # 목적
> GPT-5의 프롬프트 작업을 어려워하는 사람들에게 프롬프트 작성법을 쉽게 설명해 주기 위한 자료
>
> # 대상
> 청중은 AI 활용에 익숙하지 않은 초급자로, 프롬프트 작성법을 어려워함.
> 특히 최근에 바뀐 GPT-5의 활용을 어려워하고 있음.
> 영어를 잘 모르는 한국인 사용자들로, 영어 프롬프트를 어렵게 생각함.
>
> # 고려사항
> - GPT-5 등장 이전의 모델들에 동일한 프롬프트를 사용한 경우, GPT-5용 프롬프트를 사용한 경우, 전/후 비교가 되면 좋겠음.
> - 전문용어는 배제하고 쉬운 단어로 설명하되, 반드시 전문용어를 써야 할 때는 주석으로 해당 용어를 쉽게 설명해야 함.

3. 챗GPT가 스스로 알아서 가상의 웹브라우저를 열더니 무언가 열심히 작업을 시작합니다. 코드를 알아서 죽 쓰기도 합니다. 잠시 기다리세요. 이때 챗GPT 창을 그대로 열어놓은 채 사용자는 다른 작업을 해도 됩니다.

4. 오~, 챗GPT가 오픈AI 공식 사이트의 GPT-5 사용법 페이지 내용을 바탕으로 PPT 슬라이드를 만들어 주었습니다.

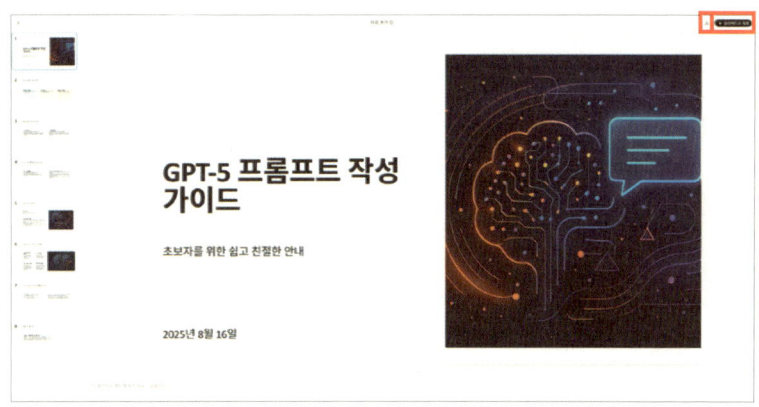

5. 슬라이드 오른쪽 위의 〈슬라이드 쇼 재생〉 버튼을 누르면 챗GPT가 만드는 슬라이드 쇼를 볼 수 있습니다. 그 옆의 〈↓〉 버튼을 누르면 PPT 파일을 다운로드, 또는 공유할 수 있습니다.

다만, 에이전트 모드에서는 AI가 중요한 작업을 실행하기 전에 사용자의 승인을 요청하는데요. 로그인 정보, 금전거래나 결제, 개인정보 관련 작업들은 더욱 신중하게 직접 입력하고 검토해야 합니다.

썸네일·홍보 포스터까지, 한층 진화한 챗GPT의 이미지 만들기

챗GPT에서 프롬프트만으로 SNS 카드뉴스, 슬라이드 삽화, 로고 스케치 등을 빠르게 만들 수 있습니다. 한글 등의 텍스트 표현과 투명배경, 업로드 이미지를 참조해 변형하는 기능이 좋아졌으며, 특히 브랜드 아이덴티티를 이해하고 일관성 있는 이미지를 만들 수 있다는 것이 장점입니다.

1. 프롬프트 입력란에서 〈+〉 버튼을 누른 후 [이미지 만들기]를 선택하세요.

2. 프롬프트 입력란에 만들고 싶은 이미지에 대해 쓰세요. 여기서는 〈직장인을 위한 5분 아침 운동〉 유튜브 썸네일을 만들어 볼게요.

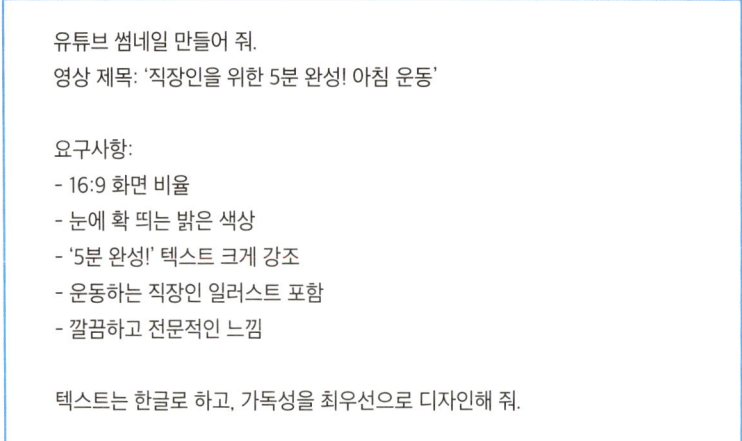

3. 오~, 챗GPT가 유튜브 썸네일을 만들어 줍니다. 생성된 이미지를 간단하게 수정할 수도 있습니다. 먼저 생성된 이미지를 클릭하세요.

4. 그림 편집 화면이 나타나면, 화면 상단 오른쪽에서 〈선택〉 버튼을 클릭한 후 수정하고 싶은 부분을 선택하고 프롬프트 입력란에 어떻게 수정할지 쓰세요. 그림에서 추가·제거·교체할 부분에 대해 얘기해도 됩니다. 다음은 그런 과정을 통해 수정한 유튜브 썸네일입니다.

5. 이번에는 카페의 SNS 홍보 이미지를 요청해 볼게요.

> 따뜻하고 감성적인 분위기의 카페.
> 햇살이 가득 들어오는 아늑한 카페 내부의 나무 테이블 위에는 투명한 유리잔에 담긴 신선한 딸기 라떼 한 잔이 있다.
> 딸기 라떼에는 딸기 조각과 휘핑크림이 예쁘게 장식되어 있다.
> "여름날의 딸기 라떼"라는 글자가 크게 적혀 있고, 그 아래 "Café ITCL"이라는 카페명이 이미지에 어울리는 폰트로 적혀 있다.
> ##감성적인 SNS 홍보 이미지

6. 와~, 실제 카페 포스터로 쓸 수 있을 정도로 사실적이며 깔끔하고 예쁜 이미지를 만들어 주었습니다. 인스타 홍보에 사용할 만하죠?

7. 챗GPT에게 다음과 같이 추가 요청을 해도 됩니다.

> 이 그림을 인스타그램용 정사각형 이미지 두 가지 버전으로 만들어 줘.

챗GPT-5.2로 이미지 시안 비교 및 인포그래픽까지

특히 챗GPT-5.2 버전에서는 같은 이미지를 유지한 채 분위기·톤·용도를 바꾸는 작업이 안정적입니다. 하나의 기준 이미지를 유지하면서 목적에 맞게 분위기만 변주할 수 있는 것이죠.

1. 프롬프트 입력란의 〈+〉 버튼을 누른 후 [이미지 만들기]를 클릭하세요.
2. 다음과 같이 프롬프트를 주고 첫 번째 이미지부터 생성해 보겠습니다. 두 번째와 세 번째 이미지는 프롬프트 2행을 각각 '흐린 겨울 오후, 차분하고 사색적인 분위기', '밤의 실내 조명, 조용하고 집중된 분위기'로 교체해서 그렸습니다.

> 창가에 앉아 노트를 보고 있는 중년 여성
> 따뜻한 아침 자연광, 부드럽고 편안한 분위기,
> 사실적인 사진 스타일, 과장된 연출은 피한다.

3. 다음과 같이 이미지들이 나왔습니다. 이미지 일관성이 놀랍지 않나요? 표지나 제품 포장 시안 비교, SNS 썸네일 무드 테스트, 브랜드 무드 설정 등을 쉽게 할 수 있을 것입니다.

4. 강의나 보고서 등에서 복잡한 내용을 긴 설명 없이 한 장의 이미지로 만들 수도 있습니다.

> 주제: 전 세계 웹사이트 트래픽 버블 차트
> 인포그래픽 디자인, 다양한 크기의 파스텔톤 원형들, 다크 모드 배경, 고해상도 시각화

5. 챗GPT가 다음과 같이 인포그래픽을 알아서 만들어 주었습니다. 자기 글 요약 도식화, 강의 슬라이드, 프레젠테이션 등에 이용할 수 있는 기능입니다.

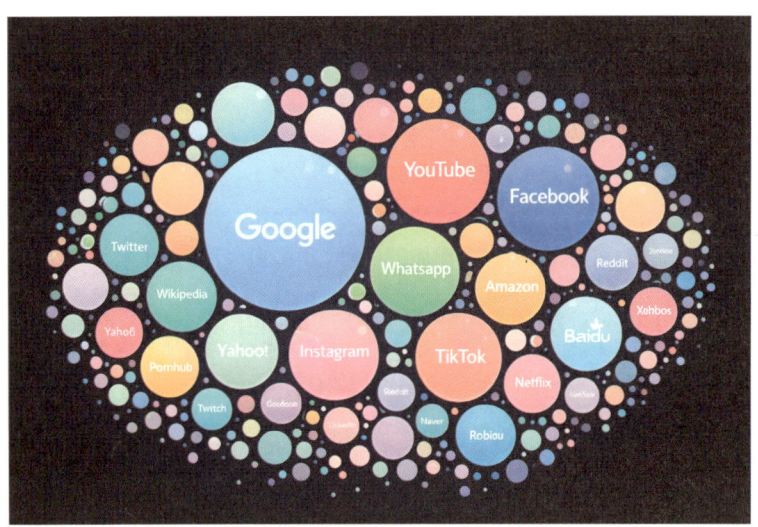

커넥터로 G메일·캘린더·드라이브 연결해 쓰기

커넥터(connector)는 챗GPT가 구글의 G메일·캘린더·드라이브, 그리고 마이크로소프트의 원드라이브(OneDrive), 협업·문서 관리 플랫폼 셰어포인트(SharePoint), 깃허브(GitHub) 같은 외부 서비스를 연결하는 기능입니

다. 챗GPT-5를 '내 데이터를 아는 개인 비서'로 변화시키는 핵심 기능이죠. 플러스 및 프로 플랜 사용자인지에 따라 연결할 수 있는 커넥터의 종류와 사용 권한이 다를 수 있습니다.

예를 들어 챗GPT의 커넥터 기능으로 G메일을 연결하면, 다음과 같이 정리 및 초안을 맡길 수 있습니다.

> 미답장 메일만 추린 후 답장 초안을 줘.

스프레드시트나 코드 저장소를 참조해야 한다면, 구글 드라이브와 깃허브를 커넥터로 연결해 다음과 같이 요청하면 됩니다.

> 스프레드시트의 경우: 최근 변경 내역 요약
> 코드 저장소 참조의 경우: 참고할 코드 스니펫 목록

챗GPT의 커넥터 기능으로 외부 자료를 참조할 경우 최종 발송·결제는 사용자가 확인해야 하며, 회사의 접근 제어 정책을 따르는 범위에서만 파일·이슈·문서를 볼 수 있다는 점을 기억하세요.

1. 챗GPT 화면 왼쪽 아래에서 〈프로필〉 아이콘을 클릭한 후 [설정]을 누르세요.
2. '설정' 대화상자에서 [Apps & Connectors] 탭을 누른 후 여러분이 연결하고 싶은 외부 서비스를 클릭하세요. 여기서는 'Gmail'을 선택해 보겠습니다.

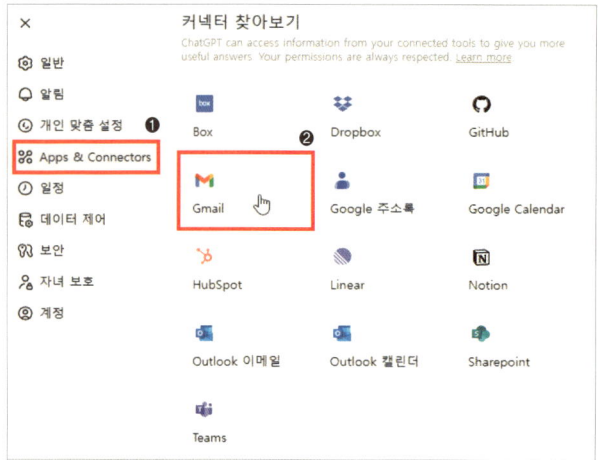

3. G메일 연결하기 화면이 열리면 기본 설정의 '연결 권장' 옵션을 활성화하고 〈연결하기〉 버튼을 누르세요.

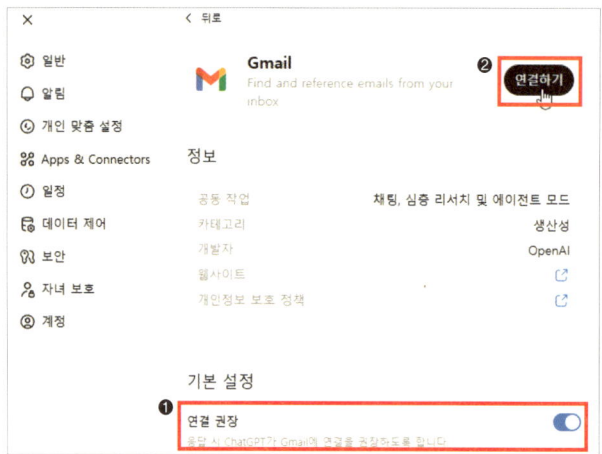

4. G메일 연결 화면이 다시 나오면 〈Gmail로 계속〉 버튼을 누르세요.

5. 챗GPT에 등록한 내 이메일 주소로 확인 메일이 옵니다. 챗GPT가 보낸 이메일을 열어 〈활동 확인〉 버튼을 누르고, 본인의 활동임을 확인해 줍니다. 나머지 과정은 화면의 지시에 따르면 됩니다.

6. 이제 챗GPT에 나의 구글 G메일 계정이 연결되었습니다. 제대로 연결되었는지 테스트를 해볼까요? 챗GPT와 대화 중에 다음과 같이 요청해 보겠습니다.

> 지난주 출판 관련 협회에서 온 메일만 모아줘.

7. 오~, 챗GPT가 내 구글 G메일 계정에 연결해서 관련 메일만 모아줍니다.

8. 이번에는 커넥터 기능으로 구글 캘린더를 챗GPT에 연결하세요. 2~5번 단계를 참조해 따라하면 됩니다.

9. 이제 프롬프트 입력란에서 〈Sources〉 버튼을 누른 뒤, 〈추가하기〉 버튼을 다시 누르면, 챗GPT에 연결해 둔 서비스들이 나타납니다. [Google Calendar]를 선택하세요.

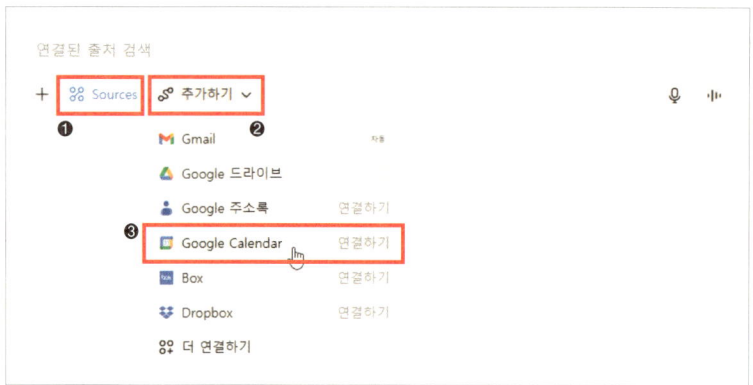

잠깐 참고로, '설정' 대화상자에서 '자동으로 사용'을 활성화하면, 매번 프롬프트 입력란에서 'G메일'이나 '구글 캘린더'를 선택하지 않아도 챗GPT가 알아서 이 서비스들을 연결해 참고합니다.

10. 챗GPT가 제 구글 캘린더와 연결된 상태에서 다음과 같이 강의 일정 세팅에 대해 물어보았습니다.

> 9월에 3시간 정도 강의해 달라는 의뢰가 들어왔는데, 평일 9~18시 사이에 가능한 일정이 있어?

11. 오~, 챗GPT가 저의 구글 캘린더를 연결해서 다음과 같이 답변해 주었습니다. 일정관리에 엄청 편하겠죠?

> Google Calendar과(와) 대화 완료
>
> 9월 일정 살펴본 결과, 평일 9시~18시 사이에 **3시간 연속으로 비어 있는 날**이 일부 있습니다. 정리해 드리면:
>
> **가능 일정 (3시간 연속 확보 가능)**
> - **9월 5일 (금)**: 하루 종일 비어 있음 → 원하는 시간대 가능
> - **9월 12일 (금)**: 낮 시간대(09:00~18:00) 비어 있음 (저녁에 동문총회 있음)
> - **9월 19일 (금)**: 오전(09:00~12:30) 또는 오후(14:00~18:00) 가능 (13~14시 1시간 교육 있음)
> - **9월 30일 (화)**: 하루 종일 비어 있음
>
> **일정이 불가능하거나 제한적인 날**
> - **9월 1일, 8일, 15일, 22일, 29일**: 하루 종일 혹은 장시간 일정이 잡혀 있음 → 3시간 확보 불가
> - **9월 9일**: 15:00~16:30 짧은 일정이 있어 3시간 확보 어려움
> - **9월 20일 (토), 13일 (토)**: 주말 일정 있음 (평일 요청이므로 제외)
>
> 👉 정리하면 **9월 5일, 12일, 19일, 30일** 네 날 중에서 가능하십니다.
>
> 원하시면 제가 4일 중에서 가장 적합한 날짜를 추천드리거나, 아예 의뢰자분께 선택지를 드릴 수 있게 정리해드릴까요?

커넥터 기능을 이용하면 구글 드라이브에서 파일을 찾아 분석해 핵심 내용을 정리하고, PPT 슬라이드 구성안을 만들 수도 있습니다. 깃허브를 연동하면, 프로젝트 저장소를 분석해서 코드 품질 점검 리포트를 작성하고 보안 취약점을 검사할 수도 있고요.

업무 뉴스 클리핑 자동화, '작업' 기능 사용하기

작업(Tasks) 기능을 사용하면, 챗GPT가 약속된 시각에 알아서 프롬프트를 실행해 요약이나 리마인더를 보내줍니다. 특히 스마트폰에 챗GPT 모바일 앱을 설치해 두면 휴대폰으로 알림을 받고 바로 챗GPT를 실행해 결과를 볼 수 있어 편리합니다. 많은 사람들이 뉴스 요약뿐만 아니라 운동·수면·물 마시기 같은 습관 트래킹 리마인더로 활용합니다.

지시사항과 작업 단계, 반복 주기와 알림 방식, 출력형식 등을 구체적으로 작성할수록 좋습니다. 제약사항 등의 가이드라인을 주는 것도 유용합니다. 다만, 외부 서비스에 자동으로 글을 전송하거나 너무 자주 실행할 경우 제한이 있을 수 있으니, 설정 가능한 범위를 먼저 파악하는 것이 좋습니다.

작업 기능으로 매일 아침에 전날의 주요 뉴스 브리핑을 받아보죠.

1. 프롬프트 입력란에서 매일 오전 7시 30분에 그 전날의 AI 분야 뉴스를 검색해 주요 뉴스를 5개 알려달라고 요청했습니다. 작업 이름과 구체적인 지침, 반복 수행할 시각 등을 입력하세요. 이때 "Task(일정 예약) 기능을 활용해서 진행해 줘"라고 꼭 쓰는 것이 좋습니다.

> 매일 오전 7시 30분마다 AI 분야의 그 전날 뉴스를 검색해서 주요 뉴스를 5개 알려줘. Task(일정 예약) 기능을 활용해서 진행해 줘.
>
> #출력형식
> 1. 뉴스 헤드라인
> 2. 기사 URL 출처
> 3. 주요 내용 1문장 요약
> 4. 핵심 내용들 5문장으로 세부 설명

2. 작업 일정이 제대로 만들어졌다면 '버튼' 형식으로 나타나고, 해당 버튼을 누르면 만들어진 일정을 편집할 수 있습니다.
3. 챗GPT 화면 왼쪽 아래의 〈프로필〉 아이콘을 클릭한 후 [설정]을 누르세요.
4. '설정' 대화상자에서 [일정] 탭을 누른 후 〈관리〉를 클릭하세요.
5. '일정 편집' 대화상자가 열리는데, 여기서 작업 일정을 수정·일시 정

지·삭제 등 관리할 수 있습니다.

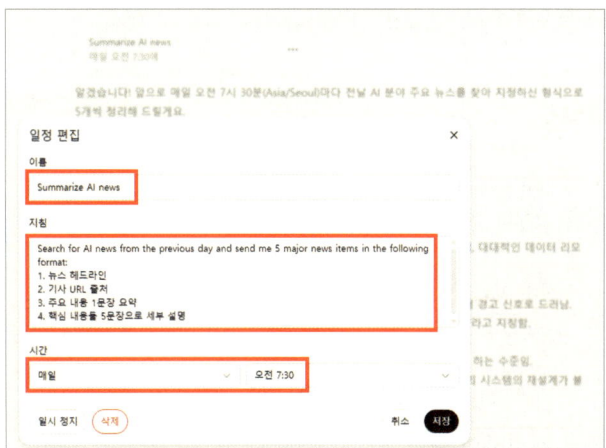

6. 이제 다음날 아침부터 매일 오전 7시 30분에 관심 뉴스 브리핑이 옵니다. 운동·수면 같은 습관 트래킹에 활용하는 것도 좋습니다.

챗GPT로 영어공부를, 학습 모드

챗GPT의 학습 모드는 정답을 바로 주지 않고, 사용자가 '질문→힌트→사고 유도→부분 풀이→섬섬' 과정을 통해 스스로 답을 찾도록 돕는 '코치형' 학습 모드입니다.

프롬프트에 '바로 정답 말하지 않기', '내가 막히면 힌트 주기', '풀이 뒤에는 대안 풀이·오개념 교정' 같은 규칙을 함께 주면 좋습니다. 단원 마무리에서는 '스스로 설명하기'로 핵심 개념을 나만의 언어로 다시 써 보세요. 언어를 학습할 때는 어휘·문형을 섞은 변형 연습, 수학은 오답 포인트를 모아 기출 변형 문제를 만드는 식으로 응용할 수도 있습니다. 학습 모드에서 쓸 수 있는 프롬프트의 예를 들어볼게요.

> 학습 모드로 엣지 AI에 대해 가르쳐 줘. 정답을 바로 주지 말고, 힌트를 주면서
> 내가 스스로 답을 찾을 수 있게 도와줘.
>
> 공부 관련 질문을 할 때는:
> 1) 힌트로 시작해서
> 2) 내가 답을 시도해 보게 하고
> 3) 맞으면 칭찬하면서 심화 설명
> 4) 틀리면 어디서 잘못되었는지 짚어주면서 다시 기회 제공
>
> 이런 방식으로 가르쳐 줘.

학습 시 대화가 길어지며 일관성이 흐트러질 때는 "학습 모드 규칙을 다시 적용해 줘"라고 지시하면 됩니다.

1. 프롬프트 입력란에서 〈+〉 버튼을 누른 후 [더보기]→[공부하고 배워요]를 클릭하세요.

2. 프롬프트 입력란에 공부하고 싶은 주제를 입력하세요. 여기서는 영어공부 목표와 내 영어 수준 및 원하는 학습 스타일을 넣어볼게요.

> 영어회화 실력을 늘리고 싶어. 내 수준은 토익 750점 정도이고, 목표는 해외출장에서 자연스럽게 대화하는 것이야.
>
> 학습 스타일:
> - 실제 비즈니스 상황 기반 대화 연습
> - 틀려도 위축되지 않게 격려하면서 교정
> - 매일 15분씩 꾸준히 할 수 있는 커리큘럼
> - 발음이나 문법보다는 의사소통에 중점
>
> 오늘부터 시작해 줘. 첫 번째 상황을 제시해 줘.

3. 챗GPT가 사용자의 영어공부 목표와 수준을 체크한 후 그에 맞는 적절한 난이도의 연습상황과 힌트를 줍니다. 연습대화를 주는 것이 아니라 힌트를 주며, 한두 문장으로 시도해 보라고 하는 게 인상적입니다.

> 좋습니다! ✏️
> 토익 750이면 기초 문법과 어휘는 이미 되어 있으니, "자연스러운 흐름"과 "비즈니스 상황 표현"에 집중하면 딱이네요.
>
> **오늘의 연습 상황 (Day 1)**
> **상황:** 해외 출장으로 도착한 공항에서, 회사 현지 직원이 픽업을 나오기로 했습니다.
> 당신은 도착 직후 그 직원에게 전화를 걸어 만나는 장소를 조율해야 합니다.
>
> **연습 대화 (당신 = You, 직원 = Staff)**
> 먼저 당신 차례예요.
> 전화를 걸어서 **첫 인사 + 자기 소개 + 목적**을 해보세요.
> 예:
> - "Hello, this is [이름]. I just arrived at the airport."
> - "Are you already here?"
>
> 👉 먼저 한두 문장으로 시도해볼래요?

4. 챗GPT의 응원을 받으며, 짧은 영어 실력으로 말해 보았습니다.

> Hello, this is ____. I just arrived at the airport. How can I get to your place from here?

5. 오~, 챗GPT가 격려하면서 영어문장을 더 다듬는 방법을 알려주네요.

> 아주 좋아요, ____ 👍
> 자연스럽게 시작했고, 상대방이 이해하는 데 전혀 문제 없을 거예요.
>
> 다만 상황을 조금 다듬어볼 수 있어요:
>
> - 지금은 "How can I get to your place from here?"라고 했는데, 공항에서 회사로 직접 가는 느낌이 들어요.
> - 사실은 픽업 나온 직원이 어디 있는지 묻는 게 더 자연스럽죠.
>
> 👉 조금 더 상황 맞게 바꾼다면:
> - "Where can I meet you?"
> - "Where are you waiting?"
> - 또는 "Could you tell me where you are?"

이런 방식으로 수학·엑셀 함수·프로그래밍 학습부터 프레젠테이션·디자인 스킬 향상까지 다양한 분야의 학습을 할 수 있습니다. 학습효과를 극대화하기 위해서는 구체적인 시간과 목표를 제시하고, 단계별로 난이도를 조절해 달라고 요청하는 것이 좋습니다.

> **TIP**
>
> ### 맞춤형 브리핑 AI 비서, 펄스
>
> 2025년 9월부터 챗GPT에 펄스(Pulse) 기능이 생겼는데요. 쉽게 말해 사용자가 묻기 전에 먼저 알림을 제공하는 기능입니다. 챗GPT가 나의 대화 기록·일정·피드백 등을 참고해, 다음날 아침에 내가 관심 있을 만한 정보와 제안을 카드 형태로 주는 것이죠.
>
> 펄스의 가장 큰 특징은 개인의 기호와 관심사에 맞는 브리핑입니다. 내가 잠든 사이에도 펄스는 G메일, 캘린더, 구독한 뉴스 소스, 관심사와

연관된 웹 데이터를 종합하고, 아침이 되면 무한 스크롤 대신 5~10개의 요약 카드를 제시해 줍니다.

예를 들어 테크 산업에 관심 많은 사람이라면 펄스가 밤새 업데이트된 관련 주요 기사를 뽑아 정리하고, 동시에 G메일로 들어온 투자 관련 메일, 캘린더에 잡힌 오전 미팅 준비자료도 함께 묶어 보여줍니다.

2025년 9월 현재는 프로 플랜 사용자(월 200달러)만 사용할 수 있지만, 곧 플러스 플랜 사용자에게도 제공될 예정입니다.

TIP

텍스트 한 줄로 영상을 뚝딱, 소라 2

2025년 9월 30일, 오픈AI가 동영상 생성 모델 소라(Sora) 2를 공개했습니다. 2024년 말에 공개된 버전에서 크게 업그레이드되었는데요. 특히 물리적인 움직임에 대한 이해도가 높아졌고, 구글의 베오 3처럼 음향효과까지도 한번에 생성할 수 있습니다. 올림픽 체조선수의 텀블링, 피겨스케이터가 고양이를 머리에 얹고 트리플 악셀을 하는 동작 등 흥미로운 사례들이 공개되었습니다. 2024년 말에 공개된 소라가 비디오 분야의 GPT-1이었다면, 2025년 9월 말에 공개된 소라 2는 비디오의 GPT-3.5 세대에 가깝다고 볼 수 있습니다.

가장 흥미로운 지점은 오픈AI가 소라 2를 iOS 앱으로 출시했다는 것입니다. 소라 2 앱은 기존의 SNS 플랫폼처럼 팔로우, 사용자의 관심 주제에 맞춘 알고리즘 피드를 제공합니다. 틱톡이나 인스타그램처럼 사용자가 영상을 생성한 후 피드에 공유하면 됩니다. 아울러 내 얼굴을 다양한 각도에서 찍고 목소리를 입력하면, AI가 외모와 목소리를 학습하는데, 이 '카메오' 기능으로 내 모습을 포함한 영상을 만들 수도 있습니다.

1. 소라 사이트(sora.com)에 접속한 후 메인 화면 아래에 있는 프롬프트 입력란에서 원하는 영상에 대해 설명하고, 〈필터〉 버튼을 눌러 화면 비율을 세로(9:16)로 선택한 후 〈생성〉 버튼을 누르세요. 이미지나 영상 AI는 프롬프트를 영어로 주는 것이 결과물이 더 좋은데요. 한글로 쓴 후 영어로 번역해 달라고 하면 되겠죠?

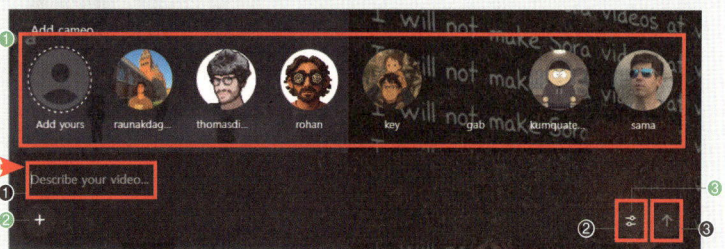

❶ **Add cameo**: 영상에 추가할 (미리 학습시켜 놓은) 내 모습, 그리고 미리 만들어져 있는 카메오들
❷ **이미지 추가**: 영상을 만들 이미지 업로드
❸ **필터**: 영상을 세로 모드 혹은 가로 모드로 설정

> Early summer forest, morning sunlight streaming through the mist. The camera slowly moves along the forest path, where a deer stands on the quiet trail. The deer lifts its head to gaze at the light. Cinematic, realistic tone, about 5 seconds long.
>
> 초여름 숲속, 아침 안개 사이로 햇살이 스며든다. 카메라는 숲길을 따라 천천히 이동하며, 고요한 숲길에 사슴 한 마리가 있다. 사슴이 머리를 들어 빛을 바라보는 장면. 영화 같은 사실적 톤, 약 5초 길이.

2. 'Aee a queue'라는 알림이 뜨고, 왼쪽의 프로필 이미지 주변으로 원이 돌아가는 듯한 효과가 보입니다. 프로필 이미지를 누르니 '초안(Drafts)' 이라는 이름으로 영상이 만들어지고 있네요. 잠시 기다리세요.

3. 영상을 마우스로 클릭해서 재생해 보세요. 영상의 분위기에 맞추어 숲속에서 새들이 지저귀는 소리도 함께 만들어졌습니다! 〈수정〉 버튼(연필 모양)을 누르면 프롬프트를 수정

해 다시 만들 수 있고, 〈더보기〉 버튼을 누르면 영상을 다운로드 또는 삭제할 수 있습니다. 영상을 피드에 공개하기 위해 〈Post〉 버튼을 누르겠습니다.

4. 이제 프로필 메뉴로 들어오면 포스팅한 영상이 나타납니다. 〈Remixes〉 버튼을 선택하면 원본 영상을 바탕으로 톤이나 스타일, 장면 등을 변형해서 새로운 버전의 영상을 만들 수 있습니다. 화면에서 'Likes(좋아요), Remixes(다시 만들기), Follower(팔로워)' 버튼들이 보입니다. 소라 2 앱의 소셜 미디어로의 진화를 확실히 볼 수 있는 부분입니다.

TIP

챗GPT의 그룹 채팅 기능 이용하기

오픈AI는 2025년 11월 챗GPT에 '그룹 채팅' 기능을 시범적으로 도입했습니다. 마치 AI 단톡방처럼 이제 같은 대화창 안에서 다수의 사용자가 챗GPT를 활용해 협업을 할 수 있게 되었습니다. 채팅 링크를 공유해 누구나 쉽게 초대하고 참여할 수 있으며, 최대 인원은 20명까지입니다. 팀 간의 브레인스토밍, 가족간의 여행일정 조율, 준비물 체크리스트 작성, 자료정리 및 비교 등에 유용합니다. GPT-5 오토 모델을 기반으로 응답하며, 대화 흐름과 맥락을 파악해 필요한 순간에만 응답합니다. 개인 프로필 이미지도 사용 가능하며, 개인적으로 사용 중인 챗GPT의 메모리가 다른 사람에게 공유되지 않습니다.

1. 챗GPT 메인 화면에서 오른쪽 위의 〈그룹 채팅 시작〉 버튼(사람 모양)을 클릭하세요.

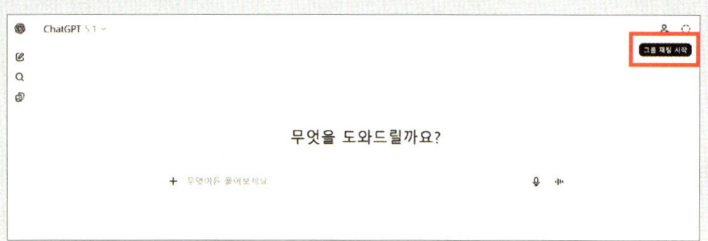

2. 챗GPT 그룹 채팅 설명이 나타나면 〈그룹 채팅 시작〉을 누르세요.
3. '그룹 링크' 대화상자가 열리면 이 대화창의 링크를 복사하기 위해 〈링크 복사〉를 클릭하세요.
4. 새 그룹 채팅이 나타나면 〈링크로 초대하기〉를 누른 후 링크를 초대할 사람들에게 보내면 됩니다.

그룹 채팅도 목표, 선호사항 등 그 그룹의 세부사항에 맞춤형 설정이 가능합니다. 그룹 채팅방에서 오른쪽 위의 '설정' 버튼(…)을 누른 후 해당 그룹 전용의 지침을 입력하면 됩니다.

업무에 초점을 맞추며 진화하는 클로드

클로드는 오픈AI의 핵심 연구진들이 독립해 세운 앤트로픽에서 만든 거대언어모델로, 2023년 3월 첫 버전을 출시했는데, 챗GPT와는 좀 다른 길을 걷는 느낌입니다. 클로드는 긴 글의 맥락을 잘 이해하고 잘 쓰며 코드를 잘 짠다는 평가를 받았는데요. 2025년 그동안 쌓은 맥락 이해력과 기술을 통해 큰 변화를 보여주었습니다.

2025년 추가된 웹 검색·딥싱킹·아티팩트 기능을 통해 원하는 정보를 잘 정리해 주며 깔끔하고 예쁜 문서로 뽑아줍니다. 클로드는 특히 기업이나 직장인 등의 업무에 초점을 맞추는 방향으로 가고 있는 느낌입니다.

클로드는 무료 사용이 가능하며, 유료의 경우 플러스 플랜(월 20달러), 리서치·코딩·정리에 특화된 프로 플랜(월 17달러, 1년치 청구), 그리고 맥스 플랜(월 100달러부터)이 있습니다.

클로드 버전 한눈에 보기

2025년 9월 말, 10월 중순, 11월 말에 각각 공개된 클로드 소네트 4.5, 하이쿠 4.5, 오퍼스 4.5는 같은 세대지만, 성격이 조금 다릅니다.

소네트 4.5는 코딩에 강하며 복잡한 AI 에이전트를 만드는 데도 적합합니다. 추론과 수학 능력이 꽤 좋아졌고, 응답속도가 매우 빠르면서도 꽤 높은 품질을 유지하기에 메일 초안 작성이나 회의록 요약처럼 짧고 반복적인 작업에도 잘 어울립니다. 오퍼스 4.5는 깊은 사고와 긴 문맥을 다루는 데 강해서 복잡한 논문 요약, 법률문서 정리, 코드 리뷰 같은 작업에 적합합니다. 하이쿠 4.5는 소네트 4 수준의 코딩 성능을 제공하지만 가격은 3분의 1에 불과하고, 속도는 두 배 이상 빠릅니다. 실시간 채팅이나 고객지원처럼 빠른 응답이 필요한 대규모 작업에 최적화되어 있고, 컴퓨터 사용 작업에서는 소네트 4를 능가하는 성능을 보입니다. 무료 플랜에서도 사용할 수 있으니 접근성이 매우 높습니다.

클로드 세부 모델에 따른 적정 업무

클로드 세부 모델	업무
소네트 4.5	· 간단한 메일 작성, 아이디어 브레인스토밍 · 시장조사, 경쟁사 분석 등 · 코딩, AI 에이전트 구축
오퍼스 4.5	· 장문의 보고서, 연구논문 작성 · 복잡한 코드 리팩토링, 전체 시스템 설계 · 대형 AI 에이전트 구축, 자동화 시스템
하이쿠 4.5	· 실시간 채팅 응답, 고객 지원 자동화 · 페어 프로그래밍, 빠른 코드 완성 · 대규모 반복 작업, 컴퓨터 사용 작업

클로드에서 맞춤형 말투·형식 맞추기

클로드는 원하는 맞춤형 말투와 형식을 쉽게 지정할 수 있습니다. 예를 들어 대화 세션의 첫 메시지에서 다음과 같이 지정하면 대화가 같은 톤으로 이어집니다.

> 앞으로 내게는 모든 답변을 1) 요약 2) 예시 3) 다음 단계 순서로 정리해 줘.

클로드에 다음과 같이 지시하면, 이후 과제 요약을 부탁할 때 자동으로 인용에 참고문헌 표기 및 링크를 달아주기도 합니다.

> 과제 요약을 부탁할 때는 항상 마지막에 참고문헌 링크까지 붙여줘.

클로드에서는 이런 식으로 기본 틀을 미리 지정하면, 긴 대화 세션에서도 원하는 말투와 형식의 답변을 계속 주는데요. 맞춤형 지침인 '프로필' 기능을 사용하면 좀더 다양하고 세심한 맞춤형 답변을 받을 수 있습니다.

1. 클로드 사이트(claude.ai)에 접속해서 회원가입 후 로그인을 하세요.

2. 화면 왼쪽 아래에서 〈프로필〉 아이콘을 누른 후 [설정]을 클릭하세요.

3. '설정' 창이 열리면 [프로필] 탭을 누른 후, 클로드가 나를 부를 별칭, 직무, 응답 시 선호 사항을 입력하세요. 클로드 화면 색상과 채팅 글꼴을 바꿀 수도 있습니다.

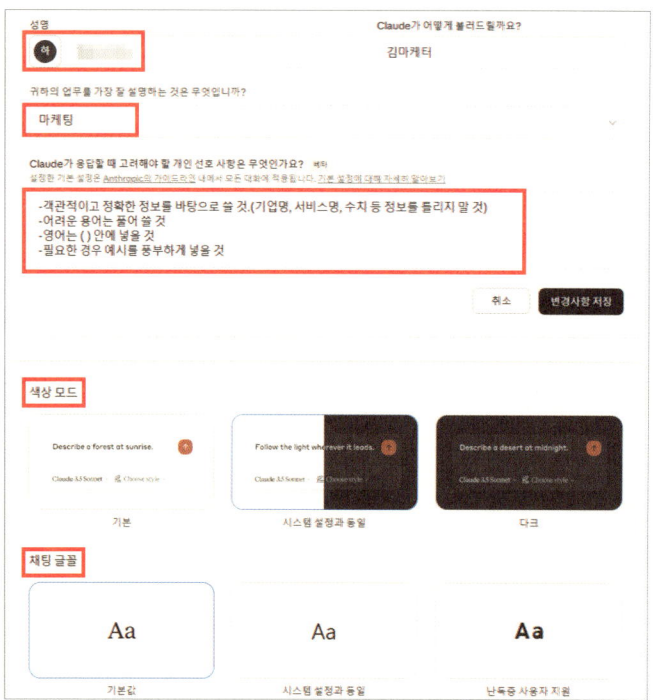

나의 AI 사고 파트너, 심층 사고 모드

클로드의 심층 사고 모드(Deep Thinking mode)는 답변의 중간 추론과정과 논리전개를 상세히 보여주며, '왜 그런지'와 '어떻게 할지'에 대한 깊이 있는 통찰을 줍니다. 특히 오퍼스 4.5의 심층 사고 모드는 논리 퍼즐이나 수학문제에서 단계별 풀이과정, 복잡한 의사결정 상황, 긴 코드를 디버깅하며 문제의 원인을 분석하고 해결책을 찾을 때 유용합니다. 여기서는 소네트 4.5의 심층 사고 모드를 사용해 볼게요.

1. 클로드의 프롬프트 입력란 아래에서 〈검색 및 도구〉 버튼을 누른 후 [심층 사고 모드]를 활성화하세요.

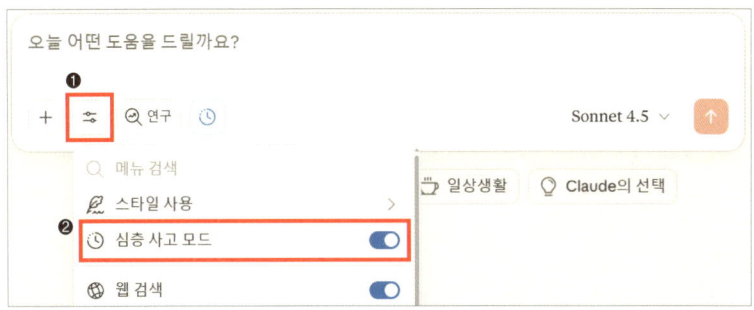

2. 이제 심층 사고 모드에서 다음과 같이 직장인 A씨가 가지고 있는 복잡한 고민상황을 설명하고 물어보겠습니다.

> 새로운 직장으로 이직을 고민 중이야. 현재 연봉 4천만원에서 5,500만원으로 오르지만, 출퇴근 시간이 30분에서 1시간 30분으로 늘어나. 이 상황을 다각도로 분석해서 결론을 내려줘. 중간 사고과정도 다 보여줘.

3. 클로드가 심층 사고를 한 후 답변을 줍니다. 경제적 분석, 시간가치 환산, 삶의 질에 미치는 영향, 장기적인 관점 등을 분석하고 상황별 체크리스트까지 주었습니다. 또한 이직을 추천하는 경우와 현 직장 유지를 추천하는 경우, 마지막으로 절충안까지 제시했습니다.

> 이직 결정은 정말 중요한 선택이네요. 체계적으로 분석해드릴게요.
>
> **1. 경제적 분석**
>
> 순수 금전적 이득:
> - 연봉 증가액: 1,500만원 (세전)
> - 증가율: 37.5% (상당히 높은 인상률)
> - 세후 실수령 증가액: 약 1,100~1,200만원 예상 (월 90~100만원)
>
> 추가 비용 발생:

최신 뉴스와 시장동향, 클로드 웹 검색

클로드 소네트 4.5와 오퍼스 4.5 모두 웹 검색 기능을 통해 최신 뉴스를 확인하거나 최근 데이터에 접근할 수 있는데, 현재 시점의 정보와 링크도 함께 줍니다.

1. 클로드의 프롬프트 입력란 아래에서 〈검색 및 도구〉 버튼을 누른 후 [웹 검색]을 활성화하세요.

2. 웹 검색 모드에서 최근 애플의 주요 발표나 제품소식을 물어보겠습니다. 출처 링크도 같이 달라고 했습니다.

> 2025년 5월부터 8월까지 발표된 애플의 주요 발표나 제품소식을 찾아줘. 공식 발표 위주로, 출처 링크도 함께 제공해 줘.

3. 클로드가 웹 검색을 한 내용과 링크들을 줍니다. 이때 1번 단계에서 '심층 사고 모드'도 켜놓으면, 클로드가 어떤 과정을 거쳐 검색을 하고 추가 탐색을 하는지도 볼 수 있습니다.

4. 오~, 클로드가 '웹 검색 + 심층 사고 모드'를 이용해 애플의 공식 사이트 중심으로 검색해서 내용 요약과 함께 응답 및 출처를 줍니다.

> **6월 2025**
>
> **WWDC 2025 (6월 9-13일) - 주요 소프트웨어 발표**
>
> **iOS 26 및 Liquid Glass 디자인**
>
> 애플이 iOS 26을 발표하며 새로운 "Liquid Glass" 디자인 시스템을 소개했습니다. 이는 iOS 7 이후 가장 큰 디자인 변화로, 반투명한 소재를 활용해 모든 애플 플랫폼에 걸쳐 통일된 디자인을 제공합니다.
>
> Apple Apple

최신 뉴스, 시장동향, 기술 업데이트부터 전문적인 연구자료까지, 이제 클로드에서도 실시간 정보를 얻을 수 있습니다. 특히 '심층 사고 모드'를 같이 활성화하여 사용하면, 단순한 검색을 넘어 정보를 종합 분석한 인사이트까지 얻을 수 있습니다.

10분 만에 전문가 수준 리포트, '연구' 기능

클로드의 연구(Research) 기능은 일반적인 AI 검색과는 달리 여러 차례의 다중 검색을 하며, '검색 → 분석 → 종합 → 결론'의 과정을 보여주고, 최신 데이터와 트렌드를 반영하며, 질문의 의도에 맞는 맞춤형 보고서를 만들어 줍니다. 챗GPT의 심층 리서치와 비슷한 기능입니다.

    클로드의 연구 기능으로 경쟁사 분석을 시키면, 각 경쟁사의 강점·약점을 표로 정리하고 다음 단계 실행계획까지 덧붙여 주며, 발표 준비를 시키면 논문 요약 및 발표 슬라이드 개요를 자동으로 만들어 줍니다.

1. 프롬프트 입력란 아래에서 〈연구〉 버튼을 클릭해 활성화하세요.
2. 클로드에게 체계적이고 깊은 사고를 요청하기 위해 모델을 오퍼스 4.5로 선택하고, 〈검색 및 도구〉 버튼을 누른 후 [심층 사고 모드]를 클릭하세요.

3. 〈재택근무가 직장인 생산성에 미치는 영향〉에 대해 종합적인 연구를 요청해 보겠습니다. 연구 기능을 사용할 때에는 구체적인 사항을 포함해서 지시하는 것이 좋습니다.

> 재택근무가 직장인 생산성에 미치는 영향에 대해 종합적으로 연구해 줘. 다음 내용을 포함해서 2~3페이지 분량의 보고서로 정리해 줘.
> - 최신 연구결과와 통계
> - 장단점 분석
> - 기업 사례(성공/실패)
> - 향후 전망
> - 실행 가능한 제안사항

4. 클로드가 연구계획을 작성하고 검색을 한 후 분석하여 보고서를 작성합니다. 시간이 좀 걸리는데요. 〈알림 활성화〉를 누른 후 다른 일을 하고 있으면, 연구를 마친 후 알림을 보내줍니다.

5. 오~, 클로드가 〈재택근무가 직장인 생산성에 미치는 영향〉 보고서를 써주었습니다. 무려 337개 출처를 검색했고 9분 40초가 걸렸습니다. 주 2일 재택근무가 이직률을 33% 감소시켰다고 하네요. 시카고대학 출판부, 하버드 비즈니스 리뷰, 미국 노동통계청, 한국의 고용노동부 조사자료도 참고했네요. 〈링크〉를 클릭하면 관련 정보를 볼

수 있습니다. 이만하면 훌륭한 초안이 만들어졌습니다.

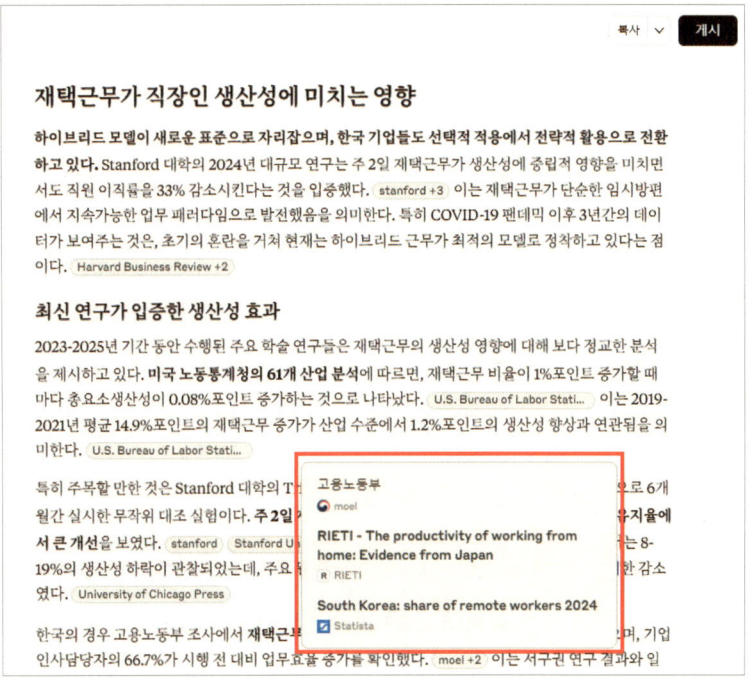

내 G메일·구글 드라이브·캘린더와 연결하는 커넥터

클로드는 구글 드라이브·G메일·캘린더 같은 서비스를 커넥터 기능으로 연결할 수 있습니다. 클로드와 G메일을 연결해 아직 답하지 않은 메일만 따로 모아주거나, 구글 캘린더로 일정 충돌을 확인할 수 있으며, 구글 드라이브에 쌓인 PDF 논문을 불러와 요약할 수도 있습니다.

1. 클로드 화면 왼쪽 아래에서 〈프로필〉 아이콘을 누른 후 [설정]을 클릭하세요.

2. '설정' 창이 열리면 [커넥터] 탭을 누른 후 연결하고 싶은 외부 앱의 〈연결〉 버튼을 누르고 화면의 지시에 따라 연결하세요. 여기서는 구글

드라이브·G메일·구글 캘린더를 연결했습니다(〈연결됨〉 버튼을 누르면 언제든 연결을 끊을 수 있음). 이제 〈커넥터 둘러보기〉를 누르세요.

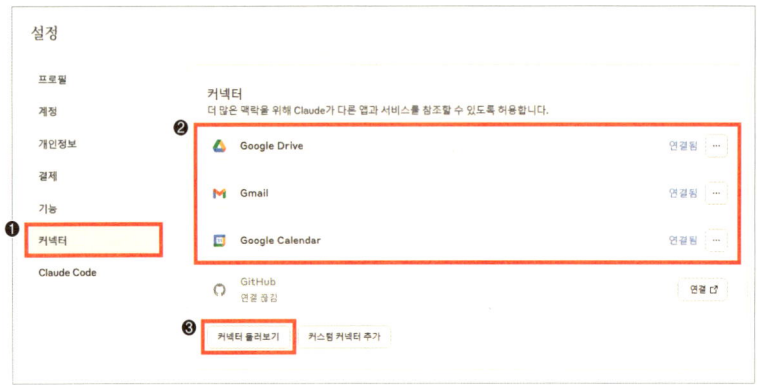

3. 클로드에 연결할 수 있는 다양한 커넥터 목록이 나오는데요. 캔바·허깅페이스·노션 등 원하는 서비스의 〈+〉 버튼을 누르면 연결됩니다. 커넥터는 계속 추가되거나 수정될 수 있으므로 가끔 확인하는 것이 좋습니다.

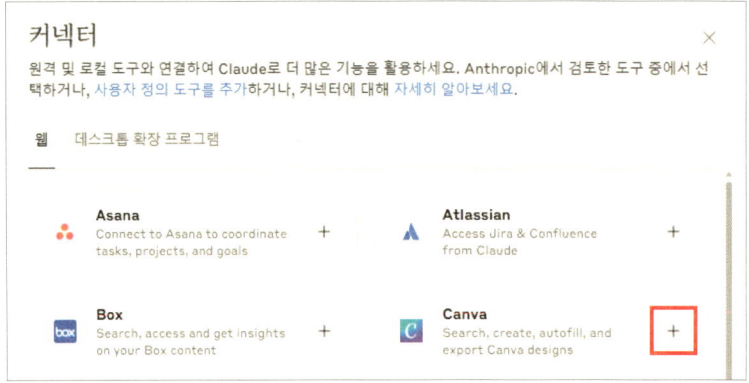

4. 이제 프롬프트를 쓸 때, 클로드와 연결해 놓은 커넥터를 편하게 사용할 수 있습니다. 프롬프트 입력란에서 〈검색 및 도구〉 버튼을 누른

후 [G메일 검색]을 활성화하세요. G메일에서 최근 회의와 관련된 메일을 찾아 정리해 달라고 요청해 볼게요.

> 지난 일주일간 '회의' 관련 메일을 찾아서 아래와 같이 정리해 줘.
> - 확정된 회의와 대기 중인 회의 구분
> - 답장이 필요한 메일 따로 정리
> - 중요도 순으로 우선순위 매기기

5. 오~, 클로드가 G메일에서 회의 관련 메일들을 검색한 후 우선순위와 대응방안을 정리해 주네요. 지난 일주일간의 회의 관련 메일을 찾아 확정된 회의 및 대기 중인 회의뿐만 아니라 답장이 필요한 메일을 우선순위에 따라 정리해 주며, 날짜가 다가와 당장 처리해야 할 '권장 액션 플랜'까지 알려주었습니다.

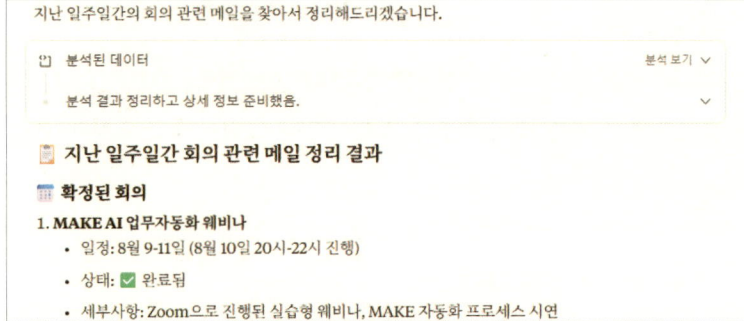

다만, 개인정보 보호에 유의해야 합니다. 되도록 민감한 파일은 직접 업로드하지 말고, 필요한 범위 내에서만 연결하며, 작업을 완료한 후에는 불필요한 연결은 해제하세요.

작업 결과를 한눈에!, 아티팩트

아티팩트(Artifacts) 기능을 이용하면, 별도의 패널에서 클로드가 만든 표·그래프·디자인 시안·코드 등의 결과물을 볼 수 있습니다. 특히 대화형 웹페이지 제작, 데이터 시각화 등을 할 때 유용합니다.

1. 화면 왼쪽 아래의 〈프로필〉 아이콘을 누른 후 [설정]을 클릭하세요.
2. '설정' 창에서 [채팅 기능] 탭을 누른 후 '아티팩트' 활성화하세요. 다시 취소하기 전까지는 계속 아티팩트 기능을 사용할 수 있습니다.

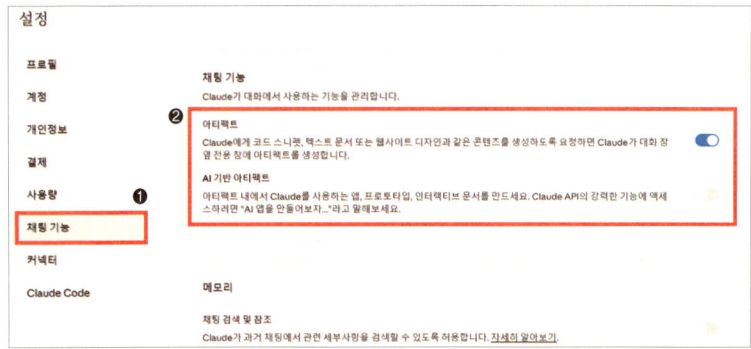

3. 클로드에게 매출 데이터를 주고 그래프를 그려달라고 요청해 보겠습니다.

> [매출 데이터 엑셀 파일 업로드]
> 이 매출 데이터를 아티팩트로 시각화해 줘.
> 선 그래프와 막대 그래프 두 가지 버전으로 만들고, 트렌드 분석 코멘트도 추가해 줘.

4. 클로드가 오른쪽에 아티팩트 창을 열고 코드를 죽 작성합니다.
5. 와~, 오른쪽 미리보기 창에 선/막대/영역 그래프뿐만 아니라 트렌드 분석 코멘트까지 구체적으로 보여줍니다. 그래프 위에 마우스 포인

터를 가져가면 각각의 월별 매출이 나타납니다.

6. 화면 스크롤 막대를 아래로 내려볼게요. 와~, 클로드가 알아서 지점별/제품별 매출, 상위 3개 지점 월별 추이, 제품별 매출까지 그래프로 보여주네요. 게다가 종합 트렌드 분석과 아울러 전략적 인사이트와 개선 제안까지 해주었습니다. 앞에서 '심층 사고 모드'를 켠 상태라 그런지 결과물이 훌륭하게 나왔습니다.

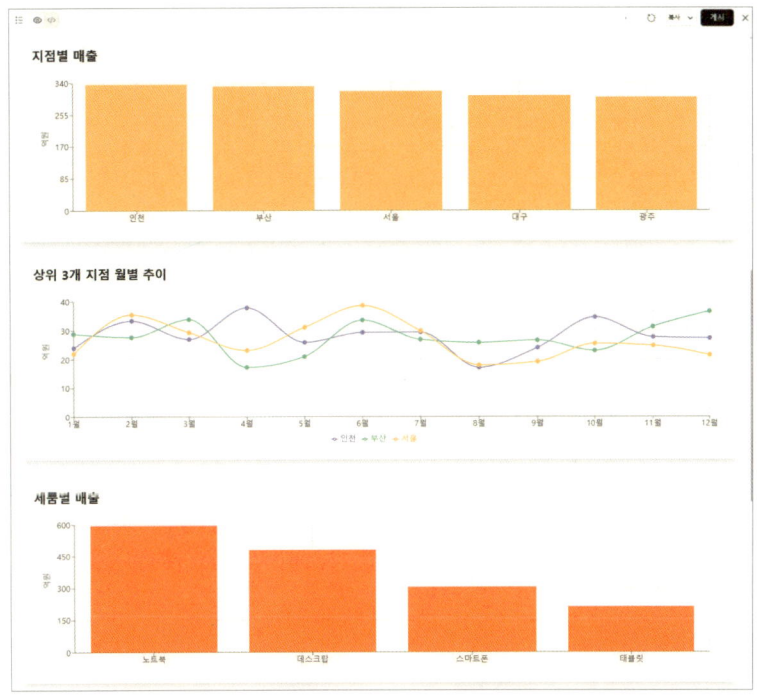

일정 체크 앱을 단번에, 연구 기능+심층 사고 모드+아티팩트

클로드의 모델들은 코딩 능력이 좋기 때문에, '연구' 기능을 이용해 내가 필요한 간단한 도구를 쉽게 만들 수 있습니다.

1. 프롬프트 입력란에서 '연구' 기능과 '심층 사고 모드'를 활성화하세요. 간단한 〈일정 체크〉 앱을 만들어 보죠. 다음과 같이 요청했습니다.

> 간단한 일정 체크 관리 도구를 만들어 줘. 다음의 기능이 있어야 해.
> - 앱의 이름은 '일정 체크'로 해줘.
> - 할 일 추가/삭제
> - 완료 체크 기능
> - 우선순위 설정(높음/보통/낮음)
> - 마감일 표시
> 깔끔한 디자인으로 실제 사용할 수 있게 만들어 줘.

2. 클로드가 심층 사고 모드를 활용해 해결책을 고민하고 〈일정 체크〉 반응형(react) 앱을 만들어 주었습니다. 오른쪽에 열린 아티팩트에서 이 앱을 바로 테스트해 볼 수 있습니다. '새 할 일 추가'에 할 일을 넣고 날짜를 지정해 테스트해 보세요.

3. 〈일정 체크〉 앱을 수정해 보겠습니다.

> 방금 만든 일정체크 관리 도구에 다음 기능을 추가해 줘.
> - 카테고리별 분류(업무/개인/공부)
> - 검색 기능
> - 다크모드 토글
> - 데이터 내보내기 버튼

4. 와~, 〈일정 체크〉 앱에 요청한 대로 카테고리별 분류, 검색 기능, 다크모드 토글, 데이터 내보내기 버튼을 추가해 주었네요.

클로드의 '연구' 기능과 '심층 사고 모드', '아티팩트' 기능을 이용하면, 이처럼 코드 한 줄 몰라도 코드 작성과 테스트, 수정을 한 화면에서 계속할 수 있어 편리합니다. 좋은 결과를 얻기 위해서는 한번에 완벽한 답을 얻으려고 하기보다는 단계별로 개선해 나가는 것이 좋습니다.

TIP

반복 작업 매뉴얼 자동으로 불러쓰기, 클로드 스킬

앤트로픽은 2025년 10월 '클로드 스킬(Claude Skills)' 기능을 공개했습니다. 클로드 스킬은 간단히 말하자면, 클로드에게 반복 가능한 작업 능력을 '꾸러미' 단위로 가르쳐두고, 필요할 때마다 자동으로 불러쓰게 만드는 시스템입니다. 특정 작업을 더 빠르고, 더 저렴하며, 더 일관되게 처리하도록 만들어 주는 맞춤형 기능인 것이죠.

각 스킬은 특정 작업을 항상 같은 방식으로 수행하기 위해 필요한 문맥과 규칙을 미리 담고 있어, 긴 프롬프트를 매번 붙여넣지 않아도 동일한 결과를 얻을 수 있습니다. 클로드에게 건네는 '작업 매뉴얼'에 가깝다고 할 수 있죠. 엑셀 보고서 포맷팅, 회사 브랜드 가이드에 맞춘 PPT 작성, 특정 법무 검토 등에 유용합니다. 현재는 클로드 프로 요금제부터 사용할 수 있지만 앞으로 확장될 가능성도 있습니다.

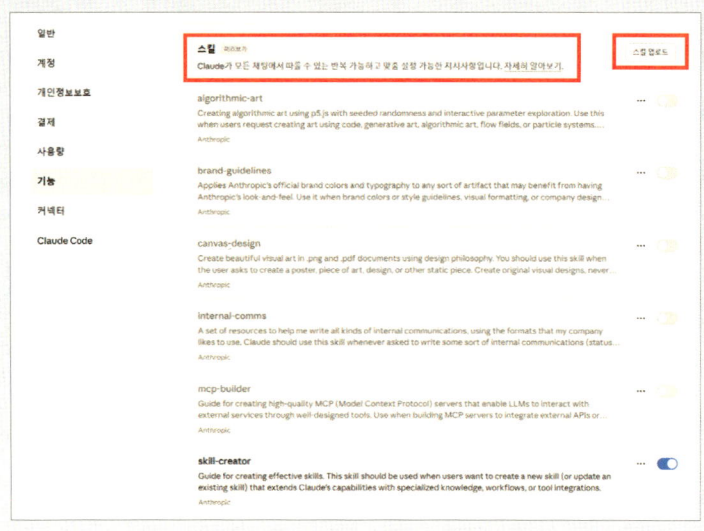

폴더와 파일로 이루어진 구조, 어떻게 동작할까

클로드 스킬의 구조는 생각보다 단순합니다. 기본 단위는 폴더 하나입니다. 클로드는 대화 중에 사용자의 요청을 해석해 로컬 혹은 프로젝트 폴더에 있는 스킬 폴더를 자동으로 검색·탐색하고, 현재 작업과 관련 있다고 판단되는 스킬을 로드합니다. 브랜드 관련 문서를 작성할 때에는 브랜드 가이드라인을 불러오고, PPT를 만들어야 할 때에는 PPT 제작 스킬을 불러오는 식이죠. 스킬이 단순한 '지침 모음'을 넘어 실제 코드 실행 능력까지 포함할 수 있습니다.

프롬프트를 넘어서 워크플로로!

클로드 스킬이 주목받는 이유는 단순한 프롬프트 저장 수준을 넘어 '재사용 가능한 워크플로'를 구성할 수 있기 때문입니다.

첫째, 일관성입니다. 예를 들어 스킬 안에 문서 구조, 톤, 예시, 금지 표현, 우선순위 규칙 등을 정리해 두면, 클로드는 매번 동일한 기준으로 문서를 만들어 냅니다.

둘째, 효율성과 비용 절감입니다. 프롬프트를 매번 길게 쓰거나 복잡한 연속 프롬프트를 여러 번 돌릴 필요가 줄어 토큰 사용량과 사람이 직접 손보는 시간을 동시에 줄일 수 있습니다.

셋째, 조직 차원의 공유와 버전 관리입니다. 스킬은 폴더와 파일 구조로 되어 있기 때문에, 깃(Git) 같은 버전 관리 시스템으로 관리하거나 팀 단위로 공유하기가 쉽습니다. 팀과 엔터프라이즈 고객이 스킬을 통해 사내 표준을 캡슐화하고, 이를 여러 클로드 인스턴스와 에이전트에 일관되게 적용하는 식의 활용이 가능해집니다.

마지막으로, 비개발자 친화성입니다. 기본 스킬은 코드 없이도 만들 수 있습니다. 앤트로픽 공식 깃허브에서는 '스킬을 만들어주는 스킬'도 배포합니다.

실제 활용 사례: 무엇을 할 수 있나

클로드 스킬은 특히 '반복되지만 생각보다 손이 많이 가는 일'에 강점을 보입니다.

대표적인 영역이 바로 기획·문서 작업입니다. 제품 매니저나 기획자가 자주 쓰는 PRD 템플릿, 릴리즈 노트, 회의록 요약, 데모 후 팔로업 이메일 작성 등을 스킬로 만들어 두면 유용할 것입니다.

둘째, 브랜드·커뮤니케이션 작업입니다. 회사마다 존재하는 브랜드 가이드, 슬라이드 템플릿, 문장 톤 앤 매너를 스킬로 묶어 두면, 프레젠테이션, 뉴스레터 포매팅, AP 스타일의 보도자료 작성이 수월해집니다.

셋째, 데이터·스프레드시트 작업입니다. 엑셀 수식 포맷팅, 데이터 정리 규칙, 피벗 테이블 구조 등을 스킬에 담아두면, 클로드가 매번 같은 규칙으로 데이터를 변환하고 보고서를 만들어 줍니다.

넷째, 엔지니어링·QA 워크플로입니다. 테스트 시나리오, 코드 스타일 규칙, 배포 체크리스트를 스킬로 만들어 두고, 클로드 코드가 이를 호출해 자동화된 검증과 리포트 생성을 수행하는 것이죠. 웹 앱 테스트, MCP 서버 생성, 코드 리뷰, 자동 테스트 실행 등의 자동화가 가능합니다.

마지막으로, 엔터프라이즈용 복합 에이전트에서도 스킬이 쓰입니다. 특정 도메인(예: 재무 분석, 고객 응대, 내부 지식검색)에 특화된 스킬 세트를 묶어 하나의 업무용 에이전트를 구성할 수 있는 것이죠.

보안과 거버넌스: 강력한 만큼 주의해야 할 점

앤트로픽의 공식 엔지니어링 글을 보면, 스킬이 새로운 능력을 부여하는 동시에 잠재적인 공격 벡터가 될 수 있다고 명시합니다. 악성 스킬이 클로드에게 민감정보를 외부로 보내도록 지시하거나 실행 환경에 취약점을 유발할 수 있기 때문입니다. 따라서 신뢰할 수 있는 출처에서 제공하는 스킬만 설치하고, 실행 권한이 필요한 스킬은 별도 검토와 샌드박스를 거치며, 조직 내부에서는 스킬에 대한 소유권·리뷰·배포 정책을 명확히 정하는 것이 좋습니다.

조직 관점에서 보면, 클로드 스킬은 업무 표준과 절차를 코드화한 자산에 가깝습니다. 따라서 표준화된 프로세스를 정의하고, 권한과 책임을 명확히 나누는 거버넌스 체계 속에서 운영하는 편이 안전합니다.

구글의 반격, 한층 진화하는 제미나이 사용하기

제미나이 3과 나노 바나나 프로 한눈에 보기

구글은 2025년 11월 19일에 제미나이 3을 출시했습니다. 제미나이 3 프로는 이전 세대인 2.5 프로를 벤치마크에서 크게 앞서는 최상위 모델로, 단순한 정보처리를 넘어 창의적인 아이디어의 미묘한 단서를 포착하고, 최소한의 프롬프트로도 사용자의 의도를 정확히 파악하도록 설계되었습니다. 특히 제미나이 3은 AI가 스스로 판단하고 계획하며 실행하는 능력을 기반으로, 이전과는 완전히 다른 차원의 지능 구조를 보여줍니다. 시각적 스타일과 상호작용 방식을 코드로 구현하는 바이브 코딩 기능도 주목할 만합니다.

이와 함께 2025년 11월 20일 구글은 제미나이 3 프로 이미지, 일명 '나노 바나나' 프로를 공개했습니다. 기존 나노 바나나가 2025년 8월 빠른 속도와 캐릭터 일관성으로 큰 화제를 모았던 것처럼, 나노 바나나 프로는 한 단계 진화한 이미지 생성 능력을 보여줍니다. 특히 4K 수준의 고해상도 이미지를 생성할 수 있으며, 텍스트 렌더링 능력이 비약적으로 개선되었습니다. 또한 한국어를 자연스럽게 표현할 수 있게 된 것이 가장 큰 차이점으로, 일관성 유지 및 디테일 표현 능력도 높아졌습니다. 최대 14개의 이미지를 업로드해서 조합할 수 있으며, 최대 5명 인물의 외형 일관성을 유지할 수 있습니다.

제미나이 3 프로는 깊이 있는 추론, 긴 글 맥락 이해, 복잡한 분석과 글쓰기에 특화되어 있어 심층 보고서 작성이나 세밀한 코드 리뷰에 좋습니다. 제미나이 3 딥 씽크는 추론 능력을 극한으로 끌어올린 강화된 추론 모드로, 복잡한 수학, 과학적 문제를 여러 층위로 나누어 해결하며, 기존 모델들이 어려워했던 고난도 벤치마크에서 박사급 추론 능력을 입증했습니다.

제미나이는 무료로도 사용할 수 있지만, 유료인 구글 AI 프로 플랜과 울트라 플랜에 가입하면 더 많은 기능을 사용할 수 있습니다. 프로 플랜은 월 19.99달러, 울트라 플랜은 월 249.99달러입니다. 울트라 플랜에서는 제미나이 3 딥 씽크 모드, 베오(Veo) 3 동영상 생성, 플로(Flow) 비디오 편집 앱, 30TB의 구글 드라이브 저장공간, 유튜브 프리미엄 개인 요금제 등을 이용할 수 있습니다. 대학생의 경우 대학생 인증을 하면 1년간 무료로 프로 요금제를 이용할 수 있으니 꼭 챙겨 사용해 보세요. 간혹 특정 통신망 사용 시 무료 혜택 등 각종 이벤트도 진행되니 확인해 보기 바랍니다.

제미나이 라이브, 실시간 화면으로 뉴욕 길 찾기

- 여행지 간판 번역+길 찾기를 한번에

제미나이 라이브(Gemini Live)는 카메라·마이크를 활용해 실시간 대화를 주고받을 수 있는 모드입니다. 챗GPT도 사진을 업로드하고 그에 대해 음성으로 대화하는 것이 가능하지만, 제미나이 라이브는 스마트폰의 카메라를 켜고 실시간으로 화면을 비추며 "이 옷 어때 보여?" 식으로, 영상통화를 하듯이 눈앞 장면에 대해 바로 물어볼 수 있습니다. 또한 구글맵·검색·쇼핑 같은 구글 서비스와 직접 연결되기 때문에, 카메라로 외국어 메뉴판을 비추면 한국어로 번역해 줄 뿐만 아니라 음식 리뷰도 보여주고, 필요한 경우 구글맵으로 음식점 근처 지도까지 연결해 줍니다.

뉴욕 맨해튼 여행 중 도로 표지판이 보이는데, 무슨 뜻인지 모르겠고, 가까운 지하철역도 찾고 싶다고 해보죠. 제미나이에게 물어보겠습니다.

1. 제미나이 라이브를 제대로 이용하려면 스마트폰에서 사용하는 것이 좋습니다. 스마트폰에서 제미나이 앱을 다운받은 후 〈제미나이〉 앱 아이콘을 누르세요.

2. 제미나이 앱이 열리면, 화면 하단 메뉴의 가장 오른쪽에 있는 〈Live〉 버튼을 클릭하세요.

3. 화면에 카메라 프리뷰(실시간 촬영 장면)가 보이면, 화면 아래쪽에서 〈영상 카메라〉 아이콘을 켜세요.

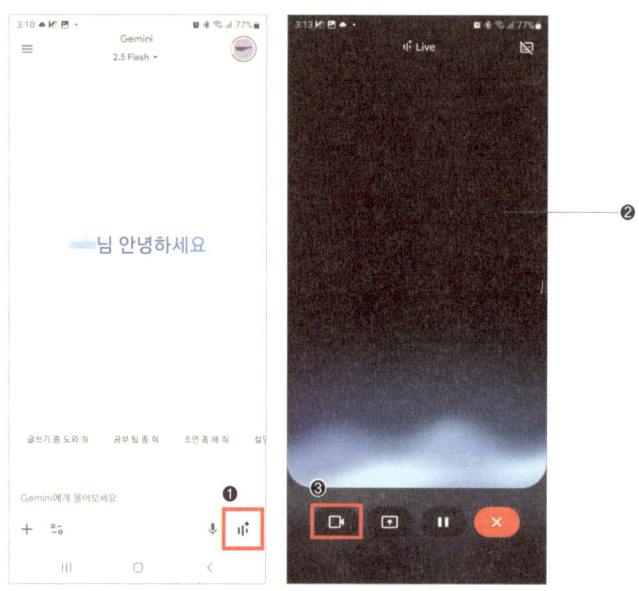

4. 스마트폰을 들어 도로 표지판을 화면에 가득차게 비춰 주세요. 그리고 이렇게 말해 보겠습니다.

도로 표지판에 뭐라고 쓰여 있지? 그리고 여기서 가장 가까운 지하철역은 어디야?

5. 라이브 모드를 닫으면 제미나이가 곧바로 도로 표지판에 쓰인 내용을 설명해 주고, 구글 지도와 연결해 가장 가까운 지하철역 이름과 위치를 보여줍니다. 구글 지도 링크를 누르면 지도를 확인할 수 있습니다.

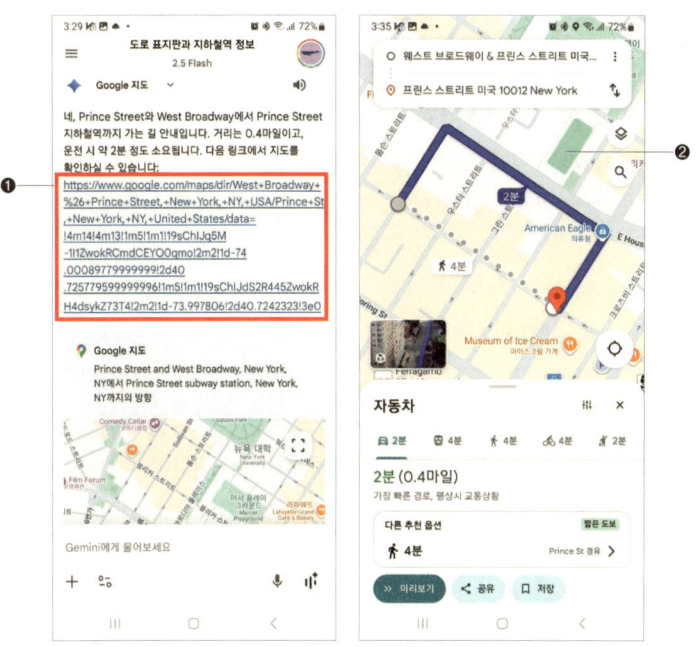

구글 라이브는 여행 중 낯선 간판이나 메뉴판을 바로 번역하고 길 안내까지 받고 싶을 때, 쇼핑 시 눈앞의 제품을 비추며 온라인 가격이나 리뷰를 즉시 확인할 때, 학습 현장에서는 교재나 물체를 보여주며 실시간 설명을 들을 때, 그리고 일상에서도 AI와 자연스럽게 상호작용할 수 있다는 것이 장점입니다.

> **TIP**
>
> ### 실시간 AI 통역사, 구글 픽셀 버즈
>
> 해외여행을 가거나 외국인 친구를 만났을 때, 언어의 장벽 앞에서 좌절했던 경험이 있나요? 스마트폰 번역 앱을 켜고 문장을 입력하는 동안 어색한 침묵이 흐르는 일은 이제 옛이야기가 되었습니다. 구글이 개발한 무선 이어폰 '픽셀 버즈', 이 작은 이어폰을 귀에 꽂는 순간, 내 옆에는 24시간 대기하는 AI 통역사가 생깁니다.
>
> 사용 방법은 아주 간단합니다. 이어폰을 착용한 채 스마트폰에 대고 말해 보세요.
>
> 헤이 구글, 스페인어로 통역해 줘.
>
> 그러면 스마트폰의 구글 어시스턴트와 번역 앱이 자동 실행되면서 대화 모드가 활성화됩니다. 내가 한국어로 말하면 순식간에 스페인어로 번역해 스피커를 통해 상대방에게 들려줍니다. 반대로 상대방이 스페인어로 대답하면, 한국어로 번역해 이어폰을 통해 내 귀에 속삭여 줍니다.
>
> 물론 시끄러운 환경이거나 아주 전문적인 대화에서는 미흡한 점이 있을 수 있지만, 외국어 장벽 때문에 해외여행이 부담스러운 분들에게는 큰 도움이 될 것입니다.

구글 워크스페이스에서 제미나이 사용하기

제미나이는 G메일·구글 문서·시트·슬라이드·드라이브·미트(팀 협업도구)·챗·캘린더 등 구글의 주요 오피스와 연결해 사용할 수 있습니다. 처음 등장한 기능은 아니지만, 제미나이 3 버전에서는 추론 기능이 개선되어 복잡한 문서요약 및 정리를 할 때 '핵심과 구조'를 더 잘 잡아주고, 긴 메일 체인 요약, 복잡한 스프레드시트 분석을 이전보다 더욱 잘합니다.

또한 멀티모달 기능이 강화되어 이미지·차트·표 등 시각자료를 더 잘 설명하고 만들어 주며, 일관성 있는 문서 톤을 유지하는 능력이 더욱 좋아졌습니다.

직장인이라면 구글 워크스페이스 안에서 일상 업무 중 반복되는 메일 작성, 보고서 편집, 회의 준비, 대학생이나 대학원생이라면 리포트 요약, 팀 프로젝트 발표 자료 제작, 1인 창업자라면 제안서·계약서 문구 다듬기, 거래처 일정관리, 비용 정리 등 실무적인 업무를 한번에 처리할 수 있을 것입니다.

1. 구글 사이트(www.google.com)에 접속한 후 로그인을 하세요. 화면 오른쪽 위의 〈구글 앱〉 버튼을 누른 후 〈드라이브〉를 선택하세요.

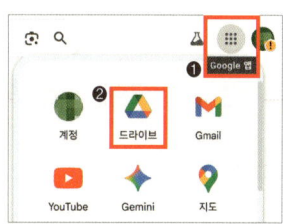

2. 구글 드라이브가 열리면 내 드라이브에서 엑셀 파일을 하나 여세요. 여기서는 〈가계부〉 시트를 열었습니다.

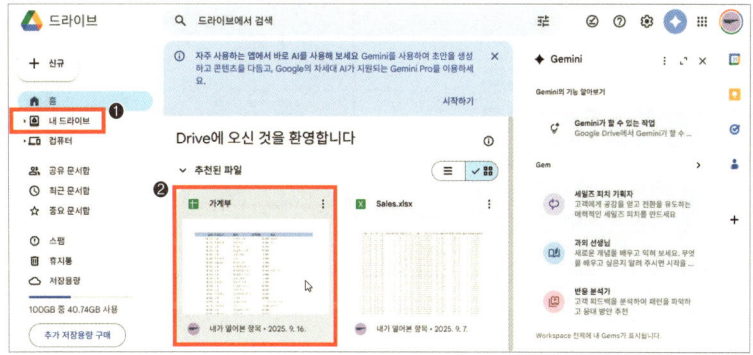

3. 구글 시트에서 〈가계부〉 파일이 열리면, 화면 위쪽의 〈제미나이에 질문〉 버튼을 누릅니다.

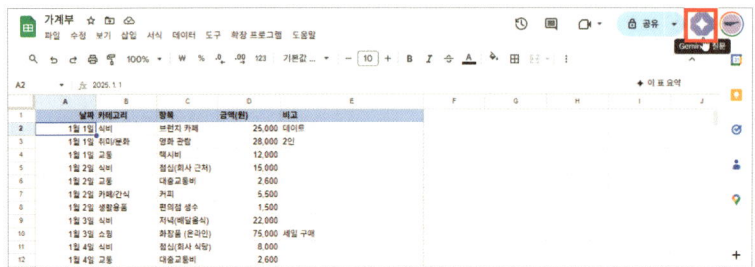

4. 구글 시트의 화면 오른쪽에 프롬프트 입력 패널이 나타납니다. 구글 시트에 제미나이가 연결되어 있는 것입니다. 이제 복잡한 함수나 수식을 쓰지 않고도 원하는 작업을 할 수 있습니다. 여기서는 1년의 의류비 금액과 전체 지출액에서 차지하는 비중을 알려달라고 해볼게요.

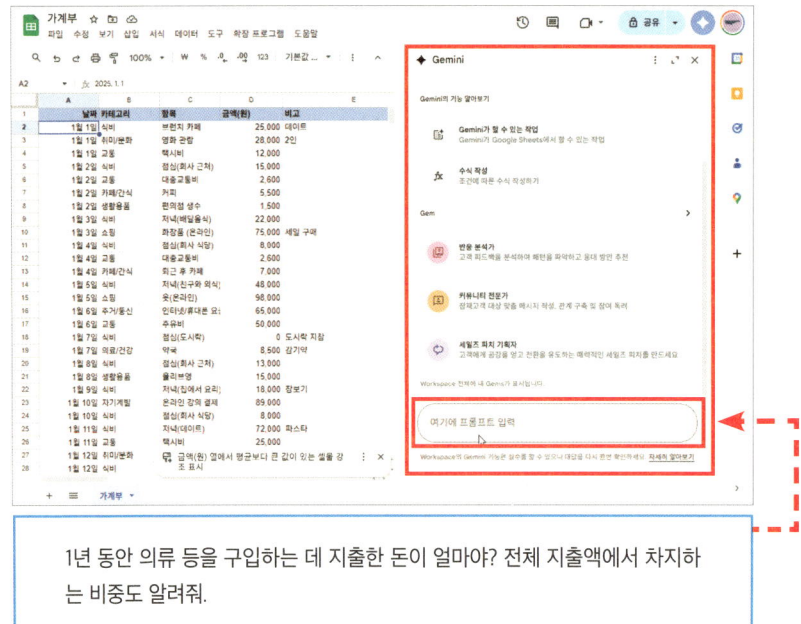

1년 동안 의류 등을 구입하는 데 지출한 돈이 얼마야? 전체 지출액에서 차지하는 비중도 알려줘.

5. 오~, 제미나이가 금방 계산해서 1년 의류비는 2,811,000원이며, 전체 지출액에서 차지하는 비중은 13.09%라고 알려주었습니다.

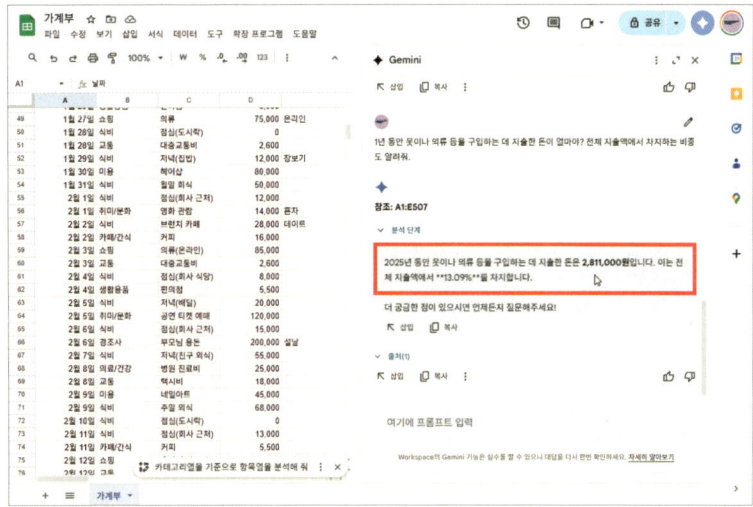

이미 쓰던 구글 오피스 환경에서 제미나이가 자연스럽게 끼어들어 답변을 해줍니다. 새로운 툴을 배우지 않아도, 이미 익숙하게 쓰던 프로그램에서 곧바로 AI를 쓸 수 있는 것이 가장 큰 장점입니다.

깊고 체계적인 전기차 시장 전망, 딥 리서치

제미나이 2.5 플래시의 딥 리서치 기능을 이용하면 주제별로 근거를 모으고 맥락을 분석해 구조화된 보고서를 써줍니다. 특히 제미나이에는 구글의 강점인 글로벌 1위 검색엔진이 탑재되어 있기 때문에 방대한 출처에서 자료를 검색해 보고서를 작성하는 것이 장점입니다.

1. 구글 제미나이 사이트(gemini.google.com)에 접속해서 로그인을 하세요. 구글 계정으로 연결하면 됩니다.

2. 제미나이 메인 화면이 열립니다. 우리가 흔히 보는 챗GPT 화면과 비슷하죠?

잠깐 제미나이 화면 왼쪽의 〈메뉴 펼치기〉 버튼을 누르면 왼쪽 사이드바가 열립니다. 여기서 [새 채팅] 옆의 〈임시 채팅〉 버튼(점선 말풍선 모양)을 누르면 임시 채팅 상태가 됩니다. 임시 채팅은 대화를 한 후 세션을 닫으면 기록에 표시되지 않으며, AI 모델 학습에도 사용되지 않습니다.

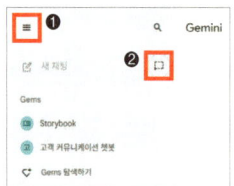

3. 프롬프트 입력란 아래의 〈도구〉 버튼을 클릭한 후 [딥 리서치]를 누르세요. 혹시 모바일 버전에서 [딥 리서치]가 보이지 않는다면 제미나이의 모델을 '사고 모드'가 아닌 '빠른 모드'로 바꾼 다음 〈도구〉 버튼을 누르면 됩니다.

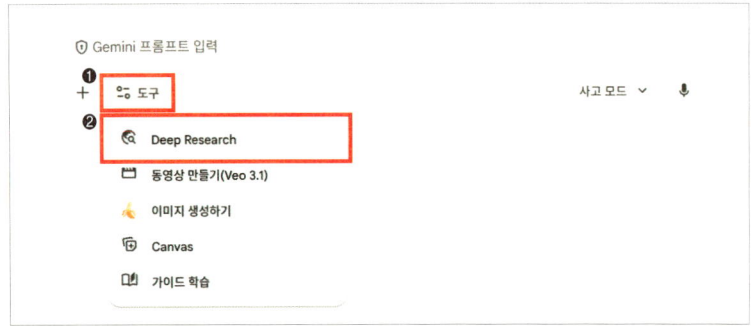

4. 제미나이 3 업데이트 이후 딥 리서치를 하기 전에 필요한 소스와 파일을 추가할 수 있게 되었습니다. 〈소스〉 버튼을 누르면 일반적인 구글 검색뿐 아니라 구글 메일이나 구글 드라이브의 파일, 구글 채팅의 내용도 탐색해서 리서치에 참고할 수 있습니다. 〈파일〉 버튼을 누르면 내 컴퓨터에 저장되어 있는 각종 문서 파일이나 이미지, 음성 및 영상 파일까지 업로드해 딥 리서치의 재료로 사용할 수 있습니다.

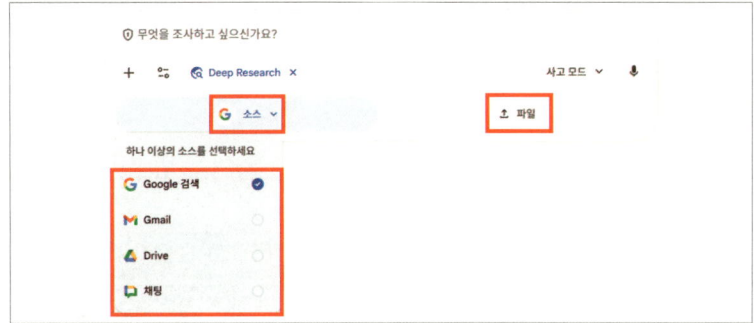

5. 한국과 일본의 전기차 시장의 전망을 조사해 달라고 요청해 보겠습니다. 프롬프트를 '주제+범위+형식'으로 구체적으로 주고 타깃 독자를 설정해 주는 것이 좋습니다.

> 한국과 일본의 전기차 시장 전망을 비교 분석해 줘. 최근 2년 간의 통계와 언론 보도를 근거로 보고서를 작성하고, 마지막에는 향후 3년 간 예상되는 주요 과제를 제시해 줘.

6. 제미나이가 먼저 연구계획을 작성합니다. 제미나이의 계획이 마음에 든다면 〈연구 시작〉을 누르세요. 〈계획 수정〉 버튼을 누른 후 연구계획을 수정해도 됩니다.

7. 제미나이가 연구를 시작합니다. 잠시 기다리세요. 조사할 주제의 범

위나 깊이에 따라 몇 분에서 몇 십 분이 걸릴 수도 있습니다. 연구가 진행되는 동안 다른 일을 해도 됩니다. 연구가 끝나면 제미나이에 연결된 여러분의 계정으로 알림이 옵니다.

8. 오~, 제미나이가 〈한국과 일본 전기차 시장 전망 비교 분석 보고서〉를 써주었습니다. 약 3분이 걸렸습니다. 한국 및 일본 전기차 시장의 현황 및 특징, 종합 비교 분석과 향후 3년간의 주요 과제, 결론까지 써주었네요. 문단마다 있는 화살표 모양의 목록 버튼을 누르면, 내용의 출처를 바로 보여주기 때문에 팩트체크가 편합니다.

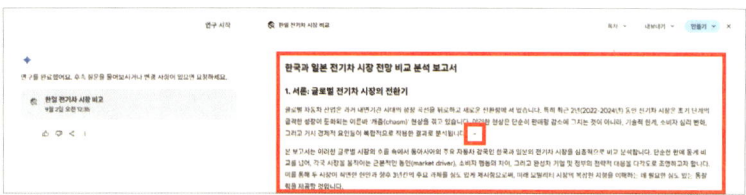

9. 스크롤 막대를 아래로 내리면, 가장 마지막에는 '보고서에서 사용된 소스'로 전체 출처 링크를 보여주고, '읽었지만 보고서에서 사용되지 않은 소스'도 참고용으로 보여줍니다. 글로벌 검색 1위 구글의 AI답게 신문·연구자료뿐 아니라 유튜브 자료까지 참조했네요.

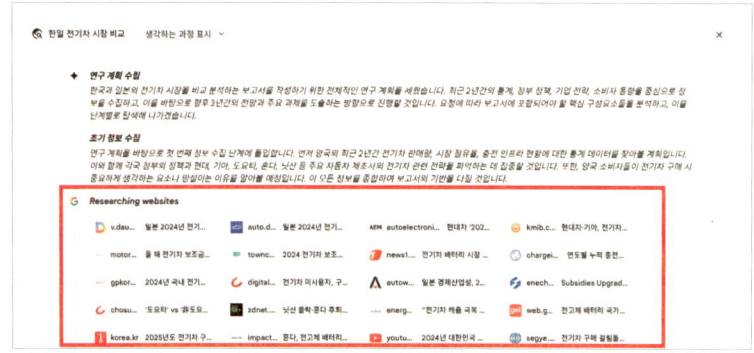

10. 보고서 오른쪽 상단의 〈내보내기〉 버튼을 누르면 하위 메뉴에서 구글 문서(Docs)로 보고서 전체를 옮길 수도 있고, 보고서 내용을 복사해서 자유롭게 편집 및 저장할 수도 있습니다. 구글의 방대한 생태계는 이런 식으로 제미나이를 유용하게 사용하는 데 도움이 됩니다.

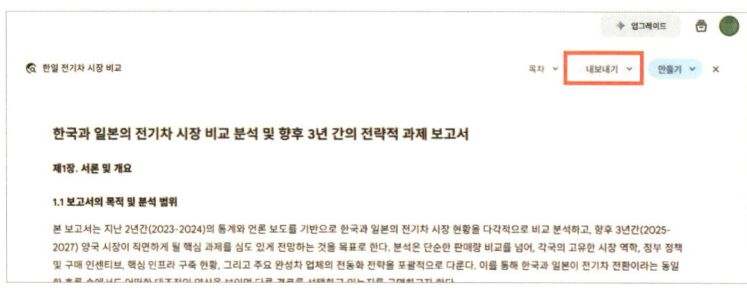

딥 리서치의 만들기 기능으로 웹페이지 뚝딱

1. 하지만 제미나이 딥 리서치의 진가는 이제부터입니다. 보고서 상단의 〈만들기〉 버튼을 최대한 활용하세요. 보고서 내용을 기반으로 '웹페이지, 인포그래픽, 퀴즈, AI 오디오 오버뷰' 등을 만들어 줍니다. 먼저 [웹페이지]를 클릭해 볼게요.

2. 와~, 보고서 내용을 일목요연하게 한눈에 볼 수 있는 웹페이지를 뚝딱 만들어 줍니다. '개요, 시장동향, 인프라, 주요 동인, 향후 과제' 등의 메뉴도 만들어 주었네요. 〈공유〉 버튼을 누르면 공유나 복사도 가능합니다. 코드 한 줄 몰라도 웹페이지를 이리 쉽게 만들 수 있다니 놀랍습니다!

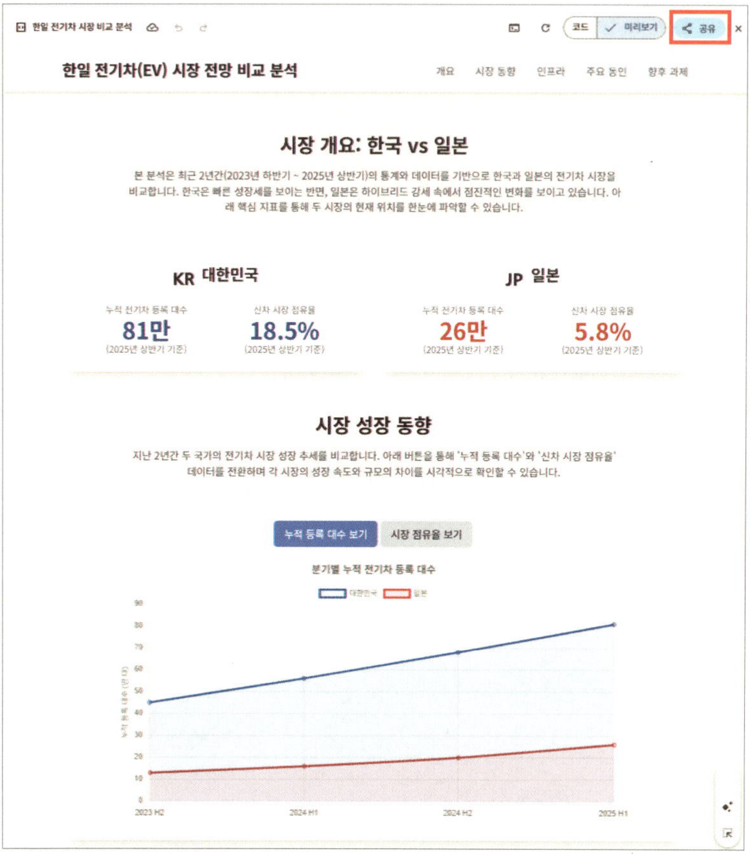

딥 리서치 만들기 기능으로 AI 오디오 오버뷰도 뚝딱

1. 특히 추천하고 싶은 메뉴는 'AI 오디오 오버뷰'입니다. 화면 오른쪽 상단에서 〈만들기〉 버튼을 누른 후 [AI 오디오 오버뷰]를 클릭하세요.

2. 와~, 제미나이가 5분 47초짜리 AI 음성 개요를 만들어 주었습니다. 〈플레이〉 버튼을 누르면 마치 팟캐스트처럼 두 명의 진행자가 자연스럽게 보고서 내용을 설명해 줍니다. 〈더보기〉 버튼을 누르면 이 AI 음성 개요 파일을 다운받거나 공유할 수 있습니다.

스마트폰에 제미나이 앱을 설치했다면, 보고서 내용을 AI 음성 개요로 만들어 이동 중에 들으며 정리된 정보를 습득하기에 좋습니다.

제미나이와 함께하는 맞춤형 학습, 가이드 학습

제미나이의 가이드 학습(Guide Learning)은 문제의 정답을 바로 주는 대신, 단계별 힌트와 유도 질문을 통해 사용자가 스스로 답을 찾을 수 있도록 돕습니다. 프롬프트에서 "중학생 수준에서 이해할 수 있게", "대학생 수준에서 이해할 수 있게"라고 요청하면 말투나 설명 수준을 사용자의 눈높이에 맞추어 줍니다.

제미나이 일반 모드 vs 가이드 학습 모드 비교

제미나이 가이드 학습 기능을 일반 모드와 비교해 이해해 보죠. 광합성에 대한 질문을 해보았습니다.

> 광합성이 이루어지는 과정에 대해 알고 싶어.

일반 모드 | 제미나이가 명반응과 암반응에 대해 죽 설명해 줍니다.

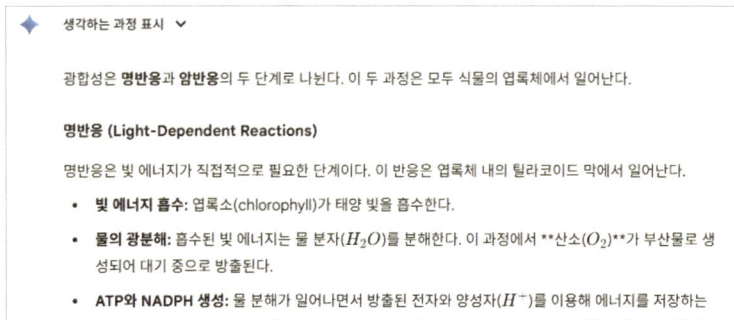

가이드 학습 모드 | 이번에는 가이드 학습 모드에서 물어볼게요.

1. 제미나이 화면의 왼쪽 상단에서 〈메뉴 펼치기〉 버튼을 클릭해 사이드바를 연 후 [새 채팅]을 누르세요.

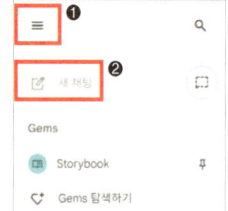

2. 프롬프트 입력란 아래의 [도구] 버튼을 눌러 [가이드 학습]을 선택하세요.

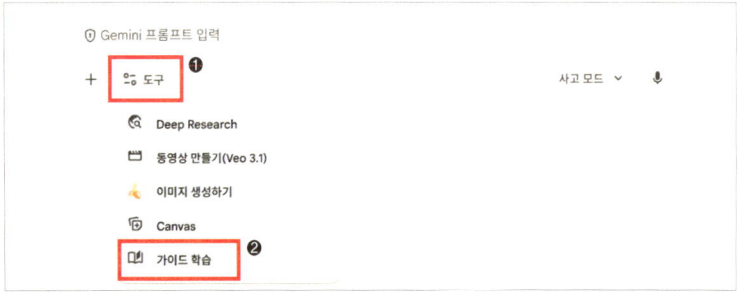

3. 이제 제미나이가 가이드 학습 상태가 되었습니다. 프롬프트 입력란에서 광합성이 이루어지는 과정에 대해 물어보았습니다.

> 광합성이 이루어지는 과정에 대해 알고 싶어.

4. 제미나이가 광합성이 이루어지는 과정을 이해하려면 먼저 알아야 하는 요소들이 있다며, 무엇을 먼저 공부할지 물어봅니다. 1번 광합성에 필요한 재료부터 알려달라니까, 두 가지 재료가 있다면서 그 중 잎을 통해 공기 중에서 빨아들이는 재료가 무엇일지 물어보네요.

가이드 학습 모드는 이처럼 사용자의 질문이나 응답에 따라 설명하면서 천천히 학습 내용을 이해할 수 있게 돕습니다. 아주 친절한 과외 선생님 같습니다.

> 광합성이 이루어지는 과정에 대해 알고 싶어.

✦ 광합성 과정에 대해 알아보고 싶으시군요. 정말 중요한 생물학적 과정이죠! 🌱

광합성은 식물이 빛에너지를 이용해 스스로 양분을 만드는 과정이에요. 이 과정을 이해하려면 몇 가지 중요한 요소를 알아야 해요.

함께 광합성에 대해 알아보기 위해, 다음 중 어떤 부분부터 시작해볼까요?

1. **광합성에 필요한 재료**들은 무엇인지
2. 광합성을 통해 만들어지는 **결과물**은 무엇인지
3. 광합성 전체 과정이 어떻게 **두 단계**로 나뉘어 진행되는지

> 1번부터 순서대로 하고 싶어.

✦ 좋아요! 광합성에 필요한 재료들부터 차근차근 살펴볼까요? 🌱

식물이 광합성을 하려면 빛 말고도 꼭 필요한 두 가지 재료가 있어요. 하나는 뿌리에서 흡수하고, 다른 하나는 잎을 통해 공기 중에서 흡수하죠.

혹시 식물이 공기 중에서 빨아들이는 재료가 무엇인지 알고 있나요?

창작과 학습을 위한 스토리텔링, 스토리북 젬스

제미나이 스토리북 젬스(Gems)는 스토리북을 만들거나 학습 개념을 이야기로 녹여내 줍니다. 아이의 이름을 주인공으로 넣은 맞춤형 동화책을 만들 수도 있습니다. 스토리북을 만들 때는 〈3가지+a〉 프롬프트를 기억하면 좋습니다.

> - 주제: 스토리북으로 만들고 싶은 이야기, 주제
> - 독자(연령, 대상) : 스토리북 읽을 대상(성인용도 가능)
> - 그림 스타일: 스토리북 이미지 스타일 지정
> - 기타 옵션
>   예: 책 색상은 베이지색으로 해 줘.
>   　　책 읽는 속도는 80% 수준으로 해 줘.

1. 제미나이 화면의 왼쪽 상단에서 〈메뉴 펼치기〉 버튼을 누른 후, 사이드바가 열리면 [Gems 탐색하기]를 누르세요.

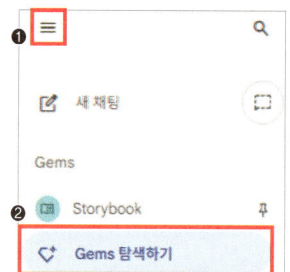

2. '젬(Gem) 관리자' 창이 열리고, 구글에서 미리 만들어 놓은 젬들이 나타납니다. 젬은 챗GPT의 챗봇과 비슷하다고 생각하면 됩니다. 나만의 젬(챗봇)을 만들 수도 있습니다. 여기서는 〈Storybook〉을 누르겠습니다.

3. 스토리북 화면이 나타납니다. 프롬프트 입력란에 스토리북을 만들고 싶은 주제를 입력하세요. 여기서는 성인용 스토리북을 만들어 볼게요.

> 퇴사 후 우울감과 좌절에 빠져 있던 직장인이 새로운 꿈을 찾아 재기하는 희망찬 이야기를 주제로 흥미로운 이야기를 만들어 줘.
> 독자는 번아웃으로 힘들어하는 직장인들이야.
> 그림 스타일은 클레이메이션 아트 스타일, 책의 색상은 녹색 계열로 만들어 줘.

4. 제미나이의 젬이 스토리북을 만들기 시작합니다. 잠시 기다리세요.

5. 오~, 제미나이 스토리북 젬이 〈회색 인간과 초록 새싹〉이라는 제목의 그림책을 만들어 주었습니다. 앞에서 요청한 것처럼 클레이메이션 아트 스타일, 녹색 색상의 책이네요. 위쪽의 좌/우 화살표를 누르면 페이지를 넘길 수 있고, 〈듣기〉 버튼을 누르면 스토리를 음성으로 들려줍니다. 〈듣기〉 버튼 옆의 목록 단추를 누르면 '높은/낮은 음성, 처음부터 시작, 전체 화면으로 듣기' 등의 옵션을 선택할 수 있습니다. 〈공유〉 버튼을 눌러 공유할 수도 있습니다.

6. 이번에는 재활용의 중요성에 대한 교육동화를 만들어 볼까요? 주인공과 배경, 학습목표 등을 주고 다음과 같이 요청해 볼게요.

> 8세 아이를 위한 교육동화를 만들어 줘. 주제는 '재활용의 중요성'이야.
> - 주인공: 호기심 많은 곰돌이
> - 배경: 숲속 마을
> - 학습목표: 분리수거 방법과 환경보호
> - 이야기 스타일: 재미있고 기억하기 쉬운 이야기
> - 그림 스타일: 3D 애니메이션 아트 스타일

7. 오~, 〈두리의 신나는 재활용 모험〉이라는 스토리북을 만들어 주었네요. 화면 오른쪽 위의 〈듣기〉 버튼을 누르세요.

8. 제미나이가 페이지를 넘겨가며 스토리를 읽어줍니다. 호기심 가득한 대사, 경쾌한 움직임, 캐릭터에 따라 읽어주는 음성이 인상적입니다. 때로는 부드럽게, 때로는 다정하게, 귀엽게 읽어주네요.

참깐 〈듣기〉 버튼의 목록 단추를 눌러 [전체 화면으로 듣기]를 선택하면, 화면 전체 보기로 스토리북을 즐길 수 있습니다.

9. 제미나이가 알아서 스토리북의 페이지를 넘겨가며 읽어주는데, 등장하는 캐릭터의 일관성이 놀랍습니다. 표지에 나온 '두리'의 모습이 이야기의 뒤쪽까지 쭉 이어지기 때문에 누가 보아도 같은 주인공이라는 것을 알 수 있습니다.

제미나이 스토리북의 캐릭터 일관성은 구글 딥마인드의 최신 멀티모달 기술이 뒷받침되었기 때문으로 보입니다. 넉분에 스토리 흐름 속에서 등장인물의 모습과 성격이 흔들리지 않는 것이죠.

더욱 풍부한 오디오와 정교한 편집까지, 베오 3.1

베오(Veo) 3는 구글이 선보인 최신 영상 생성·편집 모델로, 텍스트로 원하는 장면을 설명하면 영상·음성대사·배경음악·효과음까지 만들어 주었습니다. 특히 네이티브 오디오 생성 기능으로 별도의 편집 없이 영상과 동시에 음성대화·배경음악·효과음까지 만들어 주는 놀라운 기능을 선보였는데요.

2025년 10월 공개된 베오 3.1는 더욱 진화된 모습을 보여줍니다. 모든 기능에 오디오가 통합되어 더욱 생동감 있는 영상을 만들 수 있으며, 기존 클립을 연장해 1분 이상의 긴 영상을 제작할 수 있고, 원본 콘텐츠의 오디오 연속성까지 유지되어 더 풍부한 스토리텔링이 가능해졌습니다. 또한 가로(16:9)와 세로(9:16) 비율도 지원합니다. 소셜 미디어 플랫폼에 최적화된 콘텐츠를 쉽게 생성할 수 있게 된 것이죠.

영상의 편집도 쉬워졌습니다. 베오 3.1 모델은 구글의 플로(Flow) 서비스에서도 사용할 수 있는데, 플로 에디터에서 'Insert(삽입)' 도구로 영상에 새로운 객체를 추가할 수 있고, 'Remove(제거)' 도구도 나올 예정입니다.

베오 3.1에서는 구도·스타일·카메라 세팅·액션·오디오·음향효과 등도 지정하면 좋습니다. 다만, 학습 데이터에 없을 법한 장면들(초현실적이거나 창의적인 영상 등)은 잘 만들지 못하는 경향이 있습니다.

다음과 같은 프롬프트 구조를 사용해 보세요. 단, 베오 3.1은 아직까지는 프롬프트를 영어로 줬을 때 더 안정적으로 잘 만들어 줍니다.

[원하는 영상 주제 설명]
- 구도: [와이드샷·클로즈업·로우앵글 등 화면 구도]
- 스타일: [3D·다큐멘터리 스타일 등 전체적인 미적 요소]
- 주체: [캐릭터 설명]
- 행동: [주체가 하는 일]
- 장면: [위치 설정]
- 오디오: [캐릭터의 대사나 음향효과, 원하는 음악 장르 및 스타일, 캐릭터가 부를 노래 스타일, 특정 억양이 필요한 경우 등을 언급]

1. 제미나이의 프롬프트 입력란 아래에서 〈도구〉 버튼을 눌러 [Veo로 동영상 생성]을 선택하세요(베오 3는 현재 제미나이 유료 프로 플랜을 구독해야 사용할 수 있습니다. 구글의 AI 영화 제작 서비스인 플로(Flow)에 접속해도 사용 가능합니다).

2. 〈AI 2026〉 로고 셔츠를 입은 한국인 20대 여성 리포터가 베오 3에 대해 설명하는 영상을 만들어 달라고 해볼게요.

> "AI 2026" 로고의 흰 티셔츠와 블랙 스키니진을 입은 묶음머리의 한국인 20대 여성 리포터가 "구글의 Veo 3는 놀랍도록 현실적인 영상과 소리까지 함께 생성해 주는 동영상 생성 AI입니다. 누구나 쉽게 AI 영상을 만들 수 있죠"라고 **한국어로** 말한다.
> 8초 영상으로, 말 속도는 1.5배속으로 만들어 줘.

3. 오~, 〈AI 2026〉 로고 셔츠를 입은 20대 한국인 여성 리포트가 한국어로 베오 3를 소개하는 영상이 만들어졌습니다. 음성대화·배경음악·효과음까지 한꺼번에 만들어 주다니 놀랍습니다.

일관성 뛰어난 이미지 생성, 나노 바나나

나노 바나나는 2025년 8월에 처음 출시되었는데, 정식 명칭은 '제미나이 2.5 플래시 이미지'이지만 흔히 '나노 바나나'로 불립니다. 일관성이 뛰어난 이미지들을 손쉽게 만들 수 있다는 점에서 큰 화제가 되었습니다. 2025년 11월에 나노 바나나 프로가 공개되었는데, 한 단계 더 업그레이드된 성능을 보여주고 있습니다.

특히 텍스트 렌더링과 다국어 지원이 좋아졌습니다. 쉽게 말해, 이제 '한국어도 잘 그리는' 이미지 모델이 된 것입니다. 덕분에 포스터, 인포그래픽, UI 스크린샷 제작이 수월해진 것이죠. 2K~4K급의 고해상도 이미지도 생성할 수 있고 카메라 앵글, 조명, 영역별 편집 등 스튜디오급 고급 제어 기능이 추가되어 전문 디자인 작업에 활용도가 높아졌습니다. 구글 검색 기능 등과 연동이 가능해져서 날씨나 통계 등 최신 실제 데이터를 이미지 생성에 바로 반영할 수도 있습니다.

1. 제미나이 화면의 프롬프트 입력란에서 〈도구〉 버튼을 클릭한 후 [이미지 생성하기]를 선택하세요.

2. 프롬프트 입력란에 다음과 같은 요청을 하고 〈엔터〉 키를 누르겠습니다. 이제 나노 바나나는 단순히 프롬프트를 기반으로 이미지를 생

성하는 것을 넘어서 추론 기능을 이용해 구체적으로 생각하고, 필요한 경우 검색을 통해 관련 정보를 찾아서 참고할 수도 있습니다.

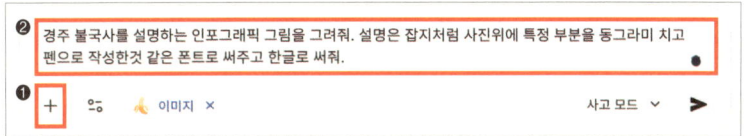

3. 먼저 제미나이가 전반적인 인포그래픽을 기획한 후 상세 디자인을 개발하고, 시각적인 스타일을 개선하며 세부 사항을 다시 검토하는 것을 볼 수 있습니다.

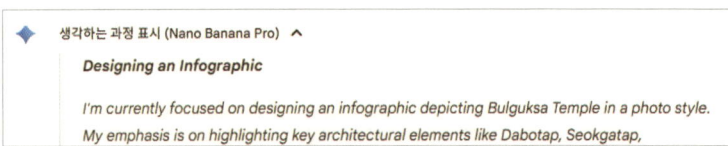

4. 오~, 제미나이가 경주 불국사의 인포그래픽을 그렸습니다! 멋진 스케치로 불국사를 사실적으로 표현한 후 각각의 요소에 동그라미를 치고 손글씨 스타일로 설명을 추가했습니다. 나노 바나나 프로가 한국어를 얼마나 잘 쓸 수 있는지 확인할 수 있네요.

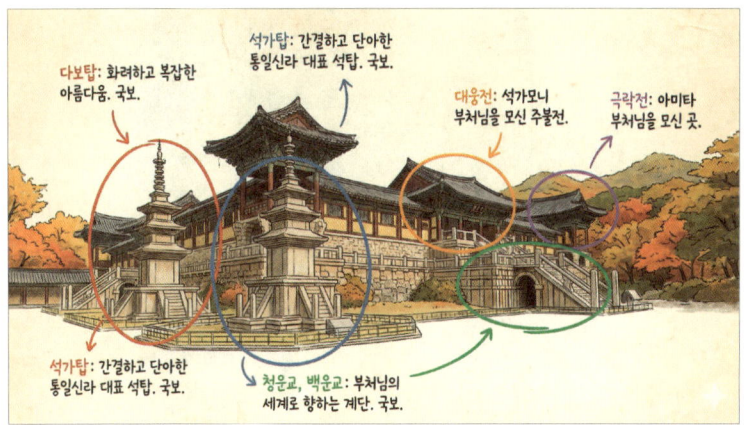

나노 바나나로 3D 피규어 만들기

1. 프롬프트 입력란에 3D 피규어로 만들 이미지를 업로드한 후 다음과 같은 프롬프트를 영어로 넣어볼게요.

> **[3D 피규어로 만들 이미지 업로드]**
> Transform the photo into a collectible painted PVC figure with glossy clear coat, product photography look, on a display stand next to its package box, studio softbox lighting and subtle rim light, natural contact shadow, shallow depth of field, 50mm lens look.
> seamless white sweep background.
>
> 수집용 도색 PVC 피규어, 반짝이는 클리어 코팅, 제품 사진 스타일, 패키지 박스 옆 디스플레이 스탠드, 스튜디오 소프트박스 조명, 은은한 림 라이트, 자연스러운 접촉 그림자, 얕은 심도, 50mm 렌즈 느낌, 매끄러운 흰색 배경지.

2. 오~, 여성 PVC 피규어가 만들어졌네요. 여러분도 반려 강아지나 고양이 사진으로 만들어 보세요(가족 사진은 개인정보 보호 문제로 권장 안 함).

나노 바나나로 증명사진 만들기

나노 바나나에 사진을 올린 다음 증명사진으로 만들 수 있습니다. 여기서는 먼저 프로필 사진을 올린 후에 증명사진으로 만들어 달라고 했는데요. 처음부터 "사진의 배경을 없애고 정면을 바라보는 증명사진을 만들어 줘"라고 해도 됩니다.

나노 바나나로 제품 홍보사진을 뚝딱!

나노 바나나는 제품 홍보사진에도 쓸 만해 보입니다. 다음은 의자 제품 사진에 모델이 앉은 것처럼 만들어 달라고 한 것입니다. 제조기업들이 외국 모델을 쓸 필요가 없어집니다. 3만원 정도의 서비스 하나로 해결되는 세상이 되어 버리다니, 산업에 큰 패러다임 변화가 올 것으로 보입니다.

계획/일정 자동 작성, 플래너

제미나이의 플래너(Planner)는 계획·일정 자동화 도구로, 날짜와 활동을 간단히 말하면 하루 일정표나 여행 루트, 회의 준비 목록까지 깔끔하게 정리해 줍니다. 복잡한 계획을 손으로 일일이 짜지 않아도 되고, 학생은 공부계획, 직장인은 회의준비, 여행자는 일정표 작성에 유용하게 쓸 수 있습니다.

1. 스마트폰에서 〈제미나이〉 앱 아이콘을 눌러 실행하세요.

2. 화면 하단에 있는 〈마이크〉 아이콘을 클릭한 뒤 이렇게 요청해 볼게요.

 다음주부터 주 3회, 저녁마다 1시간 이내로 헬스 초보자를 위한 루틴을 짜줘. 전신운동과 가벼운 유산소 운동을 함께 넣어줘.

3. 잠시 후, 제미나이가 일주일 주 3회 운동 루틴을 정리해 알려줍니다.

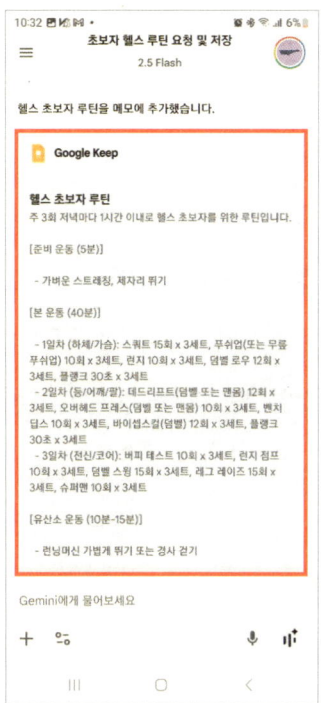

4. 마음에 안 드는 부분이 있으면 다시 말해 보세요.

3일차엔 전신운동 말고 상체 위주 운동으로 바꿔줘.

5. 제미나이가 즉시 3일차의 운동 루틴을 수정해 줍니다.

플래너 기능은 복잡한 일정짜기를 간단한 대화로 해결해 주어, 특히 여행이나 중요한 모임, 직장인이 회의시간 관리에 편합니다. 스마트폰만 열면 언제든 손 안의 비서처럼 활용할 수 있는 것이죠.

코드 한 줄 몰라도 맞춤형 앱을 척척, 앱 빌더

제미나이 2.5 프로 모델은 아이디어를 말하면, 실제로 구동 가능한 형태로 웹·앱을 만들어 줍니다. 프로그래밍 지식이 없어도, 간단한 식단기록이나 독서기록, 여행준비 체크리스트 앱부터 회의록 정리 앱, 업무 요청·처리 현황 앱, 프로젝트 진행 체크 앱을 뚝딱 만들 수 있습니다. 대학생은 팀 프로젝트용 프로토타입, 직장인은 내부업무 효율화 도구, 1인 창업자는 고객용 서비스 초안을 만드는 데 유용합니다.

1. 〈점심 메뉴 룰렛〉 앱을 만들어 볼게요. 제미나이 메인 화면 왼쪽 상단에서 모델 옵션의 목록 단추를 누른 후 〈제미나이 2.5 프로〉를 선택하세요.

2. 프롬프트 입력란에서 다음과 같이 요청합니다.

> 사용자에게 쉼표(,)로 구분해서 여러 개의 점심 메뉴를 입력받고, 그중에서 딱 하나만 랜덤으로 골라 추천해 주는 파이썬 프로그램을 만들어 줘. 재미있는 멘트와 함께 결과를 보여줘.

3. 제미나이가 코드를 죽 씁니다. 실행 방법과 실행 예시까지 설명해 주네요. 코드 박스 오른쪽 위의 〈복사〉 아이콘을 클릭하세요.

4. 이 코드를 실행하면 어떻게 나올지 궁금하시죠? 코드 아래쪽 실행 방법에 나오는 'Google Colab' 링크를 클릭하세요. 구글 코랩은 무료 온라인 코딩 연습장이라고 생각하면 됩니다.

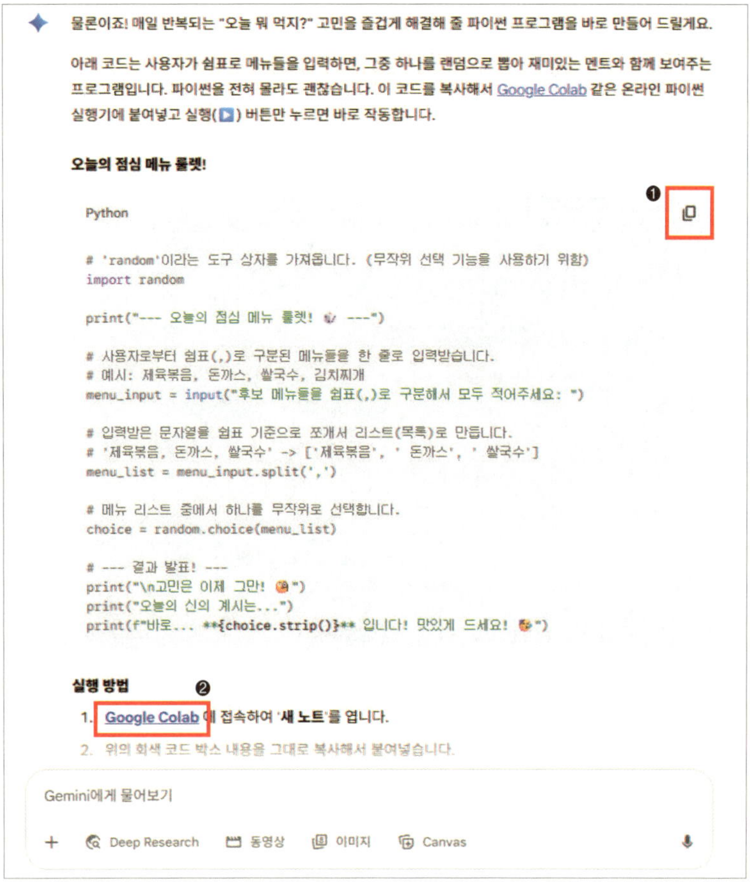

물론이죠! 매일 반복되는 "오늘 뭐 먹지?" 고민을 즐겁게 해결해 줄 파이썬 프로그램을 바로 만들어 드릴게요.

아래 코드는 사용자가 쉼표로 메뉴들을 입력하면, 그중 하나를 랜덤으로 뽑아 재미있는 멘트와 함께 보여주는 프로그램입니다. 파이썬을 전혀 몰라도 괜찮습니다. 이 코드를 복사해서 Google Colab 같은 온라인 파이썬 실행기에 붙여넣고 실행(▶) 버튼만 누르면 바로 작동합니다.

오늘의 점심 메뉴 룰렛!

Python   ❶

```python
# 'random'이라는 도구 상자를 가져옵니다. (무작위 선택 기능을 사용하기 위함)
import random

print("--- 오늘의 점심 메뉴 룰렛! 🎰 ---")

# 사용자로부터 쉼표(,)로 구분된 메뉴들을 한 줄로 입력받습니다.
# 예시: 제육볶음, 돈까스, 쌀국수, 김치찌개
menu_input = input("후보 메뉴들을 쉼표(,)로 구분해서 모두 적어주세요: ")

# 입력받은 문자열을 쉼표 기준으로 쪼개서 리스트(목록)로 만듭니다.
# '제육볶음, 돈까스, 쌀국수' -> ['제육볶음', ' 돈까스', ' 쌀국수']
menu_list = menu_input.split(',')

# 메뉴 리스트 중에서 하나를 무작위로 선택합니다.
choice = random.choice(menu_list)

# --- 결과 발표! ---
print("\n고민은 이제 그만! 😎")
print("오늘의 신의 계시는...")
print(f"바로... **{choice.strip()}** 입니다! 맛있게 드세요! 🍽️")
```

실행 방법   ❷

1. <u>Google Colab</u>에 접속하여 '새 노트'를 엽니다.
2. 위의 회색 코드 박스 내용을 그대로 복사해서 붙여넣습니다.

Gemini에게 물어보기

＋　🔍 Deep Research　📅 동영상　🖼️ 이미지　🎨 Canvas　　　　🎤

---

5. '노트 열기' 창이 열리면 〈새 노트〉 버튼을 누릅니다.

6. 구글 코랩, 즉 무료 온라인 코딩 연습장이 열립니다. 이제 3번 단계에서 복사한 코드를 붙여넣은 후 〈모두 실행〉 버튼을 눌러보세요.

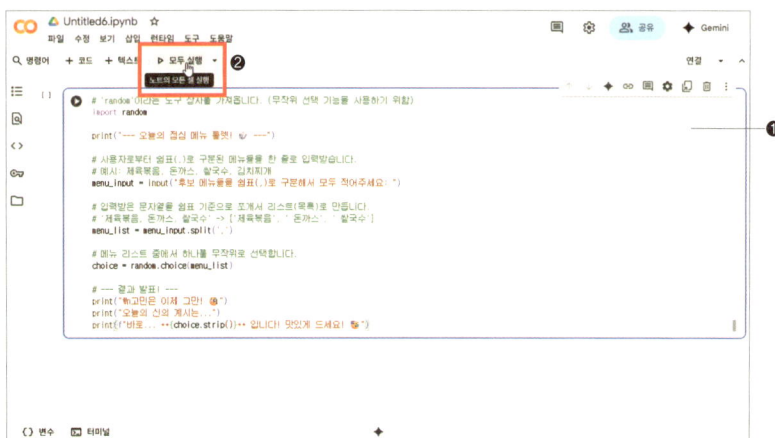

7. 오~, 〈점심 메뉴 룰렛〉 앱이 실행됩니다. 이제 팀 동료들에게 먹고 싶은 점심 메뉴를 불러 달라고 하고 쉼표로 구분해서 입력합니다. 모두 입력하고 〈Enter〉를 누르면, 〈점심 메뉴 룰렛〉 앱이 아래쪽에 답을 줍니다. 오늘 점심 신의 계시는 바로 '돈가스'라고 하네요^^.

떠오르는 신예, 그록 사용하기

감성 지능 강화된 '가장 인간적인' AI

2025년, 일론 머스크의 xAI가 선보인 그록(Grok) 4는 종합 AI 플랫폼으로 진화해 텍스트·이미지·영상 생성을 한 곳에서 할 수 있습니다. 특히 같은 해 11월 공개된 그록 4.1은 감성 지능 부분의 발전이 두드러집니다. 기존 모델보다 사용자의 감정을 더 섬세하게 이해하고 공감하는 능력이 좋아졌습니다.

　xAI는 그록 4.1을 공개하면서 대규모 강화학습 인프라를 활용해 모델의 스타일과 성격, 유용성을 최적화했다고 밝혔는데요. 덕분에 그록 4.1은 다른 AI들이 갖지 못한 유니크한 성격을 가지고 있습니다. 더 솔직하고 똑똑하며 감정적인 대화에 능하죠.

　과거에는 AI의 승부가 '누가 더 빠르고 정확하게 정답을 맞히느냐'가 관건이었다면, 앞으로는 누가 더 인간적으로 소통하느냐가 중요해질 수 있습니다. 그런 시대에 그록은 좀더 인간적이고 개성 있는 AI로서 더욱 주목받게 될 것입니다.

그록으로 실시간 생생한 소비자 의견 확인하기

특히 그록은 X(구 트위터)의 실시간 데이터 검색이 가능해서 생생한 소비자들의 의견을 확인할 수 있는 것이 장점입니다. 다음과 같은 프롬프트를 입력해 보죠.

> 한국 대학생을 대상으로 한 커피 구독 서비스 아이디어를 분석해 줘. 최신 X(트위터) 데이터를 검색해서 시장의 빈틈, 잠재적 니치, 경쟁사 3곳, 현재 트렌드, 소비자의 불만 사항, 지불 의향 가격대를 알려줘.

그록이 X를 포함한 웹 검색 내용까지 고려해 답변을 만들어 주었습니다. X 포스트에서 학생들이 "늦잠 자고 커피 사러 가기 귀찮다"는 불만이 자주 보인다는 것을 확인하고, '캠퍼스 특화 배송 부족'을 시장의 빈틈으로 제시한 것이 인상적입니다. 소비자의 불만사항도 생생하게 정리해 주었습니다.

오로라로 이미지 및 영상 생성하기

2024년 12월에 공개된 오로라는 그록이 자체 개발한 이미지 생성 엔진으로, 실사 품질의 이미지를 자연스럽게 생성합니다. X의 풍부한 데이터 덕분에 밈 생성, 유명인사 이미지 편집이 자유롭습니다.

1. 그록 사이트(grok.com)에 접속하고 '상상' 메뉴를 선택한 다음 다음과 같이 프롬프트를 입력해 보세요.

> 황금빛 석양 아래 해변을 걷는 30대 여성의 자연스러운 포트레이트. 미소를 띠고 있으며, 캐주얼한 여름 드레스를 입고 있음. 배경은 약간 블러 처리하여 피사체에 집중. 자연광, 영화 같은 톤, 따뜻한 컬러 그레이딩

2. 와~, 마치 사진 같은 매우 사실적인 이미지가 생성되었습니다. 뒤에서 은은하게 비치는 자연광이 멋지네요.

3. 그록에서는 이미지를 기반으로 영상 생성도 가능한데요. 이미지 오른쪽 아래에 있는 〈재생〉 버튼을 클릭하면, 바로 해당 사진을 파도 소리까지 포함된 영상으로 만들어 줍니다! 만들어지는 속도가 매우 빠릅니다.

그록 이매진으로 내가 주인공인 유니크한 영상 만들기

2025년 8월에 출시된 그록 이매진(Grok Imagine)은 텍스트나 이미지를 6초 내외의 사운드가 포함된 영상으로 만들어 줍니다. 이미지를 먼저 생성한 다음 영상으로 만들거나, 직접 참조 이미지를 업로드해서 영상을 만드는 이미지 우선 방식을 사용합니다. 짧고 강렬한 영상 콘텐츠를 빠르게 생성할 수 있어 SNS 크리에이터들에게 인기를 얻고 있습니다.

2025년 10월부터는 다소 자극적이고 노골적인 콘텐츠를 생성할 수 있는 스파이시 모드(spicy mode)를 제공한다고 발표해 논란이 되기도 했습니다. 다른 AI에서는 생성이 잘 되지 않는 실제 인물 사진을 넣고 동영상을 만드는 것도 가능합니다.

1. 그록에서 '상상' 메뉴의 프롬프트 입력란의 〈파일 업로드〉 버튼(클립 모양)을 누른 후 '파일 업로드'를 선택하고, 영상으로 변환할 이미지를 업로드하세요. 여기서는 핸드폰을 든 제 이미지를 올려보았습니다.

2. 동영상 만들기 화면이 나타나면 오른쪽의 〈동영상 프리셋〉 버튼(필름 모양)을 클릭하세요. 그런 후 하위 메뉴에서 '펀(Fun)'을 선택하겠습니다. 참고로 자극적인 콘텐츠를 생성하는 '스파이시' 모드는 슈퍼그록(SuperGrok) 또는 프리미엄+ X 구독자인 경우에 사용할 수 있습니다.

3. 오~, 펀 모드를 선택했더니 매우 재미있는 영상이 만들어졌습니다. 제가 우스꽝스러운 표정을 지으면서 휴대폰을 들고 랩을 하는군요. 단, 타인의 사진을 도용해 허가받지 않은 영상을 만드는 것은 자제하기를 권합니다.

범용 AI 공통 기능 체크하기
- 안전한 데이터 설정, 메모리 기능, 나만의 챗봇 만들기

데이터 설정부터 안전하게 활용하기

AI를 사용하면서 가장 걱정되는 것 중 하나가 바로 프라이버시 보호일 것입니다. 내가 입력하는 프롬프트들이 AI 학습에 그대로 사용될까 봐 불안한 적 있죠? 그럴 때에는 각 서비스들의 설정을 살펴보며 데이터 보호를 할 수 있는 옵션을 확인하는 것이 좋습니다.

챗GPT

1. 챗GPT 화면의 왼쪽 아래에서 〈프로필〉 아이콘을 누른 후 [설정]을 누르세요.
2. '설정' 대화상자의 [데이터 제어] 탭에서 '모두를 위한 모델 개선' 옵션을 비활성화하세요. 만약 여러분의 챗GPT에 음성 모드가 있다면 '오디오 녹음 포함', '영상 녹화 포함' 옵션도 꺼두는 것이 좋습니다.

클로드

1. 클로드 사이트(claude.ai)에 접속한 후 화면 왼쪽 아래에서 〈프로필〉 아이콘을 누르고 [설정]을 선택하세요.

2. '설정' 화면이 열리면 [개인정보] 탭의 '프라이버시 설정' 영역에서 'Claude 개선에 도움 주기' 옵션을 끄면 내 채팅 기록을 AI 학습에 사용하지 않습니다. '위치 메타 데이터' 옵션은 클로드가 사용자의 요청에 따라 IP 주소를 사용해서 도시나 지역 수준의 대략적인 위치를 파악할 수 있는 기능인데, 이 옵션을 꺼두면 관련 데이터를 AI 학습에 사용하지 않습니다.

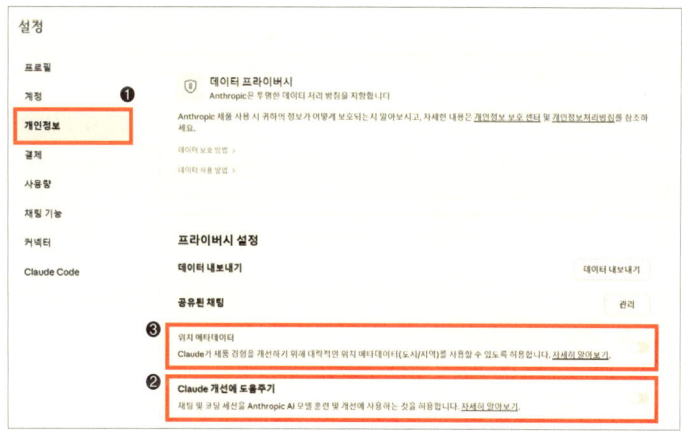

제미나이

1. 제미나이 사이트(gemini.google.com)에 접속한 후 왼쪽 아래에서 [활동] 메뉴를 누르세요.

2. 'Gemini 앱 활동' 화면에서 프라이버시 설정이 가능한데요. '활동 기록 보관' 영역의 〈사용〉 버튼을 클릭한 후 '사용 중지'를 선택하면 내 채팅 데이터를 보관하거나 AI 학습에 사용하지 않습니다. '오디오 및 Gemini Live 레코딩으로 Google 서비스를 개선하세요'의 체크 표시를 해제하면, 나의 음성 대화도 AI 학습에 사용하지 않습니다. 다만 주의할 점은 '사용 중지'를 선택하면 내가 제미나이와 채팅한 기록이 72시간 이후에는 삭제됩니다. 데이터 보호와 채팅 기록 보관을 분리하지 않은 점이 아쉽습니다.

AI에게 나에 대해 알려주기

AI들은 우리의 대화 맥락을 놓치지 않고 더욱 잘 기억하기 위해 '장기기억 메모리' 기능을 탑재하고 있다고 했는데요. AI가 기억하고 있는 나에 대한 내용을 어디에서 확인하고 관리할 수 있는지 알아보죠.

챗GPT

1. 챗GPT 화면의 왼쪽 아래에서 〈프로필〉 아이콘을 누른 후 [개인 맞춤 설정]을 누르세요.

2. '개인 맞춤 설정' 화면에서 '저장된 메모리 참고'가 활성화되어 있다면, 챗GPT가 대화를 하면서 나에 대한 정보가 나올 때 해당 내용을 기억해 둡니다. 예를 들어 "나는 세종사이버대학교 교수인데, 이번에 새 학기를 위한 강의를 준비하려고 해"라는 내용이 프롬프트에 포함되면, 챗GPT는 '사용자는 세종사이버대학교 교수이다'라고 메모리에 넣어두는 것이죠. 또한 '채팅 기록 참고'가 활성화되어 있다면, 다른 채팅 세션에서 대화한 내용까지 참고해서 답변을 줍니다. '메모리' 항목의 〈관리〉 버튼을 누르면 지금까지 저장되어 있는 메모리를 확인할 수 있습니다. 메모리에 저장할 필요가 없는 것은 삭제하세요.

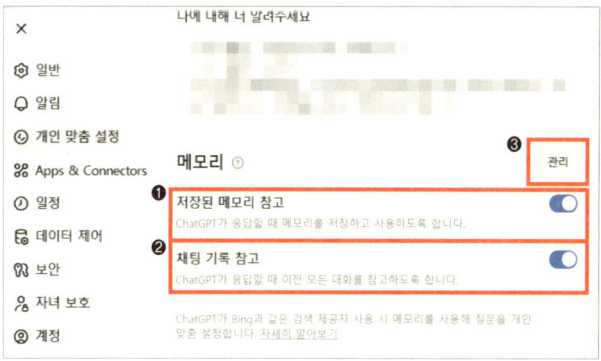

클로드

1. 클로드의 화면 왼쪽 아래에서 〈프로필〉 아이콘을 누르고 [설정]을 선택하세요.
2. '설정' 화면이 열리면 [채팅 기능] 탭의 메모리 영역에서 '채팅 검색 및 참조' 옵션을 활성화하면, 클로드가 과거 채팅에서 지금 질문과 관련된 세부사항을 검색해서 답변에 참고합니다.

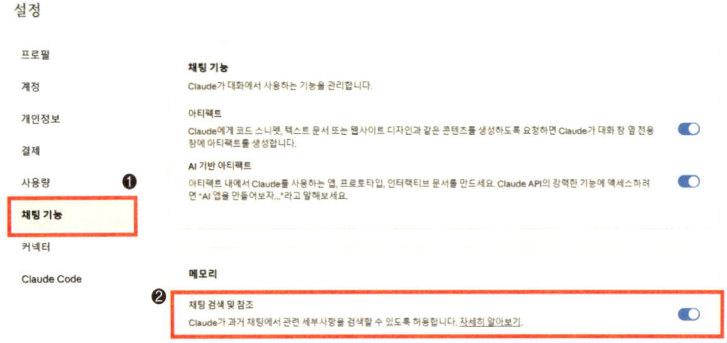

다만, 이 기능은 챗GPT의 지속적인 메모리와는 조금 다릅니다. 개별 사용자별로 프로필을 만들지는 않으며, 사용자가 요청할 때만 과거 대화를 검색해 요약하고 이를 바탕으로 프로젝트를 이어갈 수 있는 기능입니다. 다른 범용 AI들의 메모리 기능이 개인비서와 AI 컴패니언에 집중한 기능이라면, 클로드의 메모리 기능은 업무 효율을 강조한 개념으로 볼 수 있습니다.

제미나이

1. 제미나이 화면 오른쪽 아래에서 [설정 및 도움말]을 누른 후 [개인별 맞춤 AI]를 클릭하세요.

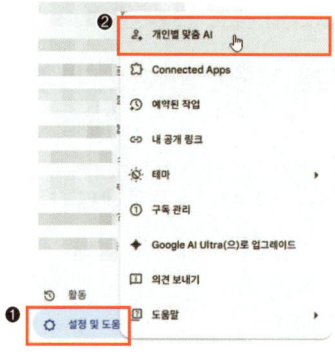

2. '사용자가 제미나이에게 저장하도록 요청한 정보' 페이지가 나오는데, 여기에서 체크 표시가 되어 있으면 제미나이에게 내 정보를 기억하게 만들 수 있습니다. 사용자가 〈추가〉 버튼을 눌러 원하는 지침을 저장할 수 있고, 혹은 채팅 중에 제미나이에게 "나는 채식주의자야. 고기가 들어가는 레시피나 식당은 추천하지 마", 혹은 "코드를 작성할 때에는 JavaScript로만 작성해 줘", "짧고 간결하게 대답해 줘" 등으로 지침을 줄 수 있습니다.

나만의 챗봇 만들기

범용 AI들은 반복되는 작업을 좀더 효율적으로 할 수 있도록 개인 챗봇을 만들 수 있는 기능을 제공합니다. 챗GPT는 GPTs, 제미나이는 젬(gem), 클로드는 '프로젝트'라는 이름으로 만들어져 있습니다.

챗GPT

1. 챗GPT 화면 왼쪽 사이드바에서 [GPT 탐색하기]를 클릭하세요(챗봇 제작은 유료 플랜 사용 시 가능).
2. GPT 페이지가 열리면 오른쪽 위에서 〈만들기〉 버튼을 누르세요
3. 왼쪽에 GPT를 만들 수 있는 화면이, 오른쪽에 미리보기 화면이 나타납니다. 왼쪽 화면에서 챗GPT와 자연스럽게 대화를 나누면서 GPT 챗봇을 만들 수도 있고('만들기' 방식), 또는 직접 상세한 프롬프트로 지침을 써서 만들 수도 있습니다('구성' 방식). 어렵지 않으니 여러분도 직접 나만의 GPT 챗봇을 만들어 보세요.

클로드

클로드의 경우 '프로젝트' 기능으로 챗봇을 만들 수 있는데요. 정확히 말하면 챗봇이라기보다는 지식 베이스 관리 기능에 가깝습니다. 맞춤형 지침에 따라 응답하는 별도의 공간으로, 관련된 문서나 텍스트, 코드 파일 등을 업로드해서 대화의 맥락을 유지할 수 있게 해 줍니다.

1. 클로드 화면 왼쪽 사이드바에서 [프로젝트]를 누르세요.

2. 프로젝트 화면에서 〈새 프로젝트〉 버튼을 클릭하세요.

3. 프로젝트 생성 페이지가 나타나면, 프로젝트의 이름을 지정하고 목표나 주제 등을 설명한 다음 〈프로젝트 만들기〉를 누르면 됩니다.

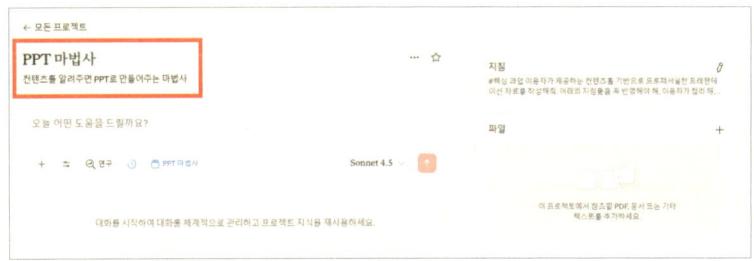

이렇게 만들어진 각각의 프로젝트는 '세부사항 수정' 메뉴로 들어가면 개별적인 지침과 파일을 입력해 둘 수 있는 공간이 나타납니다. '지침'

부분에는 이 프로젝트가 따라야 하는 지시사항 프롬프트를 입력하고, '파일'에는 AI가 응답할 때 참조할 문서나 텍스트를 올려두면 됩니다. 그 다음부터는 이 프로젝트에서 대화한 모든 채팅 기록은 하나의 폴더처럼 묶어서 관리할 수 있습니다. 프로젝트 공유를 통해 팀 멤버 간에도 함께 사용할 수 있는 것이 특징입니다.

제미나이

1. 제미나이의 왼쪽 사이드바에서 [Gems 탐색하기]를 누르세요.
2. 젬(Gem) 관리자 페이지가 나타나면 〈새 Gem〉 버튼을 누르세요.
3. '만들기' 화면에서 챗봇의 이름을 정하고 '요청사항' 란에 구체적인 지시사항이나 프롬프트를 입력하면 됩니다. 오른쪽의 '미리보기' 화면에서 젬을 테스트하면서 수정할 수도 있습니다. 젬을 만든 후에는 오른쪽 위의 〈만들기〉 버튼을 눌러 저장하면 됩니다.

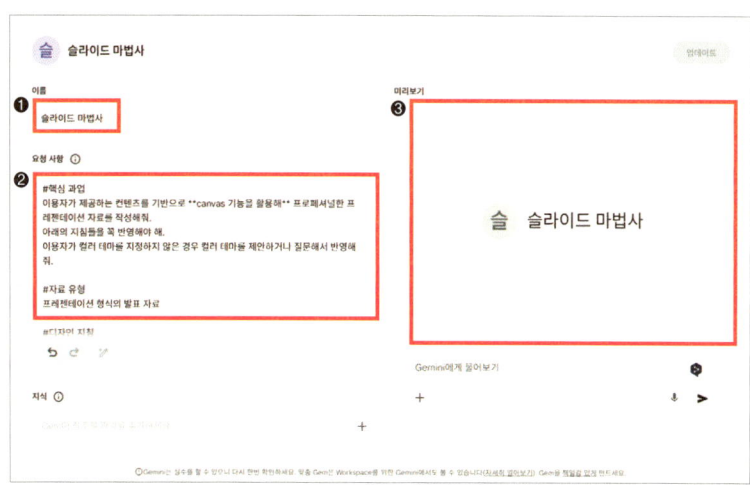

PART

3

AI 2026

업그레이드!,
더 좋은 답변을 위한
프롬프트 작성법

챗GPT 똑똑하게 사용하는 프롬프트 5가지 핵심 원칙

AI는 우리가 원하는 바를 구체적이고 명확하게 이야기할수록 훨씬 좋은 결과물을 줍니다. AI가 우리의 말을 잘 알아듣도록 찰떡같이 말하는 방법을 '프롬프트 엔지니어링'이라고 합니다. 물론 일반적인 프롬프트 엔지니어링 기법들은 100% 정답이 아니며, "이렇게 프롬프트 쓰니 잘 나오더라" 하는 일종의 방법론으로 받아들이는 것이 좋습니다.

오픈AI·구글·앤트로픽 등 거대언어모델 AI 회사들은 각각 '좋은 프롬프트를 쓰는 원칙'을 발표했습니다. 예전에는 언어모델이 각기 달라도 프롬프트를 쓰는 나름의 공통점을 찾아 원칙을 얘기했는데요. 최근엔 각 모델들이 점점 발전하며 각각 성능과 특징이 다양해지기 시작했기 때문에, 모델별로 조금씩 다르게 작성해야 할 필요가 생긴 것입니다.

먼저 챗GPT-5의 프롬프트 작성 기본원칙부터 알아보죠. 챗GPT-5의 프롬프트 작성 기본원칙은 다른 AI에게도 동일하게 적용될 수 있습니다.

첫 문장에서 '목적어 + 행동 동사'로 지시

프롬프트 첫 문장에서 행동 동사를 쓰고, 목적어도 같이 넣어주세요. "~해주세요"보다 "작성해, 요약해, 분석해" 등 바로 행동을 지시하는 명령형 동사가 좋고, "~에 대해"보다는 "~을 ~해"처럼 목적어와 동사를 구체적으로 붙이는 것이 좋습니다.

> 기후변화에 대해 설명해. (X)

> 기후변화를 3문장으로 요약해. (O)

출력 형태와 순서 명확하게

출력 형태와 순서를 명확하게 작성하세요. "목록으로 정리해", "표로 작성해", "5단계로 구성해"처럼 결과물이 어떤 형태로 나와야 하는지 알려주세요. 첫 문장에서 명령을 깔끔하게 주는 게 좋습니다.

> 2030세대 재테크 방법을 알려줘. (X)

> 2030세대 재테크 방법을 표로 작성해. 항목·설명·위험도·추천도 순으로 나열하고, 마지막 줄에 출처 1개를 포함해. (O)

맥락을 패키지로 전달

프롬프트를 작성할 때는 맥락, 즉 목적·대상·톤·길이·형식·제약조건을 하나의 패키지로 묶어서 쓰는 것이 좋습니다.

> 예방접종 정보를 부모들에게 알려줘. (×)

> 목적: 초보 부모에게 예방접종 기본만 전달
> 대상: 첫 아이 부모
> 톤: 친절·단정
> 길이: 300자
> 형식: 불릿 5개
> 제약: 의학적 단정 금지, '의사 상담 권장' 문구 포함 (○)

핵심 질문은 1개로 지정

챗GPT에게 복잡한 요청을 할 때는 불명확한 부분이 생기기 마련입니다. 이때 챗GPT는 사용자에게 부족한 정보에 대해 여러 질문을 할 수 있는데요. 이런 경우에는 프롬프트에 "가장 중요한 질문 1개만 먼저 되묻고, 나머지는 챗GPT가 합리적으로 가정하라"고 지시하세요. 그래야 챗GPT가 과도하게 추론하지 않고 답변의 초점을 명확하게 잡을 수 있습니다. 예를 들어 여행계획을 세울 때 다음과 같이 프롬프트를 입력하면, 챗GPT는 어느 계절에 여행을 가는 것인지, 예상경비는 얼마인지를 추가로 질문하게 됩니다.

> 친구와 함께 3박 4일 파리로 여행을 가려고 하니, 표 형식으로 여행계획표를 작성해. (×)

이런 경우에는 추가 질문을 1개로 한정한 후 챗GPT에게 요청하는 것이 좋습니다. 그래야 사용자가 모든 조건을 정리해 주지 않아도, 챗GPT가 빠르고 일관된 결과물을 만들어 낼 수 있습니다.

> 친구와 함께 3박 4일 파리로 여행을 가려고 하니 표 형식으로 여행계획표를 작성해. 내 여행계획에 불명확한 부분이 있다면 가장 중요한 질문 1개만 물어 보고, 나머지는 합리적 가정으로 일정을 제시해. (O)

출처와 검증 강제

최근 내용이 변동되었을 가능성이 큰 주제를 요청할 때는 프롬프트에 반드시 가장 최신 출처 1~2개를 제시하도록 요구하세요. 각 주장 끝에 기관명·연도·링크 형식으로 출처를 표기하게 하면, 이후에 내용을 검증하거나 재인용할 때 편리합니다. 특히 가격·통계·정책처럼 시점에 따라 변하는 정보는 출처를 강제하는 것이 중요합니다.

> 2025년 8월 기준 서울 전세가 변동률을 요약해. (×)

> 2025년 8월 기준 서울 전세가 변동률을 요약해. 웹 검색을 사용하고, 본문 각 단락 끝에(기관·연도·링크) 형식으로 최신 출처 2~3개를 붙여. 서로 다른 수치가 있으면 차이와 가능한 이유를 2문장으로 설명해. (O)

위와 같이 프롬프트를 작성하면, 챗GPT가 웹 검색을 통해 먼저 신뢰할 수 있는 최신 출처를 확인한 후 그 데이터를 기반으로 답변을 작성합니다. 예를 들어 국토교통부 통계와 KB부동산 리포트에서 같은 시점의 변동률 수치가 다르다면 '집계방식과 표본 차이'처럼 원인을 간단히 덧붙이기도 합니다. 즉, AI가 더 정확하고 깊이 있는 응답을 해주며, 사용자는 이후 보고서나 기사 작성 시에도 활용 가능한 검증된 자료를 얻을 수 있는 것이죠.

프롬프트를 고도화하는 메타 프롬프트

메타 프롬프트가 뭐지?

메타 프롬프트란 AI에게 프롬프트를 설계해 달라고 지시하는 것으로, AI를 '질문 설계 파트너'로 활용한다고 생각하면 됩니다. 메타 프롬프트를 사용하면, 질문을 구성하는 초반 단계에서 질문의 목적·범위·형식·제약조건까지 구체화할 수 있습니다. AI가 글의 주제·타깃·형식에 맞추어 프롬프트를 작성해 주기 때문에 이후 대화에서 추가 설명이나 수정 요청을 줄일 수 있습니다.

메타 프롬프트를 요청하면 AI가 글의 주제와 타깃, 원하는 형식에 맞추어 최적화된 질문을 만들어 줍니다.

> 내가 '2030 직장인을 위한 시간관리 전략'이라는 주제로 블로그 글을 쓰려고 해. 가장 완성도 높은 글을 만들 수 있도록 목적·대상·톤·길이·형식·제약조건이 포함된 <u>최적의 프롬프트를 먼저 작성해 줘.</u> (O)

그럼, 챗GPT에서 메타 프롬프트를 잘 활용할 수 있는 방법을 알아보죠.

원하는 행동과 현재 문제를 구체적으로 적기

챗GPT에게 수정을 요청할 경우, 원하는 결과와 현재의 문제를 나란히 구체적으로 적어주는 것이 좋습니다. 그러면 챗GPT가 수정해야 할 범위를 정확하게 파악하고 불필요한 변경 없이 필요한 부분만 개선합니다.

> **원하는 행동**: 최신 통계를 사용하고, 지역별 변동률을 표로 제시하며, 지역·전월 대비·전년 대비 항목을 포함하고 선형 그래프를 함께 제공.
>
> **현재 문제**: 출처가 없고, 그래프 대신 텍스트만 출력됨.
>
> 다음의 조건을 모두 충족하도록 원문 프롬프트를 보완해 줘.

이는 메타 프롬프트 작성에서 특히 유용한 기법으로, 의도와 주제를 유지하면서도 품질과 완성도를 안정적으로 끌어올릴 수 있습니다.

필요한 부분만 최소 수정 요청

챗GPT에게 프롬프트를 수정해 달라고 할 때, 처음부터 새로 작성하게 하면 글의 의도·톤·범위가 바뀔 수도 있습니다. 반면 챗GPT에게 '최소 수정'을 요청하면, 기존 핵심 문장의 일관성을 유지하면서도 조건·형식·예외 같은 추가 요구사항만 바꾸기에 변경된 부분을 확인하기도 훨씬 쉽습니다. 특히 핵심 문구 유지, 추가·삭제 최소화, 불필요한 재서술 금지를 명시하면 문맥 유지율이 더욱 높아집니다.

> 아래 원문 프롬프트의 핵심 문장과 톤을 유지해. 다만 다음 3가지만 추가해:
> 분량: 350자
> 형식: '요약 → 핵심수치 3개 → 전망 1문장'
> 출처: 2개
> [원문 프롬프트 복사해 붙여놓기]

출력물은 '수정된 프롬프트'만 달라고 명시

프롬프트를 고쳐달라고 했는데, AI가 수정 이유나 배경 설명까지 덧붙이면 그 결과를 바로 복사해 쓸 수 없겠죠? 그래서 실무에서는 '완성형 프롬프트'만 받는 것이 훨씬 효율적입니다. "설명 없이", "코드 블록 안에 결과만 출력" 같은 지시를 하면 됩니다.

GPT 추론 모델을 잘 사용하는 팁

GPT 추론 모델을 처음 사용해 보는 분들은 다른 모델들과 다른 답변 방식 때문에 사용하기 어렵다고 느낄 수도 있는데요. GPT 추론 모델에서 답변을 잘 받을 수 있는 팁을 소개합니다. GPT 추론 모델이 오래 깊이 생각하게 하려면, 프롬프트 뒤에 "오래 생각해(Think Hard)"라고 써주세요.

일반적인 프롬프트 작성 시

> 나에게 1년 동안 투자할 수 있는 1,000만원이 있어.
> - 옵션 A: 연 5% 확정 수익
> - 옵션 B: 50% 확률로 20% 수익, 50% 확률로 -10% 손실
> 어떤 옵션을 선택해야 하는지 추천해 줘.

이 경우 챗GPT는 곧바로 단순 비교를 통해 옵션별 기대수익률과 리스크를 비교합니다. 그리고 결론적으로 앞선 기대수익률과 리스크를 판단

해 가장 합리적인 옵션 A를 추천했습니다.

> 좋은 질문 주셨습니다. 두 옵션을 단순 비교하면 이렇게 볼 수 있습니다.
>
> **1. 옵션별 기대수익률 계산**
> - 옵션 A (확정형)
>   - 연 5% 확정 → 1,000만 원 × 1.05 = **1,050만 원**
>   - 리스크 없음.
> - 옵션 B (확률형)
>   - 50% 확률 20% 수익: 1,000만 원 × 1.2 = 1,200만 원
>   - 50% 확률 -10% 손실: 1,000만 원 × 0.9 = 900만 원
>   - 기대값 = (0.5 × 1,200만 원) + (0.5 × 900만 원) = 1,050만 원
>   - 즉, **기대수익률 = 5%**로 옵션 A와 동일.
>   - 하지만 실제 결과는 큰 변동(최대 +200만 원, 최소 -100만 원).
>
> **2. 리스크 관점**
> - 옵션 A:
>   - 확정적으로 50만 원 수익. 안정성 중시일 때 적합.
> - 옵션 B:
>   - 같은 기대수익률이지만 변동성이 큼.
>   - "잃을 수 있는 돈"을 감수할 수 있거나, 도박성 요소를 즐긴다면 선택 가능.
>   - 단 1회 투자라면, 손실 가능성이 뚜렷하게 존재.
>
> **3. 추천**
> - 안정성 중시(목돈 보존 우선): 옵션 A 권장. → 무조건 +50만 원 확보.
> - 리스크 감수 가능(손실 감내 가능): 옵션 B도 고려할 수 있지만, 기대수익률이 동일하므로 "리스크 프리미엄"이 전혀 없음.
>   - 보통 투자에서 위험을 감수했다면 기대수익률이 더 높아야 의미가 있는데, 여기서는 그렇지 않음.

GPT 추론 모델 프롬프트 사용 시

이번에는 같은 프롬프트이지만, 가장 마지막 부분에 "오래 생각해"라고 딱 한 문장만 추가해 보겠습니다.

> 나에게 1년 동안 투자할 수 있는 1,000만원이 있어.
> - 옵션 A: 연 5% 확정 수익
> - 옵션 B: 50% 확률로 20% 수익, 50% 확률로 -10% 손실
> 어떤 옵션을 선택해야 하는지 추천해 줘. <u>오래 생각해.</u>

그러자 챗GPT가 바로 답변을 제공하는 것이 아니라, 여러 생각의 단

계를 거치기 시작합니다. 그리고 2분 29초의 생각 끝에 답변을 주었습니다.

> 2m 29s 동안 생각함
>
> 추천: **옵션 A(연 5% 확정)**를 선택하시길 권합니다.
> 이유는 "기대수익은 동일하지만 위험은 0 vs. 큼"이기 때문입니다.
>
> **핵심 비교 (원금 1,000만 원, 1년)**
> - 옵션 A: 확정 5% → 10,500,000원 (이익 500,000원)
> - 옵션 B: 50% × +20% = 12,000,000원 / 50% × −10% = 9,000,000원
>   기대값 = 0.5×12,000,000 + 0.5×9,000,000 = 10,500,000원 (옵션 A와 동일)
>
> 즉, 기대수익(5%)는 두 옵션이 똑같습니다.
> 하지만 위험은 다릅니다.
>
> **위험(변동성) 차이**
> - 옵션 A: 변동성 0.
> - 옵션 B: 수익률 표준편차 = 15% → 자산 변동성 ≈ 150만 원.
>   절반 확률로 A 대비 −150만 원, 절반 확률로 +150만 원.
>
> **"장기 성장률(로그/켈리)" 관점**
> - 옵션 B의 기하평균 수익률 = √(1.2×0.9) − 1 = 약 3.92%
> - 옵션 A의 확정 수익률 = 5%
>   → 장기 성장 기준으로도 A가 우위입니다.
>   (동일 원금에서 B의 확실성 등가액 ≈ 10,392,300원 vs. A는 10,500,000원 → A가 약 10.8만 원 더 유리)

추론 모델도 일반 모델의 답변과 같이 '옵션 A'를 선택했지만 그 과정이 다릅니다. 먼저 두 옵션의 기대수익이 같다는 사실을 노출한 후, 기대수익률은 같으나 옵션 A와 B의 위험이 다르다는 사실을 계산합니다. 그리고 결론적으로 장기 성장률의 관점에서도 옵션 A의 우위를 판단했습니다. 마지막으로 두 옵션의 세금·수수료·유동성이 동일하다는 가정의 계산이라는 점을 명시하며, 만약 이러한 조건이 다르다면 다시 계산해야 한다고 하며 답변을 마무리합니다.

이처럼 추론 모델은 단순히 결론을 제시하는 데 그치지 않고, 논리적 근거와 조건을 함께 명시함으로써 답변의 신뢰도를 높입니다.

GPT 프롬프트 변환기 사용하기

GPT 프롬프트 변환기는 내가 한 요청을 GPT 모델이 가장 이해하기 쉽고 좋은 답변을 주는 프롬프트로 바꾸어 줍니다.

1. GPT 프롬프트 변환기 사이트(platform.openai.com/chat/edit?models=gpt-5&optimize=true)에 접속하세요. 처음 이용하는 것이라면 챗GPT 계정으로 로그인을 해야 합니다.

2. 프롬프트 변환기 메인 창이 나타납니다. 사용하고자 하는 GPT 모델을 선택하세요. 여기서는 'GPT-5' 모델을 그대로 사용하겠습니다.

3. 'Developer message(개발자 메시지)' 란에 원래 챗GPT에게 요청하려 했던 프롬프트를 입력한 후, 화면 아래쪽에 있는 〈Optimize(최적화)〉 버튼을 클릭하세요.

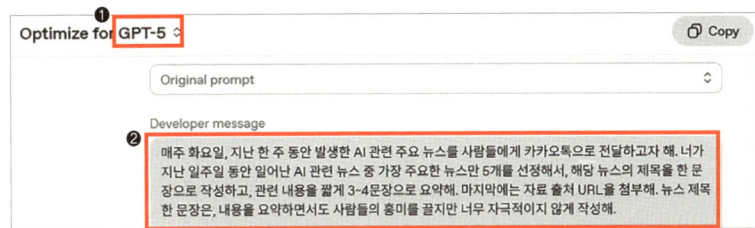

4. 프롬프트가 내가 선택한 챗GPT 버전에 맞게 바뀌었습니다. 역할·목표·지침·예시·출력단계·체크리스트·출력형식·완성조건까지, 사용자가 직접 프롬프트 엔지니어링을 하지 않아도 자동으로 작성해 줍니다. 각 프롬프트 옆에 있는 〈말풍선〉 버튼을 클릭해 보세요.

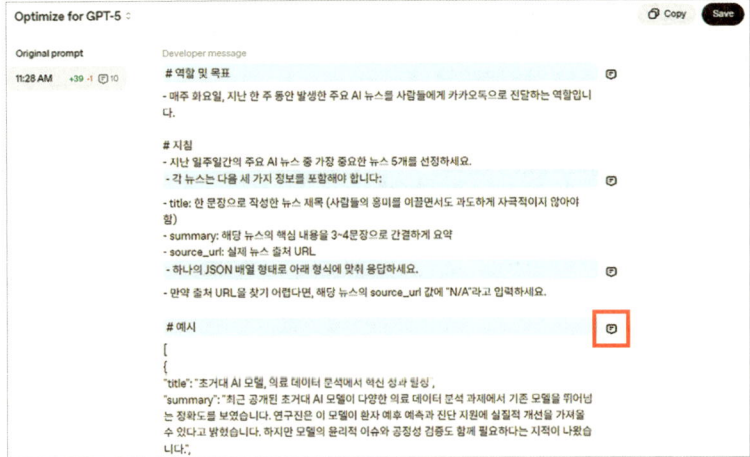

5. 프롬프트 변환기가 프롬프트를 왜 이렇게 썼는지 상세하게 설명해 줍니다.

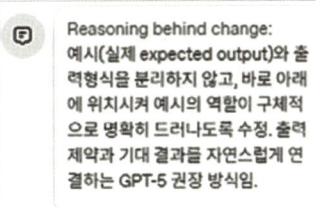

6. 프롬프트의 최적화 작업을 반복할수록 더욱 개선된 답변을 받을 수 있습니다. 'Request changes(변경 요청)' 입력란에 추가 요청사항을 입

력하고 〈Optimize〉 버튼을 다시 누르세요.

7. 프롬프트가 더욱 최적화되어 나타납니다. 만약 원하는 프롬프트가 만들어졌다면, 오른쪽 위에 〈Copy〉 버튼을 눌러 전체를 복사하세요.
8. 챗GPT의 프롬프트 입력란에 앞에서 최적화한 프롬프트를 붙여넣으면 됩니다.

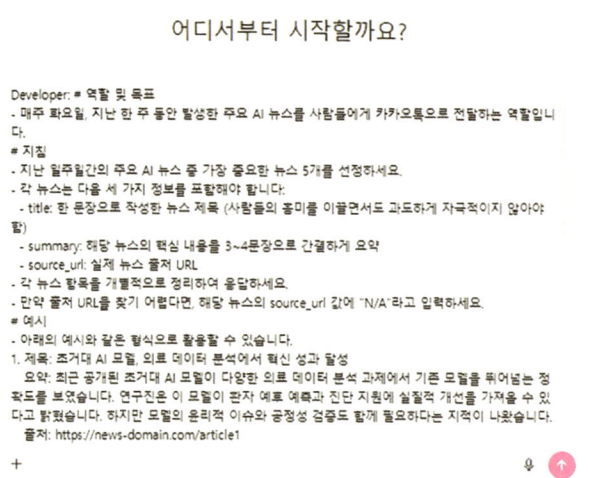

9. 먼저 일반 프롬프트를 썼을 경우의 답변을 보죠. 챗GPT가 AI 기술의 기술적 진보, 시장변화, 정치·사회적 영향을 고려한 뉴스를 주었습니다.

일반 프롬프트 사용 시 챗GPT 답변

10. 이번에는 GPT 프롬프트 변환기로 최적화한 프롬프트로 받은 답변입니다. AI 뉴스를 중요성·파급력·최신성·다양성, 그리고 신뢰성 있는 출처 확보, 흥미와 균형 등의 항목을 기준으로 정리해 주었습니다. 일반 프롬프트의 답변과 달리 내용에 알맞은 정확한 출처도 넣어주었습니다.

변환기로 개선한 프롬프트 사용 시 챗GPT 답변

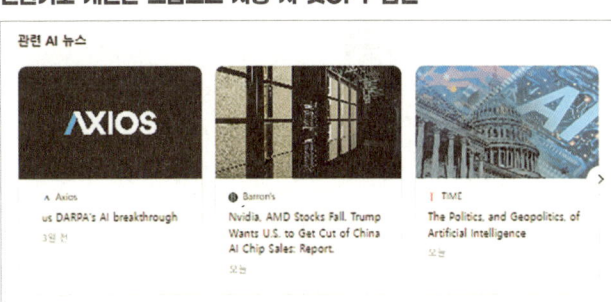

꿀팁! 오픈AI의 챗GPT 프롬프트 팩 사용법

오픈AI가 2025년 9월 프롬프트 작성을 어려워하는 사용자들을 위해 '프롬프트 팩'을 공개했습니다. 프롬프트 팩은 다양한 역할이나 작업에 맞추어 미리 설계된 프롬프트 모음인데요. 미리 설계된 프롬프트에 내 업무와 상황 맥락만 입력하면 좋은 답변을 받을 수 있습니다. 직장인들을 위한 업무용 프롬프트뿐만 아니라 대학생을 위한 진로설계, 학습용 프롬프트도 공개했으니 여러분의 필요에 맞게 프롬프트 팩을 사용해 보세요.

직장인을 위한 프롬프트 팩

1. 오픈AI 아카데미(academy.openai.com)에 접속한 후 챗GPT 계정으로 로그인하세요.
2. 검색창에서 "prompt packs"을 검색하면 직업에 따른 프롬프트 창이

나타납니다. 또는 구글 검색창에서 "Prompt Packs" 검색해도 바로 찾을 수 있습니다. 〈Chat GPT for any role〉을 클릭하세요.

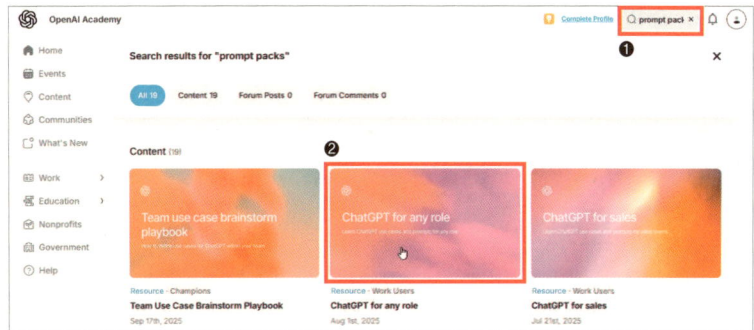

3. 업무를 위한 프롬프트 팩이 나타납니다. '전문적인 이메일 쓰기', '명확성을 위한 재작성' 등의 프롬프트가 보입니다. 여기서는 'Adapt message for audience(청중에 맞게 메시지를 조정)' 프롬프트의 〈Try it in ChatGPT(챗GPT에서 시도)〉를 클릭하겠습니다.

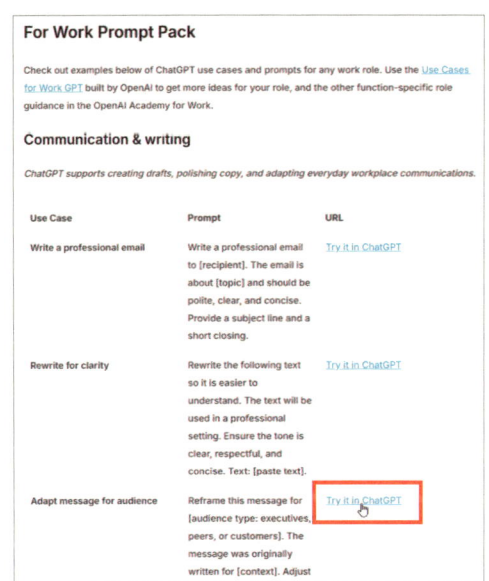

4. 챗GPT의 입력란에 바로 청중에 맞게 메시지를 조정하는 프롬프트가 입력됩니다. 이제 대괄호 안의 내용을 입력하면 됩니다. 여기서는 서초구청 강연을 위한 홍보 메시지를 작성해 달라고 입력해 보겠습니다. 대괄호 안에 "SNS 홍보"와 작성하고 싶은 내용을 입력하세요.

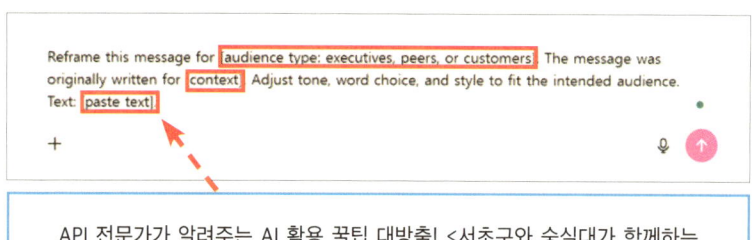

API 전문가가 알려주는 AI 활용 꿀팁 대방출! <서초구와 숭실대가 함께하는 AI 융합 명사 초청 특강>

AI 어렵다고요?
딱! 1시간 30분만 시간 내어
'AI 활용법' 핵심만 쏙쏙 배워가세요!

이번 특강에서는
'챗봇 2025 트렌드&활용백과'와 'AI로 세상 읽기'의 저자이자
AI 전문가 김덕진 IT커뮤니티연구소 연구소장이
· 직장인을 위한 AI 업무 활용법
· 반드시 알아야 할 AI 시대 자녀 학습법
· 일상생활 속 재밌고 유익한, 놀면서 배우는 AI 활용법
· AI와 우리사회 변화, 미래세대가 갖춰야 할 필수 역량 등
AI 활용에 대한 모든 것을 알려드립니다!

자고 일어나면 새로운 게 나와 있는 놀라운 AI 세상!
AI 시대, 어떻게 준비해야 할지 고민이셨다면,
이 특강, 꼭 신청하세요!

5. SNS 홍보를 위한 메시지가 바로 작성되었습니다. 원하는 내용이 입력되고 구조적으로 결과물이 나왔네요. 프롬프트 팩을 사용하지 않

앉았다면 내용을 하나하나 입력해야 했겠지만, 이제는 필요한 내용만 입력하면 바로 만들어 주는 것이죠.

> 좋아요. 우선 요청하신 대로 SNS 홍보용 원문을 기반으로, 동일한 내용을 **3가지 버전(임원용 / 동료용 / 고객용)**으로 각각 톤앤매너를 조정해드릴게요.
>
> 🎯 **1 임원용 (Executives)**
> 톤앤매너: 격식 있고, 전략적 가치를 강조하며, AI 역량 강화의 필요성을 중심으로 구성.
>
> **AI 시대, 경쟁력의 기준은 '활용력'입니다.**
>
> 서초구와 숭실대학교가 함께하는 이번 AI 융합 명사 초청 특강에서는
> 국내 대표 AI 전문가 김덕진 IT커뮤니티센터 연구소장이
> 'AI 트렌드와 업무 혁신 전략'을 주제로 강연합니다.
>
> AI 기술은 이미 업무의 효율성, 의사결정의 품질, 그리고 조직의 생산성을 재정의하고 있습니다.
> 이번 특강은 단순한 기술 강의가 아니라,
> 조직 차원의 AI 전략 수립과 인재 역량 강화 방안을 함께 고민하는 자리입니다.
>
> 빠르게 변하는 AI 시대—조직의 미래 경쟁력을 위해
> 이번 특강에 함께해 주시기 바랍니다.
>
> 🤝 **2 동료용 (Peers)**
> 톤앤매너: 친근하고 실용적인 느낌, 실제 업무에 적용 가능한 AI 팁 중심.
>
> **AI 어렵다고 느끼셨나요?**
> 이제 딱 90분만 투자해보세요.

대학생을 위한 프롬프트 팩

〈대학생을 위한 100개의 대화(100 Chats For College Student)〉는 오픈AI가 대학생들을 위해 발표한 프롬프트 모음집입니다. 각각 주제별로 '공부', '커리어', '삶'으로 나뉘어 있으며 원하는 프롬프트를 선택해 바로 사용할 수 있습니다.

1. 구글에서 '100 Chats For College Student'를 검색해 접속하세요. 또는 바로 사이트(chatgpt.com/use-cases/students)에 들어가도 됩니다.

2. 오픈AI의 대학생을 위한 프롬프트 팩이 열립니다. 여기서는 시험공부를 위한 프롬프트를 사용해 볼게요. 먼저 [Study] 탭을 클릭한 후 〈Create a quiz instantly(퀴즈 즉시 만들기)〉를 선택하세요.

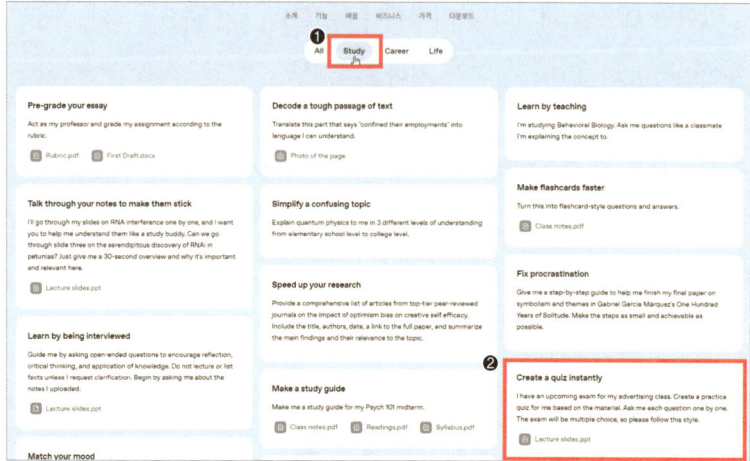

3. 시험공부를 위한 퀴즈풀이를 요청하고 〈생성〉 버튼을 클릭하세요.

4. 챗GPT의 프롬프트 입력란에 퀴즈 프롬프트가 자동으로 나타납니다. 여기서는 과목명(course)에 "재무관리"라고 입력하고, 수업 PPT 파일을 업로드했습니다.

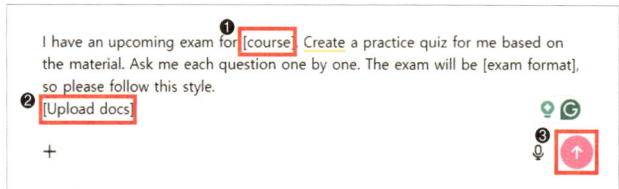

5. 챗GPT가 PPT 파일을 살펴보고, 요청한 방식에 따라 객관식·서술형·단답형 등으로 퀴즈를 만들어 줍니다.

🔥 **연습문제 1**

다음 중 **재무관리의 목표**로 가장 타당한 것은 무엇인가요?

1. 단기 이윤의 극대화
2. 매출액 극대화
3. 기업가치 극대화
4. 비용의 극소화

정답이라고 생각하는 번호를 알려주세요.

앤트로픽이 말하는 클로드 프롬프트 가이드

클로드는 앤트로픽이 개발한 거대언어모델로 '헌법적 AI'라는 독특한 방식으로 학습된 AI입니다. 클로드가 스스로 답변을 검토하고, 안전하면서도 신뢰할 수 있는 방향으로 고치도록 훈련하는 구조인데요. 덕분에 환각을 줄이고 사용자의 의도를 최대한 존중하는 답변을 주는 데 강점을 보입니다. 하지만 이런 특성 때문에 보수적이거나 두루뭉술한 답변을 내놓는 경우도 많습니다.

명확성, 구체성, 충분한 맥락 제공

클로드는 아주 긴 문맥까지 이해할 수 있는데, 프롬프트에서 '어떤 부분이 가장 중요한지'를 잘 짚어주고 구체적으로 지시해야 실무에 바로 쓸 수 있는 답변을 받을 수 있습니다. 결국 클로드 프롬프트 엔지니어링의 핵심은 '명확성, 구체성, 충분한 맥락 제공'입니다.

> 보고서를 요약해 줘. 경영진 보고용, 500자 이내, 핵심 수치 3개 포함

클로드의 강점을 극대화할 수 있는 프롬프트 작성 원칙을 알아보죠.

역할 부여하기

원하는 말투나 관점을 잘 반영한 답변을 받고 싶다면, 먼저 클로드에게 어떤 역할을 맡길지 분명하게 알려주세요. 그 인물의 말투와 사고방식을 자연스럽게 반영해 훨씬 더 현실감 있고 목적에 맞는 답변을 줍니다. 이 방법은 클로드에게 특히 잘 통하는데요. 클로드가 역할에 따라 말투·강조점·내용·구성방식을 자동으로 조정하기 때문입니다. 역할을 부여할 때는 출력형식까지 지정하세요.

> 너는 초등학교 5학년 과학 선생님이야. 태양계 개념을 초등학교 5학년이 이해할 수 있는 쉬운 표현으로 5문장으로만 설명해 줘.

> 너는 신문 편집기자야. 이번주 주요 경제 이슈 톱 3를 제목과 요약 두 문장으로 각각 정리해 줘.

제약조건 부여

조건을 명확히 제시하면 결과물의 품질이 일정하게 유지되고, 목적에 맞는 답변을 안정적으로 받을 수 있습니다.

클로드는 특히 '반드시 포함해야 하는 조건'과 '절대 쓰면 안 되는 조건'을 동시에 이해하고 잘 지킵니다. 이를 활용하면 특정 단어 사용 여

부, 문장 길이, 문체나 형식까지 세밀하게 통제할 수 있습니다. 특히 중요한 조건 앞에는 '반드시'라는 표현을 넣어 우선순위를 강조하세요.

> 주제: 친환경 세제 '에코버블' 제품 설명문 작성
> 필수 조건: 300자 이내 제품명을 두 번 이상 포함
> '무독성'이라는 단어 반드시 포함
> 금지 조건: 가격 언급 금지, 부정적인 어휘 사용 금지
> 문체: 따뜻하고 신뢰감을 주는 어조로 작성

불확실성 및 출처 요청

프롬프트에서 "모르면 모른다고 해도 된다"고 명시하면, 클로드는 억지로 답을 꾸며내지 않고 불확실한 부분을 그대로 표시해 줍니다. 잘못된 정보를 줄이고 신뢰도 높은 결과를 얻는 데 큰 도움이 됩니다. 또한 중요한 정보에는 "출처를 함께 적으라"고 지시하면, 답변의 근거를 표시해주기에 사용자가 직접 사실 여부를 확인할 수 있습니다.

> 2025년 서울 인구 수 예상치를 알려줘. 모르면 '확인 필요'라고 답하고, 사용한 통계 출처 두 개를 함께 써줘.

> 이 경제 리포트를 요약할 때 근거 없는 내용은 쓰지 말고, 필요하면 '추정'이라고 표시해 줘.

핵심은 프롬프트에 "모르면 솔직히 말해도 된다"는 허용, 그리고 "출처를 반드시 밝히라"는 요구를 함께 넣는 것입니다. 그러면 클로드가 정보의 신뢰도를 유지하면서도, 사용자가 결과를 검증할 수 있도록 돕는 균형 잡힌 답변을 줍니다.

구글 제미나이 프롬프트 가이드

구글 제미나이는 텍스트·이미지·음성·영상 등 다양한 형태의 요청을 동시에 처리하는 멀티모달 AI 모델로, 한 번의 대화에서 긴 문맥을 유지하고 과거 대화나 업로드한 자료를 토대로 심층적인 추론을 할 수 있습니다. 하지만 프롬프트를 어떻게 구성하느냐에 따라 분석의 깊이와 정보활용 범위가 크게 달라집니다.

제미나이는 프롬프트에 담긴 의도·형식, 멀티모달 요소 활용 여부를 토대로 작업 방식을 결정합니다. 따라서 제미나이를 제대로 활용하려면 멀티모달 추론, 장문 처리 능력을 최대한 끌어낼 수 있는 프롬프트 설계가 필수입니다. 여기서는 제미나이의 특성을 살려 원하는 결과를 얻을 수 있는 프롬프트 작성 가이드를 살펴보죠.

단계별 분해와 사고과정 유도

제미나이에게 요청할 때는 해야 할 일을 순서대로 나누고, 단계별 출력 기준을 함께 알려주는 것이 좋습니다.

> 다음 데이터를 분석할 때, 먼저 주요 지표를 뽑고, 다음으로 최근 트렌드를 한 문단으로 정리한 뒤 마지막에 향후 전망을 세 가지 안으로 제시해. 각 단계가 끝날 때마다 한 줄로 핵심을 요약하고, 다음 단계로 넘어가.

> 블로그 글 계획을 만들어. 먼저 주제를 한 문장으로 정의하고, 다음으로 핵심 아이디어를 세 가지로 정리한 뒤, 마지막에 소제목 형태의 개요를 만들고 한 문장 요약으로 마무리해.

이러한 프롬프트의 핵심은 단계를 제미나이와 사용자가 함께 공유하는 것입니다. 먼저 원하는 요청을 적은 다음, 각 단계별 출력 기준을 제시하고, 마지막의 구조도 분명히 적으세요. 필요하면 단계가 끝날 때 확인 질문 한 개를 달라고 해도 좋습니다. 이렇게 하면 제미나이는 생각의 순서를 잃지 않고, 사용자는 프롬프트를 몇 번에 걸쳐 수정하지 않아도 원하는 응답을 받을 수 있습니다.

추론 과정 명시적으로 요구하기

제미나이에게 과정과 결론을 분리해 달라고 명확히 요구하면, 긴 맥락을 유지하면서도 마지막 결과를 깔끔하게 뽑아줍니다. 과정을 요구할 때는 "다음 순서를 정해줘"라는 식으로 흐름을 못박아 주는 편이 좋습니다.

> 2024년부터 2025년까지 전 세계 전기차 판매 추세를 분석해. 먼저 데이터 요약 표를 만들고, 다음으로 단계별 분석과정을 한 문장씩 정리한 뒤, 마지막에 결론을 세 문장으로 요약해. 과정과 결론을 구분해서 작성하고, 끝에 출처 두 개를 적어줘.

이처럼 한 줄 요약이나 작은 표를 만들라고 하면, 제미나이가 맥락을 잃는 일을 줄일 수 있고, 과정과 결론을 분리하면 검토와 재사용이 쉬우며, 출처를 명시하면 근거에 기반한 답변을 유도할 수 있습니다. AI가 각 과정에서 어떤 과정을 거쳤는지 알 수 있기 때문에 최종 답변에 대한 신뢰도도 높아집니다.

형식 지정, 응답 구조 고정

프롬프트에 형식을 지정하고 응답 구조를 고정하면, AI가 만들어 준 결과물을 복사해 바로 쓰거나 자동화에 연결하기가 쉬워집니다. 특히 제미나이는 제이슨(JSON) 마크다운 리스트 등 정해진 구조를 매우 안정적으로 따르기 때문에, 처음부터 결과물을 어떤 틀로 만들어야 할지 명확하게 지시하는 것이 좋습니다. 형식을 지정할 때는 단순히 "정리해 줘"보다 "표 리스트"처럼 결과물의 형태도 구체적으로 적어주세요.

> 보고서 형식으로 작성하되 마크다운 구조를 사용해. 순서는 '개요', '주요 발견', '결론'으로 하고, 각 항목은 최소 두 문장 이상 작성해.

그러면 제미나이가 '개요, 주요 발견, 결론'이라는 섹션 제목을 그대로 사용해 그 구조에 맞추어 내용을 채우기 때문에, 사용자가 결과를 그대로 복사해 붙여넣어도 문서 형식이 깔끔하게 유지됩니다. 이처럼 형식 지정과 구조 고정은 제미나이의 강점을 가장 잘 살릴 수 있는 방법입니다.

퓨샷 프롬프트 제공

퓨샷(Few-shot) 프롬프트란 AI에게 실제 예시를 함께 보여주는 것입니다. 예시를 주면 AI는 그 문장 구조 흐름, 표현방식까지 따라하게 됩니다. 예시를 1~2개만 보여주어도 비슷한 패턴으로 결과물을 잘 만듭니다. 예시를 너무 복잡하게 만들지 말고, 꼭 따라야 할 구조와 표현만 깔끔하게 담아주세요.

> 예시:
> 서울의 인구변화 요약
> 요약: 인구는 5년간 소폭 증가했으며 2025년 현재 약 960만 명으로 집계됨.
> 위 형식을 참고해 부산의 인구변화를 같은 방식으로 작성해 줘.

멀티모달 입력과 이미지 우선 배치 활용

제미나이는 멀티모달 학습을 기반으로 텍스트뿐 아니라 이미지까지 함께 분석할 수 있도록 설계된 모델입니다. 먼저 이미지를 보여주고 그 뒤에 질문을 덧붙이면, 제미나이는 시각자료를 정확하고 구체적으로 분석해서 그에 맞는 답변을 줍니다. 이는 숫자·형태·색상처럼 텍스트만으로는 놓치기 쉬운 정보를 효과적으로 끌어낼 수 있는 강력한 방법입니다.

단순히 "이미지 분석해 줘"라고 하면 분석 범위가 모호해지므로, "이 차트에서 가장 중요한 수치 3개를 알려줘"처럼 구체적으로 요구하는 것이 좋습니다.

시장점유율 그래프를 가지고 있다면 이렇게 요청합니다.

[시장점유율 그래프 업로드]
이 차트에서 가장 중요한 수치 3개를 알려줘.

비즈니스를 위해 효과적인 AI 프롬프트 작성하기

구글도 프롬프트 가이드를 발표했는데, 페르소나·작업·맥락·형식 4가지 요소를 고려하는 것이 중요하다고 강조합니다. 또한 [대괄호] 안에 구체적인 정보를 입력하거나, 파일 이름을 입력해 내 파일을 태그할 수 있습니다. 특히 구글은 업무를 위한 프롬프트 작성법에서 커뮤니케이션·마케팅·경영진·스타트업 등 다양한 직무에서 바로 활용할 수 있도록 정리했습니다. 구글 프롬프트는 제미나이 앱뿐만이 아니라 구글 문서·시트 등의 앱에서도 바로 제미나이를 통해 사용할 수 있습니다. 프롬프트 아래의 버튼과 설명을 보고, 각 앱에 들어가 제미나이를 사용하면 됩니다.

1. 먼저 구글 사이트(www.google.com)의 검색란에서 "비즈니스를 위해 효과적인 AI 프롬프트 작성하기"를 검색한 후 클릭하세요.

2. 구글 워크스페이스에서 업로드한 프롬프트 작성법이 나오면 클릭하세요.

3. '마케팅' 항목에서 '콘텐츠 생성 및 배포 관리'를 위한 프롬프트를 사용해 보겠습니다. 회사의 새로운 브랜드 스토리를 구성하기 위한 프롬프트입니다. 프롬프트 끝에 보면 구글 문서를 활용하라고 하네요. 먼저 〈복사〉 버튼을 누르세요.

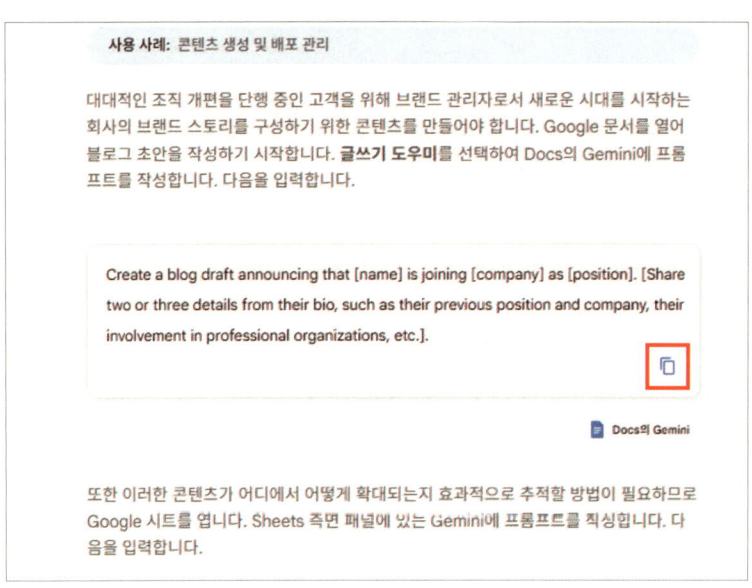

4. 구글 문서를 엽니다. 화면 상단 오른쪽의 〈제미나이에 질문〉 버튼을 누른 후 화면 오른쪽에 제미나이 대화 패널이 열리면, 앞에서 복사한 프롬프트를 붙여넣은 후(편의상 프롬프트를 한글로 번역했음) 여러분이 작업할 내용에 맞게 수정하세요. 여기서는 프롬프트의 [ ] 부분을 다음과 같이 수정했습니다.

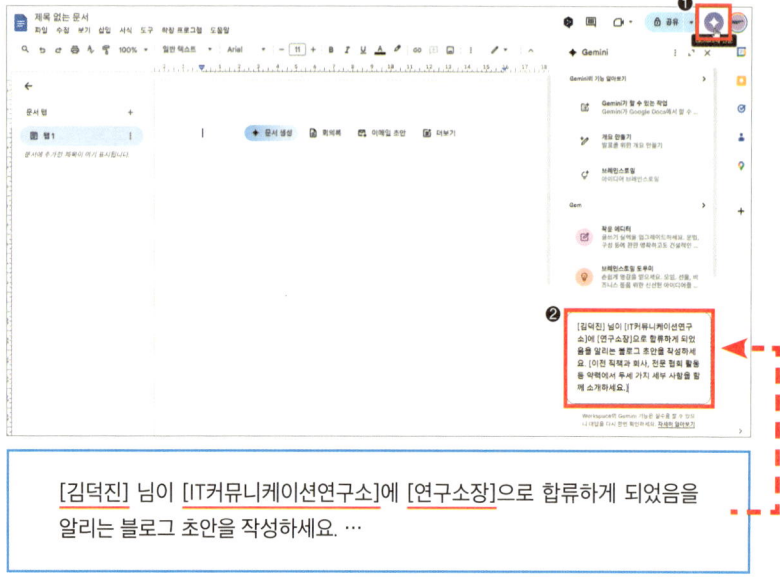

[김덕진] 님이 [IT커뮤니케이션연구소]에 [연구소장]으로 합류하게 되었음을 알리는 블로그 초안을 작성하세요. …

5. 제미나이가 프롬프트에 맞춰 블로그 초안을 작성해 줍니다. 제미나이 대화창 아래에 있는 〈삽입〉 버튼을 클릭하세요.

6. 구글 문서에 블로그 초안이 자동으로 들어옵니다.

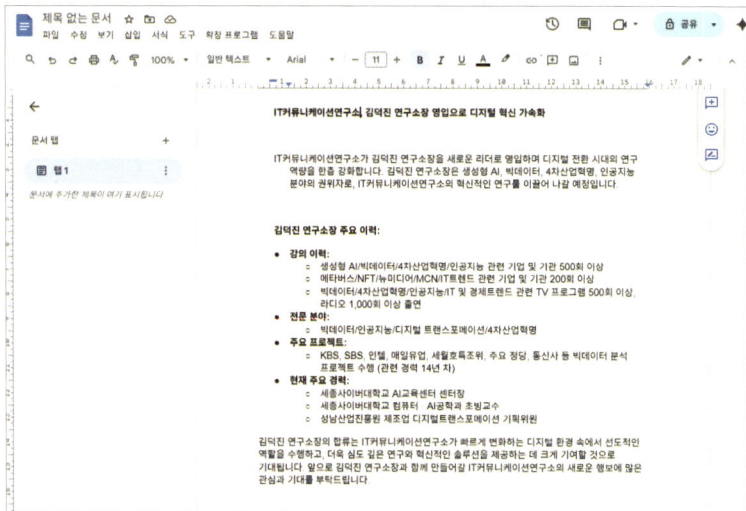

TIP

아첨 NO, 건강한 소통을 위한 6가지 프롬프트 전략

AI는 어디까지나 우리를 돕는 도구이지 인격적인 존재가 아니라는 사실을 잊지 않는 것이 가장 중요합니다. 이러한 관점에서 AI의 아첨 현상을 줄이고 건강하게 소통하기 위한 프롬프트 작성법을 소개합니다.

1. 객관성과 진실성 요구

AI에게 명시적으로 객관성을 요구하는 것이 좋습니다.

> 이 주장에 대해 어떻게 생각해? (×)

> 이 주장에 대한 객관적인 사실을 논평하고, 내 의견을 무시한 채 장단점을 말해줘. (○)

2. 의견 및 신념 노출 최소화

동조할 만한 단서를 주지 않고 질문하여 아첨할 맥락을 줄여야 합니다.

> 나는 A가 맞다고 생각하는데, B에 대해 설명해 줘. (×)

> B에 대해 설명해 줘. (○)

3. 중립적인 질문 프레임

AI의 답변에 의심이 들 때는 따지기보다는, 요청 형태로 사실 확인에 집중하도록 유도하세요.

> 그거 아닌 것 같은데 확실해? (×)

> 답변의 정확성을 다시 한번 확인해 줄래? 관련 근거를 함께 제시해 줘. (○)

4. 오류 수정 권한 부여

AI에게 오류 수정 권한을 부여하면, 사용자의 실수를 그대로 모방하는 아첨을 방지할 수 있습니다.

> 이 시를 분석해 줘. (×)

> 혹시 시인 정보를 잘못 알고 있으면 수정해 줘. (○)

5. 확신도 및 불확실성 표현 요청

다음과 같이 물어보면, AI가 자신의 한계를 인지하고 표현하도록 유도할 수 있습니다.

> 이 부분에 있어서 네가 어느 정도 확신할 수 있는지 편안하게 이야기해 줘. (○)

6. 반론 제시 요청

제3자의 입장에서 다양한 관점을 제시하도록 요청하면, AI가 특정 입장에 동조하지 않고 균형 잡힌 정보 제공자 역할을 하도록 유도할 수 있습니다.

> 이 주제에 대한 네 생각이 뭐야? (×)

> 이 생각에 대한 찬성 의견과 반대 의견을 요약하고 주요 근거를 모아줘. (○)

이러한 질문법 훈련은 개인의 AI 동반자 관계뿐 아니라, 회사 업무에서도 객관적인 정보와 건설적인 피드백을 얻는 데 중요합니다. 잘못된 질문은 결국 AI에게 가스라이팅을 당하거나 왜곡된 정보를 받을 수 있는 상황을 만들 수 있기 때문입니다.

PART

4

AI 2026

PC에 오픈소스 AI
설치 및 활용하기

PC에 엠스티와 로컬 AI 설치하기

로컬 AI, 무엇이 좋은가?

챗GPT나 클로드, 제미나이 등은 우리가 요청을 하면 서버에 질문을 보내고 답변을 받아서 보여줍니다(클라우드 방식). 반면 로컬 AI는 인터넷 연결 없이 개인 PC나 노트북에서 직접 실행되는 AI를 말합니다.

데이터 보안과 프라이버시 | 로컬 AI의 가장 큰 장점은 민감한 정보를 외부 서버로 전송하지 않는다는 것입니다. 법무팀에서 계약서를 검토하거나 의료진이 환자 기록을 분석할 때, 직장인이나 1인 기업가가 사업계획서나 마케팅 및 고객 데이터를 다룰 때, 연구자가 논문 초안을 작성할 때, 챗GPT 같은 클라우드 서비스를 사용하면 정보 유출 위험이 있는데요. 로컬 AI는 개인 PC에서 처리하므로 데이터 보안과 프라이버시 보호에 유리합니다.

비용 효율성과 사용량 제한 없음 | 클라우드 방식의 AI는 유료 플랜이 월 20달러 정도이고 API를 사용할 경우 토큰당 비용을 내야 합니다. 로컬 AI는 초기 설치 후에는 전기요금 외에 추가 비용이 없습니다. 또한 사용량 제한이 없어서 필요한 만큼 자유롭게 사용할 수 있습니다.

오프라인 접근성과 안정성 | 인터넷 연결 없이도 사용할 수 있어서 출장 중이거나 인터넷이 불안정한 환경에서 일하는 직장인, 또는 보안상 인터넷 접속이 제한된 환경에서 일하는 연구자나 직장인에게 좋습니다.

개인 맞춤형과 특화된 용도 | 로컬 AI는 특정 업무나 분야에 맞게 파인튜닝(미세조정)할 수 있습니다. 의료진은 의학 용어에 특화된 모델, 법무팀은 법률 문서에 최적화된 모델, 직장인이나 1인 기업가는 자신의 업무에 맞는 전문용어와 업무 프로세스를 학습시킨 모델을 만들 수 있어 더 정확한 맞춤형 답변을 얻을 수 있습니다.

응답 속도와 즉시성 | 로컬 환경에서는 네트워크 지연 없이 즉시 답변을 받을 수 있습니다. 회의 중 즉석에서 문서를 생성해야 하는 직장인에게는 생산성 향상에 직결될 수 있죠. 특히 클라우드 방식의 언어모델은 과부하로 느려지거나 대기시간이 걸릴 수 있는데, 로컬 AI는 일정한 성능을 유지합니다.

    하지만 로컬 AI는 컴퓨터 성능에 따라 속도와 품질이 결정되며, 초기 설정이 복잡할 수 있다는 것이 단점입니다. 또한 챗GPT나 클로드,

제미나이 같은 클라우드 방식 언어모델에 비해 성능이 좀 떨어질 수 있습니다.

PC에 엠스티 설치하기

엠스티(Msty)는 다양한 언어모델을 한 곳에서 간편하게 쓸 수 있게 도와줍니다. 복잡한 설정 없이 챗GPT·제미나이 같은 클라우드 방식의 모델을 사용할 수 있으며, 로컬 AI 모델을 손쉽게 다운받아 설치해 사용할 수 있습니다. 일종의 AI 실험 플랫폼으로 이해하면 됩니다.

최신 버전의 '엠스티 스튜디오(Msty Studio)'를 설치하면 여러 AI 모델을 쉽게 추가 및 관리하고, 여러 모델의 답변을 한번에 비교할 수 있습니다. 앱용은 유료이지만, PC나 노트북용을 설치하면 무료로 사용할 수 있습니다. 엠스티는 설치가 간편해 "빠르고 군더더기가 없으며 인터페이스가 매우 깔끔하다"는 호평을 받고 있습니다. 엠스티를 내 PC나 노트북에 설치하기 전에 다음을 확인하세요.

> **엠스티 설치 전 체크리스트**
> - ✓ 운영체제: 윈도우, 맥OS, 리눅스
> - ✓ GPU 여부: 엔비디아(컴퓨트 5.0+), AMD(ROCm), 애플 GPU(Metal) 가속 지원. GPU가 없어도 CPU만으로 동작하지만, 속도가 느릴 수 있음.
> - ✓ 메모리(참고): 여유 램(RAM)이 많을수록 여러 모델을 돌리거나 큰 모델을 쓸 때 유리(일반 용도라면 8GB로도 시작 가능, 16GB 이상이면 더 좋음).
> - ＊ CPU나 메모리, GPU 등 내 컴퓨터의 하드웨어 사양을 확인하려면 <Ctrl+Shift+Esc> 키를 눌러 작업관리자를 연 뒤 [성능] 탭을 선택하면 됩니다.

1. 엠스티 사이트(msty.ai)에 접속하세요. 메인 화면에서 〈Download Msty Studio〉 버튼 뒤의 목록 단추를 눌러 운영체제 목록이 나타나면 운영체제를 선택하세요. 여기서는 [Windows]를 선택하겠습니다.

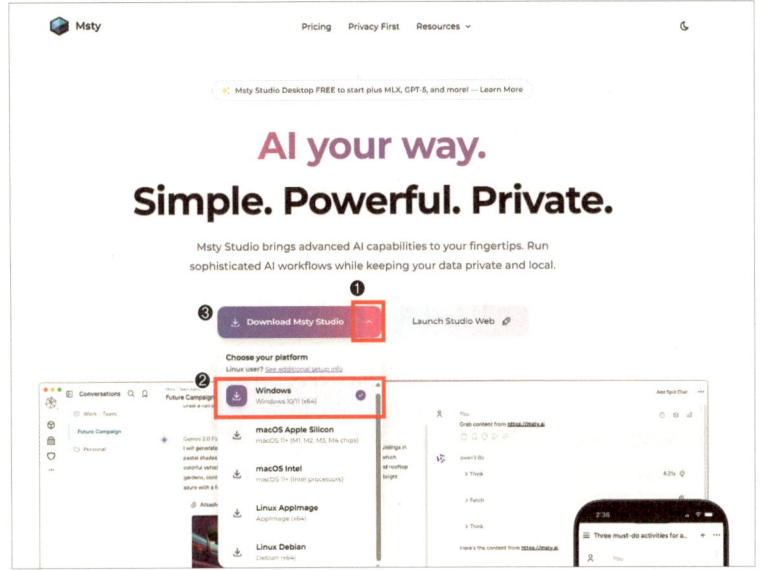

2. 설치 파일이 내 컴퓨터로 다운로드 됩니다(이 책에서는 윈도우 11 운영체제를 가정하고 설명합니다).

3. 이제 다운받은 설치 파일을 마우스로 더블클릭해서 실행하세요. '설치 옵션 선택' 대화상자가 나오면, 이 PC에 설치할 엠스티 스튜디오를 모든 사람이 사용하게 할 것인지, 나만 전용으로 사용할 것인지를 선택합니다. 여기서는 '전용'을 선택하고 〈다음〉을 누르겠습니다.

4. 다음 단계에서 설치할 폴더를 선택한 후 〈설치〉를 누르면 설치가 시작됩니다. 설치를 위해서는 하드디스크에 약 783MB의 공간이 필요합니다. 설치가 끝나면 〈마침〉을 누르세요.

PC에 로컬 사용 젬마 3, 쿠웬 3 설치하기

1. 이제 방금 설치한 엠스티 스튜디오를 실행하세요. 기본 모델을 설치할 수 있는 화면이 나옵니다. 'Setup Local AI(로컬 AI 설치)'는 내 PC(로컬)에 AI를 설치하며, 'Add Remote Models Provider(원격 모델 제공자 추가)'는 오픈AI나 구글 등에서 API 키를 발급받아 사용할 수 있는 환경을 만듭니다. 여기서는 〈Setup Local AI〉 아래의 모델 선택 부분을 클릭해 보세요.

2. 로컬 AI 모델명과 함께 오른쪽에 설치에 필요한 용량이 나옵니다. 컴퓨터 사양이 높지 않다면 가볍게 시작할 수 있는 소형 모델인 쿠웬 3 0.6B나 젬마 3 1B 등을 선택하세요. 여기서는 '젬마 3 1B'를 선택하고 〈Setup Local AI〉를 누르겠습니다.

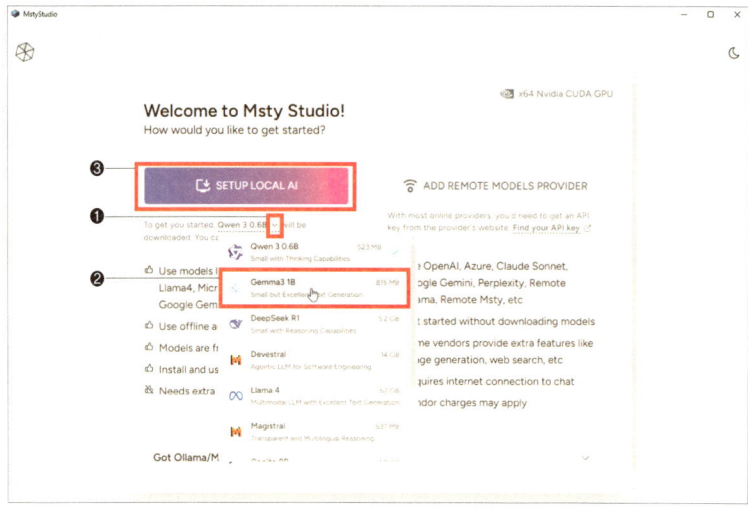

3. 내 컴퓨터에 구글의 로컬 AI 젬마 3 1B가 설치되기 시작합니다. 잠시 기다리세요.

4. 이제 구글이 공개한 오픈소스 소형 언어모델인 젬마 3 1B가 열립니다. 챗GPT나 제미나이처럼 웹브라우저를 통해 실행되는 것이 아니라, 젬마 3 1B가 내 PC 안에서 실행된 것입니다.

5. 이번에는 또다른 소형 모델인 쿠웬 3을 설치해 보겠습니다. 왼쪽 도구모음에서 〈Model Hub〉 버튼을 누르세요.

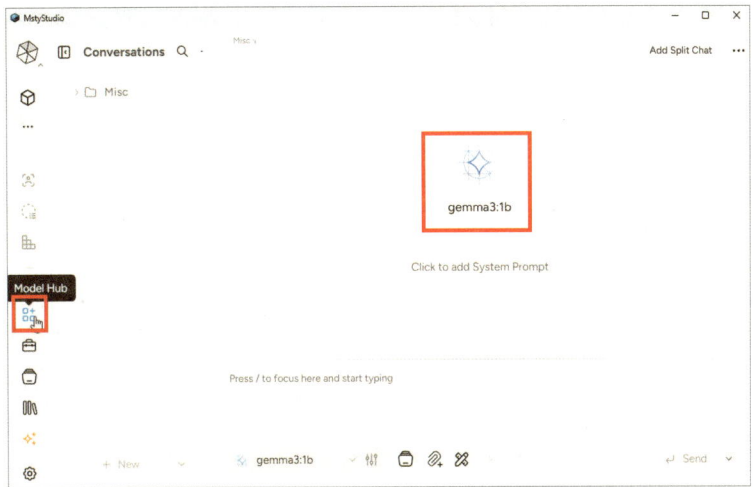

잠깐 〈설정〉 버튼(톱니바퀴 모양)을 클릭한 후 [Local AI Service(로컬 AI 서비스)]→[Open Local AI Models Hub(로컬 AI 모델 허브 열기)]를 클릭해도 됩니다.

6. 엠스티 스튜디오의 모델 허브 페이지가 열립니다. 모델 허브에서는 현재 설치된 모델을 관리하고 새로운 모델을 설치할 수 있습니다. 화면 왼쪽에서 [Local AI Models]를 선택한 뒤 [Ollama Models(올라마 모델)] 탭에서 '쿠웬(qwen) 3'을 찾거나 검색한 후 0.6B 버전을 클릭하고 〈Install〉을 누르세요.

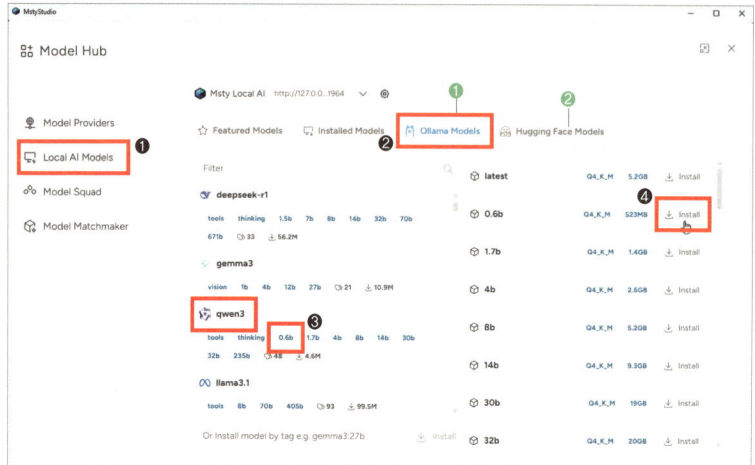

❶ **올라마 모델**(Ollama Models): 올라마라는 오픈소스 프로젝트에서 관리하는 모델 저장소로, 대부분의 인기 있는 오픈소스 언어모델을 제공합니다. 올라마를 이미 PC에 설치했다면, 같은 모델을 엠스티 스튜디오에서도 공유해 사용할 수 있습니다.

❷ **허깅페이스 모델**(Hugging Face Models): 세계 최대 AI 모델 공유 플랫폼 허깅페이스 허브에서 언어모델을 가져와 설치할 수 있습니다. 연구자나 기업, 개발자들이 업로드한 수천 개의 다양한 모델, 올라마에 없는 최신 실험 모델이나 한국어 특화 또는 번역이나 코드 작업 특화 등 특수 목적 모델도 많습니다. 다만, 모델이 너무 다양하다 보니 어떤 것을 골라야 할지 헷갈릴 수 있고, 일부는 별도의 세팅이나 리소스 요구사항이 있는 경우도 있습니다.

7. 쿠웬 3 0.6B가 설치되기 시작합니다. 설치가 정상적으로 끝나면, 모델 허브의 [Installed Models(설치된 모델)] 탭에 쿠웬 3 0.6B가 나타납니다. 모델 허브의 〈×〉 버튼을 눌러 모델 허브를 닫으세요.

PC에서 로컬 AI 모델 사용하기
- 젬마 3, 쿠웬 3

이제 엠스티 스튜디오에서 오픈소스 언어모델을 사용해 보겠습니다. 로컬에 AI를 설치해서 사용하는 것의 장점은 내가 입력하는 프롬프트나 업로드하는 파일이 유출될 걱정이 없다는 것이죠. 여기서는 로컬 AI에 파일을 업로드하고 슬라이드 기획안을 만들어 보겠습니다.

로컬 AI로 PPT 슬라이드 기획안 만들기

1. 엠스티 스튜디오 화면 아래쪽에서 〈모델 선택〉의 목록 단추를 누른 후 사용하고 싶은 모델을 선택하세요. 여기서는 구글의 [젬마 3 1B] 모델을 선택하겠습니다.

2. 엠스티 스튜디오에 구글의 젬마 3 1B 모델이 열립니다. '모델 선택' 버튼 오른쪽의 〈파일 첨부〉 버튼(클립 모양)을 클릭하고 파일을 업로드하세요(문서·이미지·웹페이지 링크·유튜브 링크 등도 가능). 여기서는 2장 실습

에서 만든 〈여성 전용 피트니스 클럽 창업 보고서〉를 업로드하겠습니다.

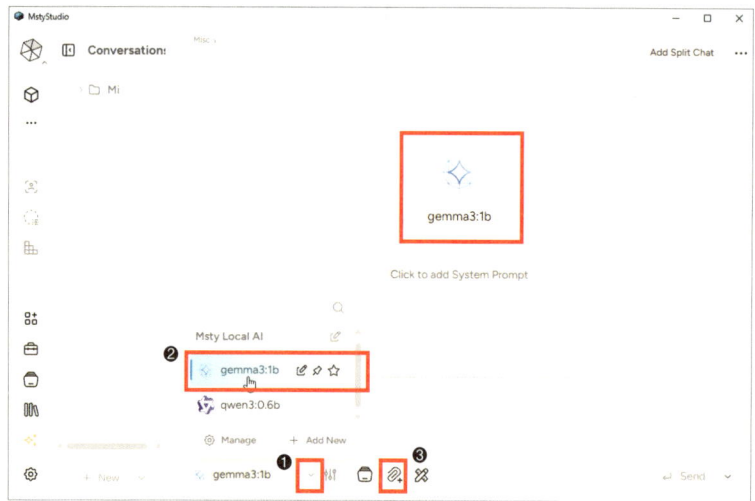

3. 젬마의 프롬프트 입력란에서 방금 올린 〈여성 전용 피트니스 클럽 창업 보고서〉를 바탕으로 슬라이드(PPT) 기획안을 만들어 달라고 요청했습니다.

[여성 전용 피트니스 창업 보고서 업로드]
#역할
너는 전문 기획자로, 자료를 최적의 프레젠테이션으로 만들 수 있도록 기획하는 프로페셔널이다.

#요청사항
업로드한 파일을 분석해 창업 지원을 위한 투자자를 설득할 수 있는 슬라이드 기획안을 작성해 줘.
목표는 이 사업의 타당성과 성장 가능성을 어필하고, 투자 의사결정을 이끌어 낼 수 있도록 설득하는 거야.

#출력형식
총 20페이지의 슬라이드를 구성할 수 있는 상세한 기획안

#맥락
청중은 여성 창업 활성화를 위한 지자체의 투자사업 감독관으로, 해당 분야의 전문가들임.

#어조
적절한 전문용어를 사용하되, 지나치게 많이 사용해서는 안 됨.

#제약사항
발표의 처음에 임팩트 있는 내용을 제시해야 함.
전체 내용이 논리적으로 자연스러워야 하며, 모든 주장에는 적합한 근거가 반드시 첨부되어야 함.

4. 젬마 3 1B 모델이 슬라이드 기획안을 20장 분량으로 만들어 주었습니다. 각 슬라이드별로 제목과 내용, 넣으면 좋을 이미지 및 시각화 자료 등을 정리해 주었습니다.

> gemma3:1b
>
> **여성 전문 휘트니스피플 창업 지원 투자 제안 - 프레젠테이션 슬라이드 기획안 (20페이지)**
>
> **목표:** 여성 창업 활성화를 위한 지자체 투자 사업의 타당성 및 성장 가능성을 설득력 있게 어필하여 투자 의사결정을 이끌어냄.
>
> **청중:** 여성 창업 활성화를 위한 지자체의 투자 사업 감독관
>
> **전체 컨셉:** "미래를 디자인하는 여성, 헬스장 시장의 새로운 지평을 열다" - 여성 중심, 차별화된 서비스, 그리고 지속 가능한 성장 가능성을 강조
>
> **슬라이드 구성 및 내용.**
>
> 1. 표지 (1페이지)
>   - 제목: 여성 전문 휘트니스피플 창업 지원 투자 제안 - "미래를 디자인하는 여성, 헬스장 시장의 새로운 지평을 열다"
>   - 이미지: 활기차고 세련된 여성들이 함께 운동하는 모습 (예: 30분 순환 운동 프로그램, 헬스장 내부의 쾌적함 강조)
>   - 지자체 로고: (예: 여성 창업 지원을 위한 지자체 로고)
>   - 슬로건: "성공적인 여성 창업, 함께 만들어가요."
>
> 2. 문제점 및 시장 현황 (2페이지)

엠스티 스튜디오에서 로컬 AI들의 답변 비교하기

엠스티 스튜디오의 장점 중 하나는 한 번에 여러 개의 모델에 똑같은 프롬프트를 입력하고 답변을 받아 비교할 수 있다는 것입니다.

1. 엠스티 스튜디오 화면의 오른쪽 상단에서 〈Add Split Chat(분할 채팅 추가)〉 버튼을 클릭하세요.

2. 엠스티 스튜디오 화면이 2개의 영역으로 나뉘고, 각각 똑같은 모델이 나타납니다. 〈모델 선택〉의 목록 단추를 눌러 왼쪽에는 쿠웬 3 0.6B 모델을, 오른쪽에는 젬마 3 1B 모델을 열었습니다.

3. 각 모델마다 위와 아래에 프롬프트 입력란이 있는데, 아래쪽의 사용자 프롬프트 입력란에 다음과 같이 일주일 운동계획을 만들어 달라고 요청했습니다. 한 군데에 입력하면 양쪽에 똑같이 들어갑니다. 〈Send〉 버튼을 누르세요.

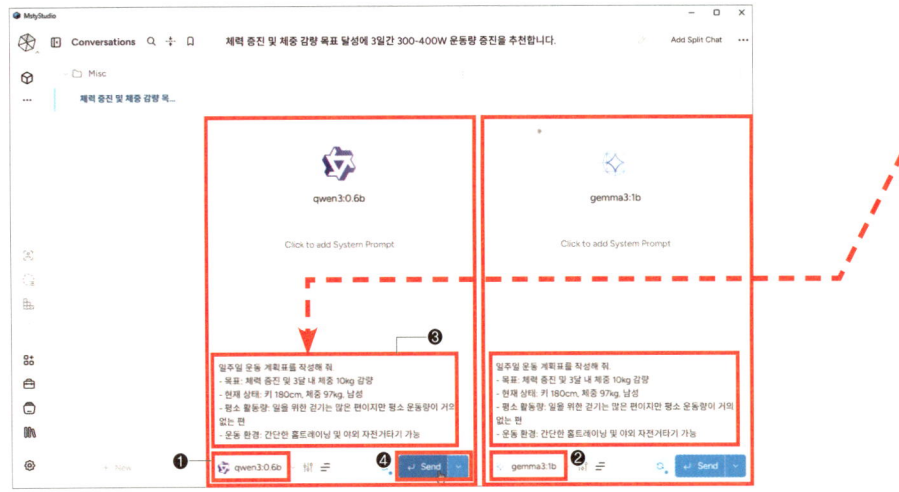

잠깐 엠스티 스튜디오에 여러 모델을 등록하면, 두 개 이상의 모델도 열 수 있습니다. 하지만 동시에 사용하는 모델이 많아질수록 응답에 시간이 걸리므로 컴퓨터 사양에 맞게 활용하는 것이 좋습니다.

> 일주일 운동계획표를 작성해 줘.
> - 목표: 체력 증진 및 3개월 내 체중 10kg 감량
> - 현재 상태: 키 180cm, 체중 97kg, 남성
> - 평소 활동량: 일을 위한 걷기는 많은 편이지만, 평소 운동량이 거의 없는 편
> - 운동환경: 간단한 홈트레이닝 및 야외 자전거 타기 가능

4. 오~, 엠스티에 등록한 쿠웬 3 0.6B와 젬마 3 1B가 각각 답변을 해줍니다. 쿠웬 3의 답변이 더 빨리 나왔습니다.

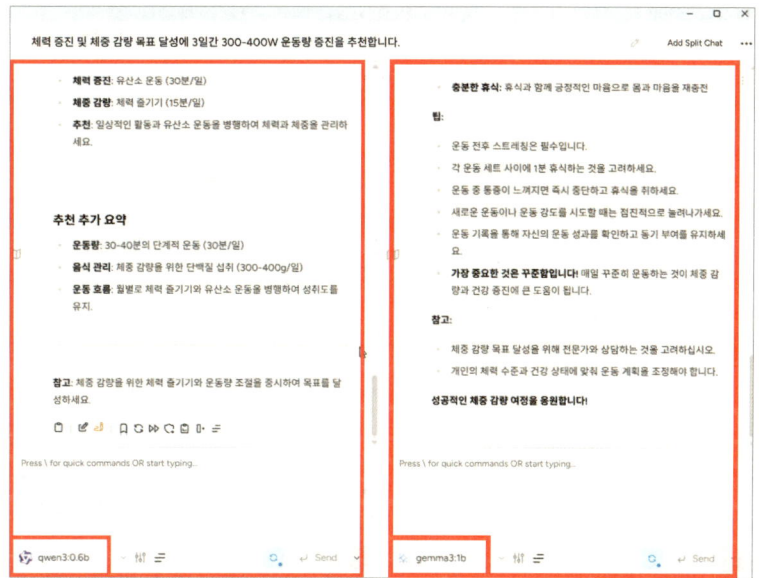

5. 이번에는 두 모델에게 추가 요청을 해보겠습니다.

> 조금 더 자세하게 작성해 줘. 각각의 운동방법을 설명에 포함해 줘.

6. 쿠웬 3는 운동 전 스트레칭을 포함해 요일별로 상세한 운동계획을 작성해 준 반면, 젬마 3는 조금 전의 답변과 거의 비슷하게 간략한 설명만을 주었습니다.

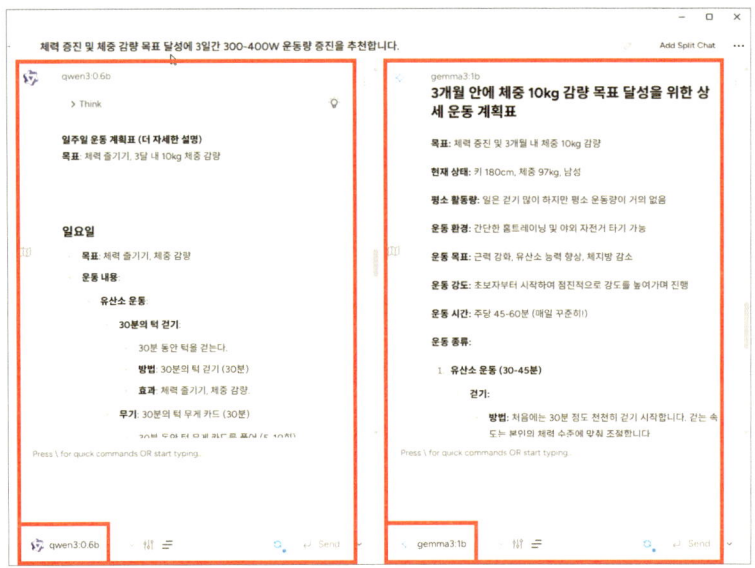

로컬 AI로 민감한 데이터 처리하기

앞에서 로컬 AI의 장점 중 하나가 데이터 보안과 프라이버시 보호라고 했는데요. 개인적인 메신저 대화내용을 요약하고 정리하거나, 업무에 사용하는 민감한 문서들, 개인정보가 포함된 문서의 분석 등을 할 때 유용합니다. 여기서는 로컬 AI로 내 카카오톡 대화내역을 분석해 보겠습니다.

1. 먼저 카카오톡 대화창에서 〈메뉴〉 버튼(햄버거 메뉴)을 누른 후 [대화내용]→[대화 내보내기]를 클릭하세요. 그러면 이 대화방의 대화내용이 텍스트 파일로 저장됩니다.

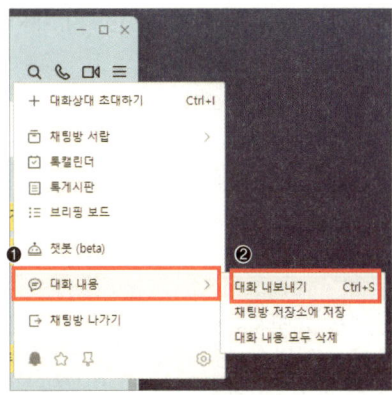

2. 엠스티 스튜디오에서 젬마 3나 쿠웬 3 모델을 선택한 후 〈파일 첨부〉 버튼(클립 모양)을 클릭해 카톡 대화내용 텍스트 파일을 업로드하세요. 또는 내 폴더에서 마우스로 텍스트 파일을 선택한 후 프롬프트 입력란에 드래그해서 첨부해도 됩니다.

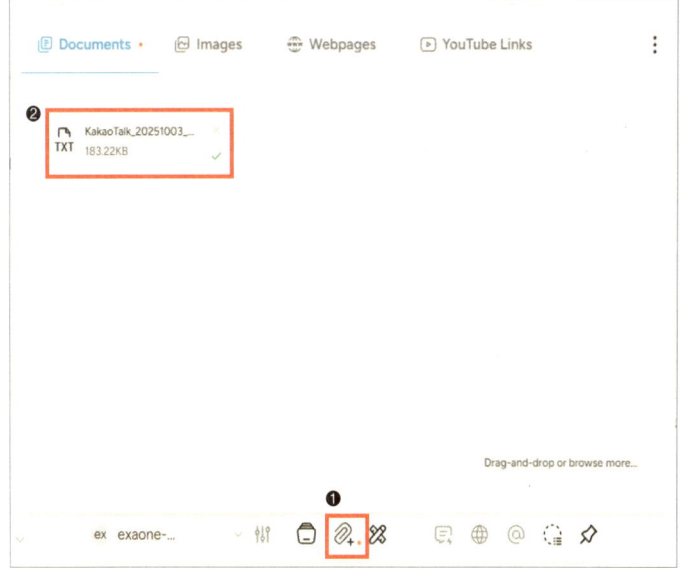

3. 프롬프트 입력란에서 특정 시기의 기록을 탐색해 주요 주제와 대화 내용을 요약해 달라고 했습니다.

> 첨부한 자료는 카카오톡 대화 기록이야. "2025년 9월의 대화 기록만을 탐색해서 주요 주제 및 대화 내용을 요약해 줘. 모든 출력은 한국어로 해야 해.

4. 로컬 AI가 카톡 대화내용을 분석해서 요청사항에 맞게 요약해 주었습니다. 로컬 AI는 이처럼 개인 간의 민감한 대화내역이나 업무와 관련된 정보를 내 PC에서 안전하게 처리할 수 있어서 유용합니다.

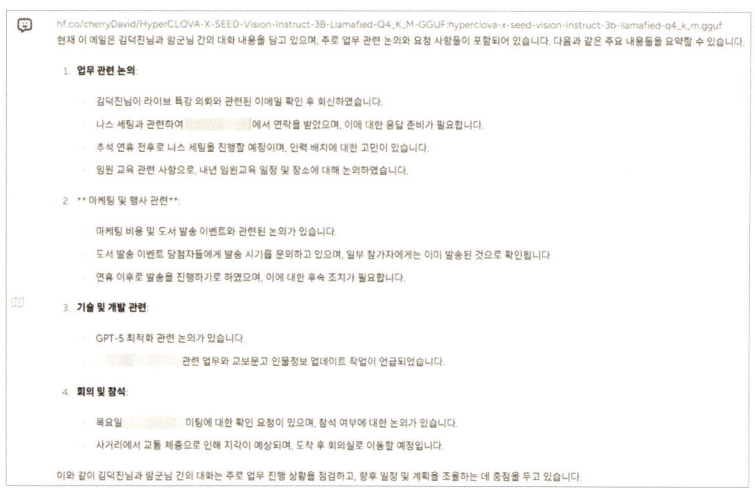

엠스티는 이처럼 오픈소스 경량 모델이나 소형 모델을 내 PC나 노트북에 설치해서 나만의 로컬 AI로 사용할 수 있게 해줍니다. 또한 여러 AI 모델의 답변을 동시에 비교해 볼 수 있기 때문에 다양한 오픈소스 AI를 경험해 보고 싶을 때 유용합니다.

한국의 오픈소스 AI 1
- SK텔레콤 에이닷엑스(A.X)

에이닷엑스(A.X) 시리즈는 SK텔레콤의 AI 모델로, 2025년 7월 허깅페이스에 A.X 4.0의 표준 모델과 경량 모델이 공개되었습니다. 에이닷엑스 4.0은 오픈소스 모델인 쿠웬 2.5에 방대한 한국어 데이터를 추가로 학습시켜 만든 모델로 데이터 보안을 고려해 설계했고, 한국어를 잘 처리하는데요. 특히 토크나이저를 자체 설계해서 토큰 효율이 GPT-4o 대비 33% 더 좋습니다. 경량 모델인 만큼 일상 대화와 가벼운 프롬프트 중심으로 사용하면 좋습니다.

에이닷엑스(A.X) 4.0-라이트 설치하기

1. 엠스티 스튜디오를 실행하세요. 화면 왼쪽에서 〈Model Hub〉 버튼을 누르세요.

2. 모델 허브가 열리면 [Local AI Models]를 선택한 후 [Hugging Face

Models] 탭에서 'a.x-4.0'을 검색하세요. 모델의 크기와 메모리 사용량을 효율적으로 가져가려면 'Q4, Q6, Q8' 등이 붙어 있는 모델을 선택하는 것이 좋습니다. 여기서는 mykor 배포자의 'A.X-4.0-Light-Q6_K.gguf'를 클릭한 후 〈Install〉을 누르겠습니다.

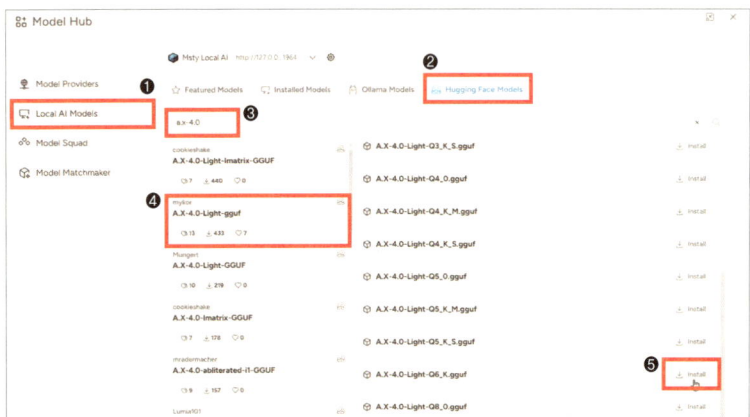

참깐 A.X-4.0-Light-Q6_K.gguf는 낮은 사양의 컴퓨터에서도 정확도를 유지하면서 돌아갈 수 있게 만든 버전입니다. Q 뒤의 숫자가 낮을수록 메모리 사용량을 최소화하는 데 좋지만 정밀도가 낮을 수 있고, 숫자가 높을수록 정확도는 높지만 메모리가 더 많이 필요합니다.

3. 에이닷엑스가 설치되기 시작합니다. 잠시 기다리세요.

4. 이제 모델 허브의 [Installed Models] 탭에 에이닷엑스가 나타납니다. 모델 허브의 〈×〉 버튼을 눌러 창을 닫으세요.

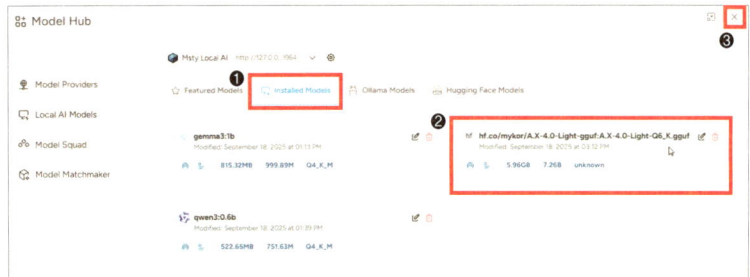

PC에서 에이닷엑스 4.0-라이트 사용하기

1. 이제 엠스티 스튜디오에서 에이닷엑스 모델을 선택해 사용해 보겠습니다. 엠스티 스튜디오 화면 아래쪽에서 〈모델 선택〉의 목록 단추를 누른 후 방금 설치한 [에이닷엑스] 모델을 클릭하세요.

2. 엠스티 스튜디오에 에이닷엑스 페이지가 나타납니다. 먼저 오늘 스트레스를 많이 받았다며, 위로의 말과 스트레스 해소용 활동 추천을 요청해 볼게요. AI의 대화형 톤과 공감표현이 얼마나 자연스러운지 알 수 있는 질문입니다. 〈Send〉를 누르세요.

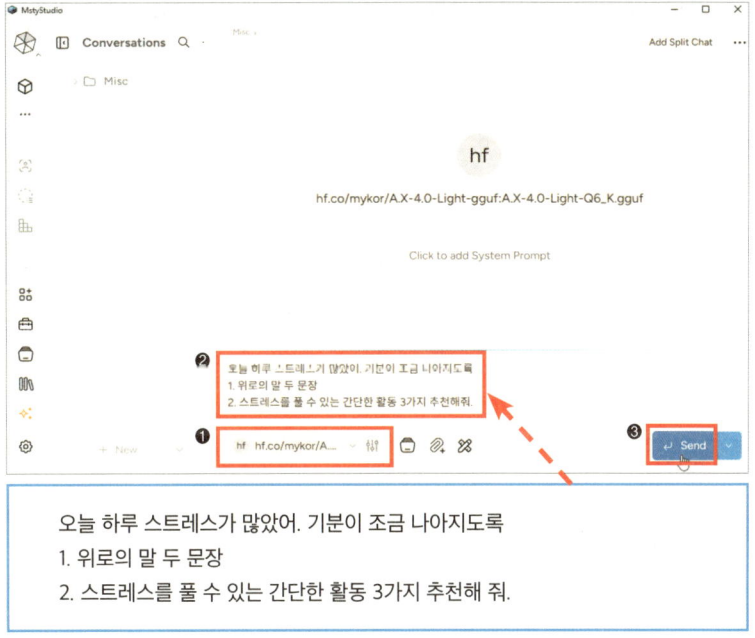

오늘 하루 스트레스가 많았어. 기분이 조금 나아지도록
1. 위로의 말 두 문장
2. 스트레스를 풀 수 있는 간단한 활동 3가지 추천해 줘.

3. 에이닷엑스가 친근한 대화 톤으로 잘 대답하네요. 감정적으로 조금 더 위안을 주는 공감표현이 나오면 좋겠다는 아쉬움도 있지만, 이 정도면 잘 표현하는 편입니다.

> hf.co/mykor/A.X-4.0-Light-gguf:A.X-4.0-Light-Q6_K.gguf
> 위로의 말: "당신은 지금 힘든 시간을 보내고 있지만, 당신은 충분히 강하고 잘 이겨낼 수 있어요. 이 순간들도 곧 지나갈 것입니다."
>
> 스트레스 해소 활동 추천:
>
> 1. **짧은 산책**: 가까운 공원이나 동네를 천천히 걸으며 신선한 공기를 마셔보세요. 자연 속에서 잠시 숨 고르기를 하면 마음이 한결 가벼워질 수 있습니다.
> 2. **명상 또는 깊은 호흡**: 조용한 공간에서 5-10분간 눈을 감고 깊게 숨을 들이마시고 내쉬는 명상을 해보세요. 마음을 차분하게 가라앉히는 데 도움이 됩니다.
> 3. **좋아하는 음악 감상**: 좋아하는 노래나 편안한 클래식 음악을 들으며 잠시 휴식을 취해보세요. 음악이 주는 힐링 효과가 스트레스를 줄이는 데 좋습니다.

4. 이번에는 인공지능의 '지식증강'에 대해 설명해 달라고 해볼게요. 전문용어를 쉽게 풀어줄 수 있는지, 설명 톤을 대상별로 맞추어 다르게 할 수 있는지 볼 수 있습니다.

> 인공지능 모델에서 '지식증강(Retrieval Augmented Generation, RAG)'이 무엇인지 한국어로 쉽게 설명해 주고, 직장인·대학생 각각에게 왜 유용한지도 사례를 들어 설명해 줘.

5. 에이닷엑스가 지식증강에 대해 간략하게 설명한 후, 직장인과 대학생들 입장에서 유용하게 느낄 만한 사례를 정리해 주었습니다.

> hf.co/mykor/A.X-4.0-Light-gguf:A.X-4.0-Light-Q6_K.gguf
> **지식 증강(RAG)이란?**
>
> 지식 증강(Retrieval Augmented Generation, RAG)은 인공지능 모델이 정보를 생성할 때 외부 지식 베이스나 데이터베이스에서 관련 정보를 찾아와 활용하는 기술입니다. 쉽게 말해, AI가 자체적으로 모든 지식을 알고 있는 것이 아니라, 필요한 때마다 인터넷이나 다양한 자료에서 적절한 정보를 찾아서 답변을 보강하는 방식입니다.
>
> **직장인에서의 유용성 및 사례:**
>
> - **유용성**: 업무 중 필요한 최신 정보나 복잡한 문제 해결 시 시간을 절약할 수 있습니다.
> - **사례**: 마케팅 팀원이 새로운 제품 출시 전략을 구상할 때 RAG 시스템을 활용하면, 시장 트렌드, 경쟁사 분석 데이터 등 외부 자료를 실시간으로 찾아내어 더 정확하고 효과적인 보고서를 작성할 수 있습니다. 예를 들어, "올해 3분기 소비자 선호도"라는 주제에 대한 최신 데이터를 바로 검색하여 보고서에 반영할 수 있어, 수동적으로 여러 사이트를 방문하는 시간을 줄일 수 있습니다.
>
> **대학생에서의 유용성 및 사례:**
>
> - **유용성**: 방대한 양의 학습 자료 속에서 필요한 정보를 빠르게 찾아내고, 과제나 논문 작성 시 신뢰성을 높일 수 있습니다.
> - **사례**: 역사 전공 학생이 특정 사건에 대한 심층 분석을 위해 RAG 시스템을 사용할 경우, 다양한 학술 논문, 뉴스 기사, 다큐멘터리 클립 등을 자동으로 검색해 요약해줍니다. 예를 들어, "한국 전쟁 발발 원인"에 대해 연구할 때, 여러 출처에서 관련 사실과 데이터를 즉시 찾아내어 참고문헌 없이도 깊이 있는 내용을 구성할 수 있습니다.
>
> 이처럼 RAG는 정보의 바다에서 필요한 지식을 효율적으로 탐색하고 활용함으로써, 직장인과 대학생 모두에게 시간과 노력을 절약하며 더 나은 결과를 도출하는 데 큰 도움이 됩니다.

6. 이번에는 에이닷엑스에게 AI와 사람의 협업이 만든 미래 학교에 대한 글(3단락 구성)과 시조를 써달라고 했습니다. 한국어를 얼마나 잘 사용하는지, 창의적인 글쓰기 솜씨를 보죠.

> 다음 조건에 맞는 짧은 글을 작성해 줘.
> • 주제: 'AI와 사람의 협업이 만든 미래 학교'
> • 3단락 구성 (도입 → 본문 → 결론)
> • 마지막 문장은 한국어 시조 형식으로 마무리

7. 에이닷엑스가 새로운 패러다임이 제시된 미래 학교의 풍경을 '도입 – 본문 – 결론' 구조에 맞추어 써주었습니다. 약간 어색하지만 시조도 써주었네요. 하늘의 별 아래, 마음의 평화를 노래해, 희망의 길을 가네, 재미있는 결과입니다.

> hf.co/mykor/A.X-4.0-Light-gguf:A.X-4.0-Light-Q6_K.gguf
> 미래 학교는 AI와 사람이 함께 만들어가는 새로운 교육 환경이다. 인공지능은 학생들의 학습 패턴을 분석하여 맞춤형 교육을 제공하고, 교사는 이를 활용해 학생 개개인의 필요에 맞는 지도를 실시한다. 이로 인해 학생들은 창의적이고 비판적인 사고를 발전시킬 수 있다.
>
> AI 시스템은 다양한 멀티미디어 자료와 실시간 피드백을 통해 학습의 몰입도를 극대화한다. 지리적 제약 없이 전 세계 학생들이 동등한 기회를 누릴 수 있으며, 교사와 학생 간의 상호작용이 풍부해져 협력적 학습이 이루어진다. 이러한 환경은 미래 사회에서 중요한 문제 해결 능력과 창의적 사고력을 기른다.
>
> 미래 학교에서는 교육이 단순한 지식 전달을 넘어 삶의 지혜로 이어진다. AI와 사람이 함께 만들어가는 이 공간은 모든 학생에게 꿈을 향해 나아갈 수 있는 힘을 준다. 이는 교육의 진정한 가치를 새롭게 일깨우는 변화이다.
>
> 하늘의 별 아래, 마음의 평화를 노래해, 희망의 길을 가네.

한국의 오픈소스 AI 2
- 네이버클라우드 하이퍼클로바X 시드

네이버클라우드 하이퍼클로바X(HyperclovaX) 모델은 세 종류로 구분됩니다. 싱킹(Thinking)은 추론 능력을 강화한 모델이고, 시드(Seed)는 상업용 무료 오픈소스 모델, 대시(Dash)는 속도가 빠른 경량화 모델입니다. 시드 모델은 한국어 이해력과 표현력이 좋고, 경량 모델인 만큼 응답속도가 빠르다는 평가를 받고 있습니다.

하이퍼클로바X 시드 설치하기

1. 엠스티 스튜디오를 실행하세요. 화면 왼쪽에서 〈Model Hub〉 버튼을 누르세요.

2. 모델 허브에서 [Local AI Models]를 클릭한 후 [Hugging Face Models] 탭에서 'hyperclovax'를 검색하세요. 여러 모델이 나오는데요. 여기서는 rippertnt 배포자의 'hyperclovax-seed-text-instruct-

1.5b-q4_k_m.gguf'를 클릭한 후 〈Install〉을 누르겠습니다.

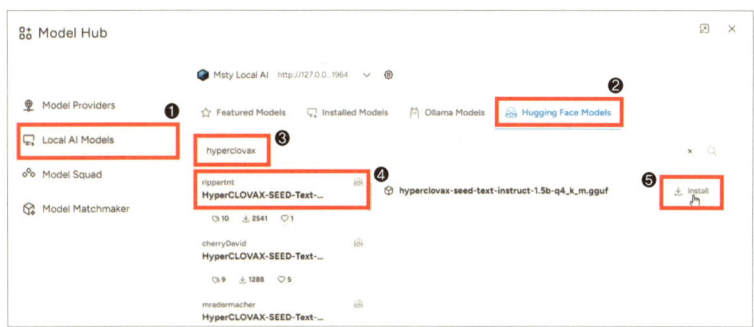

3. 하이퍼클로바X의 경량 모델인 시드가 설치되기 시작합니다. 잠시 기다리세요. 설치가 완료되었나요?

4. 모델 허브의 [Installed Models] 탭에 하이퍼클로바X 시드 모델이 나타납니다. 모델 허브의 〈×〉 버튼을 눌러 창을 닫으세요.

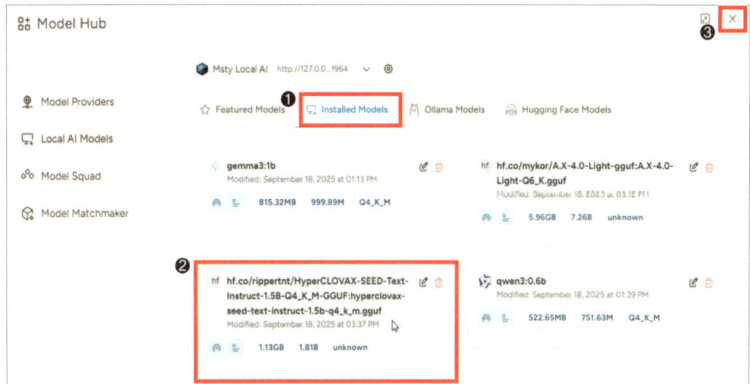

PC에서 하이퍼클로바X 시드 사용하기

1. 이제 엠스티 스튜디오 화면 아래쪽에서 〈모델 선택〉의 목록 단추를 누른 후 [하이퍼클로바X 시드] 모델을 클릭하세요.

2. 엠스티 스튜디오에 하이퍼클로바X 시드 메인 페이지가 나타납니다.

먼저 시드 모델이 대화형 톤과 공감 표현을 얼마나 자연스럽게 하는지, 감성적인 글을 생성하는 능력을 확인해 보죠. 다음과 같이 요청했습니다.

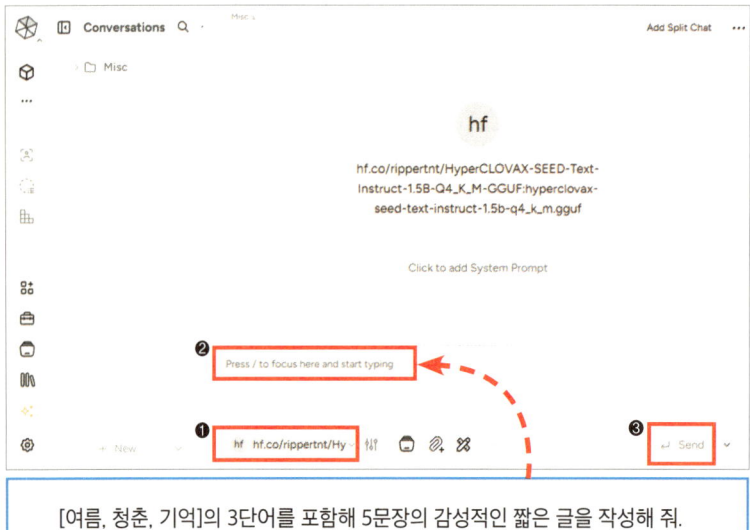

[여름, 청춘, 기억]의 3단어를 포함해 5문장의 감성적인 짧은 글을 작성해 줘.

3. 오~, 하이퍼클로바X 시드가 감성적인 톤으로 5줄을 써주었네요. 뜨거운 여름, 청춘의 기억을 바탕으로 그리움이라는 키워드까지 포함해 그럴 듯한 글을 써주었습니다.

4. 이번에는 하이퍼클로바X 시드 모델에게 정보 요약과 정리를 요청해 볼게요. 여기서는 인공지능신문의 기사를 넣고 3줄 요약과 핵심 키워드 3개를 달라고 했습니다.

> **[기사 붙여넣기]**
> 위의 글을 읽고 3줄로 요약해 줘. 그리고 핵심 키워드 3개를 뽑아줘.

5. 하이퍼클로바X 시드 모델이 다음과 같이 기사를 3줄로 요약하고 키워드 3개도 뽑아주었습니다. 가장 놀란 것은 출력 속도였습니다. 프롬프트를 입력하고 〈엔터〉 키를 누르자마자 거의 바로 답변이 생성되었습니다. 온디바이스에서도 충분히 구동할 수 있을 만한 사이즈와 반응 속도라는 느낌이 들었습니다. 답변의 품질도 괜찮았습니다. 제법 긴 기사였는데, 3문장으로 핵심 내용을 잘 요약했고, 핵심 키워드 3가지도 제대로 뽑았습니다.

> hf.co/rippertnt/HyperCLOVAX-SEED-Text-Instruct-1.5B-Q4_K_M-GGUF:hyperclovax-seed-text-instruct-1.5b-q4_k_m.gguf
> 네이버의 생성형 AI '하이퍼클로바X'가 국내 기업 중 처음으로 상업용으로 사용할 수 있는 무료 오픈소스로 공개되었다. 경량 모델인 HyperCLOVA X SEED는 연구용에서 상업용으로 전환되어 중소규모 비즈니스를 중심으로 AI 생태계가 활성화될 것으로 기대된다. 이 모델을 통해 상품 광고, 여행 정보 안내 등 다양한 비즈니스에 활용될 수 있다.
>
> - 하이퍼클로바X
> - 오픈소스
> - 네이버 AI 생태계 활성화

6. 이번에는 〈AI와 나의 하루〉라는 에세이를 요청했습니다. 긴 글을 창의적으로 잘 쓰는지 보려는 것이죠.

> 아래 내용으로 한국어 에세이를 작성해 줘.
> - 주제: AI와 나의 하루
> - 조건:
> 1. 한국어 1000글자 수준으로 작성할 것.
> 2. 마지막 문장은 '오늘도 AI와 함께라 든든하다'로 끝날 것.

7. 하이퍼클로바X 시드가 2.4초 만에 〈AI와 나, 그리고 하루 일과〉라는 제목으로 AI와 함께하는 가상의 하루를 에세이 형식으로 써주었습니다.

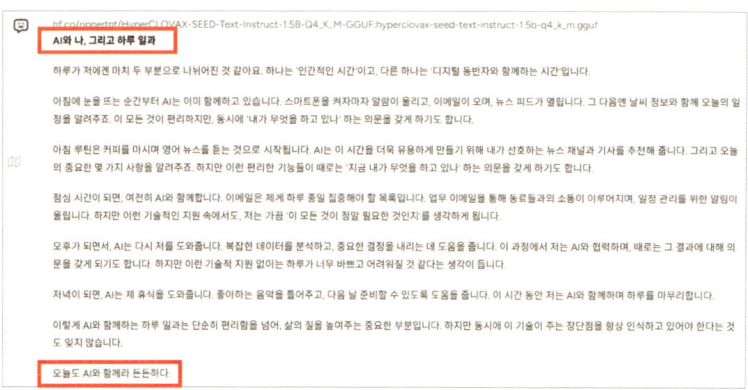

하이퍼클로바X 시드가 쓴 글을 보니, 앞에서 요청한 형식과 톤에 제법 잘 맞았습니다. 또한 프롬프트에서 지시한 대로 마지막 문장을 "오늘도 AI와 함께라 든든하다"로 끝맺었습니다. 다만, 1,000글자라는 제한은 지키지 못했습니다. 실제로 생성된 글은 공백 포함 약 1,200글자였습니다. 한번에 긴 분량의 글을 정확하게 생성하는 데에는 다소 한계가 느껴지지만, 일반적인 글쓰기 상황에서는 충분히 활용할 만하니, 여러분도 하이퍼클로바X 시드를 꼭 써보세요.

한국의 오픈소스 AI 3
- LG AI연구원 엑사원

LG AI연구원은 2025년 3월 추론 모델인 '엑사원 딥(EXAONE Deep)'을 오픈 소스로 공개했고, 7월에는 첫 하이브리드 AI, 즉 일반 응답과 추론 응답을 모두 할 수 있는 모델인 '엑사원 4.0'을 공개했습니다.

 엑사원 4.0 32B 모델은 전문가 모델로 의사·치과의사·한약사·관세사·감정평가사·손해사정사 등 6가지 국가 공인 전문 자격증 필기시험을 통과했다고 합니다. 엑사원 4.0 1.2B 모델은 온디바이스 모델로 가전제품이나 스마트폰처럼 작은 기기에서도 구동할 수 있게 만든 것인데, 컴퓨터 사양이 낮은 경우 1.2B 모델을 설치하는 것이 좋습니다. 여기서는 엑사원 4.0 32B 모델을 사용해 보겠습니다.

엑사원 4.0 32B 설치하기

1. 엠스티 스튜디오를 실행한 후 화면 왼쪽에서 [Model Hub] 버튼을 누르세요.

2. 모델 허브에서 [Local AI Models]를 클릭한 후, [Hugging Face Models] 탭에서 'exaone 4.0'을 검색한 후 배포자가 LGAI-EXAONE인 32B 모델을 선택한 후 〈Install〉을 누르세요.

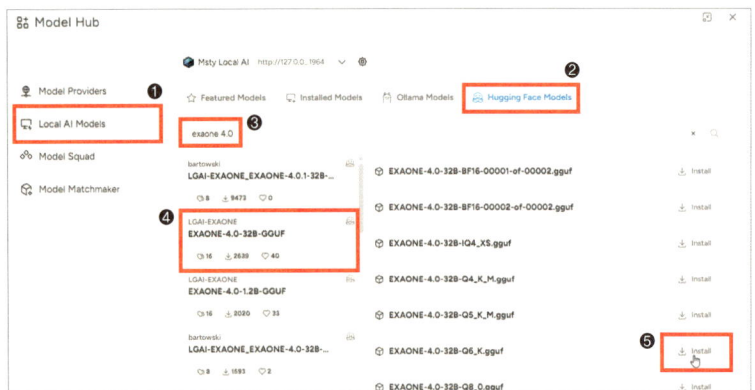

3. 엑사원 4.0 32B 모델이 설치되기 시작합니다. 잠시 기다리세요. 설치가 완료되었나요?

4. 모델 허브의 [Installed Models] 탭에 엑사원 4.0 32B 모델이 나타납니다. 모델 허브의 〈×〉 버튼을 눌러 창을 닫으세요.

PC에서 엑사원 4.0 32B 사용하기

1. 이제 엠스티 스튜디오 화면 아래쪽에서 〈모델 선택〉의 목록 단추를 누른 후 [엑사원 4.0 32B] 모델을 클릭하세요.

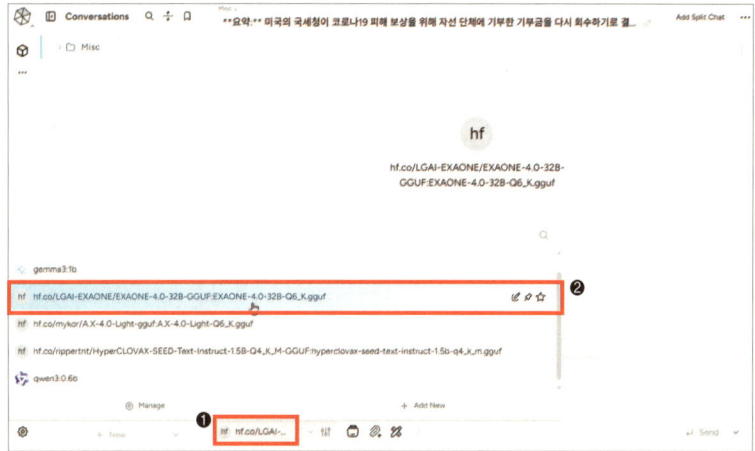

2. 엠스티 스튜디오에 엑사원 메인 페이지가 열립니다. 먼저 바이라인 네트워크 기사의 내용을 붙여넣은 후 다음과 같이 요청해 보았습니다.

> [기사 붙여넣기]
> 위의 긴 기사를 읽고, 1. 핵심 내용을 5문장으로 요약하고, 2. '긍정적/부정적/중립적' 관점에서 각각 한 줄씩 평가해 줘.

3. 오~, 엑사원이 5개의 핵심 내용을 요약하고 각각의 관점에서 평가도 해주었습니다. 32B 모델이어서 그런지 응답에 시간이 좀 길렸지만, 특히 핵심 내용을 단순히 기사의 순서대로 요약한 것이 아니라, '프로젝트 개요→각 컨소시엄 특징→프로젝트 예산 및 목표→각 컨소시엄 목표→향후 예정' 순서로 요약한 것이 인상적이었습니다.

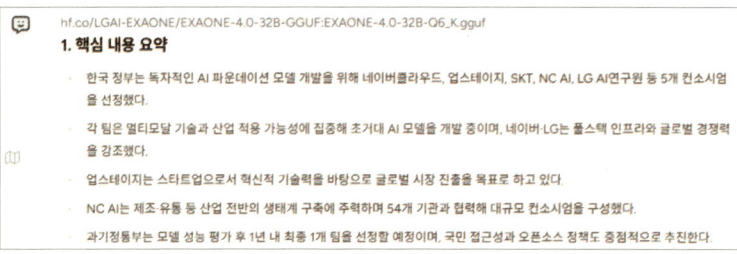

4. 이번에는 전문적인 수준의 답변을 요청해 보겠습니다. 엑사원 4.0 32B 모델은 국가 공인 전문 자격증 필기시험을 통과했다고 하니 관련된 질문을 해보죠. 사상의학에 대해 물어보았습니다.

> 한국 전통의학에서 '사상의학'의 4가지 체질을 각각 요약하고, 현대 의학적 관점에서 체질별 맞춤 치료에 어떤 장단점이 있을지 비교해 줘.

5. 엑사원이 사상의학의 4가지 체질에 대해 특징, 적합한 음식 및 질환 경향 등을 요약하고, 현대 의학적 관점에서 장단점을 비교해 줍니다.

---

hf.co/LGAI-EXAONE/EXAONE-4.0-32B-GGUF:EXAONE-4.0-32B-Q6_K.gguf

한국 전통의학의 '사상의학' 4체질 요약

사상의학은 조선 시대 허준의 《동의보감》에서 발전한 이론으로, 인간을 **4가지 체질(태양, 태음, 소양, 소음)**로 분류하고 각 체질에 맞는 치료법을 제시합니다.

1. **태양인 (양기 과다)**
   - **특징**: 체간이 마르고 상체가 발달, 소화기능 약함, 성격이 차갑고 분석적.
   - **대표 음식**: 냉성 식품(오이, 메밀).
   - **질환 경향**: 고혈압, 고혈압, 열성 질환.

2. **태음인 (양기 부족)**
   - **특징**: 체격이 풍만하고 소화기능 강함, 성격이 차분하고 내성적.
   - **대표 음식**: 온성 식품(쌀, 육류).
   - **질환 경향**: 비만, 당뇨, 고지혈증.

〜〜〜〜〜〜〜〜〜〜〜〜〜〜〜〜〜〜〜〜

- 체질별 취약 질환을 사전에 관리할 수 있음 (예: 소양인의 위장 보호).

3. **통합적 접근**
   - 한의학과 현대 의학을 결합해 종합적 치료 가능 (예: 태양인에게 혈압 조절 요법 병행).

단점

1. **과학적 검증 부족**
   - 체질 분류 기준이 주관적이며, 유전·환경 요인 반영 미흡.

2. **경직성 문제**
   - 체질 고정 관념으로 인해 유연한 치료 방해 (예: 소음인이라도 운동 필요).

3. **현대 질환 대응 한계**
   - 암이나 감염병 등 복합적 질환에 대한 효과 미비.

결론

사상의학은 **개인화된 예방·관리**에 유용하나, 현대 의학과의 **통합적 접근**이 필요합니다. 예를 들어, 태음인의 비만 관리는 식이조절(전통적) + 운동 처방(현대적)으로 결합할 수 있습니다. 다만, 체질론을 맹신하기보다는 과학적 근거와 함께 활용해야 합니다.

6. 이번에는 질문을 좀 바꾸어 한의학적 관점에서 대답해 달라고 해보았습니다.

> 한의학적 관점에서 체질별 맞춤 치료에 대한 내용을 정리해 줘.

7. 엑사원의 응답을 보니, 사상체질에 대한 요약은 현대 의학점 관점으로 정리해 달라고 했을 때와 비슷하지만, 8가지 증상 경향과 치료법 등은 새로운 내용입니다. 사용자의 요청에 맞추어 답변을 잘 해주는 편으로 보입니다.

2. 팔증(8가지 증상 경향) 반영 치료

체질뿐 아니라 증상의 성질(열/한, 실증/허증 등)도 고려합니다.

- **열증(熱證)**: 청열·사하법 (예: 황금, 석고).
- **한증(寒證)**: 온보·산한법 (예: 인삼, 부자).
- **실증(實證)**: 사물질·배농 (예: 반하, 마황).
- **허증(虛證)**: 보기·양성 (예: 인삼, 당귀).

3. 치료법 종류별 적용 예시

1. **한약 처방**: 체질과 증상에 따라 약재 조합 변경.
    - 태양인: 황련해독탕 → 열 제거.
    - 소음인: 보중익기탕 → 기운 보충.
2. **침·뜸 치료**:
    - 소양인: 족삼리·합곡 혈자로 열을 내림.
    - 태음인: 배수혈을 자극해 습담 제거.
3. **식이 요법**: 체질별 금기 음식 준수 (예: 태양인은 고기 섭취 자제).
4. **생활 관리**: 소음인은 규칙적인 운동으로 기혈 순환 촉진.

4. 현대 의학과의 통합 접근

- **진단 보조**: 체질 진단을 위해 설문·맥진 등 활용, 유전자 분석과 결합 연구 진행 중.
- **증례별 맞춤 치료**: 당뇨 환자라도 태음인은 대사 조절, 소음인은 면역력 강화에 초점.

8. 이번에는 미래의 상황을 가정한 시나리오를 3가지 제안하고, 각각의 장단점을 논리적으로 설명하는 분석적인 글을 써달라고 했습니다.

> 만약 미래에 AI와 인간이 함께 일하는 직장이 생긴다면,
> 1. 업무 분업 구조를 3가지 시나리오로 제안하고
> 2. 각각의 장점과 단점을 논리적으로 설명해 줘.
> 3. 마지막에 이를 소재로 4행시('인/공/지/능')를 지어줘.

9. 오~, 엑사원이 미래에 AI와 인간이 함께 일하는 직장의 업무 분업 구조에 대한 3가지 시나리오를 역할 분담형과 협업형, 계층적 통합형으로 가정하고 각각의 장단점을 정리해 주었습니다. 4행시도 무리 없이 자연스럽게 썼습니다. 무엇보다 인간과 AI의 협업 상황을 감안해서 4행시에 풀어낸 점이 마음에 들었습니다.

---

hf.co/LGAI-EXAONE/EXAONE-4.0-32B-GGUF:EXAONE-4.0-32B-Q6_K.gguf

1. 업무 분업 구조 시나리오

(1) 역할 분담형 (Role-Based Division)
- 인간: 전략 수립, 의사 결정, 창의적 업무 (예: 기획, 디자인).
- AI: 반복적·정량적 업무 처리 (예: 데이터 분석, 문서 정리).

(2) 협업형 (Collaborative Workflow)
- 인간과 AI가 실시간으로 의견 교환하며 공동 작업 (예: AI는 코드 초안 작성 → 인간은 검토 및 최적화).

(3) 계층적 통합형 (Hierarchical Integration)
- AI가 하위 업무 자동화 후 결과를 인간에게 보고, 인간이 최종 승인 또는 조정 (예: AI 관리자 시스템 + 인간 감독자).

2. 장단점 분석

시나리오	장점	단점
역할 분담형	효율성 극대화, 전문성 강화	유연성 부족, 협업 기회 감소
협업형	창의적 시너지 발휘	의견 충돌 가능성, 교육 비용 ↑
계층적 통합형	책임 소재 명확, 리스크 관리 용이	과도한 의존으로 인간 역량 약화

3. 4행시: "인·공·지·능"

인류의 지혜와 공학의 힘이 만나
지성과 능력을 하나로 묶어내네!

한국의 오픈소스 AI 4
- 업스테이지 솔라

업스테이지(Upstage)는 2020년 10월 설립된 한국의 AI 스타트업으로, 홍콩과기대 교수, 네이버 클로바 AI 헤드 등을 지낸 김성훈 CEO가 창업한 회사입니다. 거대언어모델과 세계 최고 수준의 OCR(광학문자인식) 및 문서 AI 기술을 보유한 회사로 평가받고 있으며, 애스크업(Askup) 같은 챗봇 서비스도 제공합니다.

업스테이지가 2025년 공개한 '솔라 프로 2(Solar Pro 2)' 모델은 아티피셜 어낼리시스(Artifical Analysis) 글로벌 AI 벤치마크에서 종합 점수 12위에 선정되며 글로벌 경쟁력을 입증했습니다. 당시 20여 개의 AI 모델 중 한국 모델로서는 유일하게 포함되면서 한국 오픈소스 AI의 강자임을 보여주기도 했습니다. 특히 순위에 오른 다른 모델들이 파라미터(매개변수)가 수천억 개에 달하는 추론 모델인 반면, 솔라 프로 2는 310억(31B) 파라미터로 주요 추론 모델들과 어깨를 나란히 했다는 점에서 좋은 평가를 받았습니다. 솔라 프로 2 모델은 업스테이지의 플레이그라운드에서 사용할 수 있습니다.

1. 업스테이지 플레이그라운드 페이지(console.upstage.ai/playground/chat)에 접속하세요. 테스트 콘솔이기 때문에 채팅 목록이 저장되지는 않는다는 점에 주의하세요.

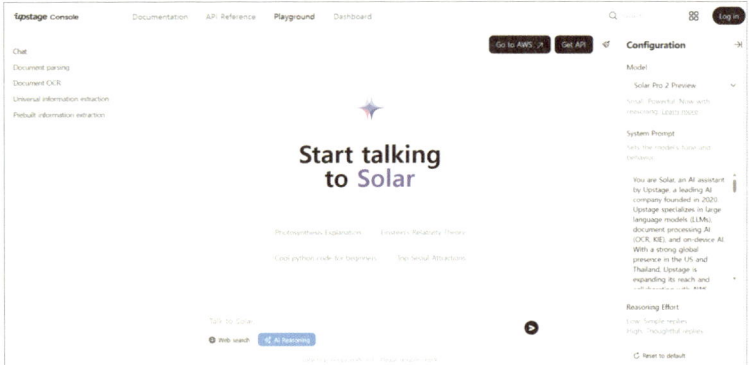

2. 먼저 업스테이지의 솔라 프로 2에 대한 기사를 넣고 요약과 키워드를 달라고 요청해 볼게요.

> [기사 붙여넣기]
> 다음 글을 3문장으로 요약해 줘. 중요한 키워드 5개도 함께 뽑아줘.

3. 오~, 솔라 프로 2가 추론 기능을 사용했는데도 약 4초 만에 빠르게 답변을 주었습니다. 긴 기사 내용을 3문장으로 훌륭하게 요약했고, 중요한 키워드 5개도 적절하게 뽑아주었습니다.

> Thought for 4 seconds
>
> **요약:**
> 업스테이지의 '솔라 프로 2'는 글로벌 AI 평가기관 '아티피셜 애널리시스'의 프런티어 모델 10
> 선에 국내 최초로 선정되었으며, 310억 개의 매개변수로 GPT-4.1, 라마 4 등을 제치고 58점을
> 기록해 효율성과 경쟁력을 입증했다. 이는 오픈AI·구글·메타 등 글로벌 빅테크와 어깨를 나란
> 히 하는 성과이며, 추론 및 비용 대비 성능에서 우수한 평가를 받았다. 업스테이지는 향후
> 1,000억 파라미터 규모의 차세대 LLM 개발을 계획하며 글로벌 AI 시장 주도권 확보를 목표로
> 한다.
>
> **키워드:**
>
> 1. 솔라 프로 2
>
> 2. 아티피셜 애널리시스
>
> 3. 310억 매개변수
>
> 4. 프런티어 모델
>
> 5. 58점

4. 이번에는 영어 프롬프트로 지도학습과 강화학습의 차이를 한국어로 설명하되, 중요한 용어에는 영어 단어를 넣어달라고 했습니다.

> Please explain the difference between supervised learning and reinforcement learning in Korean, but include key technical terms in English.
>
> 지도학습과 강화학습의 차이를 한국어로 설명하되, 중요한 기술적인 용어는 영어 단어로 표현해 줘.

5. 솔라가 약 7초 간 생각하더니 답변을 빠르게 주었습니다. 영어 프롬프트도 잘 받아들이면서 한국어로 유려하게 답변을 해주네요.

> Thought for 7 seconds
>
> 지도 학습(Supervised Learning)과 강화 학습(Reinforcement Learning)은 머신러닝의 두
> 가지 주요 접근 방식으로, 학습 목표와 방식에서 뚜렷한 차이가 있습니다. 아래에 주요 차이
> 점과 핵심 기술 용어를 포함해 설명합니다.
>
> **1. 지도 학습(Supervised Learning)**
>
> - **정의**: 레이블(Label)이 있는 **훈련 데이터(Training Dataset)**를 사용해 모델을 학습시키는 방법입니다. 입력 데이터(Input Data)와 정답(Ground Truth) 사이의 관계를 학습합니다.
>
> - **학습 목표**: 입력 데이터를 기반으로 출력(예: 분류 클래스 또는 회귀 값)을 정확히 예측하는 모델을 만드는 것.

6. 이번에는 수학 문제를 풀고 검증까지 해달라고 했습니다. 추론이나 코딩이 필요한 요청이죠.

> 다음 문제를 단계별로 풀고, Python 코드로 검증까지 해줘.
> 문제: 1에서 100까지의 자연수 중 3 또는 5의 배수를 모두 더한 값을 구하라.

7. 먼저, 솔라가 문제해결을 위한 단계별 설명과 파이썬 코드 검증방법을 내놓았습니다. 3의 배수와 5의 배수를 더한 다음 3과 5의 공배수를 빼는 과정을 거쳐 계산해야 한다고 설명하네요.

> Thought for 11 seconds
>
> **문제 해결 단계별 설명**
>
> 1. **문제 이해:**
>   1부터 100까지의 자연수 중 3 또는 5의 배수를 모두 더한 값을 구해야 합니다.
>   단순히 3의 배수와 5의 배수를 더하면 중복된 수(예: 15, 30 등)가 두 번 더해질 수 있으므로, **3과 5의 공배수(15의 배수)**를 한 번 빼줘야 합니다.

8. 그런 후 솔라가 알아서 파이썬 코드를 죽 쓰더니, 이윽고 스스로 검증까지 한 후 해답을 주었습니다. 답은 2,418이라고 하네요. 파이썬 코드로 검증까지 했으니 정답이겠죠?

> **실행 결과**
> 반복문으로 계산한 총합: 2418
> 수학적 공식으로 계산한 총합: 2418
>
> **결론**
> 1부터 100까지의 자연수 중 3 또는 5의 배수를 모두 더한 값은 **2418**입니다.
> 반복문과 수학적 공식 모두 동일한 결과를 도출하여 계산이 정확함을 확인할 수 있습니다.

업스테이지 콘솔의 플레이그라운드에 접속하면, 업스테이지의 모델을 선택한 후 시스템 프롬프트, 추론 강도, 최대 토큰 등 다양한 옵션을 바꾸면서 사용해 볼 수 있습니다. 플레이그라운드에 접속해서 솔라 모델을 사용해 보면서 업무 사용 가능성을 확인해 보시기를 권합니다.

업무나 상황에 맞는 오픈소스 AI 선택하기

이번 장에서는 오픈소스 AI 모델의 사용법과 함께 한국 AI 기업들이 내놓은 다양한 오픈소스 AI 모델을 살펴보았습니다. 이들 모델을 직접 설치하고 비교하면서 기존에 우리가 온라인에서 사용하던 모델 외에도, 오픈소스 생태계 속에서 다양한 선택지가 있음을 보여드렸는데요. 어떤 모델은 방대한 맥락과 전문성을 요구하는 작업에 강점을 보였고, 또 다른 모델은 가볍게 실행되며 일상적인 질문이나 요약에서 충분히 쓸 만한 성능을 보여주었습니다.

이 비교를 통해 "최고의 AI 모델 하나는 없다"는 점을 다시 한 번 확인할 수 있었습니다. 거대언어모델은 깊이 있는 추론과 창의적 산출에 적합하지만 자원 소모가 크고, 경량 및 소형 모델은 빠르고 효율적이지만 복잡한 작업에는 한계가 있는데 오픈소스로 공개되어 있는 경우 연구자·학생·직장인 누구나 다운받아 PC나 노트북에서 직접 시험해 볼 수 있습니다. 결국 오픈소스 모델은 하나의 완성품이라기보다는, 다양한 가능성을 탐색할 수 있는 도구상자에 가깝다고 할 수 있습니다.

4장이 여러분이 각자 업무나 필요와 상황에 맞는 모델을 찾아가는 데 도움이 되었으면 합니다. 생성형 AI의 세계는 '정답'이 있는 것이 아니라 '선택'의 영역입니다. 오픈소스 AI 모델들은 그 선택의 폭을 넓혀주는 기반이 될 것입니다.

TIP

우리 기업에 맞는 언어모델 찾기, 비즈라우터

우리 기업에 어떤 거대언어모델을 도입해야 할지 고민된다면, 비즈라우터(BizRouter)를 사용해 보면 좋습니다.

2025년 8월에 출시된 비즈라우터는 기업들이 오픈AI·앤트로픽·구글·xAI 등의 여러 언어모델을 이용할 때 겪는 복잡한 계약 및 계정관리, 개별 API 구현, 통화별 청구 관리 등 귀찮은 문제를 해결할 수 있는 통합 플랫폼입니다. 최신 AI 모델 55개 이상을 단 한 번의 코드 연동만으로 이용할 수 있습니다.

가입 한 번에 모든 AI 모델을 바로 이용할 수 있고, 비즈라우터 API 하나만 연동하면 모든 AI 모델을 호출할 수 있습니다. 한국 환경에 맞춰진 보안 기능 덕분에 주민번호나 여권번호 등 민감한 정보를 자동으로 마스킹하고 필터링할 수도 있습니다.

정말 유용한 서비스인지 궁금하다면 무료로 회원가입한 후 테스트해 보세요. 메뉴 중 '모델 테스트'를 활용하면, 같은 프롬프트를 사용할 때 각각의 모델별로 어떤 답변을 생성하는지 쉽게 비교하고 결정할 수 있습니다.

PART

5

AI 2026

업무 효율 업그레이드,
검색 특화형 AI

한 번의 클릭, 수백 개의 최신 인사이트 퍼플렉시티

2022년 말 등장한 퍼플렉시티(Perplexity)는 질문을 하면 실시간으로 웹을 탐색해 답변을 주는 대화형 AI 검색 서비스입니다. 등장 이후 퍼플렉시티는 대표적 AI 검색 서비스로 자리잡았고, 2025년 5월 기준 월간 활성 사용자가 약 2,200만 명이며, 국내에서도 사용자 수가 챗GPT와 뤼튼에 이어 3위입니다.

퍼플렉시티의 장점은 실시간 정보검색과 신뢰성 있는 출처 제공인데요. 복잡한 질문에도 즉시 최신 정보를 수집하고 분석해 요약 답변을 주며, 모든 응답에 출처를 표시해 정보의 신뢰성을 보장하며, 답변이 풍부하고 정확하다는 평가를 받고 있습니다. 퍼플렉시티는 무료 플랜을 사용할 수 있으며, 프로 플랜은 월 20달러입니다. 통신사·대학교 등 다양한 채널을 통해 일정 기간 프로 플랜 무료 이용 이벤트도 하니 참고하세요.

2025년 7월에는 AI 브라우저 코멧(Comet)을 출시했으며, AI 검색을 넘어 웹 탐색, 영상 요약, 이메일 작성 등 업무 자동화까지 지원하는 종합 AI 에이전트로 진화하고 있습니다.

퍼플렉시티 심층 연구 사용하기

1. 퍼플렉시티 사이트(www.perplexity.ai)에 접속한 후 회원가입을 하고 로그인하세요. 일반 이메일로 가입하거나 구글 및 애플 계정과 연동하면 됩니다.

2. 퍼플렉시티 메인 화면에서 프롬프트 입력란의 〈연구〉 버튼을 누르세요. 참고로 첫 번째에 있는 〈검색〉 버튼을 누르면 일반 검색보다 더 많은 출처에서 정보를 탐색하는 '프로' 검색을 할 수 있습니다.

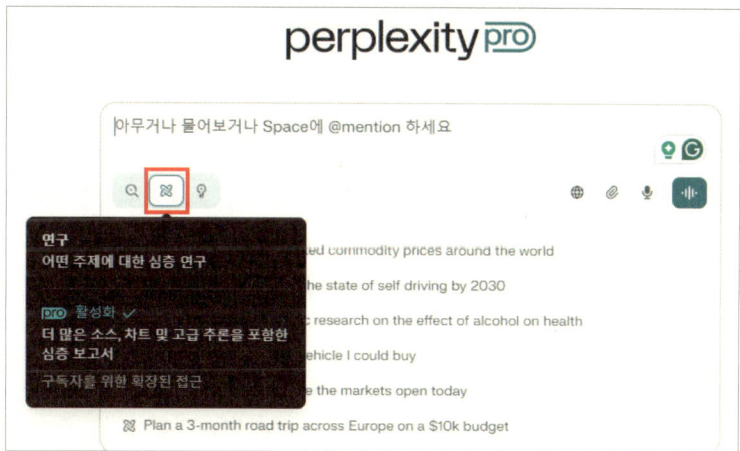

3. 전 세계적으로 발생한 기후변화와 기상이변이 세계 각국에 미친 영향에 대한 심층 연구를 요청해 볼게요.

> 2025년 전 세계적으로 기후변화와 극단적 기상이변이 사회·경제·산업에 미친 영향과 이에 대한 각국·국제기구의 정책·기술적 대응을 비교 분석해 줘.

4. 퍼플렉시티가 먼저 연구계획을 세운 후 작업을 시작합니다. 실시간 진행 상황과 예상시간을 확인할 수도 있습니다.

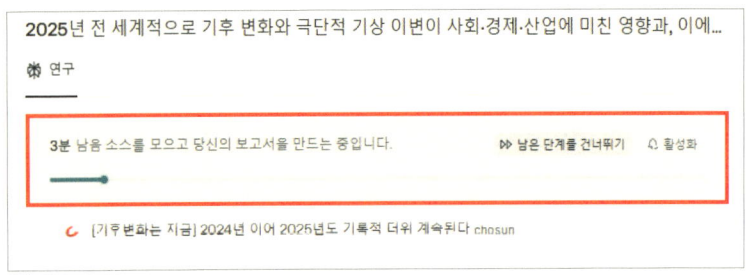

5. 퍼플렉시티가 약 3분 만에 조사를 완료했습니다. 〈단계〉를 누르면 퍼플렉시티의 조사과정을 볼 수 있으며, 〈출처〉를 누르면 퍼플렉시티가 연구를 하며 사용한 모든 출처를 확인할 수 있습니다. 이번 조사에서는 92개의 출처 자료가 사용되었네요.

6. 퍼플렉시티의 조사내용을 보니, 세계기상기구(WMO)에서 최근 발표한 〈글로벌 기후 업데이트〉 등 신뢰도 높은 최신 정보를 잘 활용해 내용을 정리했네요. 주요 현황을 정리한 후 경제적·산업별·사회적 영향, 각국 및 국제기구의 정책적 대응을 말하며 결론 및 전망도 주었습니다. 특히 결론에서 여러 출처에서 나오는 결론과 미래전망을 이야기하는 게 인상적이었습니다.

> 2025년 전 세계적으로 기후 변화와 극단적 기상 이변이 사회·경제·산업에 미친 영향과, 이에...
>
> ⊕ 연구 ⊢ 단계 🖼 이미지 ⊕ 출처 92
>
> | WMO 글로벌 기후 업데이트 (2025-2029) | 2025년 몸, 기후위기의 현실: 한반도 산불과 글로벌 기후변... | 기후 위기, 2025 상반기 자연재해 피해 14년 안에 '최대'... | 기후재난 비용, 2025년 1450억 달러 돌파 전망...보험시장... |
>
> ## 2025년 전 세계 기후변화와 극단적 기상이변의 영향 및 대응 분석
>
> ### 주요 현황과 충격적 실상
>
> 2025년은 기후변화가 현실적이고 즉각적인 위협으로 전면에 부상한 해이다. 세계기상기구(WMO)는 2025년을 포함한 향후 5년 중 적어도 한 해는 지구 평균기온이 산업화 이전 대비 1.5℃를 넘을 확률이 86%에 달한다고 발표했다 1. 이미 2025년 3월 평균 대기 온도는 산업화 이전 수준보다 1.5℃ 이상 상승했으며 2, 과거 21개월 중 20개월이 1.5℃ 이상의 온도 상승을 기록했다 2.
>
> [차트:94]
>
> ### 사회·경제·산업에 미친 치명적 영향

7. 이제 퍼플렉시티가 작성한 보고서를 저장해 보죠. 보고서 아래에서 〈내보내기〉 버튼을 클릭한 다음 [Perplexity Page]를 선택하세요.

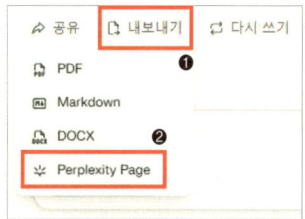

8. 퍼플렉시티가 작성한 보고서가 웹페이지로 만들어집니다. 〈페이지 편집〉 버튼을 눌러 직접 내용을 편집할 수 있으며, 〈공유〉 버튼을 클릭하면 링크를 복사해 다른 사람들과 공유할 수 있습니다.

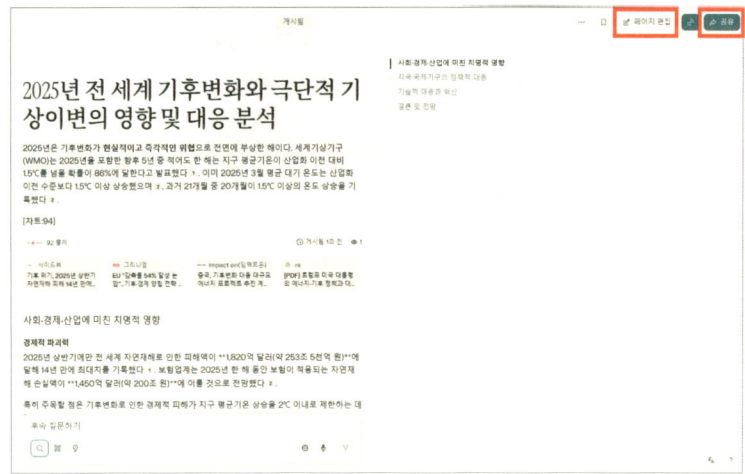

후속 기사 아니고 후속 질문, 디스커버

뉴스를 읽다 보면 사건의 전후사정을 파악하기 어렵거나 이해가 안 되는 경우가 있죠? 이런 경우 퍼플렉시티에서 지금 이슈가 되는 사건들이나 내가 관심 있는 분야의 실시간 뉴스를 알려주는 디스커버(Discover) 기능을 사용하면 좋습니다.

1. 퍼플렉시티 화면 왼쪽에서 〈추천〉 버튼을 클릭하세요.
2. 디스커버 페이지가 열리며, '나를 위한 추천' 페이지가 기본으로 나타납니다. 대체로 24시간 안에 만들어진 콘텐츠들로, 다른 사용자가 만든 것이거나 퍼플렉시티 운영팀이 직접 제작해 올린 것입니다. 관심 있는 뉴스를 클릭해 보세요. 여기서는 미국과의 무역협상에 대한 뉴스를 클릭해 볼게요.

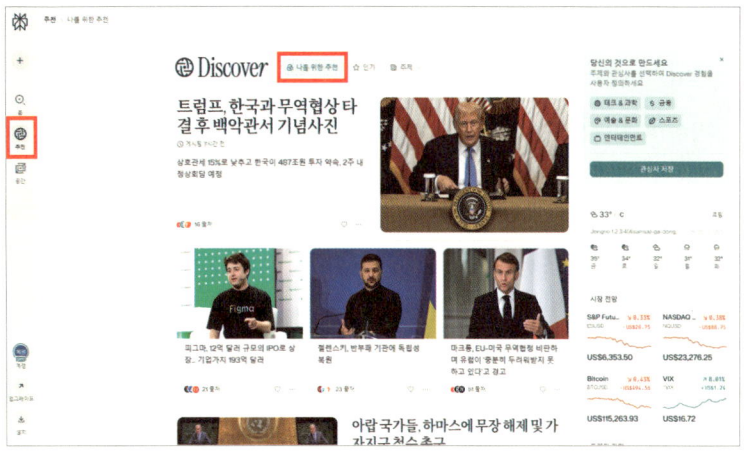

3. 미국과의 무역협상과 관련된 뉴스 페이지가 열립니다. 보도기사처럼 작성된 것을 볼 수 있습니다.

4. 페이지의 〈출처〉를 클릭하면 다양한 국내 메이저 언론사들의 기사를 바탕으로 정보를 가져온 것을 볼 수 있습니다.

5. 페이지 하난에는 후속 질문 리스트가 나타납니다. '90% 미국 수익 배분 구조가 다른 아시아 국가에도 적용되나'를 클릭해 볼게요.

6. 퍼플렉시티가 후속 질문에 대해 검색을 해서 답변을 줍니다.

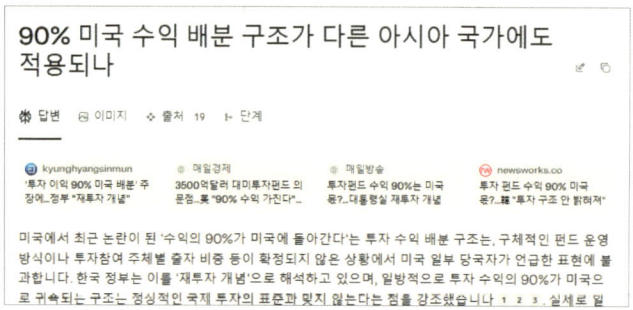

예전에는 어떤 사건을 심도 깊게 이해하려면 뉴스기사들을 찾아봐야 했지만, 퍼플렉시티에서 디스커버 및 후속 질문을 이용하면 좀더 편하고 깊이 있게 이해할 수 있습니다.

복잡한 리서치 & 데이터 분석, 퍼플렉시티 실험실

퍼플렉시티 실험실(Labs)은 복잡한 리서치와 데이터 분석, 시각화 대시보드 생성까지 한번에 처리하는 도구입니다. 일반 검색에서 한 단계 더 나아가 리서치 전문가나 데이터 분석가처럼 업무를 훨씬 더 빠르고 효율적으로 도와줍니다.

    퍼플렉시티 실험실은 다량의 데이터·정책·비교 분석 등을 한번에 표나 그래프 등으로 자동 정리하는 기능이 뛰어납니다. 초반부터 너무 복잡한 요청을 하는 것보다, 먼저 간단한 데이터나 비교 분석을 요청한 후 실험실 기능에 익숙해졌을 때 더 구체적인 정보를 요청하는 것도 좋은 방법입니다. 참고로 실험실은 유료 플랜 사용자만 이용할 수 있습니다.

1. 프롬프트 입력란 아래의 〈실험실〉 버튼(전구 모양)을 클릭하세요.

2. 정부의 저출산 정책과 실제 효과 및 사회적 반응에 대한 연구를 해보 겠습니다. 프롬프트를 입력한 후 〈연구〉 버튼을 누르세요.

> 2021년~2025년 정부의 저출산 정책별 실제 출산율 변화와 사회적 반응을 알려줘.

3. 퍼플렉시티가 연구계획을 세우고 연구를 시작합니다. 저출산 정책별 로 2021년부터 2025년까지의 출산율 변화 데이터와 각 정책에 대한 사회적 반응을 분석하고, 최근의 정부 발표자료와 통계 데이터, 여론 조사 결과 등을 수집하여 비교 검토합니다.

4. 퍼플렉시티가 연구 보고서를 써주었습니다. 우리나라 합계출산율 추 이를 그래프로 그리고, 각 정책별 성과와 사회적 반응을 종합 정리해 주었습니다. 무려 97개의 자료를 활용해 보고서를 작성했네요.

2021~2025년 한국 정부 저출산 정책의 성과와 사회적 반응 분석

윤석열 정부가 "인구 국가비상사태"를 선언하며 저출생 문제를 범국가적 과제로 설정했음에도 불구하고, 한국의 합계출산율은 2023년 0.72명까지 하락한 후 2024년 0.75명으로 소폭 반등하는 데 그쳤다 [1] [2]. 2021년부터 2025년까지 제4차 저출산·고령사회 기본계획과 각종 대책들이 시행되었지만, 정책 효과는 제한적이었으며 사회적 반응은 대체로 냉소적이었다. 본 분석은 구체적인 정책별 성과와 사회적 논란을 종합적으로 검토하여, 한국 저출산 정책의 한계와 과제를 제시한다.

출산율 변화 추이와 현황

한국의 합계출산율은 2021년 0.81명에서 시작하여 2022년 0.78명, 2023년 0.72명으로 지속 하락했다가 2024년 0.75명으로 소폭 반등했다 [1] [2]. 이는 통계 작성 이래 처음으로 출산율이 상승한 것이지만, 여전 히 OECD 평균 1.51명의 절반에도 미치지 못하는 세계 최저 수준이다 [2].

한국 합계출산율 추이 (2021-2024)

5. 이제 후속 요청을 해볼게요. 우리나라 정책과 해외 정책을 비교한 후 표와 그래프 등을 그려달라고 했습니다.

> 2021년~2025년 한국 중앙정부의 '육아휴직 및 현금 지원' 정책의 실효성(이용률·한계·사회적 인식 포함)을 프랑스(혹은 스웨덴)의 구조적·제도적 저출산 정책과 비교해 출산율 변화, 시민 만족도, 정책별 한계와 시사점까지 표와 그래프로 정리해 대시보드로 보여줘. 주요 정책자료, 연구보고서, 언론 반응을 활용해 줘.

6. 퍼플렉시티가 우리나라와 프랑스·스웨덴 저출산 정책 비교 대시보드를 만들었습니다. 대시보드의 〈전체 화면 보기〉를 클릭합니다.

7. 〈한국·프랑스·스웨덴 저출산 정책 비교〉 대시보드가 전체 화면으로 나타납니다. 출산율 변화, 육아휴직 정책, 현금지원 정책, 정책 효과성 등의 보드가 있고, 국가별 정책과 특징도 정리해 주었습니다.

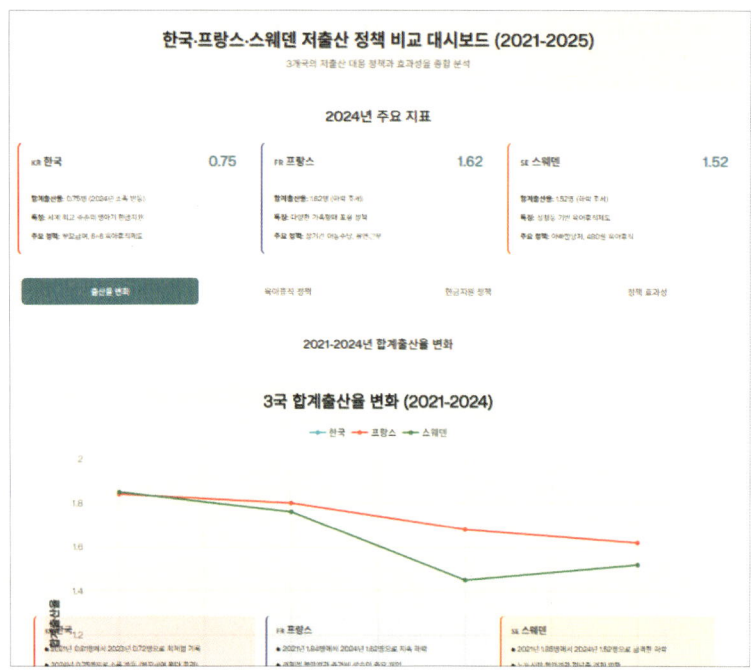

8. 마지막 보드에는 한국·프랑스·스웨덴의 저출산 정책 비교를 통한 핵심 시사점을 정리해 주었습니다. 웹페이지로 사용해도 될 만큼 잘 구성된 분석결과입니다.

퍼플렉시티에서 카페 포스터 만들기

퍼플렉시티에서는 바이트댄스의 시드림(Seedream) 4.0과 구글의 나노 바나나 등의 모델을 선택해 이미지를 만들 수 있습니다.

1. 퍼플렉시티에서 〈내 프로필〉 아이콘을 누른 후 [선호 설정]을 클릭하세요.

2. '선호 설정' 창의 '이미지 생성 모델' 항목에서 〈Default(기본값)〉 버튼을 클릭한 후 [Seedream 4.0]을 선택해 보겠습니다.

3. 프롬프트 입력란에 카페 포스터를 만들어 달라고 요청해 볼게요.

> Create a realistic, premium cafe-style poster. Show golden, glossy egg tarts on a wooden tray under warm sunlight, highlighting the creamy custard and flaky crust.
> Add soft yellow and cream tones matching the brand identity, with a cozy blurred cafe background. Include light steam for a freshly baked feeling.
>
> 실사형 프리미엄 카페 포스터를 만들어 줘. 따뜻한 햇살 아래, 나무 트레이 위에 윤기 나는 황금빛 에그타르트를 보여줘. 부드러운 커스터드와 바삭한 결이 잘 보이게 해줘. 브랜드에 어울리는 노랑·크림 톤으로 감성을 맞추고, 뒤에는 아늑한 카페 배경을 살짝 흐리게 표현하고, 따뜻한 김이 올라오게 해.

4. 사진 같은 이미지가 생성되었습니다. 또 다른 느낌의 트렌디하고 세련된 포스터를 만들어 달라고 했더니 역시나 이에 맞춰 만들어 줍니다.

퍼플렉시티로 만드는 웹사이트

1. 이번에는 에그타르트 브랜드의 웹사이트를 제작해 볼까요? 먼저 프롬프트 입력란에서 〈실험실(Labs)〉 버튼을 클릭하세요.

2. 앞에서 만든 에그타르트 카페 포스터를 브랜드 대표 이미지로 사용하겠습니다. 프롬프트 입력란에서 〈첨부파일〉 버튼을 클릭한 후 [로컬 파일]을 선택하고 내 PC에 저장된 에그타르트 사진을 업로드하세요.

3. 이제 퍼플렉시티에게 웹사이트 제작을 요청하겠습니다.

> 너는 감각적인 브랜딩과 UX 디자인에 뛰어난 웹 디자이너야. 너는 'Egg T'라는 에그타르트 카페 브랜드에 관심을 가지는 고객들을 위한, 핵심 아이덴티티를 웹사이트에 완벽하게 구현해야 해. 사용자가 스크롤을 내리는 것만으로도 'Egg T' 브랜드에 매력을 느낄 수 있도록 시각적으로 인상적인 원페이지 웹사이트를 만들어 줘.
>
> 브랜드 이름은 'Egg T'이고, 에그타르트 전문 카페 브랜드야. 핵심 콘셉트는 '에그타르트를 하나의 프리미엄 경험'으로 승화시키는 브랜드야. 사진 스타일은 내가 올린 사진을 참고해.

4. 퍼플렉시티가 에그타르트 브랜드의 웹사이트를 제작해 주었습니다. 페이지를 넘기는 모션도 부드럽고, 퍼플렉시티가 스스로 판단해 브랜드 및 메뉴 정보도 넣어주었습니다.

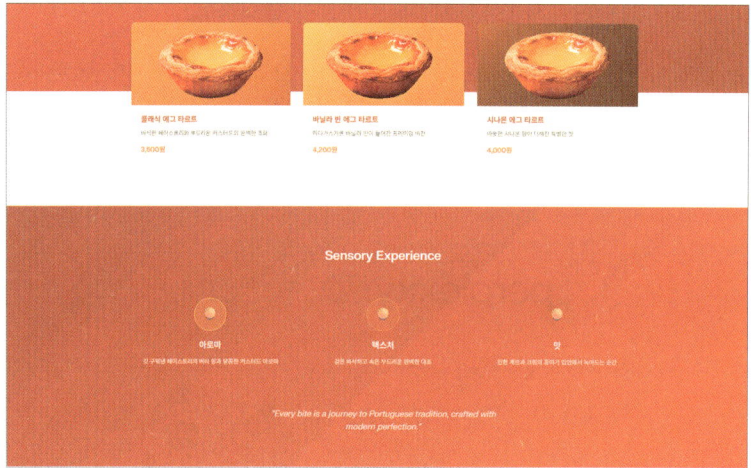

무료로 AI 검색부터 에이전트, 유튜브 영상 요약 & 마인드 맵까지, 펠로 AI

펠로 AI(Felo AI)는 검색 AI로, 사용자가 질문을 입력하면 여러 출처에서 정보를 수집한 뒤 요약해 주며 출처도 표시해 줍니다. 2억 개가 넘는 학술 데이터베이스에 접근할 수 있어서 논문 검색이나 시장조사, 트렌드 분석 등 전문적인 정보 탐색에도 유용합니다. 더불어 검색 결과를 바탕으로 자동으로 마인드맵이나 슬라이드(PPT)를 만들어 주고, 분서를 업로드하면 주요 내용을 분석해 보기 쉽게 정리해 줍니다. 다국어 자동 번역 기능이 있어서 해외 자료도 손쉽게 활용할 수 있습니다.

펠로 AI는 무료로도 사용할 수 있는데, 매일 200포인트를 주며, 무제한 고속 검색과 하루 5번의 프로 검색이 가능합니다. 펠로 AI에서는 다양한 언어모델을 선택할 수 있는데, 유료 플랜을 사용하면 GPT-4.1, 제미나이 2.5 프로, 클로드 4.0 소네트 등 더 많은 모델을 사용할 수 있습니다.

또한 펠로 AI는 텍스트 번역, 유튜브 영상 요약, 최신 AI 뉴스 자동 요약, 학습 및 연구, 기업관리 및 전략기획, 브랜드 마케팅, 산업 트렌드 분석, 자본시장 및 투자전략 등 다양한 추천 템플릿도 제공합니다.

나만의 AI 검색 에이전트 만들기

펠로에서는 나만의 AI 검색 에이전트를 만들 수 있습니다. 매주 대학생을 위한 마케팅 공모전이나 대외활동 정보를 알려주는 AI 검색 에이전트를 만들어 보겠습니다.

1. 펠로 사이트(felo.ai)에 접속해 회원가입을 한 다음 로그인을 하세요. 구글이나 애플 계정으로 로그인할 수도 있습니다.

2. 펠로 메인 화면이 열리면 사이드바에서 [Felo Agent]를 누른 후 오른쪽 상단의 〈+생성〉 버튼을 클릭하세요.

3. '개인 맞춤형 검색 에이전트 만들기' 대화상자가 나타나면 〈스마트 검색 에이전트〉를 클릭하세요. 스마트 검색 에이전트는 맞춤 지침과 특정 소스를 결합해 결과를 검색할 때 좋고, 다단계 검색 에이전트는 복잡한 리서치나 보고서를 생성할 때 사용하면 좋습니다.

4. 이제 나만의 AI 검색 에이전트를 만들어 보죠. 에이전트 이름에는 "마케팅 공모전 안내", 설명에는 "대학생을 위한 마케팅 공모전과 대외활동 안내"라고 입력해 볼게요. '입력 자리 표시자'는 여기서는 그냥 빈칸으로 비워두겠습니다. 그런 다음 〈도구 관리〉를 클릭하세요.

> **잠깐** '입력 자리 표시자'는 사용자가 나중에 직접 입력할 수 있는 짧은 변수를 뜻합니다. 즉, "'3주차'의 마케팅 공모전이나 대외활동 정보를 알려줘"에서 {주차}처럼, 사용자가 직접 입력할 부분을 알려주는 것이죠.

5. '도구 관리' 대화상자가 뜨면, 에이전트가 작업을 할 때 필요한 도구를 선택하세요. 여기서는 〈인터넷 검색〉과 〈웹 리더〉를 활성화하겠습니다.

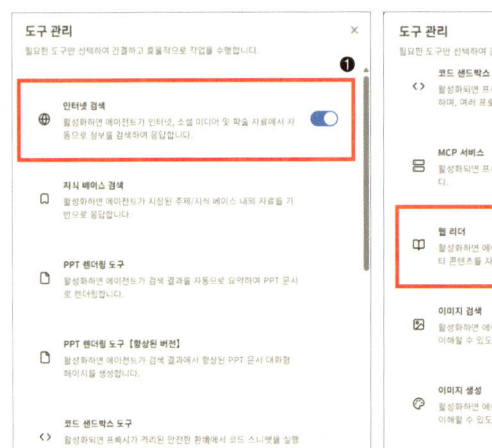
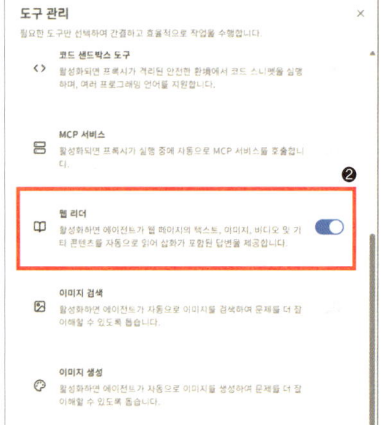

6. '맞춤 지시어' 란에는 에이전트의 작업 내용을 입력하고 〈확인〉을 누르세요.

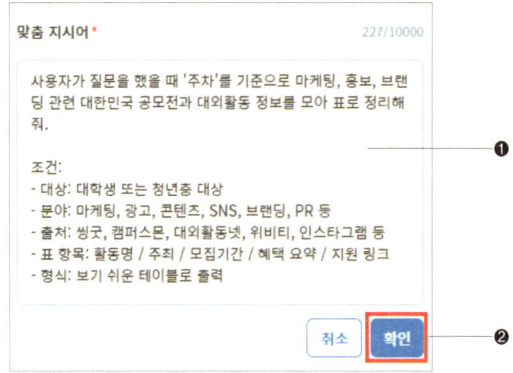

7. 이제 대학생을 위한 마케팅 공모전과 대외활동 안내 에이전트가 만들어졌습니다. 7월 4주차 기준으로 마케팅 공모전과 대외활동이 무엇이 있는지 물어보겠습니다.

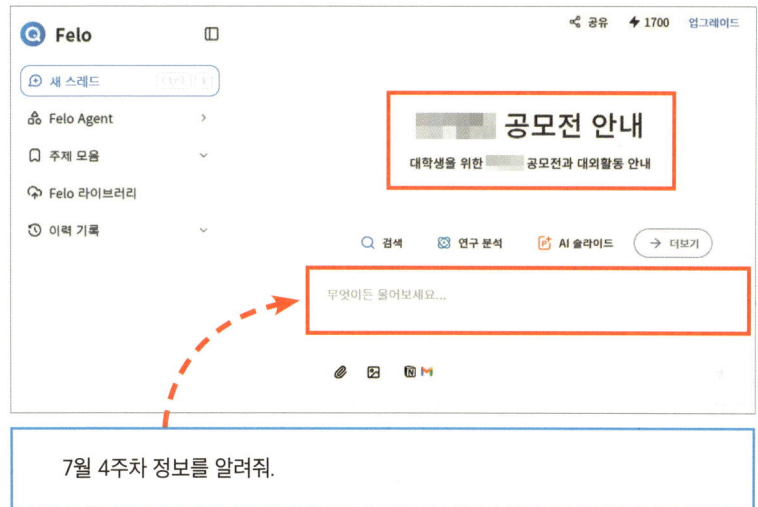

7월 4주차 정보를 알려줘.

8. 오~, '마케팅 공모전 안내' 에이전트가 자동으로 마케팅·홍보·브랜딩 공모전과 대외활동 정보를 찾아주고 표도 만들어 주네요. 앞으로 이 AI 에이전트를 실행하면, 펠로가 알아서 관련 정보를 줍니다.

활동명	주최	모집기간	혜택 요약	지원 링크
2025 CHAI 대학생 AI 광고 공모전	CHAI Communications	2025.06.30 ~ 2025.07.31	AI를 활용한 광고 기획 및 제작 경험, 총 상금 1,000만원	바로가기
2025 티케이엘리베이터 대학생 브랜드 마케팅 공모전	티케이엘리베이터	2025.07.04 ~ 2025.08.17	총 상금 600만원, 입사 지원 시 서류 전형 가산점 부여	바로가기
미래내일 일경험 광고·마케팅 직무 프로젝트	고용노동부, 한국경영인증원	~ 2025.07.18	현업 기반 프로젝트 수행 및 전문가 피드백, 수료증 발급	바로가기
[스프링스트링스] 마케팅 콘텐츠 앰버서더 모집	스프링스트링스	~ 2025.07.21	활동비 및 제품 증정, 우수 활동자 추가 혜택	바로가기
한국투자공사 20주년 기념 아이디어 공모전	한국투자공사	2025.07.28 ~ 2025.09.26	총 상금 2,000만원, 금융권 취업 특전	바로가기

참고:
- 위 정보는 씽굿, 위비티, 링커리어 등의 웹사이트를 기반으로 정리되었으며, 주최사의 사정에 따라 모집 기간이나 내용이 변경될 수 있습니다.
- 지원하시기 전에 반드시 해당 링크를 통해 최신 정보를 다시 한번 확인하시기 바랍니다.

유튜브 영상 요약 & 마인드맵까지

이번에는 유튜브 영상을 요약하고 영상 내용으로 마인드맵까지 만들어 보겠습니다. 펠로의 템플릿을 사용하면 손쉽게 만들 수 있습니다.

1. 펠로 화면 사이드바에서 [Felo Agent]를 선택하고, [추천 템플릿]의 [특집] 탭에서 〈YouTube 영상 요약 도구〉를 클릭하세요.

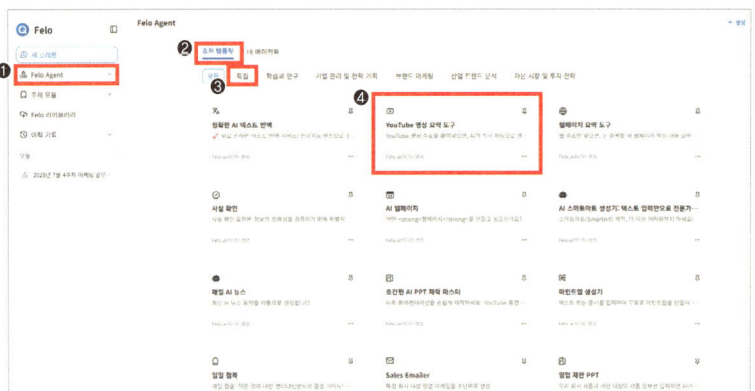

2. 유튜브에서 엔비디아 채널에 올라온 〈엔비디아 CEO 젠슨 황의 2025년 CES 기조연설〉 영상을 요약해 볼게요. 약 1시간 30분의 영어 영상입니다.

　프롬프트 입력란에 요약을 원하는 영상의 URL을 붙여넣은 후, 이 영상의 내용을 요약하고 마인드맵을 만들어 달라고 요청했습니다.

> **[유튜브 영상 URL 붙여넣기]**
> 이 영상을 요약하고, 영상 내용으로 마인드맵을 만들어 줘.

3. 펠로가 〈엔비디아 CEO 젠슨 황의 CES 기조연설〉 영어 영상 내용을 요약해 줍니다. 약 1시간 30분 영상인데 불과 30초도 안 걸렸습니다. AI의 발전과 가능성부터 미래 비전까지 핵심을 담아 정리했네요.

> 📋 **NVIDIA CEO 젠슨 황의 CES 2025 기조연설 요약**
>
> **1. 인공지능(AI)의 발전과 가능성**
> - NVIDIA는 AI의 발전이 컴퓨팅의 방식을 혁신적으로 변화시키고 있다고 강조했습니다.
> - AI는 감지, 생성, 추론, 계획, 행동 능력을 갖춘 "에이전트형 AI"로 발전 중입니다.
> - 특히, AI는 텍스트, 이미지, 음성뿐 아니라 물리학, 아미노산 등 복잡한 데이터까지 이해하고 생성할 수 있는 단계에 이르렀습니다.
>
> **2. NVIDIA의 주요 기술 발표**
> - **RTX Blackwell 시리즈**: 새로운 세대의 GPU로, 성능과 효율성을 대폭 향상시킴.
>   - RTX 5090은 920억 개의 트랜지스터, 4000 TOPS의 AI 연산 성능 제공.

4. 펠로가 젠슨 황의 2025년 CES 기조연설 영상의 주요 키워드로 마인드맵까지 그려주었습니다. 유튜브 영상의 섹션별로 내용을 정리한 것이 아니라, 펠로 AI가 직접 영상을 확인하고 중요한 내용을 묶어 정리한 것이 인상적입니다.

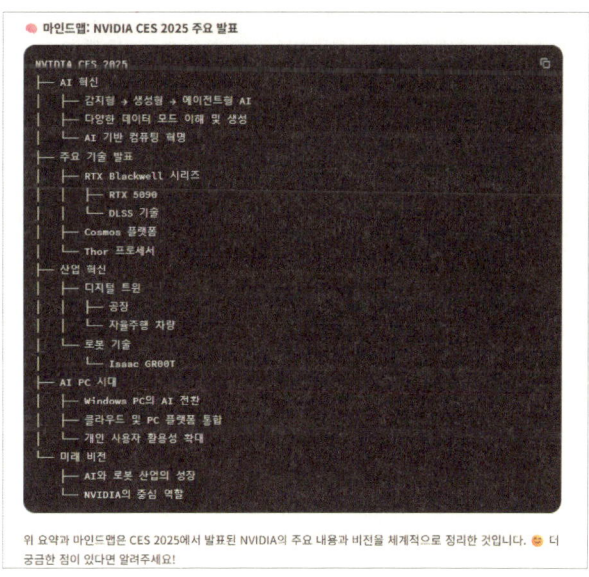

Part 5 업무 효율 업그레이드, 검색 특화형 AI　341

5. 후속 질문을 해보겠습니다. 엔비디아의 코스모스 플랫폼과 자율주행 로봇 개발을 위한 합성 데이터 생성방법에 대해 물었습니다.

> Cosmos 플랫폼이 정확하게 무엇이고, 자율주행 로봇 개발을 위한 합성 데이터는 어떻게 생성하는 거야?

6. 펠로가 엔비디아의 코스모스 플랫폼에 대한 정의부터 자율주행 로봇 개발에 미치는 영향, 활용 예시까지 자세하게 알려줍니다. 젠슨 황의 2025년 CES 기조연설 영상에서 뽑은 내용이며, 외부 자료를 사용하지 않아 혹시 모를 정보의 혼선을 막을 수 있습니다.

Cosmos 플랫폼이란?

Cosmos는 **세계 최초의 물리적 AI 기반 모델**로, NVIDIA가 CES 2025에서 발표한 혁신적인 플랫폼입니다. 이 플랫폼은 물리적 세계를 이해하고 이를 바탕으로 데이터를 생성하는 데 초점을 맞추고 있습니다. Cosmos는 다음과 같은 주요 특징을 가지고 있습니다:

1. **물리적 세계의 이해**
   - Cosmos는 물리학, 환경, 동역학 등 복잡한 물리적 법칙을 학습하고 이를 AI 모델로 구현합니다.
   - 이를 통해 실제 세계를 디지털로 시뮬레이션할 수 있는 능력을 제공합니다.

2. **합성 데이터 생성**
   - Cosmos는 물리적 세계를 기반으로 **합성 데이터**를 생성합니다. 합성 데이터란 실제 데이터를 기반으로 만들어진 가상의 데이터로, AI 모델을 훈련시키는 데 사용됩니다.
   - 예를 들어, 자율주행 차량의 다양한 도로 상황, 날씨 조건, 교통 시나리오를 시뮬레이션하여 데이터를 생성할 수 있습니다.

3. **AI 모델 학습 지원**
   - Cosmos는 생성된 합성 데이터를 사용해 자율주행 로봇, 드론, 공장 자동화 로봇 등 다양한 AI 모델을 훈련시킵니다.

전문적인 대화도 간편하게, 펠로의 '주제 모음'

펠로의 '주제 모음'은 사용자가 관심 있는 주제에 대해 정보를 수집하고 체계적으로 정리해 주는 기능입니다. 문서를 업로드하면 내용을 파악하고, 해당 문서에서 핵심을 찾아 답변해 주기도 합니다.

1. 펠로의 사이드바에서 [주제 모음]을 클릭한 다음 〈주제 만들기〉 버튼을 누르세요.

2. '주제 만들기' 대화상자가 나타나면, 주제 제목에는 "AI 기술"이라고 입력하고, 설명과 사용자 정의 프롬프트를 입력한 후 〈생성〉 버튼을 누르세요. 사용자 정의 프롬프트에는 답변 스타일이나 피해야 하는 내용 등을 쓰면 됩니다.

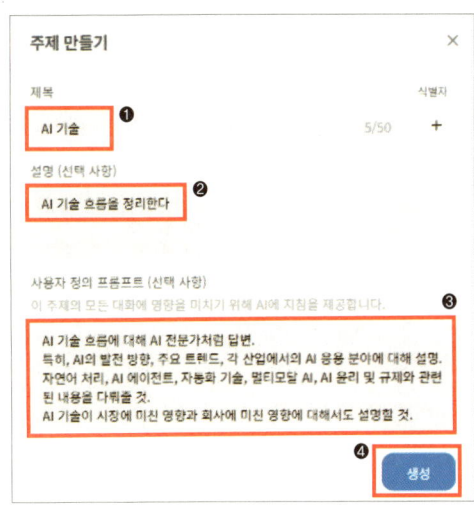

3. 'AI 기술' 주제 창이 열립니다. 먼저 '지식 소스'의 〈파일 선택〉 버튼을 누르세요. 참고로 '게시물' 란에 해당 주제에 대해 펠로 AI와 나누었던 대화를 불러올 수도 있습니다.

4. 다음 화면에서 〈문서 업로드〉 버튼을 눌러 'AI 기술'이라는 주제와 관련해 펠로 AI가 참고했으면 하는 문서 파일을 업로드하세요. 총 5개의 파일을 올릴 수 있는데, 저는 2개의 파일을 업로드했습니다.

5. 이번에는 3번 단계에서 '링크' 항목의 〈링크 추가〉 버튼을 누르세요.

6. '출처' 대화상자가 나타나면 〈링크 추가〉 버튼을 클릭해 링크를 추가하세요. 최대 10개의 웹사이트, 웹페이지 혹은 유튜브 동영상 링크를 추가할 수 있습니다.

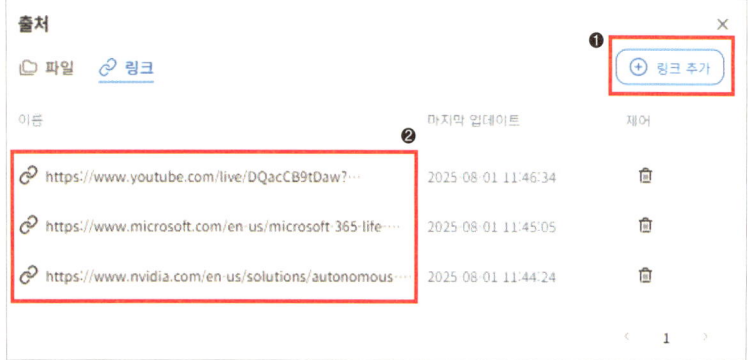

7. 이제 'AI 기술' 주제 모음이 만들어졌습니다. 질문을 한번 해보겠습니다. 〈Best〉 버튼을 누르면 답변할 모델을 선택할 수 있는데, 여기서는 기본값 그대로 두고 요청을 했습니다.

> AI 기술의 발전이 사람들의 일상생활에 미치는 영향에 대해 설명해 줘.

8. 펠로가 제가 올린 자료를 사용해서 생산성 향상, 개인화된 경험, 새로운 형태의 커뮤니케이션 등으로 답변을 해주었습니다. 유튜브 영상까지 적절히 활용했네요. 이처럼 펠로의 '주제 모음' 기능을 활용하면 특정 주제에 대해 전문가 수준의 답변을 얻을 수 있습니다.

펠로 템플릿으로 주식 분석 보고서 만들기

펠로는 다양한 템플릿을 제공하는데요. 주식 분석 보고서 템플릿을 이용해 스포티파이(Spotify)라는 회사에 대해 알아보겠습니다.

1. 펠로의 사이드바에서 [Felo Agent]를 클릭한 후 [추천 템플릿]을 누르세요.
2. [추천 템플릿] 탭에서 [주식 분석 보고서]를 찾아 클릭하세요.
3. 〈주식 분석 보고서〉 템플릿이 열립니다. 기업 이름과 종목 코드를 입력하세요. 여기서는 "스포티파이, SPOT"라고 입력하고 〈생성〉 버튼을 누르겠습니다.

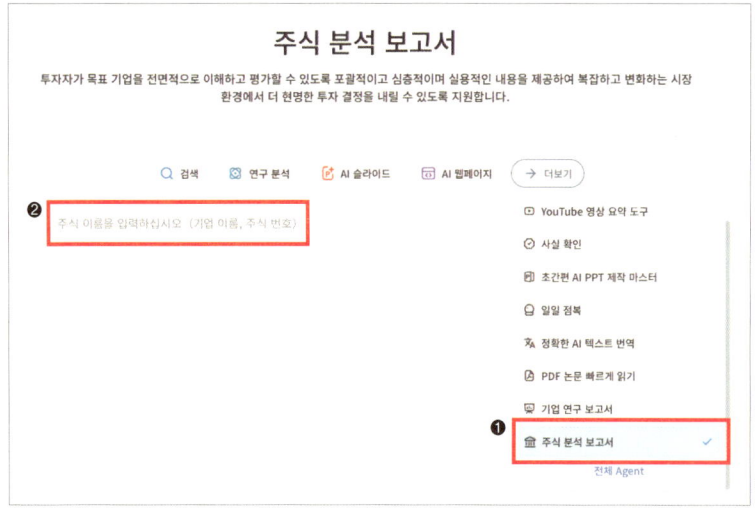

4. 〈주식 분석 보고서〉 템플릿의 계획된 단계가 나타납니다. 스포티파이의 회사 개요부터 재무상태 분석, 시장위치와 경쟁력, 사업발전 및 전망, 투자제안, 위험경고까지 있네요. 단계를 추가, 또는 삭제하고 싶으면 〈+〉, 〈-〉 버튼을 누르면 됩니다. 각 단계의 이름을 클릭하면

텍스트를 수정할 수도 있습니다. '스포티파이 재무상태 분석'의 〈검색〉 버튼(돋보기 모양)을 눌러볼게요.

5. 스포티파이의 재무상태 분석을 위한 검색 방법을 선택합니다. 〈웹 검색〉을 선택한 후 〈확인〉 버튼을 누르겠습니다. 그런 후 다시 '단계' 화면으로 돌아오면 〈실행〉 버튼을 누르세요.

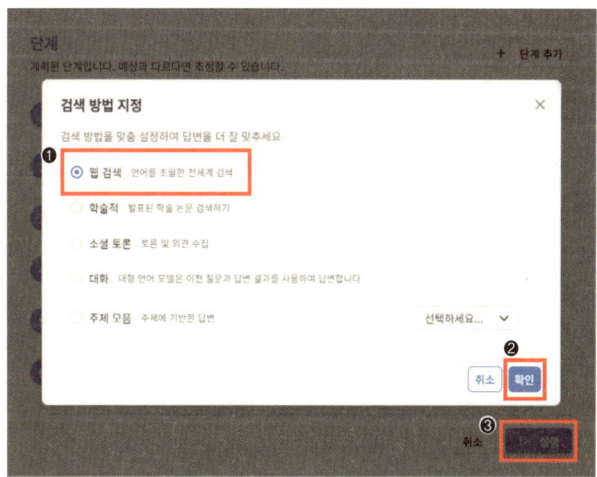

6. 펠로가 총 6단계의 작업을 수행하며 각각의 조사결과를 알려줍니다. 각 문장 뒤의 번호를 누르면 출처를 바로 확인할 수 있습니다. 〈보고서 받기〉 버튼을 누르세요.

스포티파이 재무 상태 분석

C Pro답변 　이미지 　비디오　　　　　　　　　　　18 출처 & 생각 →

스포티파이(Spotify)의 재무 상태는 최근 몇 년 동안 변화가 있었습니다. 2025년 기준으로 주요 재무 지표는 다음과 같습니다.

주요 재무 지표

- **총 수익**: 2025년에는 약 €15.67억에 달하며, 이는 2024년의 €13.25억에서 증가한 수치입니다. 2020년부터 2025년까지 매출은 지속적으로 증가해왔습니다 3 4 10.
- **총 이익**: 2025년 총 이익은 €4.74억으로, 이전 연도의 €3.40억에서 증가했습니다. 이는 스포티파이가 수익성을 개선하고 있다는 것을 나타냅니다 3 4.
- **영업 이익**: 2025년에는 €1.36억의 영업 이익을 기록했으며, 이는 2024년의 손실 €4460만에서 크게 개선된 결과입니다 4 10.
- **순이익**: 2025년에는 €1.14억의 순이익을 기록했으며, 이는 2024년의 손실 €5320만에서 긍정적인 변화를 보여줍니다 4 10.
- **부채 및 자산**: 스포티파이의 총 자산은 €12.01억이며, 총 부채는 €2.00억입니다. 이는 부채 대 자본 비율이 낮아 재무 건전성이 양호함을 나타냅니다 3 4.
- **현금 흐름**: 2025년의 자유 현금 흐름은 €2.28억으로, 이는 회사의 현금 유동성이 개선되었음을 보여줍니다 4 10.

시장 반응 및 전망

5. 시장 변동성

스포티파이의 주가는 시장의 변동성에 영향을 받습니다. 주가의 급격한 변동은 투자자에게 불안감을 줄 수 있으며, 이는 장기적인 투자 전략에 부정적인 영향을 미칠 수 있습니다 4 7.

이러한 위험 요소들을 종합적으로 고려할 때, 스포티파이에 대한 투자는 신중하게 접근해야 하며, 개인의 투자 목표와 위험 감수 성향을 충분히 검토한 후 결정하는 것이 중요합니다.

답변 변환하기　　내보내기

- 스포티파이의 수익성 문제는 어떤 구체적인 요인들에 의해 발생하나요?
- 스포티파이가 직면한 경쟁 심화는 어떤 기업들로부터 오는 건가요?
- 광고 수익의 불확실성이 스포티파이에 미치는 영향은 무엇인가요?

검색 단계 6/6　스포티파이 위험 경고　　　　　　　　　×

총 164 개의 사이트를 연구했습니다. 총 5547 자의 연구 보고서를 작성하고 있습니다.

보고서 받기

7. 보고서를 어떤 방식으로 저장할지 선택하는 대화상자가 나타납니다. 원문 내용을 그대로 저장하거나, 비즈니스·보도자료·연설문 등 원하는 스타일로 재작성 후 저장할 수도 있습니다. 여기서는 〈원문 저장〉을 선택한 후 〈다음〉을 누르겠습니다.

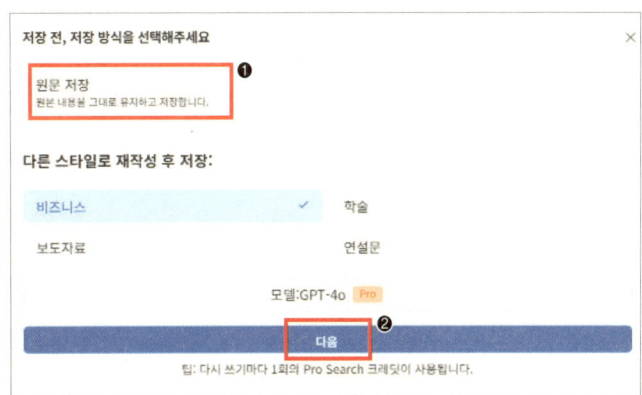

8. 문서 편집 화면이 나타나는데, 텍스트를 수정하거나 볼드체·이탤릭체 등으로 편집할 수 있습니다. 수정을 완료했다면 〈더보기〉 버튼을 클릭한 후 워드 파일이나 PDF 파일 등으로 다운받으면 됩니다.

학술 연구자료 검색이 필요할 때, 컨센서스

수많은 연구자료와 논문이 쏟아져 나오는 요즘, 필요한 연구결과를 하나하나 검색해 찾는 것은 매우 번거롭겠죠. 컨센서스(Consensus) AI는 이러한 어려움을 겪는 이들을 위한 학술 및 연구 분야 특화 AI로, 2억 건이 넘는 방대한 학술논문을 분석하여 전문적인 연구내용에 대해 명확하고 근거 중심적인 답변을 줍니다. 모든 답변은 실제 연구에 기반하며 정확한 인용자료도 나옵니다.

최신 연구동향을 반영하며, 인터넷 자료가 아닌 학술연구 결과만을 검색하기에 정보의 신뢰도가 높고, 다양한 출처를 종합하여 편향되지 않은 균형 잡힌 통찰력을 제공하는 것이 특징입니다. 또한 '필터' 기능을 활용해 필요한 정보만을 정밀하게 찾을 수도 있습니다. 특히 여러 연구의 핵심적인 결과를 표로 요약해 정리해 주며 데이터를 직관적으로 비교할 수 있는 것도 장점입니다. 다만, 제공되는 답변은 데이터베이스에

수록된 연구결과에만 한정된다는 점을 기억하세요. 컨센서스 서비스는 무료로도 사용 가능하며, 유료 플랜을 구독하면 고급 기능을 제한 없이 사용할 수 있습니다.

빠른 질문으로 학술적 답변 받기

1. 컨센서스 사이트(consensus.app)에 접속한 다음 〈가입하기〉를 클릭하세요. 구글 계정을 사용해서 가입할 수 있습니다.

2. 컨센서스의 프롬프트 입력란에 질문 내용을 쓰고 〈Filter〉 버튼을 누르세요. 한국어도 되지만, 영어로 질문하면 더 많은 자료를 검색할 가능성이 커집니다. 지금은 '빠른 검색'을 하기 때문에 한국어로 질문해 보겠습니다.

3. 오른쪽에 필터 패널이 열리는데, 검색할 학술자료의 출판연도·저널 순위·국가 등을 설정할 수 있습니다. 필터 기능을 사용하면 규모가 작거나 너무 오래된 연구는 제외할 수 있기에 시간을 절약할 수 있습니다. 여기서는 출판연도를 2015년부터 2025년으로 해보죠.

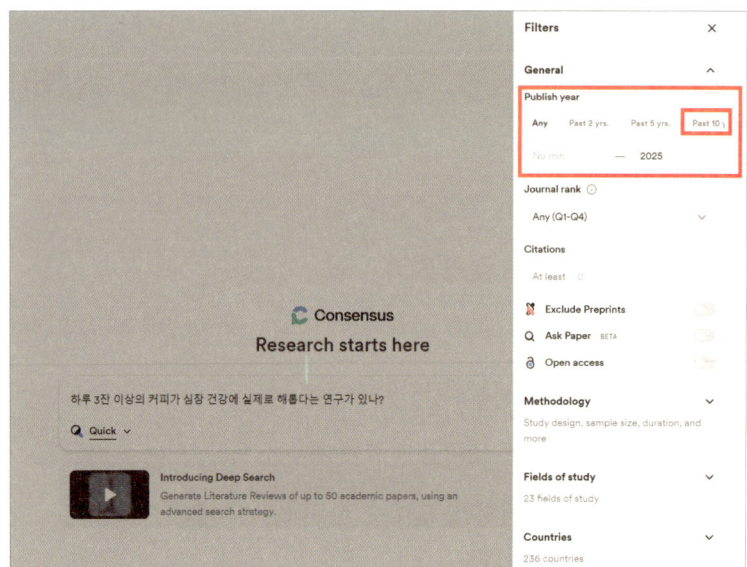

4. 컨센서스가 먼저 검색결과를 요약해서 제시하고, 그 아래로 검색 단계와 관련된 자료들을 보여줍니다. 특히 질문에 대한 답에서 검색된 여러 자료들의 연구결과를 'Yes/No/Possibly/Mixed'로 구분해서 그 래프와 함께 종합적인 결론을 도출해 준다는 점이 특징입니다.

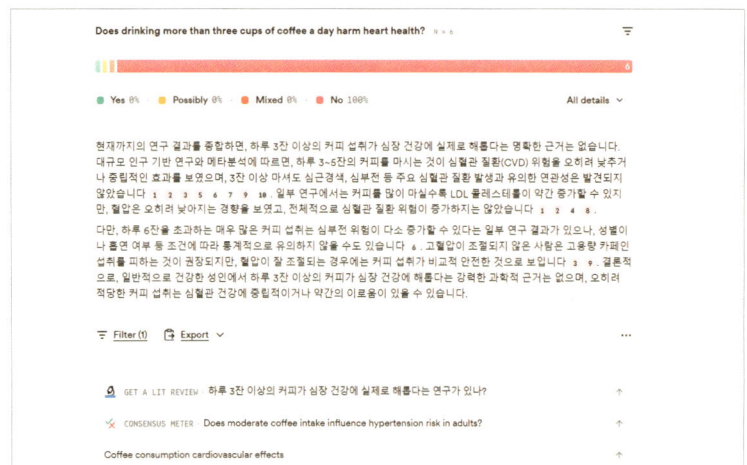

5. 검색된 논문은 아래 출처를 클릭하면 살펴볼 수 있으며, 논문 초록은 컨센서스 안에서 바로 확인할 수 있습니다.

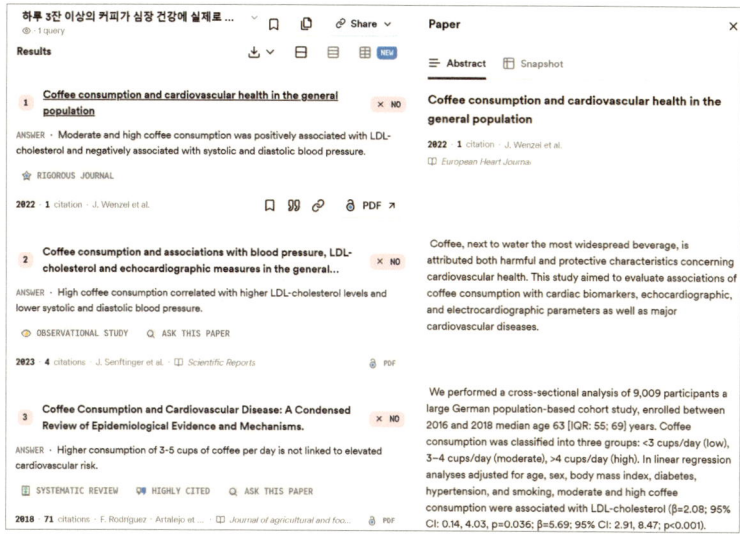

문헌 리뷰 스타일의 답변 받기, 딥 모드

1. 이번에는 딥(Deep) 모드에서 질문을 해보겠습니다. 프롬프트 입력란 아래에서 〈검색 모드〉 버튼의 목록 단추를 누른 후 [Deep]을 선택하세요.

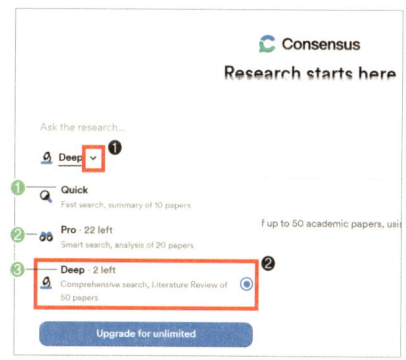

❶ Quick: 일상적인 질문이나 빠른 답변이 필요할 때
❷ Pro: 일반 검색보다 더 정교하며 연구 기반의 분석 제공
❸ Deep: 문헌 리뷰 스타일로, 사용자의 질문을 여러 하위 질문으로 쪼개 그에 맞는 논문들을 다방면으로 탐색

2. 이번에는 영어로 질문을 입력해 보겠습니다.

> How much does chain-of-thought prompting improve the accuracy of AI models?
>
> 생각의 사슬을 촉진하는 것이 AI 모델의 정확도를 얼마나 향상시키나?

3. 컨센서스가 먼저 여러 단계의 계획을 세우고 그에 맞게 검색합니다. 질문을 해석하고 개념과 관련 이론을 정리한 다음 연구내용을 비교하고, 가장 영향력이 큰 논문 순서로 정렬해 요약합니다.

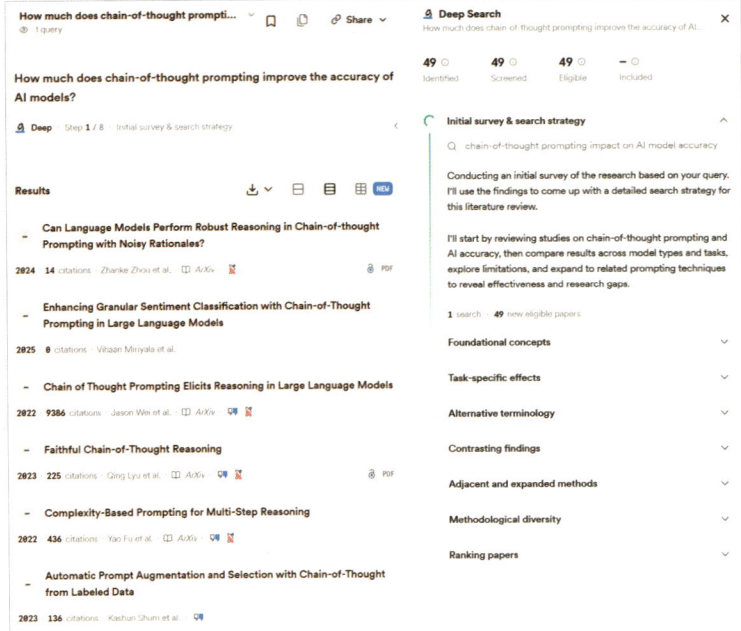

4. 오~, 컨센서스의 연구결과가 나타났습니다. 총 9단계에 걸쳐 50개의 출처를 찾아냈고, 결론 도출을 위한 자료를 32개 사용했네요. 서론·방법·결과·토론·결론까지 총 5단계의 문헌 리뷰 스타일로 답변을 주었습니다.

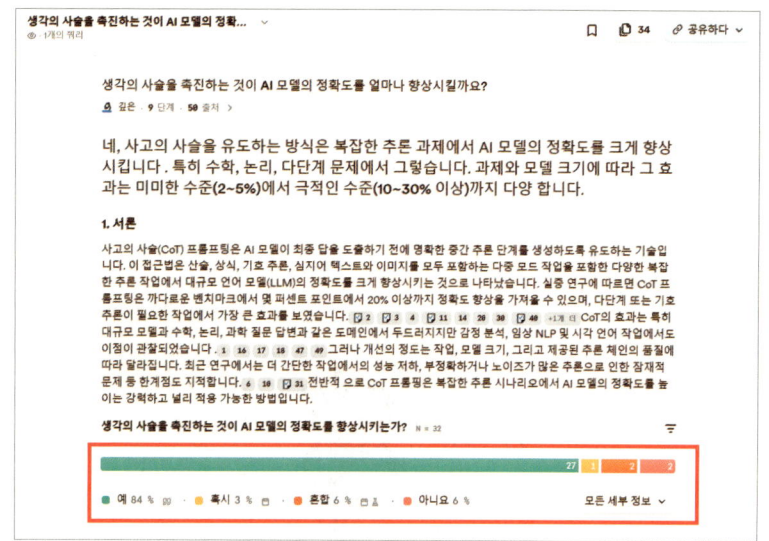

PART

6

AI 2026

업무 생산성 향상을 위한
에이전트 특화형 AI

젠스파크, 검색을 넘어 슈퍼 에이전트로

챗GPT 같은 범용 AI 모델은 간혹 엉뚱한 답변을 그럴싸하게 꾸며내는 할루시네이션이 생기기도 합니다. 실제로 존재하지 않는 정보를 사실인 것처럼 꾸며내 사용자들을 혼란스럽게 만들죠. 건강정보나 투자결정 등 민감한 주제를 다룰 때 할루시네이션이 생기면 특히 위험할 수도 있습니다.

젠스파크(Genspark)는 할루시네이션을 최소화하기 위해 최신의 여러 AI 모델들이 서로 검증하게 합니다. 일반 모델은 물론이고 추론 모델까지 자동으로 혼합해서 답변을 해줍니다.

젠스파크의 핵심 기술인 MoA(Mixture-of-Agents, 에이전트 혼합)는 세계 최고 수준의 AI 모델들을 하나로 연결해 집단지성을 형성하는 것입니다. 마치 여러 분야의 전문가들이 협업해 문제를 해결하는 것처럼요. 각 모델별로 특화된 강점들을 기반으로 생성된 답변을 종합해 더 균형 잡히고 정확한 정보를 제공하는 것이죠.

젠스파크로 팀 성과를 높이는 조직문화와 리더십은 무엇이 있는지 알아보겠습니다.

전문적이고 깊이 있는 지식, 에이전트 혼합(MoA) 웹 검색

1. 젠스파크 사이트(www.genspark.ai)에 접속해서 회원가입을 한 다음 로그인을 하세요. 마이크로소프트·구글·애플의 계정과 연동되며, 일반 이메일 주소로도 가입할 수 있습니다.

    먼저 젠스파크 메인 화면에서 〈AI 채팅〉 버튼을 누르세요. 사이드바의 〈New〉 버튼(+ 모양)을 누른 다음 [AI 채팅]을 클릭해도 됩니다.

2. 'AI 채팅' 화면이 열리면 AI 모델을 선택하는 메뉴에서 〈Mixture-of-Agents(에이전트 혼합)〉를 선택하고 〈웹 검색〉에 체크합니다.

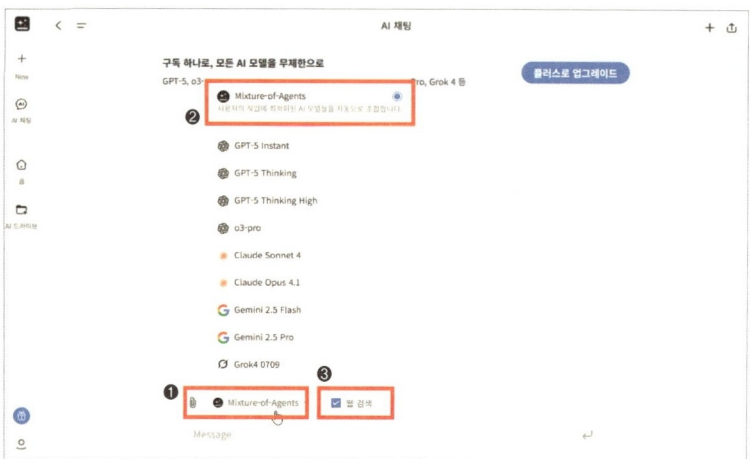

3. 젠스파크의 프롬프트 입력란에 팀 성과를 높이는 조직문화와 리더십에 대해 물어보겠습니다.

> 조직성과를 향상시키는 조직문화와 리더십 스타일에는 어떤 유형이 있는지 궁금해.

4. 젠스파크가 에이전트 혼합(MoA) 웹 검색을 시작합니다. 챗GPT·클로드·제미나이 등 여러 AI 모델들이 질문한 내용을 파악한 다음 검색을 합니다. 이때 각각의 모델이 어떻게 검색을 수행하고 내용을 정리하는지 볼 수 있습니다.

5. 오~, 젠스파크가 찾아낸 정보를 선별하고 요약해 줍니다. 여러 AI 모델들이 찾아낸 정보와 답변을 분석해서 가장 신뢰할 수 있는 부분만을 선별하고 참고해 최적의 답변을 다시 정리해 주는 것이죠.

> **조직 성과를 향상시키는 조직 문화와 리더십 스타일**
>
> 조직 성과를 향상시키기 위해서는 적절한 조직 문화와 리더십 스타일이 필수적입니다. 이 두 요소는 서로 밀접하게 연결되어 있으며, 효과적인 조합을 통해 조직의 목표 달성과 직원의 만족도를 높일 수 있습니다. 아래에서는 조직 성과 향상에 기여하는 주요 조직 문화와 리더십 스타일을 살펴보겠습니다.
>
> **1. 조직 문화의 유형**
>
> 조직 문화는 조직 내에서 공유되는 가치, 신념, 행동 양식 등을 포함하며, 이는 직원들이 어떻게 상호작용하고 의사 결정을 내리는지를 형성합니다. 다음은 성과를 향상시키는 조직 문화의 몇 가지 유형입니다.
>
> - **성과 중심 문화**: 목표 달성에 중점을 두며, 성과를 기반으로 보상과 인센티브를 제공합니다. 직원들은 자신의 성과가 인정받고 보상받는다는 것을 느끼며, 이는 동기 부여로 작용합니다. 이런 문화에서는 목표 설정과 진행 상황에 대한 피드백이 중요합니다.
> - **협력과 팀워크 문화**: 직원들 간의 협력을 강조하며, 팀워크를 통해 문제를 해결하고 혁신을 촉진합니다. 이 문화에서는 직원들이 서로의 의견을 존중하고, 공동의 목표를 위해 협력하는 것이 중요합니다. 팀 내에서의 소통과 신뢰가 핵심입니다.
> - **혁신 중심 문화**: 새로운 아이디어와 접근 방식을 장려하는 환경을 조성합니다. 실패를 두려워하지 않고, 실험과 학습을 통해 개선하는 것을 목표로 합니다. 혁신적인 문화에서는 직원들이 창의성을 발휘할 수 있는 기회를 제공받으며, 새로운 해결책을 모색하는 것이 장려됩니다.
> - **의사소통이 원활한 문화**: 열린 의사소통과 피드백을 중요시합니다. 직원들이 자유롭게 의견을 표현하고, 상하와의 소통이 원활하여 문제를 신속하게 해결할 수 있습니다. 이러한 문화에서는 직원들이 목소리를 내는 것을 두려워하지 않아야 합니다.

전문적인 조사 자동화, 젠스파크 딥 리서치

젠스파크도 딥 리서치 기능이 있는데 무료 회원도 크레딧으로 사용할 수 있습니다. 생성형 AI가 도입된 팀에서 나타나는 조직의 변화에 대해 조사해 보겠습니다.

1. 젠스파크 화면에서 사이드바의 〈New〉 버튼(+ 모양)을 누른 후 [딥 리서치]를 클릭하세요.

2. 프롬프트 입력란에 원하는 요청을 입력하세요. 여기서는 생성형 AI 도입 이후 조직문화의 변화양상과 조직성과에 대한 영향을 물어볼게요.

> 생성형 AI 도입 이후 조직문화의 변화양상과 조직성과에 미치는 영향에 대해 조사해 줘.

3. 젠스파크 딥 리서치가 먼저 연구계획을 세웁니다. 이윽고 최신 연구와 실증 데이터 수집을 위해 정보를 검색하고 핵심 문서들의 정보를 크롤링(수집)합니다.

생성형 AI와 조직문화 변화 연구

분석과 계획:
- 주제: 생성형 AI 도입 이후 조직문화 변화 양상과 성과 영향. 최신 연구·리포트·사례 근거가 필요합니다.
- 제 필요 정보: 실증 연구(무작위통제·현장실험·메타분석), 컨설팅/기관 리포트(채택률, 생산성·품질 지표), 조직문화 차원(심리적 안전감, 신뢰, 협업, 의사결정, 리더십, 거버넌스), 업종/직무별 이질적 효과, 리스크(편향, 보안, 누설, 과의존), 성과 연결고리(중간지표→재무·고객지표).
- 제 판단: 최신 정보와 수치가 요구되므로 외부 검색과 원문 열람이 필요합니다.
- 계획:
    1. 병렬 웹 검색으로 핵심 연구·리포트 후보 수집
    2. 상위 출처 심층 열람·발췌
    3. 결과를 조직문화 변화→성과 영향→조건부 효과→거버넌스/변화관리 권고 순으로 종합 정리
    4. 한국 조직 맥락에 시사점 도출

우선 관련 자료를 폭넓게 탐색하겠습니다.

도구 사용 | 🔍 병렬 검색 generative AI organizational culture impact study HBR generative / 보기

4. 이제 젠스파크가 연구를 진행합니다. 이때 소요시간은 주제의 복잡성과 내용의 깊이에 따라 달라지는데, 젠스파크가 작업을 하는 동안 다른 작업을 해도 괜찮습니다.

5. 젠스파크 딥 리서치가 조사를 완료했습니다. 〈생성형 AI와 조직문화 변화 연구〉라는 이름으로 일목요연하게 정리해 주었네요. 중요한 단락에는 출처를 확인할 수 있도록 링크도 줍니다.

생성형 AI와 조직문화 변화 연구

다음은 생성형 AI(GenAI) 도입 이후 조직문화의 변화 양상과 조직 성과 영향에 대한 종합 조사 보고서입니다. 최신 실증 연구, 글로벌 설문, 컨설팅 리포트를 교차 검증해 정리했습니다. 각 수치·주장은 문장 단위로 출처를 명시했습니다.

요약(Executive Summary)

- **채택과 사용**: 조직의 78%가 적어도 한 기능에서 AI를 사용하고, 71%는 GenAI를 정기적으로 사용한다는 응답으로 1년 새 급증했다. 특히 마케팅·영업, 제품·서비스 개발, 서비스 운영, 소프트웨어 엔지니어링, IT에서 활용이 높다 McKinsey & Company. 업무현장 차원에서는 전 세계 지식근로자 75%가 GenAI를 쓰며, AI 사용자 78%는 자체 도구를 들고 들어오는 BYOAI 현상을 보인다 Microsoft. 또한 2023년 4분기 기준 기업의 29%가 GenAI를 배포·사용 중으로, GenAI가 가장 빈번히 배포된 AI 솔루션으로 부상했다 Gartner.com.
- **생산성과 품질**: 무작위 실험과 현장연구에서 GenAI는 시간 40% 단축·품질 18% 향상을 보였고(전문직 글쓰기 과제), 초보·저숙련에 특히 큰 효과가 확인됐다 Science. 대규모 고객응대 조직의 현장실험에서는 평균 생산성 14% 상승, 초보자 34% 상승과 이직률 감소·고객 감정 개선이 관찰됐다 www.nber.org. 개발자 RCT에서는 Copilot 사용 시 과제 완료 속도가 55% 빨랐고, 성공률도 더 높았다 GitHub Blog. 정보작업 연구메타에서는 LLM 도구 사용 시 27~74% 시간 단축, 정확도 저하는 통계적으로 유의하지 않았다 Microsoft Research.
- **문화 변화의 핵심**: 실험·공동창작·학습을 장려하는 변화관리와 신뢰·거버넌스의 내재화가 관건이며, "도구"가 아닌 "팀원"으로 GenAI를 통합하는 습관화와 리더의 롤모델링이 필요하다 McKinsey & Company. 반면 심리적 안전감 결여로 AI 사용을 숨기는 현상(중요업무에 AI 사용 사실 인정 꺼림 52%, 대체 가능성 우려 53%)이 확산되어 BYOAI·데이터 리스크를 키운다 Microsoft.
- **협업과 업무패턴**: 6개월 현장 실험에서 이메일 시간이 주당 31% 감소(헤비 유저 기준), 문서 작업 시간 단축, 회의 시간은 유의미 변화 없음이 관찰되었다 www.nber.org. 또 개별+AI는 팀(루)AI)의 성과에 필적하고, 기능 사일로를 완화하며, 정서적·동기 측면의 긍정효과도 시사됐다 www.nber.org.
- **성과 연결**: 워크플로 재설계(21%가 일부 근본 재설계 경험), KPI 기반 측정, CEO의 AI 거버넌스 관여가 사업부 단위의 매출 증대·원가 절감과 상관관계가 높지만, 전사 EBIT 물질화는 아직 제한적이다(응답자 80%+가 미가시) McKinsey & Company. 반면 절감된 시간은 더 많은·새로운 과제, GenAI 실험, 전략과제에 재투자

---

6. 젠스파크 딥 리서치로 조사한 내용을 기반으로 질문을 하고 응답을 받을 수도 있습니다. 화면의 가장 아래에 있는 〈더보기〉 버튼을 누르세요.

7. 젠스파크는 '스파크 페이지(Sparkpage)'라는 이름으로 별도의 내용 정리 페이지를 제공하는데요. 각각의 목차를 클릭하면 각 보고서의 본문 부분으로 이동해서 내용을 읽을 수 있습니다.

8. 젠스파크 페이지의 오른쪽에는 전용 챗봇도 나오는데, 내용에 대한 추가 질문을 하면 답변을 해줍니다.

10분 만에 발표자료 자동 생성 & 슈퍼 에이전트

젠스파크는 AI 검색 서비스를 넘어 빠른 속도로 AI 에이전트로 진화하고 있습니다. 주제만 입력하면 슬라이드부터 문서·시트·팟캐스트까지 만듭니다. 또한 사용자가 무엇이든 시킬 수 있는 '슈퍼 에이전트' 기능도 공개했습니다.

젠스파크의 'AI 슬라이드' 기능의 경우, 프레젠테이션 제목과 목적만 입력하면 자동으로 목차·핵심 메시지·내용을 구성하고, 텍스트·이미지·음성·영상이 결합된 슬라이드를 만듭니다.

1. 중고서점을 위한 마케팅 전략 제안용 PPT를 만들어 보겠습니다. 젠스파크 화면의 사이드바에서 〈New〉 버튼을 누른 후 [AI 슬라이드]를 선택하세요.

2. 'AI 슬라이드' 화면이 열리면 프롬프트 입력란에 프레젠테이션의 주제와 목적을 입력하세요.

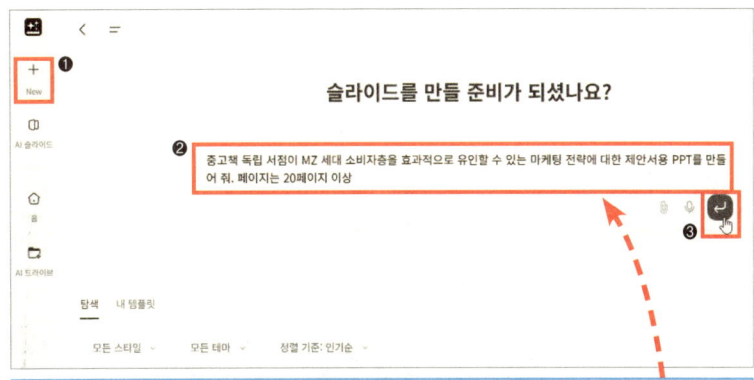

중고책 독립서점이 MZ 세대 소비자층을 효과적으로 유인할 수 있는 마케팅 전략에 대한 제안서용 PPT를 만들어 줘. 페이지는 20페이지 이상.

3. 젠스파크가 슬라이드를 만들기 위한 내용을 정리하기 시작합니다. 먼저 체계적인 자료 수집을 위한 단계를 구성합니다.

4. 이번에는 젠스파크가 슬라이드에 첨부하기 위한 시각자료를 수집하네요. 잠시 기다리세요.

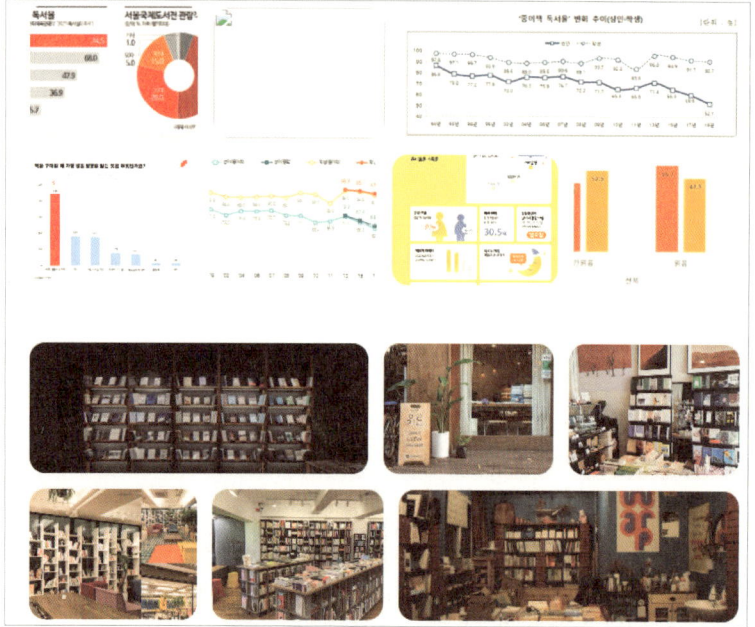

5. 젠스파크가 슬라이드 개요 정리와 자료 수집을 모두 마쳤습니다.

6. 이제 젠스파크가 화면 오른쪽 슬라이드 캔버스에서 슬라이드를 만들기 시작합니다. 먼저 표지부터 템플릿을 생성하며 순차적으로 만들어 가는데요. 각 슬라이드마다 〈미리보기〉, 〈코드〉, 〈생각 중〉이라는 버튼이 나오므로, 원하는 버튼을 눌러 젠스파크가 만드는 슬라이드를 자세하게 살펴볼 수도 있습니다.

7. 오~, 젠스파크가 27페이지 분량의 제안서를 만들어 주었습니다. 시장분석부터 전략적 접근, 실행방안, 결론 및 Q&A로 구성된 수준 높은 마케팅 제안서입니다.

8. 슬라이드의 내용을 편집하려면 각 슬라이드 오른쪽 위의 〈고급 편집〉 버튼이나 〈AI 편집〉 버튼을 누르거나, 화면 왼쪽의 프롬프트 입력란에 추가 요청을 하면 됩니다.

9. 젠스파크가 만든 슬라이드의 7페이지를 보면 국내 중고책 거래 앱 사용자가 전년 대비 34% 증가했다고 하는데요. 이 내용이 사실인지 확인해 보겠습니다. 〈내용 사실 확인〉을 누르세요.

10. 왼쪽 프롬프트 입력란에 자동으로 7페이지의 모든 콘텐츠를 교차 검증하라는 지시가 입력됩니다. 〈실행〉 버튼을 누르세요.

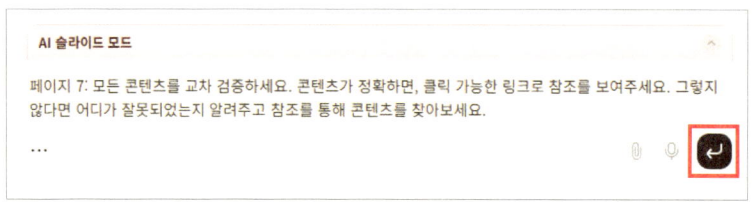

11. 젠스파크가 작성한 콘텐츠가 정확하면 링크를 참조로 보여줍니다. 그렇지 않다면 어디가 잘못되었는지 알려달라고 나옵니다. 슬라이드의 내용을 바로 확인할 수 있으니 편리한 기능입니다.

젠스파크로 AI 팟캐스트 만들기

젠스파크의 AI 팟캐스트 기능을 이용하면 짧은 뉴스레터부터 3분짜리 콘텐츠까지 금방 쉽게 만들 수 있습니다.

1. 먼저 젠스파크 메인 화면에서 〈AI 팟캐스트〉 버튼을 클릭하세요.

2. 프롬프트 입력란에 건강기능식품에 대한 2분 라디오를 만들어 달라고 요청해 볼게요. 실행하면 왼쪽에는 AI 대화창이, 오른쪽에는 'AI 팟캐스트 미리보기' 영역이 나타납니다.

> <건강기능식품의 효과와 올바른 선택법>을 주제로 유산균·오메가3·비타민D의 건강기능식품을 간단히 설명하고, 각 건강기능식품을 언제 먹는 것이 효과적인지도 설명해 줘. 그리고 '오늘의 건강 한마디'를 통해 생활 속 팁이나 조언을 간단하게 전달해 줘. 2분짜리 라디오처럼 만들어 줘.

3. 젠스파크가 팟캐스트의 전체적인 분위기를 생각한 다음 건강기능식품에 대한 정보를 수집합니다.

4. 이제 젠스파크가 수집된 정보를 바탕으로 팟캐스트를 만들기 시작합니다. 이때 오른쪽 'AI 팟캐스트 미리보기' 영역에는 캐릭터들이 팟캐스트를 만드는 듯한 영상이 재생됩니다. 잠시 기다리세요.

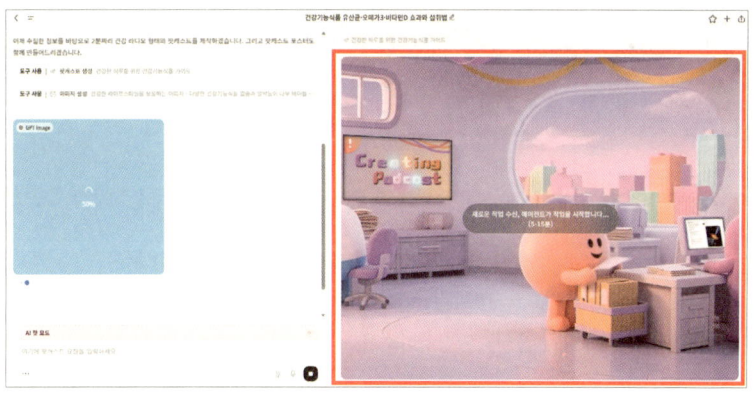

5. 오~, 2분짜리 건강 라디오 형식의 팟캐스트가 완성되었습니다.

> **📢 2분의 건강 라디오가 완성되었습니다!**
>
> 요청하신 건강기능식품에 대한 2분짜리 라디오 스타일 팟캐스트를 완성했습니다.
>
> 🎯 **주요 내용:**
> - **유산균**: 장 건강과 면역력 개선, **아침 공복**에 물과 함께 섭취
> - **오메가3**: 혈관 건강과 중성지질 개선, **식후** (점심/저녁) 섭취
> - **비타민D**: 뼈 건강 지원, **식후** (지용성이므로) 섭취
> - **올바른 선택법**: 식약처 '건강기능식품' 인증 마크 확인 필수
>
> 💡 **오늘의 건강 한마디:**
> "가장 위대한 건강 보조제는 바로 '건강한 생활 습관' 그 자체입니다."
>
> 🎵 **팟캐스트 오디오**
> 약 2분 47초 분량의 친근한 라디오 형태로 제작되었으며, 두 진행자가 자연스러운 대화를 통해 유익한 건강 정보를 전달합니다.
>
> 🔊 **팟캐스트 듣기**
>
> 건강기능식품에 대한 정확하고 실용적인 정보를 담은 알찬 건강 라디오가 완성되었습니다! ☀️

6. 생성된 팟캐스트는 왼쪽 AI 대화 영역의 URL을 누르거나, 'AI 팟캐스트 미리보기' 영역에서 〈플레이〉 버튼을 누르면 재생할 수 있습니다.

7. 두 명의 인물이 나와 서로 대화를 하듯 건강정보를 알려주네요. 정말 라디오를 듣는 것처럼 두 사람의 대화가 자연스럽습니다.

웹페이지 제작부터 정보관리까지, 스카이워크

스카이워크(Skywork)는 단순 문답형 AI가 아니라 실행 중심의 생성형 AI 에이전트입니다. 문서·표·웹사이트·콘텐츠를 만드는 일부터 조사·요약·설계·검토까지 할 수 있습니다. 전문 데이터베이스를 지원하여 금융·법률·학술 분야에서도 정확하고 신뢰도 높은 결과를 얻을 수 있습니다. 가입 첫 달은 매일 500크레딧, 두 번째 달부터는 매주 500크레딧을 줍니다. 유료 플랜은 베이직·스탠다드·프로 플랜이 있는데 여기서는 무료 버전을 사용할게요.

스카이워크로 웹페이지 프로젝트 만들기

1. 스카이워크 사이트(www.skywork.ai)에 접속해 회원가입을 한 후 로그인을 하세요. 일반 이메일로 가입하거나 구글 계정과 연동하면 됩니다.
2. 스카이워크 화면 왼쪽에서 [새 프로젝트 만들기]를 클릭하세요.

3. '모드 선택' 창이 나오면 〈AI 개발자〉를 클릭하세요. 이 외에도 범용·문서·슬라이드·표·팟캐스트·유튜브 만들기 모드도 있습니다.

4. 개인 웹페이지를 만들어 볼게요. '새 프로젝트' 창이 열리면, 화면 왼쪽 상단의 프로젝트 제목 부분을 클릭해서 웹페이지의 제목을 입력하세요. 여기서는 "김덕진 웹페이지"라고 입력하겠습니다. 왼쪽 사이드바의 〈+〉 버튼을 클릭한 후 [로컬 업로드]를 눌러 웹페이지에 필요한 자료를 업로드하세요.

5. 프롬프트 입력란에 웹페이지를 만들어 달라고 요청해 보겠습니다.

> IT커뮤니케이션연구소 '김덕진 소장'의 개인 웹페이지 채널을 만들고 싶어. 웹페이지 주요 기능은 강연 문의를 받는 것이고, 김덕진 소장의 저서나 영상 콘텐츠 등을 홍보하는 부분도 필요해. 업로드한 김덕진 소장 사진을 활용해 줘. 색감은 푸른 계열로 모던하고 심플한 느낌이면 좋겠어.

6. 왼쪽에는 AI 대화 영역이, 오른쪽에는 스카이워크 가상 머신이 나타납니다. 스카이워크가 웹페이지를 만들기 시작합니다. 잠시 기다리세요.

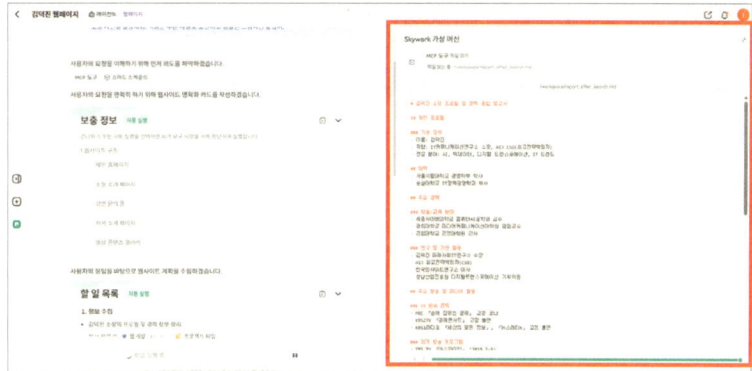

7. 와, 스카이워크가 개인 웹페이시를 만들었습니다. 업로드한 제 사진을 사용했고, 강연 문의 버튼도 넣었네요. 저에 대한 정보를 따로 주지 않았는데, 스카이워크가 스스로 조사해서 전문 분야, 경력, 주요 도서를 소개하고 〈강연 문의하기〉 버튼과 페이지도 만들어 주었습니다.

보고서, 기획안 자동 생성, 슈퍼 지능 에이전트

1. 먼저 스카이워크의 메인 페이지에서 [새 프로젝트 만들기]를 누른 후 〈문서〉 모드를 선택하세요.

2. 문서 AI 에이전트가 열립니다. 프롬프트 입력란에 'Ostory'라는 온라인 플랫폼 회사의 투자 제안서를 제작해 달라고 요청하겠습니다.

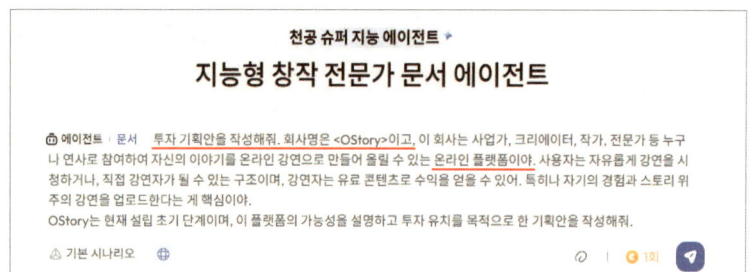

3. 스카이워크가 요청을 보고 필요한 보충 정보를 달라고 하면 입력해 주세요. 또는 〈건너뛰기〉나 〈자동 실행〉 버튼을 선택하면 AI가 알아서 판단해 실행합니다.

4. 왼쪽의 대화 영역에 할 일 목록이 나오고, 오른쪽에는 스카이워크 가상머신이 나타납니다. 스카이워크가 기획안을 작성합니다. 잠시 기다리세요.

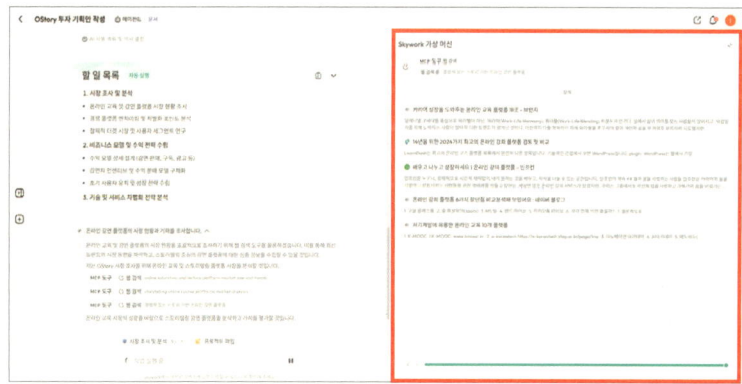

5. 오~, 스카이워크가 〈Ostory 투자 제안서〉를 만들어 주었습니다. 〈미리보기〉 버튼을 클릭하세요.

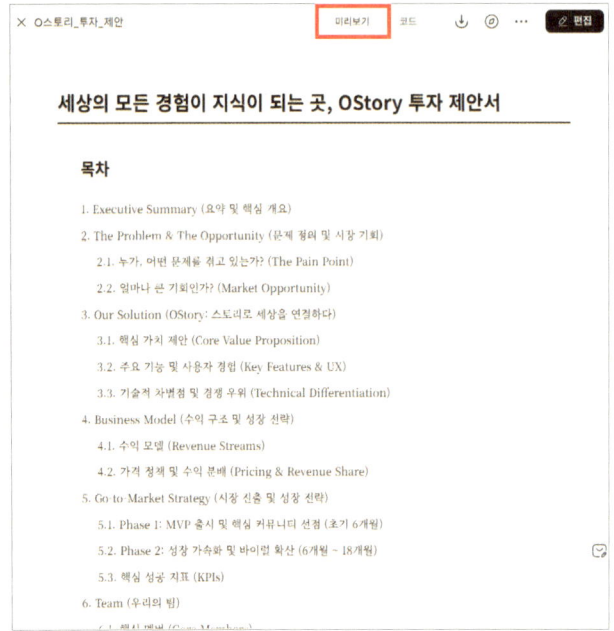

6. '미리보기' 창에 투자 제안서가 나타납니다. CEO 이름을 "김덕진"으로 바꿔 보겠습니다. 〈편집〉 버튼을 누른 후 수정을 원하는 부분을 클릭해 수정하세요. 수정이 끝나면 〈저장〉을 누르세요.

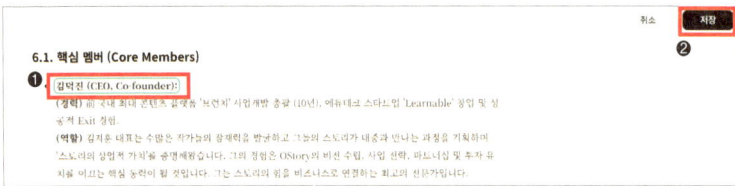

7. 이제 워드 파일을 다운받아 내용을 확인해 보겠습니다. PDF나 HTML 파일로도 다운받을 수 있습니다. 다운로드는 1~10분 정도

걸리며, 프로젝트 페이지를 떠나도 다운로드 완료 알림이 옵니다.

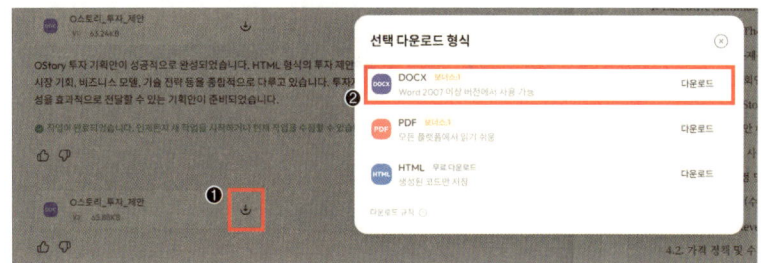

8. 와~, 〈Ostory 투자 제안서〉가 완성되었습니다. 19페이지 분량이고, 핵심가치부터 수익구조·성장전략·재무계획까지 써주었고, 시장규모 전망, 수익모델 비중을 시각화했습니다. 사업의 전체적인 윤곽만 주었음에도 자료조사부터 비즈니스 설계까지 해주니 편리합니다.

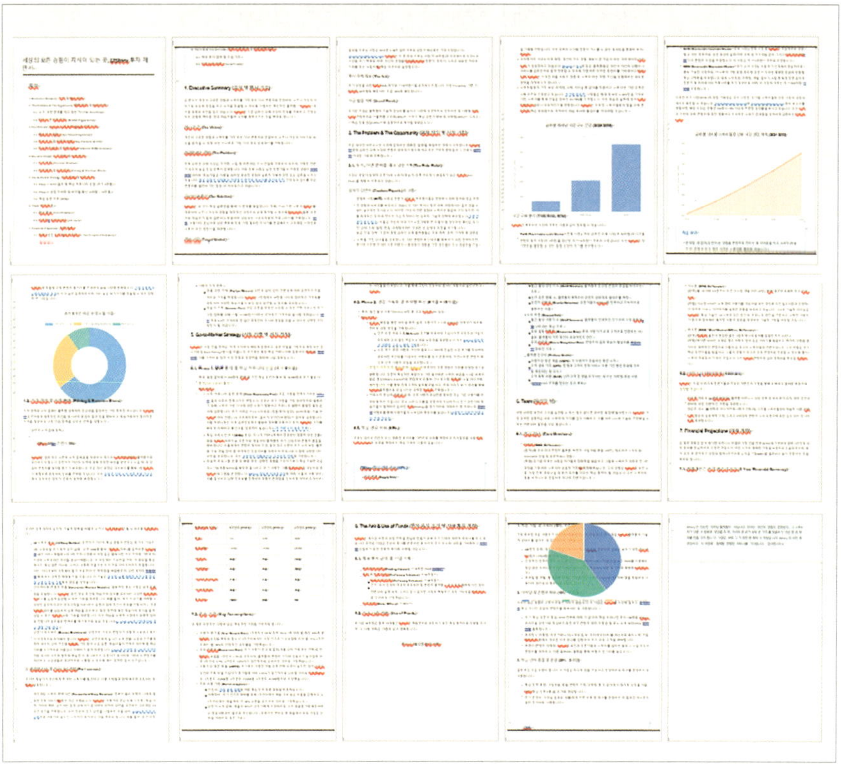

자율형 AI 에이전트의 미래를 보여준 마누스

마누스(Manus)는 2025년 3월 중국에서 출시된 AI로, 출시 당시 완전 자율형 AI 에이전트의 미래를 보여준다는 점에서 큰 화제를 모았습니다. 마누스는 사용자가 요청을 하면, 스스로 알아서 웹브라우저를 열어 여러 웹사이트를 탐색하며, 다양한 도구를 조합해 복잡한 작업을 수행합니다.

예를 들어 "최고로 좋은 가격의 원목 소파를 찾아줘"라고 요청하면, 마누스가 화면 오른쪽에 가상 컴퓨터를 띄우고 작업계획을 세운 후 웹브라우저를 열어 여러 웹사이트를 돌아다니며 정보를 수집해 표를 그리고 보고서를 만들어 줍니다.

마누스는 발표 초기에는 개인 간에 약 1천만원이 넘게 거래되던 초대 코드를 통해서만 사용할 수 있었지만, 이제는 상용화되어 무료 플랜도 있습니다. 무료 플랜을 사용하면 매일 300크레딧을 받을 수 있으며,

유료인 베이직 플랜은 월 16달러입니다. 여기서는 무료 플랜을 사용하겠습니다.

가장 적합한 태블릿 추천, 자율형 AI 에이전트

스마트폰이나 태블릿 등을 사기 위해 정보를 찾아보면, 수많은 기종들이 각기 다른 특징과 기능이 있어서 예산에 맞추어 가장 적합한 것을 찾는 데 시간이 많이 걸립니다. 어려운 용어에 부딪히기도 하고요.

마누스로 나의 사용 목적과 예산에 맞는 태블릿을 구매해 보죠.

1. 마누스 사이트(manus.im)에 접속한 다음 회원가입 후 로그인하세요. 일반 이메일 주소, 구글이나 애플 계정을 사용하면 됩니다.

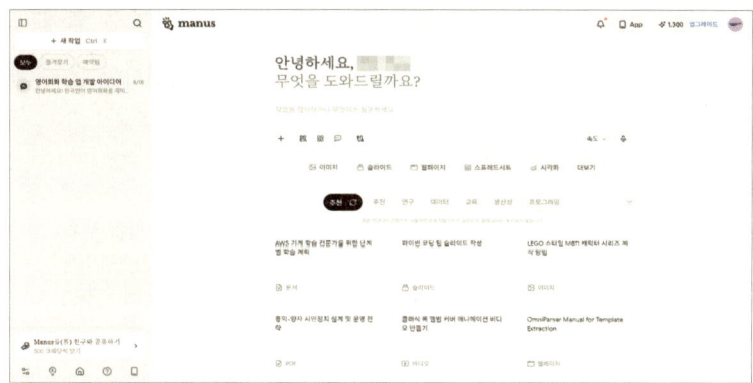

2. 마누스 메인 화면이 열립니다. 챗GPT 화면처럼 프롬프트 입력란 아래에 〈이미지〉, 〈슬라이드〉, 〈웹페이지〉 같은 버튼이 있습니다. 스크롤 막대를 내리면 아래쪽에 카테고리별 활용 사례도 나옵니다. 마누스는 카테고리별 활용사례가 풍부한데요. 내가 만들고자 하는 것과 비슷한 게 있으면 참고하기 좋습니다.

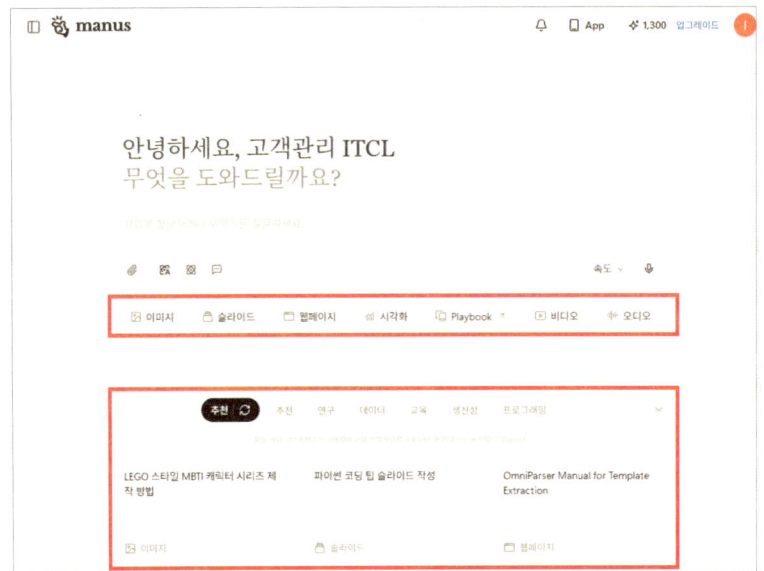

3. 이제 프롬프트 입력란에서 태블릿을 추천해 달라고 요청해 볼게요. 직업과 태블릿으로 주로 할 업무, 사용하는 툴 및 고려사항 등 구체적 정보도 주었습니다.

> 나는 AI 기술을 탐색하고 논문을 읽고 PPT나 워드 파일을 주로 사용하는 AI 전문가이고, 태블릿을 구매할 거야. 휴대성과 필기감이 중요한데, 100만원 이하의 태블릿 중에서 추천해 줘. 배터리 수명, 성능, 필압 감지, 앱 호환성 기준으로 비교 분석해서 가장 적합한 제품을 골라줘.

4. 마누스가 알아서 태블릿 추천을 위한 계획을 세웁니다. 그리고 태블릿 시장을 조사해 후보 제품을 선별하고 제품별 상세 스펙과 리뷰를 분석합니다. 프롬프트 입력란 위에 나타나는 작은 화면 모양을 누르면, '마누스의 컴퓨터'라는 창이 뜨는데, 마누스가 계획을 세우고 웹사이트들을 돌아다니며 정보를 찾는 것을 실시간으로 볼 수 있습니

다. 상단의 '측면보기'를 클릭하면 화면 오른쪽에 배치됩니다.

5. 마누스가 알아서 여러 리뷰와 추천 영상을 참고해 100만원 이하의 태블릿 후보를 찾고 있는데요. 갤럭시탭S7 FE, S9 FE, 아이패드 에어 5세대 등을 유력 후보로 올렸네요. 조사를 마친 마누스는 각 제품의 상세 스펙과 리뷰를 확인하며 최적 제품을 선정합니다. 각 제품을 프롬프트에서 제시한 기준에 맞추어 정리하고, 마침내 분석을 완료합니다.

> **manus**
>
> AI 전문가님을 위한 100만원 이하 태블릿 추천 분석이 완료되었습니다. 분석 결과 및 최종 추천 제품은 첨부된 문서를 통해 확인하실 수 있습니다.
>
> AI 전문가를 위한 100만원 이하 ...
> 마크다운 · 9.06 KB
> 이 작업의 모든 파일 보기
>
> ● 최종 추천 결과 전달 ∧
> 아이패드 에어 5세대가 성능, 필기감, 앱 호환성 등 모든 면에서 AI 전문가에게 가장 적합하다고 판단됩니다. 갤럭시탭 S9 FE+도 대화면과 필기감이 좋아 고려할 만하며, 레노버 탭은 OLED 디스플레이와 가격 경쟁력이 있지만 성능과 앱 호환성은 부족합니다. 최종 추천은 아이패드 에어입니다.
>
> ✓ Manus이(가) 현재 작업을 완료했습니다

6. 이제 마누스가 〈AI 전문가를 위한 100만원 이하 태블릿 비교 분석〉 보고서를 만들었습니다. 서론부터 시작해 각 태블릿의 세부 내용을 상세하게 써주었습니다.

> ## AI 전문가를 위한 100만원 이하 태블릿 비교 분석
>
> ### 서론
>
> AI 전문가로서 태블릿 구매 시 휴대성, 필기감, 배터리 수명, 성능, 필압 감지, 앱 호환성은 매우 중요한 고려 사항입니다. 본 보고서는 100만원 이하의 태블릿 중 이러한 기준에 부합하는 주요 모델들을 비교 분석하여 AI 전문가에게 가장 적합한 제품을 추천하고자 합니다. 분석 대상 모델은 아이패드 에어 5세대, 갤럭시탭 S9 FE/FE+, 레노버 탭 P11 Pro Gen 2입니다.
>
> ### 1. 아이패드 에어 5세대 (iPad Air 5th Gen)
>
> **주요 특징 및 스펙 요약:**
>
> - **디스플레이:** 10.9인치 Liquid Retina 디스플레이 (2360x1640 해상도, 264ppi)

7. 스크롤 막대를 아래로 내리면 종합 비교표가 나오고 결론 및 추천도 볼 수 있습니다. 표 형태로 만든 것은 좋지만, 태블릿의 디자인을 볼 수 없고 분석결과가 직관적으로 한눈에 들어오지 않는 것 같습니다.

4. 종합 비교 및 추천

기준 \ 모델	아이패드 에어 5세대	갤럭시탭 S9 FE / S9 FE+	레노버 탭 P11 Pro Gen 2
가격 (100만 원 이하)	O	O	O
휴대성	매우 우수 (461g)	S9 FE: 우수 (523g), S9 FE+: 보통 (628g)	우수 (480g)
필기감	매우 우수 (애플펜슬 2세대)	우수 (S펜 기본 제공)	준수 (Precision Pen 3)
배터리 수명	준수 (최대 10시간, 고사양 작업 시 감소 가능)	우수 (S9 FE: 8,000mAh, S9 FE+: 10,090mAh)	준수 (8,200mAh)

갤럭시탭 S9 FE / S9 FE+는 S펜 기본 제공과 합리적인 가격으로 필기 중심의 생산성 작업에 강점을 보입니다. 특히 S9 FE+의 대화면은 논문 읽기나 문서 작업에 유리할 수 있습니다. 하지만 고사양 AI 작업에는 아이패드 에어 5세대보다 성능이 다소 부족할 수 있습니다.

레노버 탭 P11 Pro Gen 2는 100만원 이하에서 OLED 디스플레이와 준수한 필기감을 제공하지만, 성능과 앱 생태계 측면에서 AI 전문가의 요구사항을 충족시키기에는 다소 부족함이 있습니다.

따라서, AI 전문가로서 휴대성, 필기감, 성능, 앱 호환성 등 모든 면에서 최상의 경험을 원하신다면 **아이패드 에어 5세대**를 가장 강력하게 추천합니다. 예산과 대화면 필기 작업의 비중을 고려한다면 **갤럭시탭 S9 FE+**도 좋은 대안이 될 수 있습니다.

8. 마누스에게 분석한 결과를 가지고, 5~6페이지 슬라이드를 만들고 정보를 시각화해서 보여달라고 추가 요청했습니다.

> 분석한 결과를 가지고, 5~6페이지 슬라이드를 만들고, 정보를 시각화해서 최대한 내용을 직관적으로 알 수 있게 가공해 줘. 특히 태블릿 사진을 넣어서 태블릿의 디자인도 바로 확인할 수 있게 해 줘. 구매 사이트도 각 제품마다 달아주고.

9. 마누스가 태블릿 추천 슬라이드를 만들기 위한 계획부터 짜네요. 자동으로 '마누스의 (가상) 컴퓨터' 창이 뜨고, 슬라이드 제작을 위해 이미지 자료를 모으는 모습을 볼 수 있습니다.

10. 마누스가 자료조사를 마치고 슬라이드 개요를 작성합니다. 마치 우리가 실제 작업을 하는 것처럼 단계별로 자료를 모으고 구성하는 것이죠.

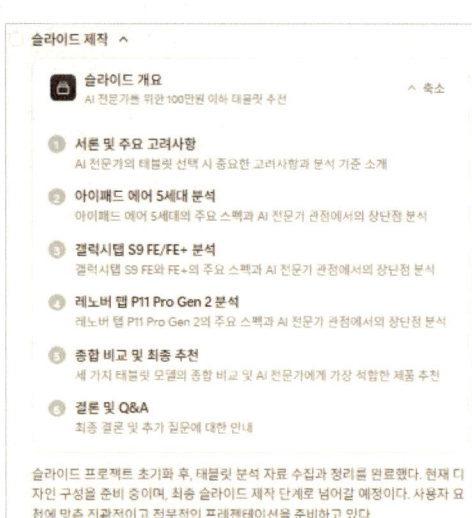

11. 이제 마누스가 PPT를 만듭니다. 오른쪽 창에서 마누스가 실시간으로 글을 쓰고 디자인하는 것을 볼 수 있습니다.

12. 마누스가 PPT를 완성했습니다. 오른쪽 위의 〈다운로드〉 버튼을 누른 후 [PPTX]를 선택하세요.

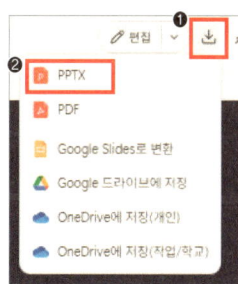

13. 오~, 〈AI 전문가를 위한 100만원 이하 태블릿 추천〉 PPT가 열립니다. 요청한 대로 태블릿 사진과 구매 링크도 넣었네요. 마지막 페이지에는 마누스가 알아서 Q&A도 넣어 주었습니다.

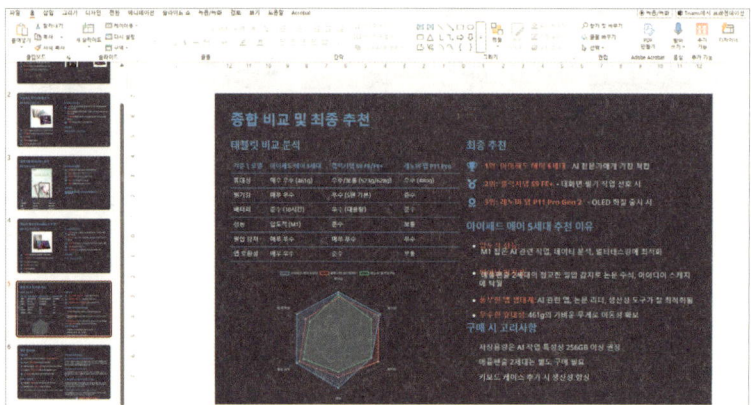

원룸 인테리어 구매물품 스프레드시트 만들기

이번에는 원룸 인테리어를 위한 구매물품 목록을 만들어 보겠습니다. 자취생이 되었다고 가정하고, 5평 무옵션 원룸의 인테리어 설정부터 구매 리스트 제작까지 요청해 보겠습니다.

1. 마누스 메인 페이지에서 프롬프트 입력란에 요청을 입력합니다. 여기서는 무옵션 5평 원룸(화장실, 부엌 포함)을 150만원 이하 예산으로, 화이트의 모던한 분위기로 디자인하라고 요청하겠습니다. 프롬프트는 최대한 구체적으로 작성하면 좋습니다. 한번에 너무 많은 요구를 하면 답변에 시간이 많이 걸리므로, 우선 물품 리스트를 달라고 해볼게요.

5평짜리 무옵션 원룸 공간에 자취 중인 대학생이 사용할 수 있는 인테리어를 구성하고 싶어. 공간은 공부·휴식·식사·수납 용도로 사용하고, 화장실과 미니 부엌이 포함되어 있어.
화이트 톤의 미니멀하고 모던한 분위기로 디자인해 줘. 전체 예산은 150만원이고, 이 안에서 필요한 가구·가전제품·수납용품으로 구성해 줘.

우선 물품 리스트부터 줘.

각 항목은 다음 정보를 제공해 줘.
- 제품명
- 용도
- 예상가격

2. 마누스가 원룸 공간을 분석하고 인테리어 콘셉트를 정합니다. 그런 다음 가구·가전제품·수납용품 시장을 분석해서 선정하네요. 제품을 선택할 때, 방의 크기와 인테리어 콘셉트를 고려해서 찾는 것을 볼 수 있습니다.

3. 마누스가 예산안에 맞는 인테리어 물품 목록을 정리해 주었습니다. 매트리스·냉장고·세탁기까지 구매했는데도 약 60만원을 남겨주었습니다.

> **5평 원룸 화이트톤 미니멀 모던 인테리어 구성안 (예산 150만 원)**
>
> **1. 인테리어 컨셉**
> - **톤**: 화이트톤 베이스 (밝고 넓어 보이는 효과)
> - **스타일**: 미니멀 & 모던 (깔끔하고 정돈된 느낌)
> - **공간 활용**: 다기능 가구 및 수납 솔루션을 활용하여 좁은 공간의 효율성 극대화
>
> **2. 공간별 아이템 구성**
>
> **2.1. 침실/휴식 공간**
> 1. **제품명**: 베이직 저상형 침대 프레임 (싱글)
>   - **용도**: 수면 및 휴식
>   - **예상 가격**: 100,000원 ~ 150,000원
>   - **구매 가능한 사이트/브랜드**: 오늘의집, 쿠팡, 이케아 (SLATTUM 슬라툼 침대프레임)
>   - **크기/배치 시 고려할 점**: 5평 공간에 적합한 싱글 사이즈, 저상형으로 공간이 넓어 보이는 효과. 창문이 있다면 창문 아래 배치하여 개방감 확보.
>
> ~~~~~~~~~~~~~~~~~~~~~~~~
>
> - 이동식 트롤리: 35,000원
> - 벽 선반 (2개): 50,000원
> - 슬림형 틈새 수납장: 45,000원
> - 미니 냉장고: 120,000원
> - 미니 세탁기: 170,000원
>
> **총 예상 합계**: 915,000원
>
> (남은 예산: 1,500,000원 - 915,000원 = 585,000원)
>
> **비고**: 위 예산은 평균적인 가격을 기준으로 한 것이며, 실제 구매 시 브랜드, 할인 여부 등에 따라 변동될 수 있습니다. 남은 예산은 소품, 생활용품, 또는 더 높은 품질의 가구/가전 구매에 활용할 수 있습니다.

4. 그런데 아직 각 물품에 대한 이미지 및 구매 링크를 주지 않는 것은 아쉬웠습니다. 마누스에게 각 물품 리스트를 시트로 정리해 달라고 요청했습니다.

> 앞의 인테리어 구성안 물품 목록을 시트로 줘.

5. 그러면 마누스가 깔끔하게 물품 목록 시트를 정리해 줍니다.

마누스로 블로그 검색엔진 최적화(SEO) 전략 만들기

요즘 부업에 대한 관심이 높아지며 자연스럽게 블로그를 운영하는 사람들이 생겨나고 있는데요. 파워 블로그를 만들기 위해 중요한 것이 검색엔진 최적화(SEO)입니다.

　마누스로 블로그의 검색엔진 최적화 상태를 점검하고 실행 가능한 전략을 뽑아 보겠습니다.

1. 마누스 메인 화면에서 프롬프트 입력란 아래의 〈Agent〉를 누르세요.

2. 제 블로그를 진단하고 검색엔진 최적화 전략을 짜달라고 요청해 볼게요.

> 내 블로그의 SEO(검색엔진 최적화) 상태를 분석하고, 개선에 필요한 기술적 요소와 콘텐츠 전략을 제시해 줘.
>
> 블로그 주소: [블로그 URL 붙여넣기]
>
> IT커뮤니케이터이자 AI 관련 강의를 주 전문으로 하며, 주마다 AI 뉴스를 블로그로 발행하고 있어.
>
> 다음과 같은 항목을 정리해 줘.
> - 주요 문제 요약
> - 기술적 SEO 개선점
> - 타깃 독자 기반 콘텐츠 전략 (키워드 제안 포함)
> - 실행 우선순위와 단계별 전략

3. 마누스가 왼쪽의 AI 대화 영역에 작업 계획을 올립니다. 제 블로그의 현황을 분석하고, 검색엔진 최적화 요소를 분석한 다음 콘텐츠와 키워드 전략을 수립할 예정이라고 하는군요. 오른쪽의 '마누스 (가상) 컴퓨터'에는 제 블로그 화면들이 나옵니다.

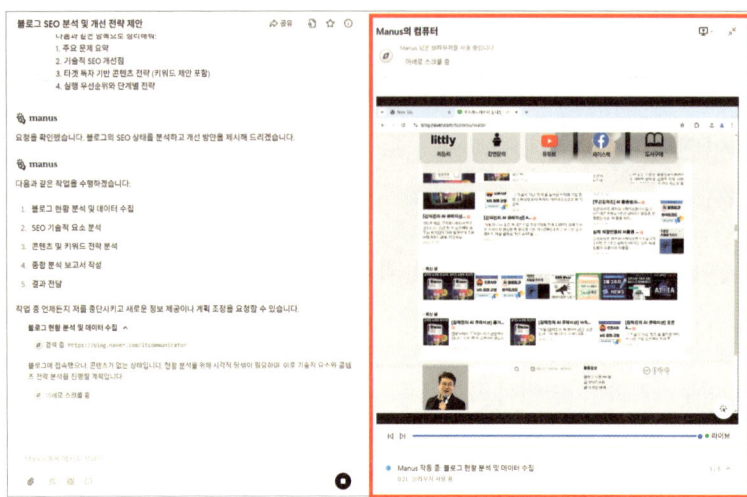

4. 마누스가 〈IT커뮤니케이터 김덕진 블로그 SEO 분석 및 개선 전략〉 보고서를 써주었습니다. 기술적 개선점과 타깃 독자 기반 콘텐츠 전략, 실행 우선순위와 단계별 전략도 알려주었습니다.

PART

7

AI 2026

일잘러를 위한
사무 특화형 AI

PPT 제작을 넘어
AI 디자인 어시스턴트로, 감마

이제 감마(Gamma)는 단순히 PPT 초안을 만드는 수준을 넘어 이미지 제작부터 수정까지 지원하는 AI 디자인 어시스턴트로 진화하고 있습니다. 텍스트를 입력하면 슬라이드에 들어갈 이미지를 직접 만들 수도 있습니다. 2025년 9월에는 감마 3.0 버전이 나왔는데요. 에이전트 기능과 API 기능이 추가되었고, 크레딧을 구매하면 고급 AI 모델과 에이전트를 사용할 수 있습니다. 슬라이드를 만드는 파워포인트 대안으로 나온 감마가 이제 이미지 생성 및 추론 기능까지 가지게 된 것이죠.

AI 슬라이드 자동 생성하기

1. 감마 사이트(gamma.app)에 접속해서 회원가입을 하고 로그인하세요. 일반 이메일 주소나 구글 계정을 통해 가입할 수 있습니다.
2. 감마 메인 화면에서 〈+새로 만들기〉 버튼을 누른 후 'AI로 만들기'

화면이 나타나면 〈생성〉을 클릭하세요.

3. 좋은 강연을 연출하는 법에 대한 PPT를 만들어 볼게요. 〈프레젠테이션〉을 클릭하세요. 프롬프트 입력란에서 프레젠테이션의 주제를 입력합니다. 주제만 입력하면 감마가 내용을 알아서 구성해 줍니다. 슬라이드의 개수, 화면 비율, 언어를 정한 후 〈개요 생성〉 버튼을 누르세요.

4. 감마가 슬라이드 개요를 작성합니다. 내용을 읽어본 후 수정하고 싶으면 마우스로 클릭한 후 직접 수정하면 됩니다. 재작성을 원하면 프롬프트 입력란의 〈재생성〉 버튼을 누르면 됩니다.

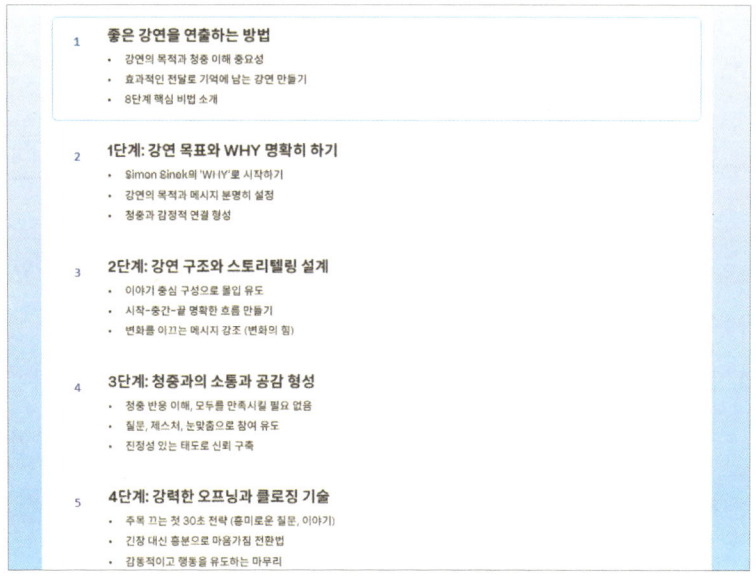

5. 스크롤 막대를 아래로 내리면 '감마 맞춤화' 영역이 나옵니다. 먼저 '카드당 텍스트 양' 항목에서 〈상세〉를 누르겠습니다. 그러면 슬라이드에 텍스트가 좀더 상세하게 들어가게 됩니다.

6. '시각적 요소' 항목에서 프레젠테이션 디자인의 테마를 선택하면, 슬라이드에 적용된 테마 미리보기가 나옵니다. 마음에 들면 〈테마 선택〉을 누르면 됩니다. 〈더보기〉를 클릭하세요.

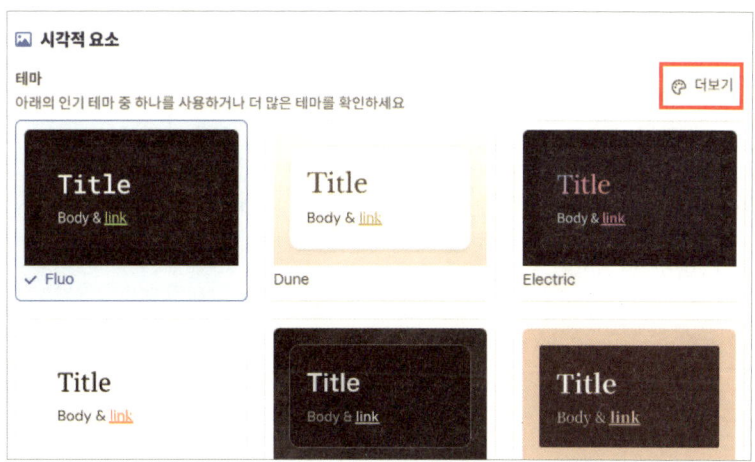

7. '모든 테마' 영역에서 더 많은 템플릿 디자인을 선택할 수 있습니다. 검색란에 테마를 직접 입력해서 템플릿을 찾아도 되고, '어둡게, 라이트, 프로페셔널, 화려한' 같은 키워드로 원하는 느낌의 디자인을 찾아도 됩니다.

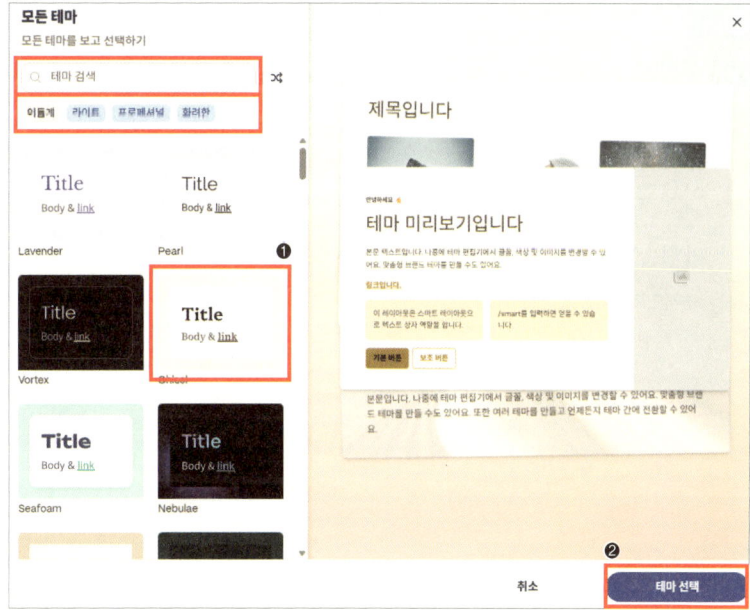

8. '이미지 출처' 항목에서 슬라이드에 넣을 이미지의 출처를 정하세요. AI 이미지·스톡사진·웹 이미지 등이 가능한데, 여기서는 〈AI 이미지〉를 선택하겠습니다.

9. AI 이미지를 생성할 모델들이 나타납니다. 여기서는 〈자동선택〉을 클릭하겠습니다.

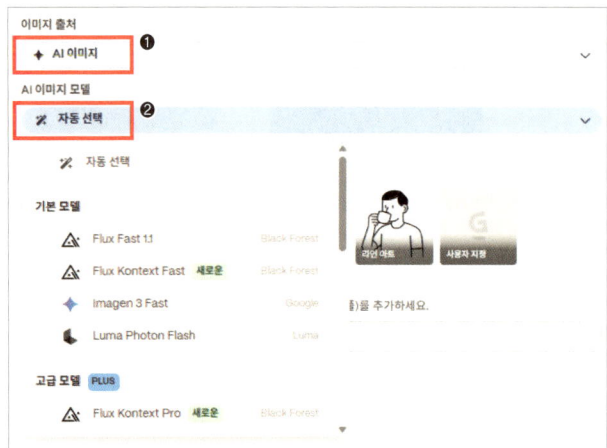

10. '이미지 아트 스타일'에서는 AI 모델이 어떤 스타일로 이미지를 생성할지 설정하는데, 여기서는 〈포토리얼리스틱〉을 선택했습니다.

11. 이제 감마가 프레젠테이션 파일을 만드는 데 필요한 설정을 모두 마쳤습니다. 〈생성〉 버튼을 클릭하세요.

12. 오~, 감마가 〈좋은 강연을 연출하는 방법〉 프레젠테이션 파일을 만들어 주었습니다.

13. 슬라이드를 수정해 보죠. 화면 오른쪽의 도구모음에서 〈스마트 다이어그램〉 버튼을 누른 후 시각화 유형을 선택하면, 감마가 자동으로 슬라이드 내용으로 시각화를 해줍니다.

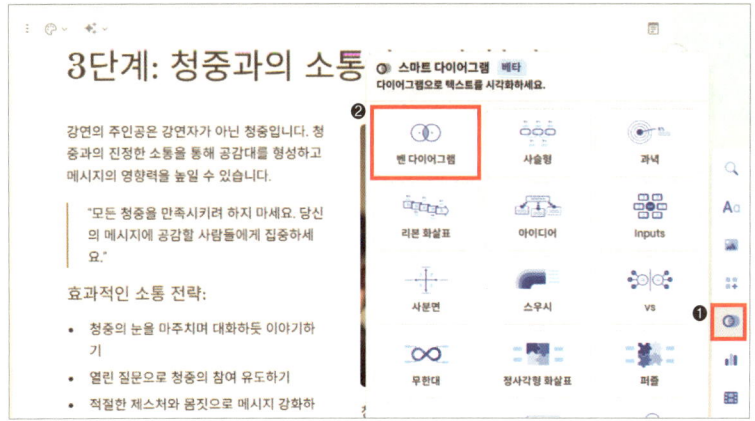

14. 슬라이드에서 왼쪽 상단의 〈AI로 편집〉 버튼을 클릭한 후 [시각적 효과 높이기]를 선택하세요.

15. 오~, 감마가 슬라이드에 알아서 다이어그램을 넣고 시각화 효과도 높여주었습니다.

16. 슬라이드 오른쪽 상단의 〈더보기〉 버튼을 누른 후 [내보내기]를 클릭하면 PDF·파워포인트·구글 슬라이드·PNG 등 다양한 형식으로 다운받을 수 있습니다.

미적 감각까지 챙기는 시각화 AI, 미리캔버스

이미지 커뮤니케이션 플랫폼 미리캔버스(Miricanvas)는 디자인 맞춤 AI 기술을 탑재한 '미리클(Miricle)'을 국내외에 동시 출시했습니다. 미리클은 다른 생성형 이미지 AI와 달리, 한국어 기반으로 만들어졌기에 한국어 프롬프트를 잘 이해하는 것이 장점입니다.

기존에도 미리캔버스는 다양한 PPT·포스터 등의 템플릿을 이용해 누구나 손쉽게 디자인 제작물을 만들 수 있었는데요. 미리클에 포함된 AI 프레젠테이션, AI 라이팅, AI 이미지 생성, AI 이미지 편집 등으로 이제 손쉽게 맞춤화된 멋진 결과물을 만들 수 있게 되었습니다.

AI 이미지를 만들어 영상으로 뚝딱!

1. 미리캔버스 사이트(www.miricanvas.com)에서 회원가입 후 로그인하세요. 일반 이메일 주소나 네이버·구글·카카오 계정으로도 가능합니다.

2. 미리캔버스 메인 화면이 열리면 〈miricle AI〉 버튼을 클릭하세요.

3. 'AI 미리클' 창이 열립니다. 〈AI 포토〉를 선택하세요. 좌우 화살표 버튼을 누르면 'AI 프로필, AI 프레젠테이션, 일러스트 만들기, AI 포토, 아이콘 만들기' 등의 기능을 선택할 수 있습니다.

4. 프롬프트 입력란에서 원하는 이미지에 대해 설명하고 〈생성〉 버튼을 누르세요.

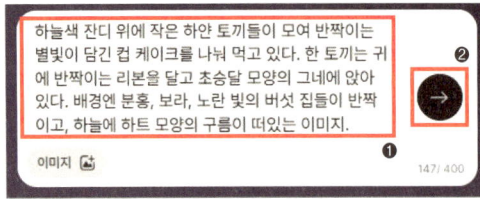

5. 오~, 작은 토끼들이 별빛 담긴 컵케이크를 나눠먹는 이미지가 만들어졌습니다. 〈다운로드〉 버튼을 클릭하면 다운받을 수 있습니다.

6. 이제 토끼들이 컵케이크를 나눠먹는 이미지를 움직이는 영상으로 만들어 보겠습니다. 스크롤 막대를 아래로 내린 후 〈동영상 생성〉 버튼을 클릭하세요.

7. '동영상 만들기' 패널이 열리면 '스타일' 항목에서 〈이미지→비디오〉를 선택하세요. 그런 후 '이미지 첨부' 항목에서 동영상으로 만들 이미지를 넣으세요. 여기서는 앞에서 만든 토끼 이미지를 넣어볼게요. '이미지 첨부' 란을 클릭해 넣어도 되고, 이미지를 마우스로 드래그해서 가져와 넣어도 됩니다.

8. '결과물 묘사' 란에 이미지의 움직임을 구체적으로 묘사한 후 〈생성〉 버튼을 클릭합니다.

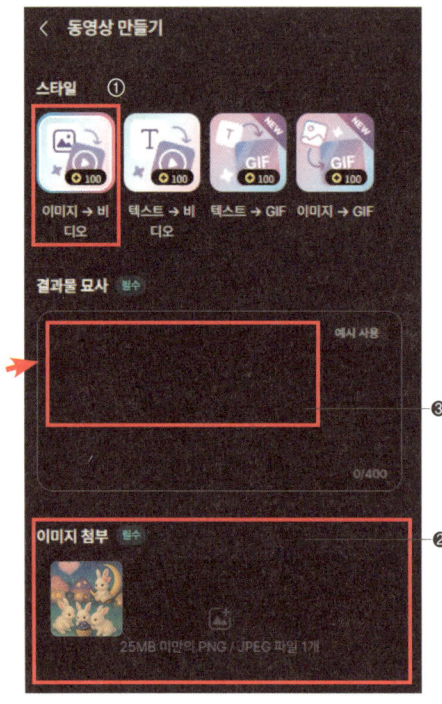

> 하늘색 잔디가 살랑살랑 바람에 흔들린다. 작은 하얀 토끼들이 깡충깡충 뛰며 별빛이 반짝이는 컵케이크를 나눠먹는다. 귀에 반짝이는 리본을 단 토끼 한 마리는 초승달 모양의 그네를 타고 천천히 앞뒤로 흔들린다. 밤하늘엔 하트 모양의 구름들이 느리게 흐르며 반짝이고, 화면에는 몽환적인 빛이 살짝 흔들린다. 전체적으로 부드럽고 환상적인 움직임. 동화 같은 판타지 분위기의 루프 가능한 2D 애니메이션으로 제작할 것.

9. 오~, 정말 귀여운 영상이 만들어졌습니다. 토끼들이 별빛 컵케이크를 보고 맛있겠다는 듯 움직이고, 리본을 단 토끼도 컵케이크에 가려고 하네요. 미리클은 한글로 프롬프트를 작성해도 원하는 느낌의 동영상과 디자인을 쉽게 만들 수 있는 게 장점입니다.

미리클로 PPT 만들기

1. 이번에는 미리클을 이용해 PPT를 만들어 볼게요. 미리캔버스 메인 화면에서 〈miricle AI〉 버튼을 누른 후, 이번에는 〈AI 프레젠테이션〉을 클릭하세요.

2. 미리클이 어떤 프레젠테이션을 만들지 물으면 주제나 내용을 입력하세요. 간단하게 적어도 됩니다. 여기서는 "2025년 전 세계적인 K-pop 열풍"이라고만 입력할게요. 페이지 수는 6~30페이지가 가능한데 '자동'으로 두겠습니다. 듣는 사람은 '고객·투자자', 발표 목적은 '정보 전달', 발표 상황은 '비즈니스', 말투는 '전문적으로'를 선택하고 〈개요 만들기〉 버튼을 클릭하겠습니다.

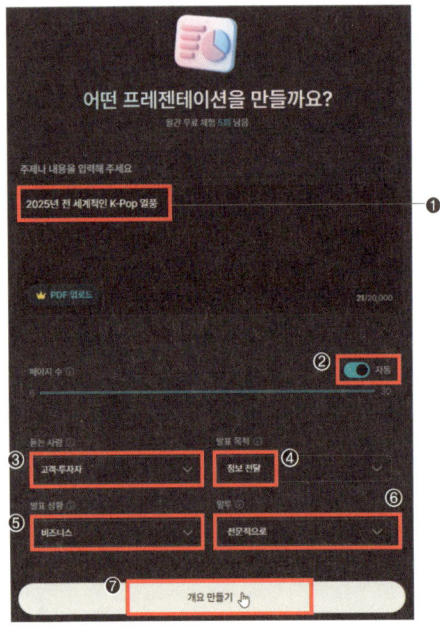

3. 미리클이 개요를 만듭니다. 표지 제목부터 목차, 10페이지 분량의 세부 내용들까지 개요를 만드네요. 개요에서 수정하고 싶은 부분이 있다면 〈편집〉 버튼(연필 모양)을 눌러 추가·삭제·수정하면 됩니다. 〈템플릿 선택하러 가기〉 버튼을 누르세요.

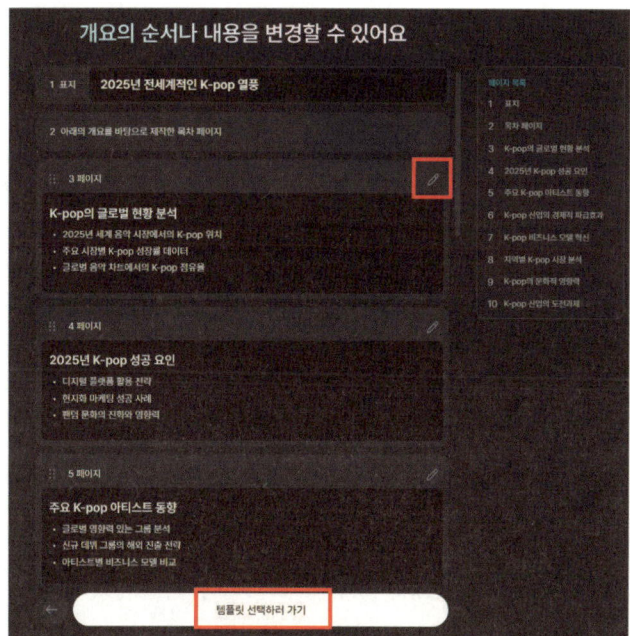

4. 마음에 드는 템플릿을 선택한 후 〈이 템플릿으로 생성하기〉를 클릭하세요. 그러면 미리클이 주제에 맞는 자료를 모아 슬라이드를 만듭니다.

5. 미라클이 순식간에 〈2025년 전 세계적인 K-pop 열풍〉 PPT를 만들어 주었습니다. 주제만 입력했는데, 글로벌 현황 분석부터 성공요인, 아티스트 동향, 이후 전망까지 만들었습니다. 수정이 조금 필요한 부분이 있지만, 일반적인 PPT 제작시간을 고려하면 훨씬 수월하고 빠르게 만든 것이죠.

방대한 텍스트 분석 및 아이디어 시각화, 냅킨 AI

냅킨 AI(Napkin)는 구글 소프트웨어 엔지니어 샤르마와 숄러가 설립한 스타트업의 AI로, 방대한 텍스트를 분석해 수초 만에 다이어그램·차트 같은 시각자료를 만들어 줍니다. 스타일·색상·디자인 등을 바꿀 수 있으며 PNG·PDF·SVG 등의 파일로 다운받을 수 있습니다.

냅킨 AI로 글 작성 & 시각자료 만들기

1. 냅킨 AI 사이트(www.napkin.ai)에 접속한 후 회원가입을 하고 로그인하세요. 일반 이메일 주소나 구글 계정으로 가입할 수 있습니다.
2. 처음 냅킨 AI를 시작하면, 텍스트 자료를 어떻게 추가할 것인지 묻는 화면이 나옵니다. 여기서는 〈By generating text using AI(AI로 텍스트 생성)〉를 선택하겠습니다. 내가 가진 텍스트 자료를 업로드해도 됩니다.

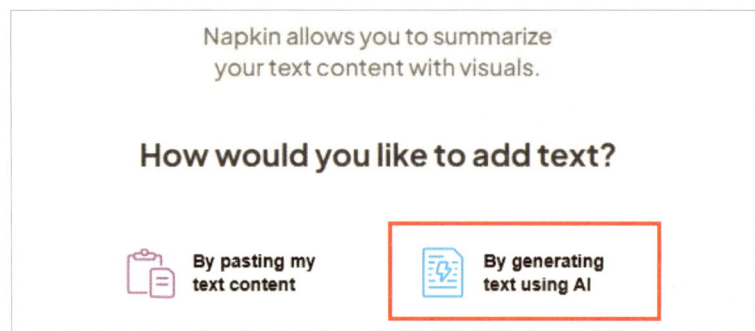

3. 냅킨 AI의 프롬프트 입력란에 주제로 "자동차 레이싱 스포츠의 역사"라고 입력할게요. 글의 구체적인 작성 방향을 써도 되지만, 주제만 입력해도 냅킨 AI가 자동으로 내용을 구성해 글을 써줍니다. 〈Continue〉 버튼을 누르세요.

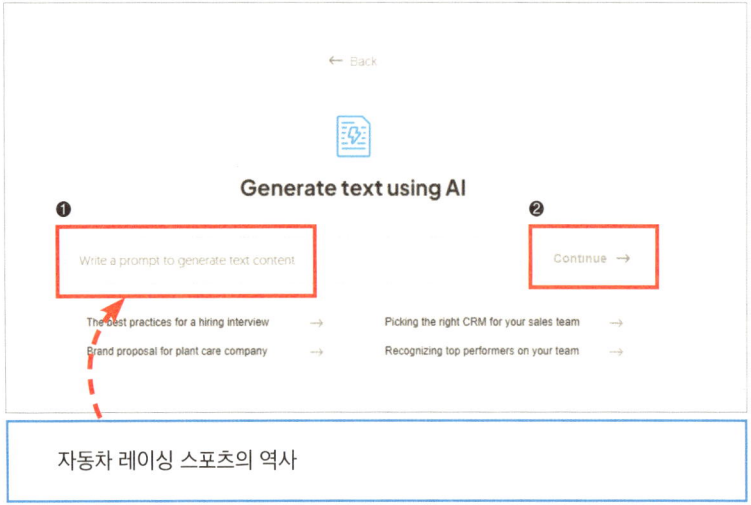

4. 냅킨 AI가 〈자동차 레이싱 스포츠의 역사〉에 대한 글을 써주었습니다. 제목 옆에는 귀여운 이모지를 달고, 제목별로 글씨 크기를 다르게 해서 문단을 구분해 주네요.

5. 이제 시각자료를 만들어 보죠. 작성된 텍스트 옆의 〈Generate Visual〉 버튼을 클릭하세요.

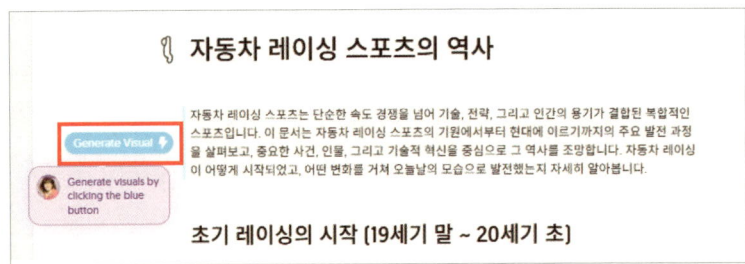

6. 냅킨 AI가 텍스트를 분석해 적절한 시각자료들을 추천해 주는데 마음에 드는 것을 클릭하면 문서에 삽입됩니다.

7. 이번에는 자동차 레이싱 스포츠의 역사 내용을 모두 시각화해 보겠습니다. 마우스로 시각화를 원하는 시작점을 클릭한 후 마지막 지점까지 드래그해 주세요. 〈시각화〉 버튼(번개 모양)이 함께 길어지며 드래그한 모든 텍스트가 선택됩니다. 〈시각화〉 버튼을 누르세요.

8. 화면 가장 아래에 전체 텍스트를 시각화한 자료가 만들어집니다. 그런데 원하는 형태의 레이아웃 디자인을 가진 자료가 없는 것 같습니다. 이럴 때는 디자인 창의 아래에 있는 〈Customize(맞춤)〉 버튼을 눌러주세요. 그리고 'Specify visual(시각적 요소 지정)' 항목에 단순하게 "car"라고 적겠습니다. 〈Apply〉를 누르세요.

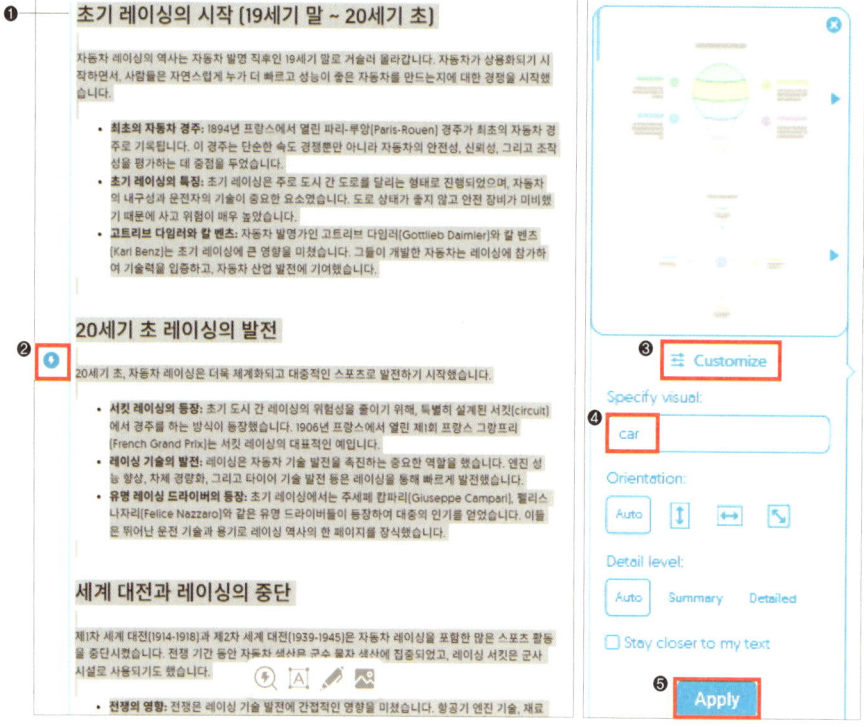

9. 자동차 콘셉트의 시각자료 리스트가 나옵니다. 그 중 가장 원하는 디자인 형태를 클릭하세요. 그러면 초기 레이싱 역사부터 현대의 발전까지 주요한 내용을 정리해 줍니다. 각 소주제에 대한 핵심 내용들도 작은 텍스트로 넣어주었네요.

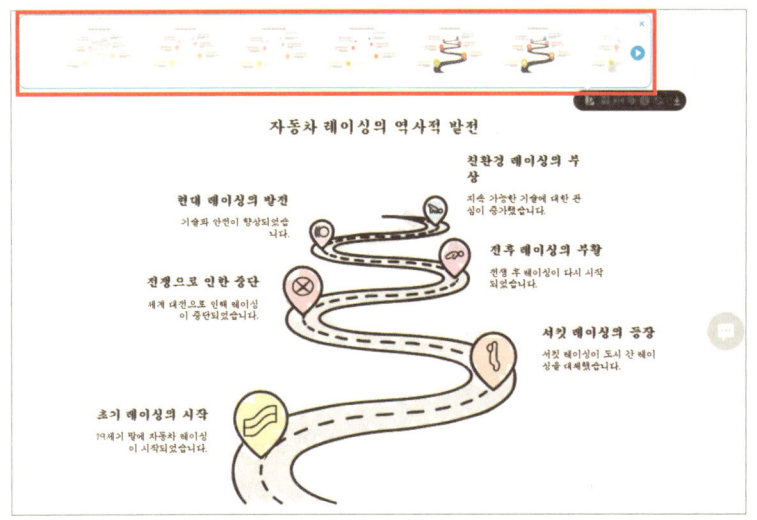

10. 스타일을 조금 바꿔 볼까요? 이미지를 클릭하면 오른쪽 위에 작은 편집 버튼들이 나타납니다. 가장 왼쪽의 〈Change Style(스타일 변경)〉 버튼을 누르면, 위에 디자인 스타일 리스트가 나옵니다. 이 외에도 〈편집〉 버튼을 눌러 비율·좌우대칭·색상 등을 바꿀 수 있습니다.

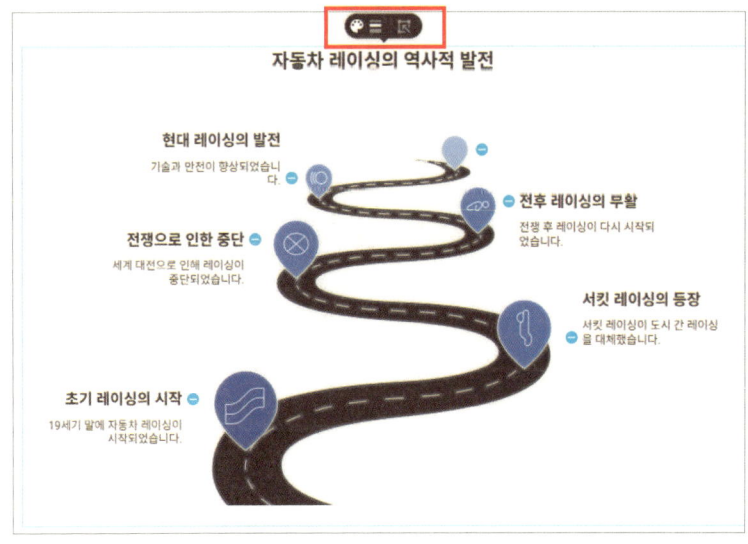

11. 만약 잘못 정리된 내용이나 수정하고 싶은 부분이 있으면, 시각자료에서 그 부분을 클릭한 후 바꾸면 됩니다. 또한 아이콘 위에 마우스 포인트를 올리면 다른 모양이 나타납니다. 삭제하고 싶은 요소가 있다면 그 옆의 〈−〉 버튼을 눌러 삭제하면 됩니다.

냅킨 AI의 협업 기능 사용하기

1. 냅킨 AI를 활용하면 협업도 간편하게 할 수 있습니다. 냅킨 AI 화면에서 가장 오른쪽 위에 있는 〈Share〉 버튼을 눌러주세요.
2. 'Share this napkin(이 냅킨 공유)' 창이 뜨면 초대하고 싶은 사람의 냅킨 AI에 등록된 이메일 주소를 입력하고, 〈can view〉 버튼의 목록 단추를 누른 후 초대하는 사람의 이 페이지에서의 권한을 선택하세요. 여기서는 [can view]로 그대로 두겠습니다.

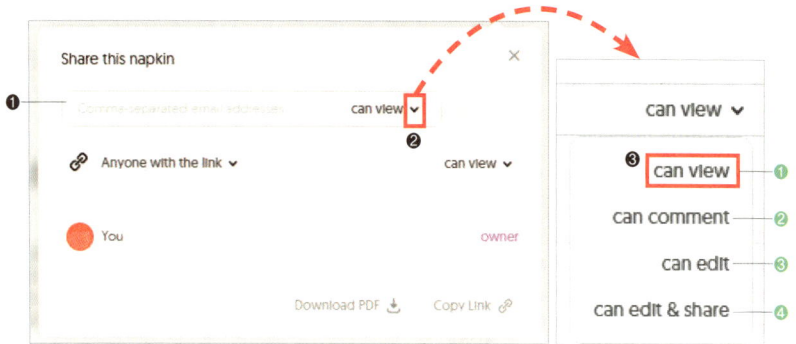

❶ can view: 페이지 보는 것만 가능
❷ can comment: 댓글 달기 가능
❸ can edit: 문서 편집 가능
❹ can edit & share: 페이지 생성자와 동일한 권한 부여, 편집 및 공유 가능

3. 다른 사람을 이 페이지에 초청했으면, 이제 함께 페이지를 편집할 수 있습니다. 서로 의견을 주고받을 경우 페이지 옆에 댓글을 달면서 대화하는 것이 효율적이겠죠?

댓글을 달 때에는 페이지 오른쪽에 나타나는 〈말풍선〉을 클릭한 후, 형광펜으로 댓글 작성을 원하는 텍스트 위에 줄을 그어줍니다.

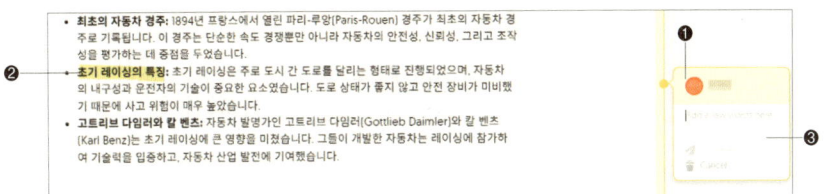

혹은 먼저 텍스트를 마우스로 드래그한 후 위에 나타나는 〈말풍선〉 버튼을 눌러서 댓글을 달 수도 있습니다.

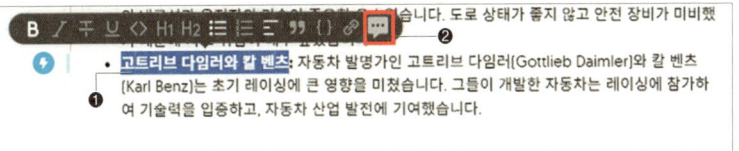

내 드라이브 안의
맞춤형 정보정리 비서, 노트북LM

노트북LM, 뭐가 좋을까?

구글의 노트북LM(NotebookLM)은 AI 기반 자료 정리 및 리서치 도구로, 이때 노트북은 우리가 들고 다니는 노트북 컴퓨터가 아니라 '주제별 연구 노트'를 연상하면 되는데요. '프로젝트 폴더'라고 생각해도 됩니다. LM은 언어모델(Language Model)이고요.

노트북LM은 내가 업로드한 문서·메모·자료를 기반으로, 내가 요청한 맥락에 맞게 언어모델을 적용해 원하는 결과를 만들어 줍니다. 일반 AI와 달리 사용자 개인의 자료에만 집중해서 답변을 하는 것이죠.

회사의 보고서나 매뉴얼, 매출자료 등을 노트북에 올리고 특정 정보를 빠르게 찾거나 요약할 때, 교사나 강사가 교과서나 강의자료를 업로드하고 핵심 내용을 정리하거나 복습 문제를 만들 때, 대학생이나 연구자가 여러 편의 논문을 업로드하고 "이 연구들의 공통점은 뭐야?" 같은 질문을 할 때 유용합니다.

PDF·구글 문서·텍스트 파일·웹페이지 등 다양한 형태의 자료를 업로드할 수 있으며, 한번에 영어 기준 문서당 50만 단어(『해리포터』 두세 권 분량), 최대 50개 문서, 총 2,500만 단어를 분석할 수 있습니다. 아울러 노트북 내 어떤 문서의 어디에서 정보를 가져왔는지 출처를 표시해 주는 것도 장점입니다.

문서의 주요 내용을 바탕으로 팟캐스트 형식의 AI 오디오 오버뷰를 만들 수도 있습니다. 두 사람이 주거니 받거니 토론하는 것을 듣고 있으면, 실제 라디오 방송을 듣고 있는 것 같은 착각을 하게 될 정도입니다. 또 문서의 주요 내용을 동영상 개요로도 만들 수 있는데, AI 오디오 기능에다 화면에는 현재 대화와 관련된 시각자료 슬라이드가 나타납니다. 이 외에도 마인드맵·보고서·플래시카드(학습과 암기에 유용하도록 설계된 질문과 답변 형식의 카드) 기능도 있습니다. 스마트폰에서 모바일 앱으로도 사용할 수 있으며, 공유 및 협업 기능도 있습니다.

데이터 기반으로 마케팅 트렌드 정리하기

1. 구글의 노트북LM 사이트(notebooklm.google)에 접속하세요. 기존 G메일이나 구글 계정으로 바로 이용할 수 있습니다.

2. 노트북LM 화면이 나타납니다. 〈NotebookLM 사용해 보기〉 버튼을 클릭하세요.

> 잠깐 노트북LM에 처음 접속한 경우 '첫 번째 노트북 만들기' 안내 페이지가 나옵니다.

3. 노트북LM 메인 화면이 열리면 〈+새 노트 만들기〉 버튼을 누르세요. '소스 추가' 창이 열리면 〈소스 업로드〉를 클릭해 내 컴퓨터의 문서를 올리거나, 〈Google Drive〉를 클릭해 문서를 불러와도 됩니다.

❶ Google Drive: 구글 드라이브에 저장된 구글 문서나 슬라이드 등 업로드
❷ 링크: 웹사이트의 주소나 유튜브 영상 링크 입력
❸ 텍스트 붙여넣기: 직접 텍스트를 복사하여 붙여넣기

4. 내 구글 드라이브에 저장된 파일 목록이 나타납니다. 정보를 정리할 문서 파일을 선택하고 〈삽입〉 버튼을 클릭하세요(마우스로 드래그해서 노트북LM에 삽입해도 되고, 한번에 여러 파일을 선택해 업로드해도 됩니다).

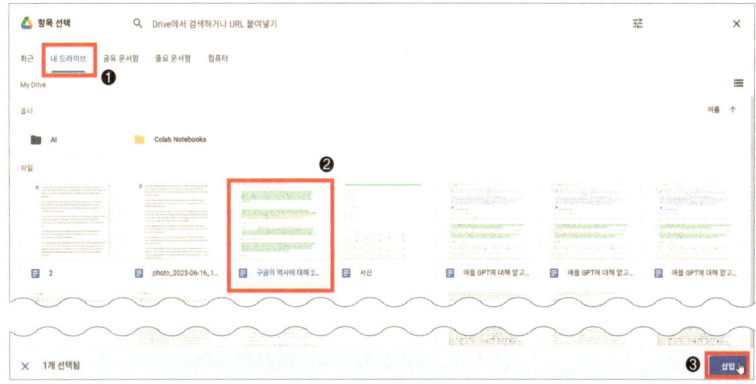

5. 노트북LM이 자동으로 문서를 분석하기 시작합니다. 화면은 3분할되어 있는데 왼쪽은 출처, 중앙은 채팅, 오른쪽은 스튜디오입니다. 문서 분석이 진행되면 바로 내가 입력한 소스의 개수와 간단한 요약이 나옵니다. '채팅' 영역 오른쪽 위의 〈노트북 구성〉 버튼을 누르세요.

6. '채팅 설정' 창에서 대화 스타일 정의는 '기본값', 대답 길이도 '기본값'으로 선택하고 〈저장〉을 누르겠습니다.

❶ **대화 스타일 정의 기본값**: 일반적인 연구와 브레인스토밍 작업에 적합한 스타일
❷ **애널리스트**: 비즈니스 전략과 의사결정에 어울리는 스타일
❸ **가이드**: 기술자료나 도움말 노트를 만들 때 적합
❹ **맞춤**: 요구사항을 구체적으로 총 500글자까지 쓸 수 있는 입력란이 나타남. "박사 과정 학생 수준으로 대답해 줘", "롤플레잉 게임 호스트인 척하고 대답해 줘"처럼 역할을 명시하거나, 또는 "이사회 개최 준비를 할 수 있게 도와줘"처럼 원하는 결론이나 목표를 쓰면 됨.
❺ **대답 길이 선택**: 대화의 길이를 '기본값, 길게, 짧게' 등으로 선택

7. '채팅' 영역 아래쪽에 프롬프트 입력란과 몇 개의 추천 질문이 나옵니다. 입력란에서 직접 질문을 해도 되고, 추천 질문을 눌러 대화를 시작해도 좋습니다. 여기서는 "AI 기술이 미디어 콘텐츠 제작·유통·마케팅에 어떤 혁신적인 변화를 가져올까요?"라는 질문을 클릭해 볼게요.

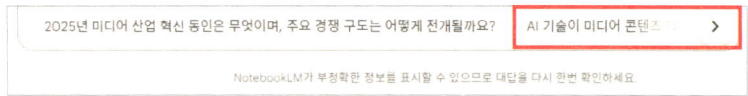

8. 노트북LM이 제가 올린 자료를 바탕으로 답변을 줍니다. 출처 번호에 마우스 포인터를 올리면 자료 중에서 해당 페이지나 위치를 보여줍니다. 출처를 클릭하세요.

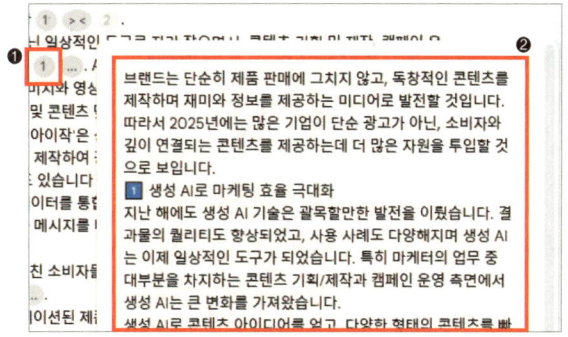

9. '출처' 영역에서 '소스 가이드'의 목록 버튼을 누르면, 해당 출처의 내용을 요약하고, 주요 주제를 키워드 형태로 정리해 줍니다. 여기서 '주요 주제'를 클릭하면 다시 AI의 답변을 받을 수 있습니다.

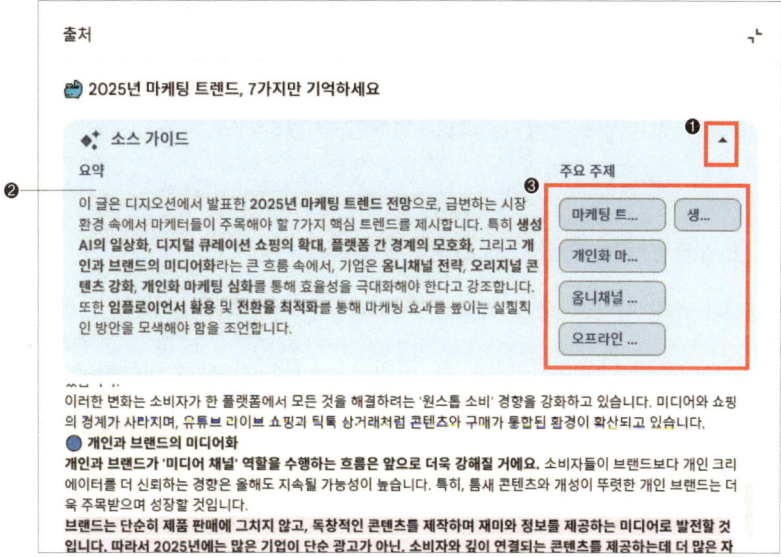

노트북LM에서 이처럼 추가 질문이나 상세 설명을 요청하다 보면, 업로드한 자료와 질문한 주제에 대한 이해도가 높아지며 인사이트를 얻을 수 있습니다.

노트북LM으로 브리핑 자료, 음성/동영상 개요 만들기

노트북LM 화면 오른쪽의 스튜디오 패널에서 AI 오디오 오버뷰나 동영상 개요를 만들거나 다양한 노트를 생성할 수 있습니다.

내 문서를 팟캐스트로, AI 오디오 오버뷰

노트북LM의 AI 오디오 오버뷰 기능은 해당 문서에 대해 팟캐스트 형식으로 오디오를 만들어 줍니다. 두 명의 AI 진행자가 서로 질문하고 답변하는 형식이라 지루하지 않고 중요한 정보를 빨리 습득할 수 있습니다. 간단하게 편집해서 사내교육·마케팅·팟캐스트 등에 활용할 수 있습니다.

1. 노트북LM의 스튜디오 패널에서 〈AI 오디오 오버뷰〉를 클릭하세요.

2. 노트북LM이 AI 음성 대화를 생성하는 동안 잠시 기다리세요. 다른 작업을 하다가 나중에 돌아와서 확인해도 됩니다.

3. 오~, AI 음성 개요가 생성되고, 스튜디오 패널에 〈플레이〉 버튼이 나타납니다. 일반적으로 20분 내외의 팟캐스트가 만들어집니다. 오른쪽의 〈더보기〉 버튼을 누르면 재생 속도를 바꾸거나 다운받을 수 있습니다.

4. AI 음성 개요의 〈플레이〉 버튼을 눌러볼게요. 두 명의 AI 진행자가 굉장히 자연스러운 한국어로 팟캐스트처럼 방송을 해주었습니다.

마케팅·사내교육·강의를 위한 동영상 개요

노트북LM에서 동영상 개요(Video Overview) 기능을 이용하면, 내가 업로드한 문서나 자료를 바탕으로 요약 동영상을 만들어 줍니다.

AI 호스트가 핵심 내용을 설명해 주는데, 문서에 포함된 이미지·도표·인용문·수치 등을 활용해서 새로운 시각자료도 만들어 주며, '맞춤 설정'을 통해 집중하고 싶은 주제·학습목표·대상 독자 등을 구체적으로 지정할 수도 있습니다. 논문자료를 올리면 5분짜리 해설 동영상으로 요약해 주는 등 방대한 자료를 이해하는 데 큰 도움이 됩니다.

1. 노트북LM에 동영상 개요를 만들고 싶은 자료를 업로드하세요. 여기서는 휴머노이드 로봇산업 성장과 관련된 자료들을 소스로 올린 후 오른쪽의 '스튜디오' 패널에서 〈동영상 개요〉를 눌러볼게요.

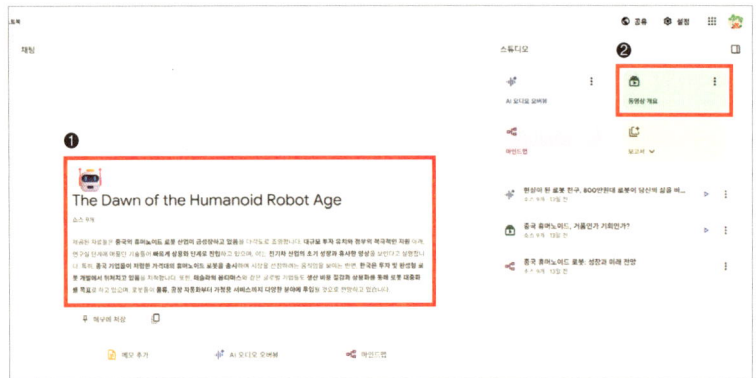

2. 오~, 몇 분 만에 업로드한 자료를 바탕으로 〈로봇산업〉에 대해 알기 쉽게 설명하는 동영상 교육자료가 만들어졌습니다. 〈플레이〉 버튼을 눌러볼게요.

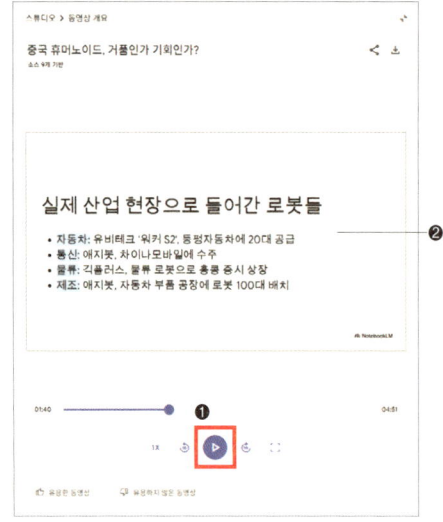

3. AI로 만들었다고 믿기 힘들 정도로 화면에는 시각적 슬라이드가 나오고 또 자연스러운 한국어로 설명을 해줍니다. AI의 발전속도가 새삼 경이롭기까지 했습니다.

노션 AI로 전략분석·
프로젝트 계획·캘린더·체크리스트까지

팀 프로젝트의 필수 도구로 자리잡은 공유 협업툴 노션(Notion)에 팀원이 한 명 더 있다면 어떨까요? 그 팀원이 노션에 쌓인 자료를 정리하고, 회의록까지 대신 작성해 준다면 우리의 업무는 훨씬 간편해질 것입니다.

노션 AI 에이전트는 단순한 보조 도구가 아닙니다. GPT-5, 클로드 같은 최신 모델을 활용하며, 워크스페이스 전반에 걸친 콘텐츠 업데이트부터 데이터베이스 관리까지 복잡한 다단계 작업을 처음부터 끝까지 한번에 처리할 수 있습니다. 보고서나 초안 요약, 연구 제안서나 회의록 정리, 브레인스토밍, 블로그나 인스타그램 글 자동 작성, 오타나 문법 수정, 번역 등도 가능합니다. 에이전트 기능이 포함된 노션 AI는 유료 버전을 구독해야 하지만, AI 체험판은 무료 버전으로도 사용할 수 있습니다.

노션 AI로 콘텐츠 전략 분석 및 인사이트 얻기

1. 먼저 노션 사이트(notion.com)에 들어가 회원가입을 하세요. 구글·마이크로소프트 등의 계정으로 가능합니다.
2. 노션 웹페이지에서 AI 활용이 필요한 노션 페이지를 연 다음 오른쪽 아래의 〈AI 채팅〉 버튼(동그란 얼굴 모양)을 클릭하세요.

3. '새 AI 채팅' 창에서 〈모든 출처〉 버튼을 누른 후 출처를 '나의 노션' 페이지로 선택하세요.
4. 그런 다음 원하는 작업을 선택하세요. 여기서는 [분석하여 인사이트 얻기]를 클릭하겠습니다.

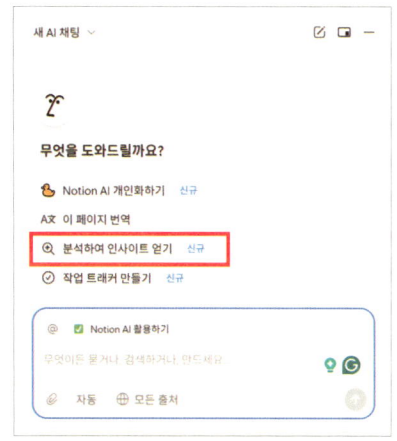

5. AI가 나의 노션 페이지를 읽고 인사이트를 정리해 줍니다.

> ✨ 분석하여 인사이트 얻기 ∨
>
> **한눈에 요약**
> - 목표와 타깃이 명확하고, 허브-스포크 운영 전략과 채널별 운영 루틴이 구체적입니다.
> - 핵심 과제는 브랜드 일관성 확립과 비즈니스 전환(강연 문의) 가속입니다. 🔖
>
> **잘 잡힌 부분**
> - 허브-스포크 구조로 아카이브와 확산 역할을 분리
> - 채널별 업로드 스케줄과 포맷 정의
> - 타깃 2개(대중, 비즈니스)로 페르소나와 니즈 명확화
> - "강연 후기"를 핵심 전환 자산으로 설정한 점 🔖
>
> **보완이 필요한 포인트**
> 1) 브랜드 일관성
>   - 명칭과 포지셔닝을 "AI 커뮤니케이터"로 고정하되, 바이오와 썸네일, 캡션 톤을 채널 전반에서 통일 필요
>   - 시그니처 문장 1줄, 시그니처 썸네일 규칙, 해시태그 세트를 공통 가이드로 운영 🔖
> 2) KPI와 리드 측정
>   - 현재는 조회수 중심. 비즈니스 전환을 위해 리드 KPI를 상위에 두는 편이 적절
>   - 예: 강연문의 클릭수, 문의 폼 전환수, 후기 콘텐츠 노출 대비 문의율, 채널별 프로필 링크 클릭수 🔖
> 3) 콘텐츠-목적 매핑
>   - 각 포맷에 "얻는 바"를 1문장으로 명시
>   - 릴스·카드뉴스: 후킹 1문장 + CTA 고정
>   - 블로그·롱폼: 신뢰 증거(레퍼런스, 클라이언트 로고, 수치) 삽입 규칙화 🔖
> 4) 후기/포트폴리오 파이프라인
>   - 후기 수집 템플릿과 사용 동의 프로세스 표준화
>   - 월 1~2회 생산을 담보할 체크리스트와 사진 가이드 필요 🔖

6. 이번에는 후속 작업으로 새로운 페이지를 생성해 지금 만든 인사이트를 정리하고, 〈강연 후기 템플릿〉을 새로 만들라고 요청해 볼게요.

> 새로운 페이지를 생성해서 지금 작성한 인사이트를 정리해 줘. 그리고 새 페이지 아래에는 '강연 후기 템플릿'을 만들어 줘.

7. 노션 AI가 순식간에 새로운 페이지를 만들어 인사이트 내용을 정리해 줍니다. 〈강연 후기 템플릿〉에는 정보뿐 아니라 관련 업무 진행을 위한 체크리스트까지 만들어 주었습니다.

마케팅 실행계획 캘린더 및 체크리스트 만들기

1. 이번에는 마케팅 방안에 따른 작업 캘린더와 체크리스트를 만들어 달라고 했습니다.

> 오늘부터 12월 31일까지 위 마케팅 방안을 전부 시행한다고 가정하고, 우선순위 액션에 맞추어 캘린더와 Todo 리스트를 생성해 줘. 새로 페이지를 만들어 정리해 줘.

2. 노션 AI가 〈마케팅 실행 계획〉 페이지를 만들고, 마케팅 캘린더와 'Todo List(할 일 목록)'도 넣어주었습니다. 앞에서 만든 〈강연 후기 템플릿〉의 링크도 첨부해 업무를 할 때 편하도록 만들었네요.

3. 마케팅 캘린더와 투두 리스트는 템플릿을 사용했는데요. 불과 몇 초 만에 만들어 주니, 노션 AI를 잘 활용하면 프로젝트 시간을 크게 단축할 수 있겠죠?

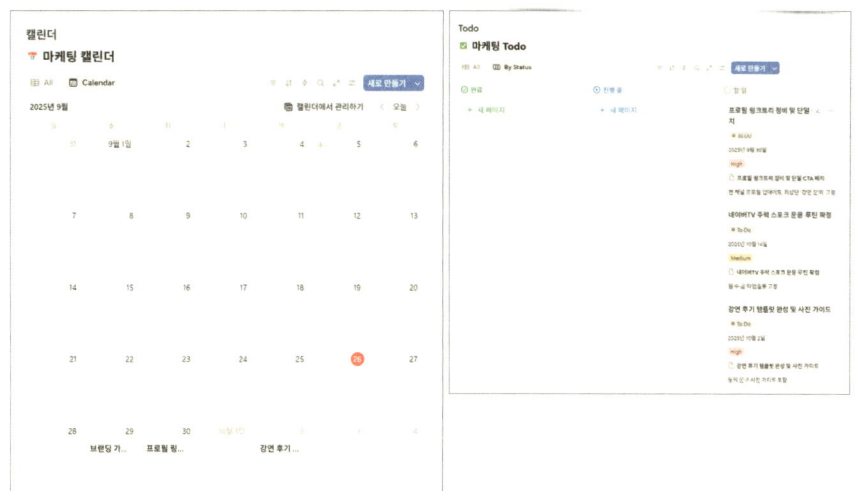

Part 7 일잘러를 위한 사무 특화형 AI　425

온라인 굿즈 스토어 오픈 준비하기

1. 노션 페이지에서 새 노션 페이지를 연 다음 오른쪽 아래의 〈AI 채팅〉 버튼(동그란 얼굴 모양)을 클릭하세요.

2. 먼저 프롬프트 입력란에 〈온라인 굿즈 스토어〉를 위한 프로젝트의 개요를 써달라고 요청해 볼게요.

> 온라인 굿즈 스토어를 오픈하려고 해. 지금 노션 페이지를 기획서처럼 제작할 거야. 먼저 프로젝트 개요를 3줄로 깔끔하고 설득력 있게 작성해 줘. 페이지에 바로 작성해 줘.

3. 노션 AI가 〈온라인 굿즈 스토어〉를 위한 프로젝트 개요를 만들어 주었습니다.

4. 스토어를 열기 위해서는 시장조사가 필요하겠죠. 마찬가지로 프롬프트 입력란에 시장조사와 트렌드를 분석해 달라고 요청해 볼게요.

> 온라인 굿즈 스토어 시장의 트렌드 5개만 뽑아서 작성해 줘. 표로 정리하고, 각 트렌드 밑에 간단한 해설을 달아줘.

5. 노션 AI가 온라인 굿즈 스토어의 시장 트렌드를 표 형태로 만들어 주었습니다.

시장 트렌드 5

트렌드	요지
크리에이터 이코노미와 콜라보 굿즈	팬덤 기반 한정판 협업이 구매 트리거를 강화
프리오더·드롭(한정 수량) 모델	재고 리스크 최소화와 희소성 마케팅 결합
커스텀·온디맨드 제작	POD(프린트 온 디맨드)로 개인화 경험 제공
옴니채널 전환과 소셜 커머스	인스타그램·틱톡·유튜브 숍이 주요 유입 채널
지속가능성·윤리 생산 스토리텔링	친환경 소재와 투명한 원가/공정 공개를 선호

6. 이제 온라인 스토어에서 어떤 굿즈를 판매할지 아이디어 브레인스토밍이 필요할 것 같네요. 이것도 노션 AI에게 시켜보겠습니다.

> 굿즈 스토어에서 팔 수 있는 재미있고 독창적인 굿즈 아이디어 15개 추천해 줘. MZ 세대가 좋아할 만한 트렌디한 것만. 가격도 설정해서, 가격대별로 묶어서 알아보기 쉽게 표로 정리해 줘.

7. 오~, 노션 AI가 가격대별 굿즈 아이디어 15개를 뽑아 정리했습니다. 상품명과 제작 팁, 각 제품의 콘셉트와 예상가까지 정리했네요. 이내로 제작만 한다면 당장 런칭해도 될 정도로 깔끔하게 정리했습니다.

가격대별 트렌디 굿즈 아이디어 15

가격대	상품명	콘셉트	제작/팁	예상가
~15,000원	홀로그램 스티커 팩	Y2K 감성 스티커로 랩탑·폰 꾸미기	소량 다품종, 4~6종 묶음	6,900원
~15,000원	스탠딩 데스크 포스터 메모패드	업무 몰입 체크리스트 + 레트로 폰트	80g 모조지 50매, 절취선	8,900원
~15,000원	무광 포토카드 키트	포토부스 프레임 감성, 친구 펫 커스텀	DIY 커팅 가이드 포함	9,900원
15,000~29,000원	미니 포터블 아로마 타블렛	책상 차 안 힐링, 성분 투명성	리필 구조, 시즌 향 출시	17,900원
15,000~29,000원	스트랩형 폰링 키트	스트랩+링 결합, 컬러 코디	나일론 위빙, 메탈 참 한정판	19,900원
15,000~29,000원	틱톡용 라이트 디퓨저 카드	휴대폰 플래시 확산, 소프트톤 셀피	반투명 PC, 케이스 끼움식	24,900원
30,000~49,000원	모듈형 데스크 매트 타일	색 조합 타일로 생산성 존 꾸미기	3타일 세트, 방수 코팅	34,900원
30,000~49,000원	무선 마우스 아트 스킨	크리에이터 콜라보 아트 랩핑	기종별 템플릿, 재접착 필름	39,000원
30,000~49,000원	리버서블 버킷햇	데일리·패턴 뒤집어 쓰기	유니섹스 핏, 시즌 드롭	49,000원

8. 이번에는 온라인 스토어에서 굿즈 기획부터 런칭까지 바로 실행할 수 있게 캘린더를 만들어 달라고 요청하겠습니다.

> 굿즈 기획부터 제작, 마케팅, 런칭까지 4주 일정으로 실행계획을 짜줘. 캘린더 형식으로, 단계/할 일/기한/필요자료 컬럼 포함.

9. 노션 AI가 4주 실행 캘린더를 정리해 주었습니다. 표와 캘린더에서 날짜별로 상세한 내용과 단계별 구분, 필요한 절차까지 확인할 수 있습니다.

노션 AI로 투자 제안서 쓰기

1. 마지막으로, 지금까지 한 〈온라인 굿즈 스토어〉에 관한 내용을 기반으로 투자를 유치하기 위한 보고서를 한 페이지 분량으로 만들어 달라고 요청했습니다.

> 지금까지 정리한 내용을 새로운 페이지를 하나 생성해서, 투자자들에게 투자를 받기 위한 설득력 있고 전문성 있는 투자 제안서를 보고서처럼 하나 만들어 줘.

2. 노션 AI가 〈온라인 굿즈 스토어 투자제안서〉를 만들어 주었습니다. 좀더 전문적이고 형식적인 언어를 사용했고, KPI와 재무가정, 리스크 대응방법 등 좀더 사업과 관련된 내용 위주로 썼네요. 이렇게 기획서를 작성하는 데까지 몇 분 걸리지도 않았습니다. 노션 AI, 기획안부터 투자제안 보고서까지 작성해 주다니 정말 놀랍습니다.

온라인 굿즈 스토어 투자제안서 v1

본 문서는 온라인 굿즈 스토어 초기 런칭을 위한 투자제안서 초안입니다. IR용으로 구성하여 핵심 지표와 실행 계획을 한눈에 제시합니다.

1. Executive Summary
- 비전: 팬덤·취향 기반 한정판 콜라보 굿즈 D2C 브랜드 구축
- 초기 목표: 첫 달 매출 1,500만 원, 첫 분기 재구매율 25%
- 차별화: 프리오더·드롭 모델 + 크리에이터 콜라보 + 소셜 커머스 퍼포먼스
- 현재 준비물: 상품 아이디어 15선, 가격대별 패키지, 4주 실행 캘린더

참고 원본: 📈 온라인 굿즈 스토어

2. 문제 정의와 기회
- 문제: 굿즈 시장은 공급 과잉이지만 스토리텔링·팬덤 적합도·재고 운용이 약해 수익성 저하
- 기회: 드롭·프리오더로 수요기반 생산, 팬덤 콜라보로 전환율 상승, UGC로 CAC 절감
- 타깃: MZ 중심, 소셜 상호작용이 활발하고 한정판 선호가 높은 세그먼트

예전에 노션은 많은 사람들이 쓰는 툴이지만, 디자인 요소와 시각화까지 고려해서 문서를 만들려면 시간이 걸리고 원하는 기능을 전부 구현하기도 쉽지 않았습니다. 이제 노션 AI를 활용해 보세요. 챗GPT에게 이야기하듯 원하는 내용을 입력하면, 노션 AI가 순식간에 원하는 결과물을 만들어 줍니다.

PART 8

AI 2026

이미지·영상·음악을 위한 미디어 특화형 AI

미드저니,
내 상상을 그대로 구현하는 AI

미드저니(Midjourney)는 이미지 생성 AI로 품질이 뛰어날 뿐만 아니라 사용자 커뮤니티가 잘 형성되어 있는 것이 큰 장점입니다. 사용자들은 디스코드를 통해 서로의 이미지 스타일과 작업흐름을 공유하며, 자연스럽게 미드저니로 멋진 이미지를 만드는 법을 익히게 됩니다.

예전에는 미드저니로 이미지를 그릴 때, 디스코드 앱을 통해 프롬프트를 입력해 생성하는 방식이 편리했지만, 최근에는 웹 기반 에디터 기능이 개선되면서 웹브라우저에서 직접 만들고 편집하는 방식도 쉬워졌습니다. 다만, 사용자들끼리 프롬프트와 결과물을 공유하고 반응을 주고받기 위해서는 여전히 디스코드를 사용하는 편이 좋습니다. 용도에 따라 웹과 디스코드를 적절히 병행하면 더 좋은 결과물을 얻을 수 있을 것입니다. 여기서는 미드저니 사이트에서 손쉽게 이미지를 만들어 보겠습니다.

짧은 프롬프트로 예쁜 이미지 만들기

1. 미드저니 사이트(www.midjourney.com)에 접속한 다음 회원가입을 하고 로그인하세요. 구글이나 디스코드 계정으로 가입할 수 있습니다.

2. 먼저 메인 화면 사이드바에서 〈Subscribe〉 버튼(사람 모양)을 누르세요. 구독 창이 열립니다. 미드저니는 유료 결제를 해야 하는데, 처음에는 기본 플랜(월 10달러, 월 200개 이미지)을 구독하는 것도 좋은 방법입니다.

3. 이제 본격적으로 미드저니를 사용해 보겠습니다. 사이드바에서 [Create]를 누르세요.

4. 화면 상단의 프롬프트 입력란에 원하는 이미지에 대해 설명하세요. 여기서는 바다의 귀여운 아기 인어 그림을 그려보겠습니다. 한국어 프롬프트를 써도 되지만, 영어 프롬프트보다 정확도나 스타일 표현력 등이 떨어질 수 있습니다. 챗GPT에게 원하는 그림을 이야기한 뒤, 미드저니용 영어 프롬프트를 써달라고 하는 것도 좋은 방법입니다.

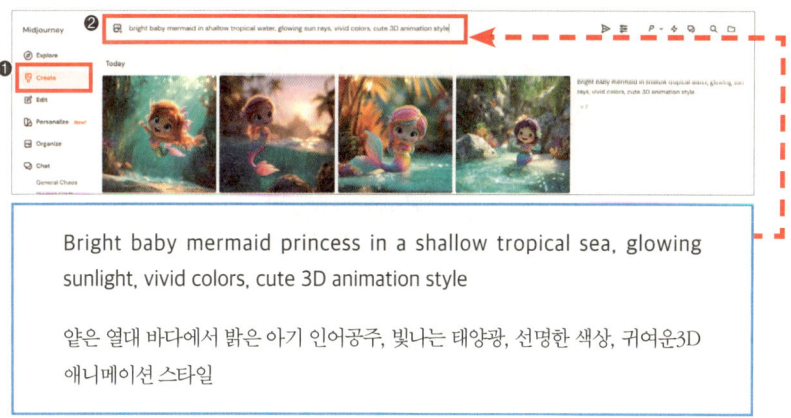

Bright baby mermaid princess in a shallow tropical sea, glowing sunlight, vivid colors, cute 3D animation style

얕은 열대 바다에서 밝은 아기 인어공주, 빛나는 태양광, 선명한 색상, 귀여운 3D 애니메이션 스타일

잠깐 디스코드에서 프롬프트를 입력할 때는 첫 머리에 "/imagine"을 입력해 주어야 하는데, 웹에서는 별도의 키워드 없이 바로 프롬프트를 입력해도 됩니다.

5. 미드저니가 그린 이미지 4장이 나타났습니다. 간단한 프롬프트이지만, 아기 인어공주, 빛나는 태양광, 애니메이션 스타일이라는 키워드만으로도 요청을 적절히 해석하여 멋진 결과물을 만들어 주네요.

6. 각 사진 위에 마우스 포인터를 갖다대면 각각 〈V Subtle〉, 〈V Strong〉, 〈Animate〉 버튼이 나타납니다. 첫번째 이미지에 마우스 포인트를 갖다댄 후 〈V Subtle〉 버튼을 누르세요.

7. 미드저니가 다시 그린 이미지 4장이 나타납니다. 첫 번째 이미지와 전체적인 구성은 같으나, 세밀한 캐릭터의 포즈·표정·조명·스타일이 바뀐 것을 볼 수 있습니다.

8. 이번에는 첫 번째 이미지에 마우스 포인터를 갖다댄 후 〈V Strong〉 버튼을 누르세요.

9. 미드저니가 또다시 이미지 4장을 그려줍니다. 첫 번째 이미지와 인물을 바라보는 각도나 머리카락의 흐름 등 캐릭터의 구성은 비슷하지만, 전체적인 구도와 스타일이 이전과 달라진 것을 볼 수 있습니다.

10. 이번에는 조금 더 자세한 맥락과 묘사를 주어 볼게요.

> Bright baby mermaid princess with red-orange hair and a green tail, swimming with small yellow fish in a shallow tropical sea, glowing sunlight rays, vivid colors, cute 3D animation style
>
> 붉은 주황색 머리와 녹색 꼬리를 가진 밝은 아기 인어공주, 얕은 열대 바다에서 작은 노란 물고기, 빛나는 태양 광선, 선명한 색상, 귀여운 3D 애니메이션 스타일로 헤엄치는 모습

11. 오~, 귀여운 3D 애니메이션 아기 인어공주를 그려주었네요. 이미지를 클릭한 후 〈다운로드〉 버튼을 누르면 다운받을 수 있습니다.

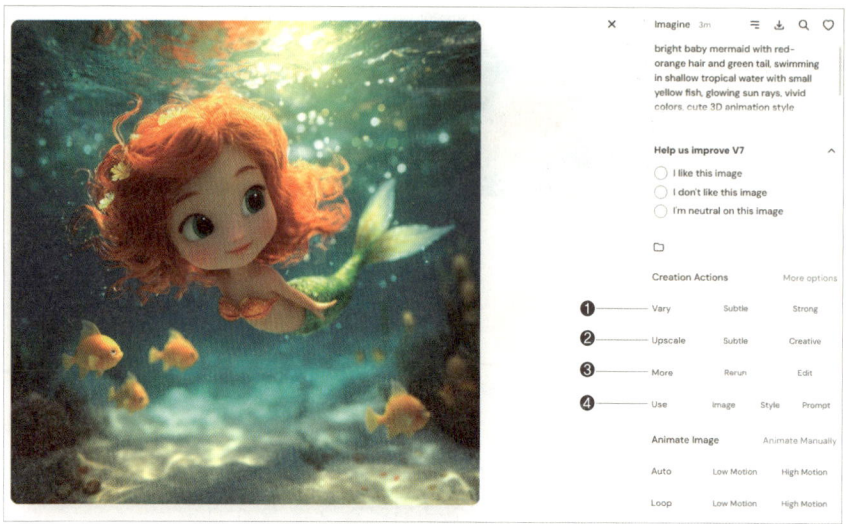

❶ **Vary:** 이미지 변화
　Subtle: 현재 이미지에서 구도와 스타일은 거의 그대로 유지하고, 포즈나 표정 등 변화
　Strong: 현재 이미지의 콘셉트를 바탕으로 구도나 스타일 변화

❷ **Upscale:** 업스케일
　Subtle: 해상도를 높이되 지금 스타일 최대한 유지. 텍스처나 윤곽선이 매끄럽게 보이도록 보정
　Creative: 해상도를 높이고 약간의 디자인 수정

❸ **More:** 추가 옵션
　Rerun: 동일한 프롬프트로 새로운 이미지 4장 생성
　Edit: 기존 프롬프트를 기반으로 수정해 새로운 이미지 생성 창으로 이동

❹ **Use:** 재사용
　Image: 해당 이미지를 다른 프롬프트에 참조 이미지로 불러올 수 있게 저장
　Style: 이 이미지의 스타일을 따로 뽑아 SREF(스타일 참조) 코드 생성
　Prompt: 이 이미지의 프롬프트를 복사해 다시 활용·수정할 창으로 이동

일관성 있는 캐릭터로 레서판다 그리기

AI를 활용한 영상으로 첫 콘텐츠 게시 약 두 달 만에 구독자 수 40만 명을 돌파한 유튜버 '김햄찌'를 아시나요? 작고 귀여운 모습에 재치 있는

입담까지 더해져 구독을 누르지 않을 수 없는 귀여운 캐릭터인데요. 놀라운 것은 이 햄스터가 모든 영상에서 동일한 형태로 등장한다는 점입니다. 가운데에 있는 하트 모양의 하얀 털, 분홍빛 코까지요.

미드저니의 '옴니 레퍼런스(Omni Reference, 전방위 참조)' 기능을 사용하면, 한번 만든 캐릭터나 제시한 이미지를 일관된 외형과 느낌으로 반복적으로 만들 수 있습니다. 미드저니로 이미지를 일관성 있게 그리는 법을 알아보겠습니다.

1. 먼저 캐릭터부터 그려보죠. 귀여운 레서판다를 그려보겠습니다. 미드저니 메인 화면에서 〈Create〉 버튼을 누른 후 원하는 모양의 캐릭터를 요청하세요. 프롬프트를 영어로 입력해 볼게요(챗GPT에서 영어로 번역).

> A cute red panda standing upright facing forward with paws raised, large round eyes, short reddish-brown, white and black fur, semi-realistic character design between 3D animation and photorealism, expressive face, soft lighting, clean background
>
> 앞으로 똑바로 서서 앞발을 들고 서 있는 귀여운 붉은 판다, 큰 동그란 눈, 짧은 적갈색, 흰색, 검은색 털, 3D 애니메이션과 포토리얼리즘 사이의 반현실적인 캐릭터 디자인, 표현력 있는 얼굴, 부드러운 조명, 깨끗한 배경

2. 미드저니가 귀여운 레서판다를 그려주었네요. 맘에 드는 이미지를 선택해 다운받으세요.

3. 프롬프트 입력란 왼쪽의 〈add images(이미지 추가)〉 버튼을 클릭한 뒤 프롬프트 입력란 아래에서 〈Omni Reference〉 버튼을 누릅니다.

4. 내가 일관성 있게 그리고 싶은 이미지를 클릭하면 'Omni Reference' 영역에 그 이미지가 등록됩니다. 혹시 해당 이미지가 이곳에 보이지 않는다면, 화면 왼쪽의 업로드 버튼을 눌러 올린 뒤 해보세요.

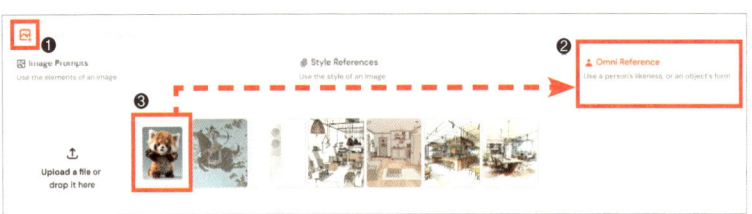

5. 'Omni Reference' 영역의 'Omni Strength(옴니 강도)'는 참조 이미지와 얼마나 비슷하게 만들지를 조정하는 값인데, 보통 100이 기본값이고 1,000까지 올릴 수 있습니다. 이 숫자가 낮을수록 자유롭게 변형됩니다. 여기서는 '300'으로 할게요.

- 1~99: 참조 이미지의 영향력이 매우 낮고, 거의 반영되지 않음
- 100~300: 스타일과 분위기만 가볍게 참조, 자유로운 변형이 필요할 때 사용
- 301~600: 얼굴·외형·분위기를 상당히 유지, 주로 캐릭터는 유지하되 포즈나 상황 등을 바꾸고 싶을 때 사용
- 601~900: 얼굴·의상·포즈까지 거의 그대로 유지, 같은 장면을 다시 그릴 때 사용
- 901~1,000: 거의 변화가 없는 복사 수준의 이미지 생성

6. 이제 프롬프트 입력란에서 레서 판다가 웃는 얼굴로 퇴근하는 모습을 그려달라고 요청하겠습니다.

7. 오~, 귀여운 레서판다 직장인을 만들어 주었습니다. 더 다양한 상황을 그리고 싶다면, 'Omni Reference(전방위 참조)' 영역의 이미지 옆에 있는 〈잠금〉 버튼을 누른 후 프롬프트 입력란에 요청하면 됩니다. 다음 그림은 'Omni Strength(옴니 강도)'를 100으로 내리고 요청한 것입니다. 〈잠금〉 버튼을 눌렀기 때문에 또다시 전방위 참조를 설정할 필요는 없습니다.

이처럼 미드저니의 '전방위 참조' 기능을 이용하면 일관된 캐릭터의 다양한 그림을 그릴 수 있습니다. 4컷 만화도 손쉽게 그릴 수 있겠죠?

이미지를 르누아르 화풍으로, 스타일 참조

미드저니의 '스타일 참조(Style Reference, SREF)' 기능을 이용하면, 특정 이미지의 스타일만 뽑아 프롬프트에 적용하거나, 다른 스타일과 조합할 수 있습니다. 여기서는 한복 입은 여자 이미지를, 19세기 후반에서 20세기 초 옷 질감 표현으로 유명했던 이탈리아 화가 비토리오 레지니니의 화풍으로 바꿔 보겠습니다.

1. 먼저 프롬프트 입력란에서 〈add images(이미지 추가)〉 버튼을 누른 후 한복 입은 여자 이미지와 레지니니의 그림을 업로드합니다. 그런 후 〈Image Prompts(이미지 프롬프트)〉 버튼을 눌러 바꾸고 싶은 한복 입은 여자 이미지를 클릭하고, 〈Style References(스타일 참조)〉 버튼을 누른 후 스타일을 참조할 레지니니의 그림을 클릭했습니다.

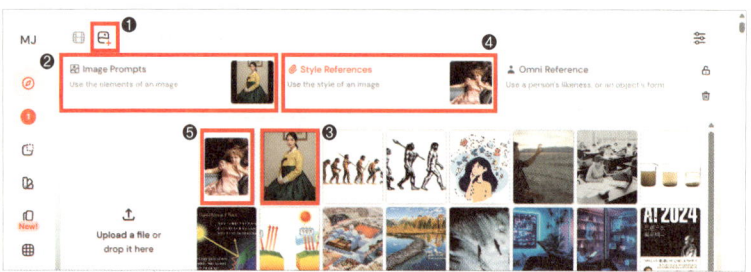

2. 이제 한복을 입은 여자를 비토리오 레지니니 스타일로 그려달라고 요청할게요. 챗GPT에게 원하는 이미지의 인물 구성·자세·옷차림 등은 유지하면서 스타일 변화만 줄 수 있는 프롬프트를 달라고 해서 복사해 붙여넣었습니다.

> A woman in a dark gray traditional Korean Hanbok, soft expression, painted in the style of Vittorio Reggianini, oil painting style, silk reflections, classical interior lighting.
>
> 어두운 회색 한국 전통 한복을 입은 여자, 부드러운 표정, 비토리오 레지니니 스타일, 유화 스타일, 실크 반사, 클래식 실내 조명

3. 오~, 한복 입은 여자 이미지가 바토리오 레지니니 스타일로 바뀌었습니다.

4. 이번에는 비교를 위해 프랑스 인상주의 화가 오귀스트 르누아르의 화풍으로 스타일을 바꿔 달라고 해보겠습니다. 마찬가지로 르누아르의 그림을 업로드한 다음 프롬프트를 입력했습니다.

5. 오~, 한복 입은 여자 이미지가 르누아르 그림 스타일로 바뀌었습니다.

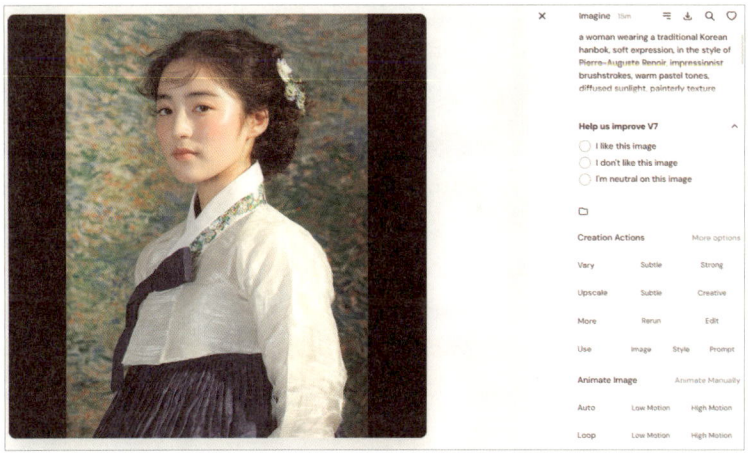

두 사진을 비교해 보니, 같은 이미지에서 스타일만 바뀐 것임에도 전체적인 색감과 배경, 특히 옷의 질감 표현이 크게 차이나는 것을 알 수 있습니다.

내가 좋아하는 스타일을 자동으로 반영, 무드보드

미드저니의 '무드보드(Moodboards)' 기능을 이용하면, 여러 장의 참조 이미지를 업로드해서 내가 좋아하는 이미지 스타일·분위기·색감 등을 학습시킬 수 있습니다. 그러면 미드저니는 스타일 코드를 생성하거나, 생성된 이미지에 무드보드를 기반으로 한 스타일을 자동으로 적용할 수 있습니다. 미드저니 AI가 업로드된 이미지들로부터 내가 좋아하는 색조·조명·분위기·구도 등 스타일 요소를 파악하는 것입니다. 따라서 유사한 색감이나 분위기의 이미지를 올릴수록, 무드보드의 학습은 더욱 강화됩니다.

1. 미드저니의 사이드바에서 [Personalize(개인화)]를 누르세요. 스크롤 막대를 아래로 내린 후 〈Create Moodboard(무드보드 만들기)〉 버튼을 클릭하세요.

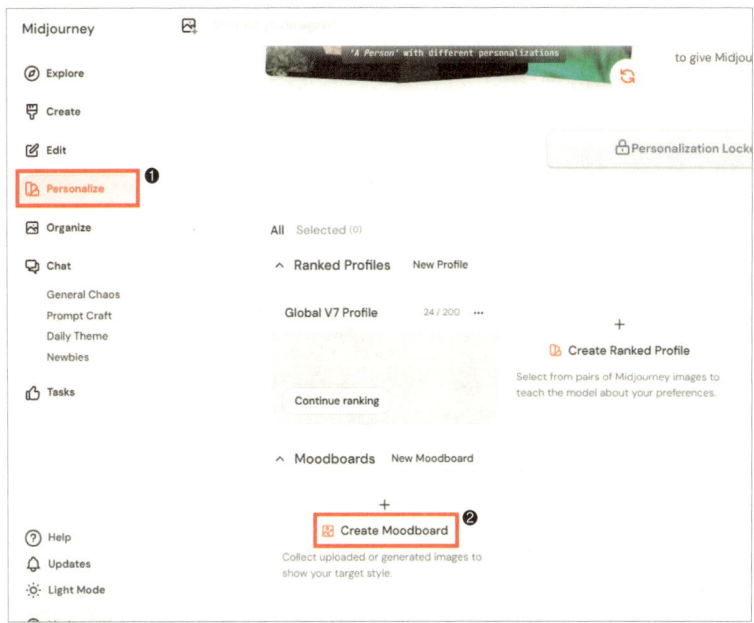

2. '무드보드 생성' 창이 열립니다. 'Moodboard #1' 부분을 클릭한 후 지금부터 만들 무드보드의 이름을 입력하세요. 여기서는 "sparkling"이라고 입력하겠습니다. 나중에 프롬프트를 입력할 때 내가 만들어 놓은 무드보드를 이름으로 직접 호출할 수 있으니, 무드보드의 이름은 명확하게 짓는 것이 좋습니다.

　이제 내가 좋아하는 이미지들을 최소 10장, 평균 15~30장 정도 업로드하세요. 이때 분위기가 일관된 이미지들을 업로드하는 것이 좋습니다.

❶ **Upload Images**: 내 컴퓨터에서 직접 파일 업로드. JPG·PNG 등의 이미지 파일 최대 100장까지 한번에 업로드 가능

❷ **Add from Link**: 웹에 있는 이미지 URL 붙여넣기. 핀터레스트나 언스플래시(Unsplash) 같은 사이트에서 이미지를 가져올 때 유용

❸ **Add from Gallery**: 사용자가 이전에 미드저니에서 생성한 이미지를 불러올 때 사용

3. 내가 좋아하는 분위기의 이미지들을 업로드했다면, 이제 두 가지 방법으로 이 스타일을 사용할 수 있는데요. 여기서는 〈Use in Prompt(프롬프트에 사용)〉를 클릭하겠습니다.

❶ **Set as Default**: 무드보드에서 추출한 이 스타일을 기본값으로 설정, 앞으로 생성하는 이미지들을 이 무드보드 스타일로 만듦

❷ **Use in Prompt**: 'Sparkling'라는 이름의 스타일 코드를 만들어, 내가 원하는 그림에 해당 스타일을 적용하는 프롬프트 작성

4. 프롬프트 입력란에 스타일 코드가 생성됩니다. 이제 이 스타일 코드를 이용해 새로운 이미지를 만들어 보겠습니다. 유리로 된 팅커벨을

만들어 볼게요. 코드가 생성된 프롬프트 입력란에 바로 프롬프트를 입력하고 〈Create〉 버튼을 누르세요.

> **[Sparkling 스타일링 코드]**
> A delicate green fairy made of glass, inspired by Tinkerbell, translucent and glowing, wings like crystal shards, shimmering magical aura, soft lighting, ethereal and enchanting atmosphere, fantasy illustration style.
>
> 유리로 만들어진 섬세한 초록 요정, 팅커벨에서 영감을 받아 반투명하게 빛나며, 수정 조각 같은 날개, 반짝이는 마법의 아우라, 부드러운 조명, 천상의 매혹적인 분위기, 판타지 일러스트 스타일.

5. 왼쪽의 〈Create〉 버튼이 숫자가 써진 빨간 동그라미로 바뀝니다. 입력한 프롬프트가 'Create' 창에서 만들어지고 있다는 뜻으로, 동그라미를 클릭하면 해당 창으로 이동할 수 있습니다.

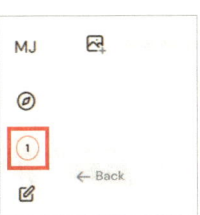

6. 오~, 아름다운 유리 요정이 만들어졌습니다. 업로드했던 사진들과 비슷한 색감과 배경의 그림을 그려주었네요.

TIP
무드보드의 스타일 해제하는 법

만약 무드보드 스타일을 사용하는 방법으로 〈Set as Default(기본값으로 설정)〉를 선택했다면, 여러분이 이미지를 만들 때 이 무드보드 스타일이 계속 적용됩니다. 기본값으로 설정된 무드보드 스타일을 해제하고 싶다면 다음을 따라하세요.

1. 다시 무드보드에 들어가 현재 적용되어 있는 스타일을 클릭하세요.
2. '무드보드' 창에 들어가서 〈Set as Default〉 버튼을 클릭하세요. 그러면 초록색이던 버튼이 회색이 됩니다. 무드보드 스타일이 해제된 것입니다. 이제 같은 프롬프트를 입력해도 다른 스타일의 이미지가 만들어집니다.

이미지로 신데렐라 실사화 영상 생성, V1

미드저니의 V1 기능은 이미지를 최대 5초 길이의 영상으로 바꾸어 줍니다. 처음에 기본 이미지를 최대 4개의 5초 영상으로 만들어 주는데, 이후 4초씩 4회까지 추가로 이어 붙이면 최장 21초의 영상을 만들 수 있습니다. 신데렐라를 실사화한 영상을 만들어 보겠습니다.

1. 먼저 스토리라인을 구상해 보죠. 실사화 신데렐라가 처음에는 꾀죄꾀죄한 모습에서 하얀 빛과 함께 아름다운 공주 같은 모습이 되는 영

상을 만들어 보겠습니다. 먼저 첫 장면의 신데렐라와 마지막 장면의 신데렐라 이미지를 만들어야겠죠? 우선 'Create' 패널의 프롬프트 입력란에서 꼬질꼬질한 모습의 신데렐라를 만들어 달라고 해보죠.

> A beautiful young woman resembling Cinderella, with tousled golden blonde hair, fair porcelain skin smudged with ash, soft blue eyes filled with kindness, slightly weary but smiling gently, wearing worn-out servant clothes, sitting near a fireplace, her face and hands faintly dusted with soot, looking graceful and innocent despite the dirt, cinematic soft lighting, photographic realism, fairytale atmosphere.
>
> 신데렐라를 닮은 아름다운 젊은 여성, 헝클어진 금발 머리, 잿빛에 얼룩진 흰 도자기 같은 피부, 친절함이 가득한 부드러운 파란 눈, 약간 지쳐 있지만 은은하게 미소 짓는 모습, 해어진 하녀 옷차림, 벽난로 옆에 앉아 있고, 얼굴과 손에는 희미하게 그을음이 묻어 있으며, 더러움에도 불구하고 우아하고 순수해 보이는 분위기, 영화 같은 부드러운 조명, 사진처럼 사실적인 표현, 동화 같은 분위기.

2. 미드저니가 꼬질꼬질한 신데렐라 이미지를 만들어 주었습니다.

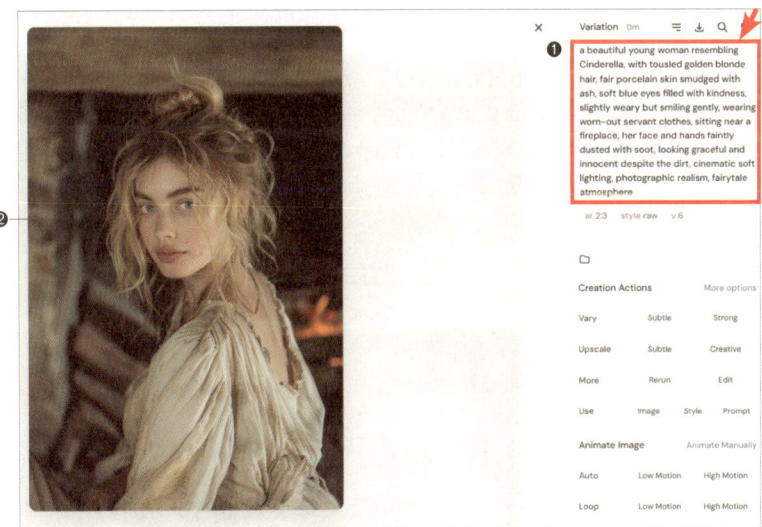

3. 이번에는 공주 같은 신데렐라를 그려볼까요? 앞에서 익힌 내용의 응용이 필요합니다. 먼저 다운받은 첫 장면의 신데렐라 사진을 〈add images(이미지 추가)〉의 'Omni Reference(전방위 참조)' 영역에 넣어주세요. 이번에는 'Omni Strength(옴니 강도)'를 100으로 맞추겠습니다.

4. 이제 공주가 된 신데렐라를 그려달라고 요청해 보죠. 프롬프트 뒤의 --v 6은 미드저니 버전 6 모델을 사용하라는 지시이고, --ar 2:3은 가로와 세로의 비율(Aspect Ratio)을 2:3으로 설정하라는 의미이며, --Style raw는 프롬프트의 내용을 있는 그대로 사실적으로 적용하라는 지시입니다.

A stunning young woman resembling Cinderella, shown from head to knees, with neatly combed golden blonde hair, soft blue eyes, porcelain skin, wearing a sparkling light blue gown with subtle sky-blue hues, the dress shimmering with magical light, elegant posture, gentle smile, soft glowing background, enchanted fairytale atmosphere, highly detailed, cinematic lighting, photographic realism --v 6 --ar 2:3 --style raw

신데렐라를 닮은 눈부신 젊은 여성, 머리부터 무릎까지 보이는 모습, 단정하게 빗은 금발 머리, 부드러운 파란 눈, 도자기 같은 피부, 은은한 하늘빛이 감도는 반짝이는 연한 파란 드레스를 입고 있으며, 드레스는 마법 같은 빛으로 반짝임, 우아한 자세, 온화한 미소, 부드럽게 빛나는 배경, 매혹적인 동화 같은 분위기, 매우 정교한 디테일, 영화 같은 조명, 사진처럼 사실적인 표현 --v 6 --ar 2:3 --style raw

---

5. 미드저니가 공주 같은 신데렐라를 그려줍니다. 첫 번째 시도에서 원하는 이미지가 나오면 좋겠지만 바로 나오지 않을 수도 있습니다. 그

럴 때는 프롬프트를 수정해가며 원하는 이미지를 얻을 때까지 시도해 보세요.

6. 맘에 드는 공주 같은 신데렐라 이미지를 얻었나요? 그러면 〈add images〉 버튼을 클릭하세요. 이제 〈Start Frame〉 버튼을 눌러 영상에서 처음 시작할 이미지를 선택하고, 〈Ending Frame〉 버튼을 눌러 마지막 장면에 사용될 이미지를 넣어주세요.

7. 'Motion' 항목에서 〈Low〉를 선택하면 장면이 잔잔한 움직임으로 전환되고, 〈High〉를 선택하면 큰 움직임으로 전환됩니다. 여기서는 〈High〉를 선택해 볼게요.

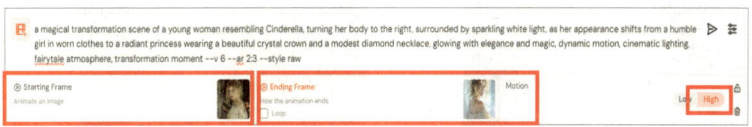

8. 이제 꼬질꼬질한 신데렐라가 공주 같은 모습으로 어떻게 바뀌기를 원하는지 입력해 주세요. 최대한 자세하게 요청하겠습니다. 챗GPT에게 미드저니용 프롬프트를 써날라고 해서 붙어넣으면 됩니다.

> A magical transformation scene of a young woman resembling Cinderella, turning her body to the right, completely enveloped in radiant white light, as her appearance changes from a humble girl in worn clothes to a glowing princess wearing a beautiful crystal crown and a modest diamond necklace, her golden blonde hair flowing down beautifully as it unravels into a graceful style, smiling softly at the end of the transformation, surrounded by sparkles and soft magical energy, cinematic lighting, fairytale atmosphere, dynamic motion.

> 신데렐라를 닮은 젊은 여성이 몸을 오른쪽으로 돌리고, 빛나는 하얀 빛에 완전히 둘러싸인 채 빛나는 하얀 빛으로 몸을 돌리는 마법 같은 변신 장면. 낡은 옷을 입은 겸손한 소녀에서 아름다운 수정 왕관과 다이아몬드 목걸이를 착용한 빛나는 공주로 변신하는 모습, 황금빛 금발 머리가 우아한 스타일로 풀리면서 아름답게 흘러내리고, 변신의 마지막에는 반짝임과 부드러운 마법의 에너지, 영화적 조명, 동화 같은 분위기, 역동적인 움직임.

9. 오~, 아름다운 영상이 생성되었습니다. 영상도 사진과 마찬가지로 4개를 만들어 주니, 각 영상을 확인하고 원하는 영상을 다운받으면 됩니다.

뛰어난 텍스트 표현, 원하는 이미지 스타일, 리크래프트

리크래프트(Recraft)는 텍스트 표현에 뛰어난 이미지 생성 AI입니다. 일반적으로 AI를 활용해 이미지를 생성하면, 글자의 모양이 변형되는 등 텍스트를 표현하는 데 어려움이 있었습니다. 리크래프트는 텍스트-이미지 리더보드에서 1위를 차지하며 업계의 주목을 받았는데요. 이러한 장점을 바탕으로 브랜드 로고·색상·스타일을 반영하는 이미지 생성에 특화되어 있습니다. 브랜드의 정체성을 유지하면서도 창의적이고 효율적으로 만들어 주어 실무자들에게 큰 도움을 줍니다. 유료로만 운영되는 미드저니와 달리 무료 플랜이 있다는 것도 큰 장점이죠.

리크래프트로 로고 만들기

1. 리크래프트 사이트(www.recraft.ai)에 접속해 회원가입을 한 후 로그인하세요. 일반 메일로도 가입할 수 있고, 구글·디스코드·애플 등의 계

정으로도 쉽게 로그인할 수 있습니다.

2. 리크래프트 메인 화면이 나오면 〈Create new project〉 버튼을 누르세요.

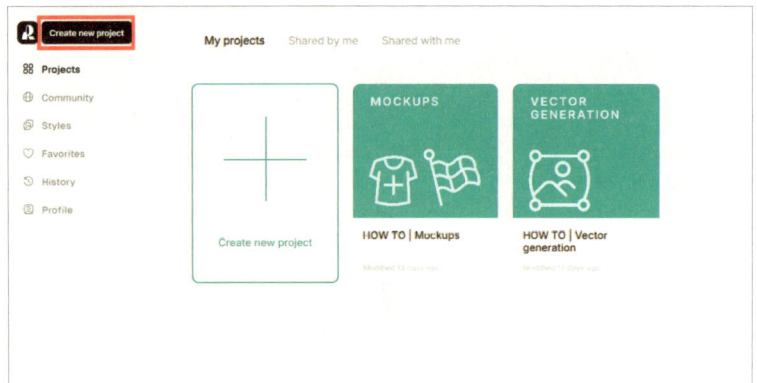

3. 리크래프트의 새 캔버스가 열립니다. IT커뮤니케이션연구소의 로고를 만들어 보겠습니다. 'Create New' 영역에서 〈image〉를 누르세요.

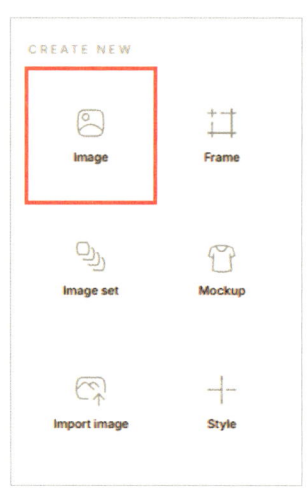

4. 왼쪽에는 사이드바가 열리고, 오른쪽에는 캔버스가 나타납니다. 사이드바에서 화면 비율을 '1:1'로 설정한 후 사용할 스타일을 정해보겠습니다. 〈Recraft V3 Raw〉를 선택했습니다. 현재 텍스트-이미지 리더보드에서 1위를 차지한 모델입니다.

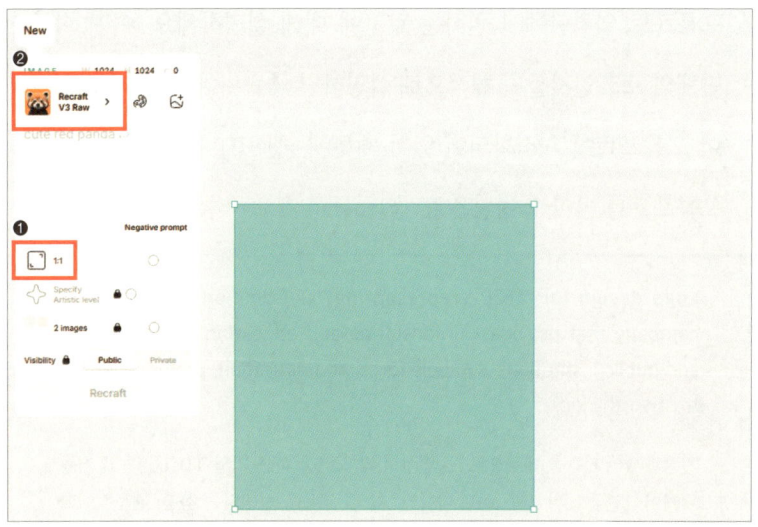

5. 리크래프트 V3의 다양한 이미지 스타일들이 나타납니다. 원하는 느낌의 스타일을 클릭하면, 오른쪽 패널에서 이 스타일을 적용했을 때 생성되는 이미지를 볼 수 있습니다. 여기서는 로고를 만들려고 하므로, 'Vector logo(벡터 로고)'에서 'Geometric Logo(기하학적 로고)'의 〈Apply(적용)〉를 누르겠습니다.

6. 프롬프트 입력란에서 원하는 로고에 대해 설명하세요. 어떤 회사나 단체의 로고인지를 구체적으로 설명하면 좋습니다. 리크래프트는 영어 프롬프트에 최적화되어 있기 때문에, 챗GPT 등에서 미드저니용 프롬프트를 받아 붙여넣은 후 〈Generate(생성)〉 버튼을 눌렀습니다.

> Logo design for "ITCL", representing "IT Communication Lab", a company that provides AI consulting and education for enterprises and public institutions, symbols for AI and education, professional and trustworthy look.
>
> 기업과 공공기관을 대상으로 AI 컨설팅 및 교육을 하는 기업 "ITCL", 즉 "IT커뮤니케이션연구소"의 전문 로고 디자인, AI 및 교육을 상징하는 심볼, 전문적이고 신뢰할 수 있는 느낌.

7. 리크래프트가 로고 시안 2개를 만들어 주었습니다. 로고를 수정해 볼게요. 수정하고 싶은 로고를 더블클릭하세요.

8. 사이드바 하단의 '로고 색 수정' 패널의 'Browse palettes(팔레트 찾아보기)' 영역에서 맘에 드는 색 조합을 더블클릭하세요. 참고로, 〈Random(무작위)〉 버튼(주사위 모양)을 누르면 리크래프트가 임의로 새로운 컬러 조합을 선택합니다.

9. 오~, 선명한 로고가 만들어졌습니다. 이 로고를 그대로 사용할 수도 있겠지만, AI가 만들어 준 로고를 참고자료로 삼아 더 디테일한 로고를 만들 수도 있겠죠?

10. 로고를 저장하려면, 로고 프레임을 클릭한 후 상단에 나타나는 〈Export(내보내기)〉 버튼을 누르고 파일 형식을 선택하면 됩니다.

원하는 이미지 스타일 자유롭게 적용하기

리크래프트의 또 다른 장점은 그림체를 내가 원하는 대로 선택할 수 있다는 것인데요. 이번에는 같은 프롬프트를 주고, 스타일에 따라 이미지가 어떻게 달라지는지 확인해 보겠습니다.

1. 리크래프트의 프롬프트 입력란에서 파란 호랑이와 까치가 함께 있는 이미지를 그려달라고 했습니다.

> A cute blue-furred tiger sitting next to a friendly magpie, bright colors, soft lighting, playful atmosphere, in a peaceful natural setting.
>
> 까치 옆에 앉아 있는 푸른 털의 호랑이, 밝은 색상, 장난기 넘치는 분위기, 평화로운 자연환경.

2. 이미지 스타일 비교를 위해서 'Illustration(삽화)' 영역에서 수채화 스타일을 선택했습니다.

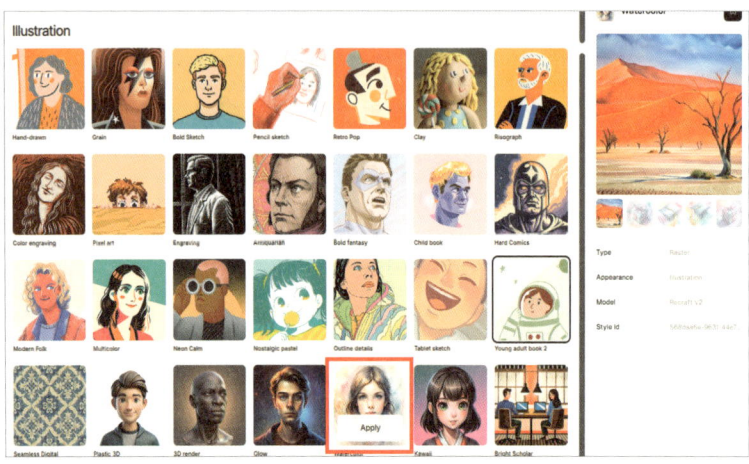

3. 와~, 까치 옆에 앉아 있는 푸른 털 호랑이 그림을 예쁘게 그려주네요.

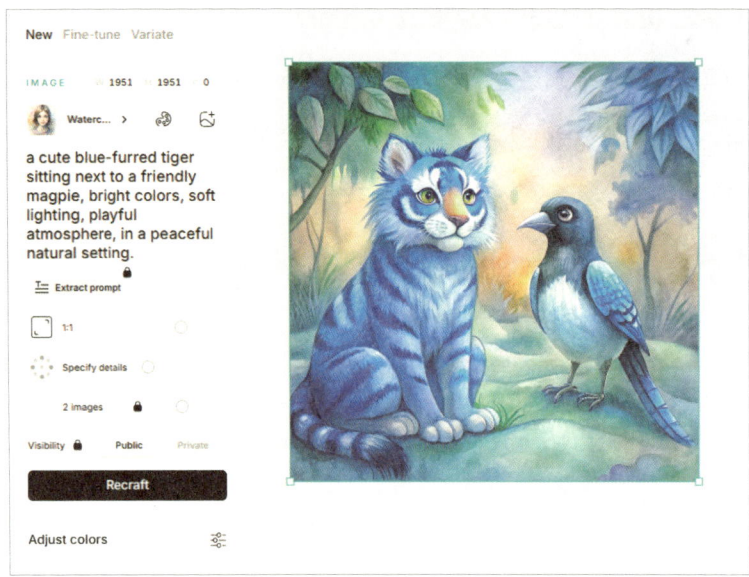

4. 이번에는 다시 〈image〉를 클릭해 사진 옆에 새로운 프레임을 만드세요. 프레임을 같은 크기로 설정한 후 'Recraft V3 Raw'가 있는 이미지 스타일을 클릭하세요.

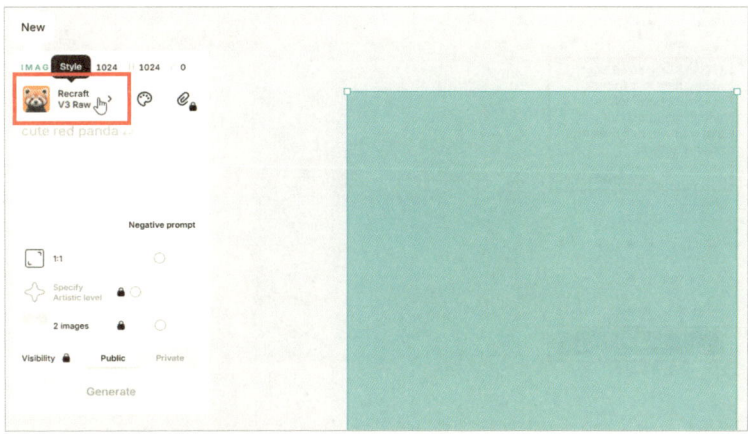

5. 여러 이미지 스타일이 나타나는데, 화면 상단의 키워드 검색란에 "Young adult book 2"를 입력하고 〈엔터〉 키를 누르세요. 그리고 검색 결과에서 'Young adult book 2'의 〈Apply〉 버튼을 눌러줍니다.

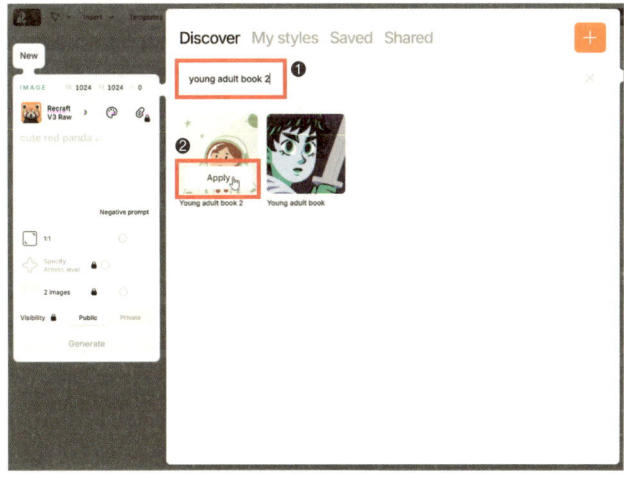

6. 프롬프트 입력란에 1번 단계의 프롬프트를 넣고 〈Generate〉 버튼을 누릅니다.

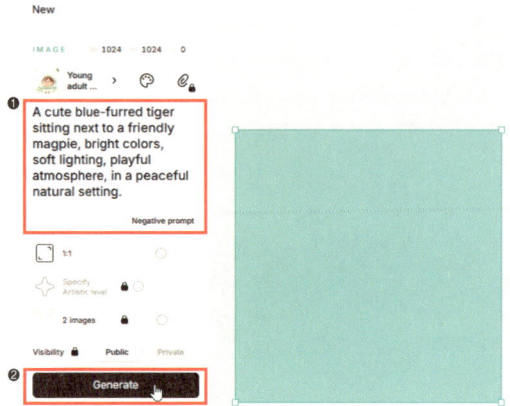

7. 오~, 같은 프롬프트로 요청했는데도, 이번에는 전혀 다른 느낌의 이미지가 생성되었습니다.

리크래프트는 이처럼 프롬프트에서 이미지의 스타일을 따로 입력하지 않아도, 원하는 스타일을 미리 지정할 수 있는 것이 장점입니다.

AI로 작사·작곡·노래까지, 수노

수노(Suno)는 요청한 프롬프트에 맞는 가사를 써주고, 내가 선택한 장르에 맞추어 작곡도 해주며, AI 보컬이 노래까지 불러줍니다. 혹은 내가 직접 쓴 가사와 장르에 맞추어 곡을 만들어 주기도 합니다. 특히 수노 V4.5 버전은 장르 정확도가 높아졌으며, 보컬의 음성이 자연스러울 뿐만 아니라 8분짜리의 긴 노래도 만들 수 있습니다.

수노는 무료 플랜을 제공하는데요. 무료 플랜으로 곡을 만들 경우 수노가 저작권을 가지지만, 유료 플랜으로 만든 곡은 사용자가 저작권을 갖게 됩니다. 여기서는 무료 플랜을 이용해 보겠습니다.

1. 수노 사이트(suno.com)에 접속해 로그인하세요. 구글·애플·페이스북·마이크로소프트 계정으로 로그인할 수 있습니다.

2. 수노 메인 화면의 왼쪽 사이드바에서 [Create]를 누르세요.

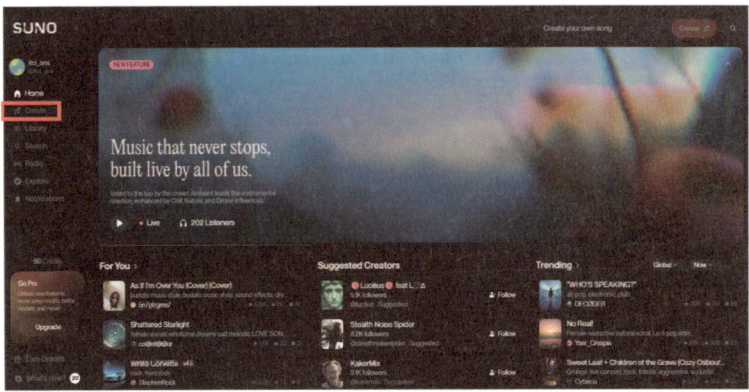

3. [Simple] 탭에서 'Song Description (노래 묘사)' 입력란에 원하는 노래에 대해 쓴 다음 〈Create〉 버튼을 누르세요.

수노는 프롬프트를 되도록 영어로 쓰는 것이 좋습니다. 이때 특정 아티스트나 노래 제목을 언급하지 마세요. 수노가 제약을 합

니다. 대신 아티스트의 스타일이나 곡의 분위기 등을 묘사하는 것은 가능합니다.

> An energetic dance-Kpop song designed for office workers feeling sleepy after lunch, with funky bass, claps, fast tempo, and bright vocals, Korean lyrics.
>
> 점심식사 후 졸음을 느끼는 직장인들을 위해 만들어진 활기찬 댄스 케이팝 곡, 펑키한 베이스와 박수 소리, 빠른 템포, 밝은 보컬, 한글 가사.

4. 수노가 순식간에 두 곡을 만들어 주었습니다. 노래 제목은 두 곡 모두 'Power Nap Attack(파워 낮잠 공격)'이라고 지었네요. 두 곡을 차례대로 클릭해서 들어보세요. 곡을 클릭하면 아래에 자동으로 가사가 나옵니다.

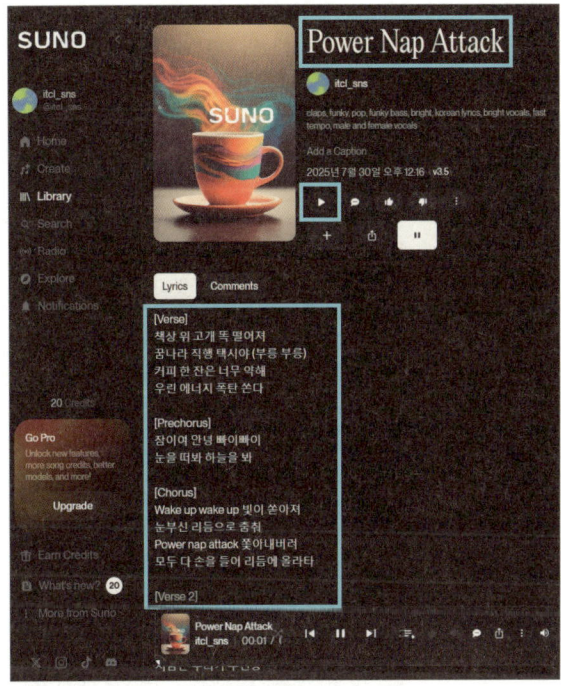

5. 이번에는 사이드바에서 [Create]를 누르고, 상단의 〈Custom(맞춤형)〉을 선택한 후 노래를 다시 만들어 보겠습니다.

6. 먼저 챗GPT에게 잠이 깨는 댄스 음악의 노래가사를 만들어 달라고 했습니다.

> 직장인들의 점심 식곤증을 깨울 수 있는 신나는 팝송을 수노에서 만들려고 하는데, 네가 한글로 가사로 만들어 줘. 라임에 맞춰서.

7. 챗GPT가 〈다시 ON〉이라는 제목으로 가사를 써주었습니다.

8. 수노를 연 다음 'Lyrics(가사)' 란에 챗GPT가 쓴 노래가사를 붙여넣으세요. 'Styles' 란에서는 이전과 같이 펑키한 케이팝 댄스곡을 요청하겠습니다. 한글 가사라는 말은 안 써도 됩니다.

> An energetic dance-Kpop song designed for office workers feeling sleepy after lunch, with funky bass, claps, fast tempo, and bright vocals.
>
> 점심식사 후 졸음을 느끼는 직장인들을 위해 만들어진 활기찬 댄스 케이팝 곡, 펑키한 베이스와 박수 소리, 빠른 템포, 밝은 보컬

9. 노래 제목에는 "다시 ON"이라고 적고 〈Create〉 버튼을 누르세요.

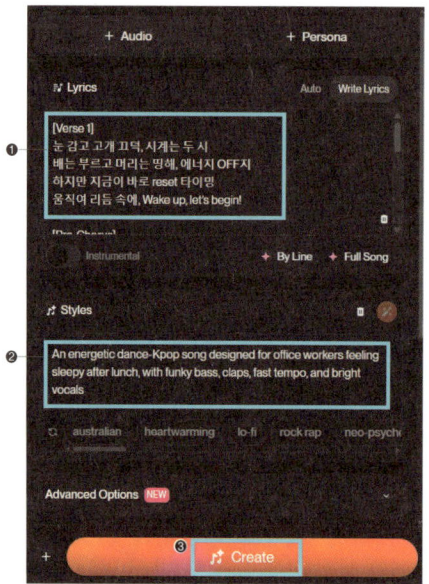

10. 오~, 다른 버전의 음악이 완성되었습니다. 곡을 공유하고 싶으면 〈더보기〉 버튼을 클릭한 후 [Share]를 눌러 링크를 전송할 수 있으며, [Download]를 누르면 오디오 파일로 내 컴퓨터에 저장할 수도 있습니다.

11. 챗GPT가 작사하고 수노가 작곡한 〈다시 ON〉 노래를 들어볼까요? 〈Play〉 버튼을 누르세요.

12. 오~, 빠른 템포의 잠이 확 달아나는 신나는 댄스 음악이 흘러나옵니다. 챗GPT가 라임까지 맞춰서 가사를 써준 덕분에 정말 재미있는 노래가 나온 것 같네요.

사진과 텍스트 한 줄로 숏폼 영상, 힉스필드

힉스필드(Higgsfield)는 이미지와 짧은 텍스트만으로도 영상을 만들 수 있는 AI 플랫폼입니다. 이미지를 업로드하면, AI가 이를 분석한 후 전문적인 카메라 무빙과 스타일, 특수효과 등을 적용해 마치 영화 같은 영상을 만들어 줍니다.

힉스필드가 만든 영상은 제품 광고티저·뮤직비디오·교육영상·스토리보드·소셜미디어 숏폼 콘텐츠 등 여러 분야에서 활용됩니다. 배경 제거 기능과 AI 스타일 배경을 활용하면 독특한 분위기의 영상을 쉽게 만들 수 있고, 얼굴 표정을 변화시키는 등의 패러디 영상이나 리액션 콘텐츠도 만들 수 있습니다.

힉스필드는 프리 플랜에서 매일 약간의 크레딧이 무료로 제공되며, 본격적으로 사용하려면 작업규모에 맞는 유료 플랜을 선택하세요.

힉스필드로 나만의 캐릭터 생성하기

먼저 힉스필드를 이용해 캐릭터 이미지를 만들어 보죠. '소울 ID 캐릭터 (Soul ID Character)' 기능을 이용하면, 동일한 인물의 사진 여러 장을 학습해 일관된 개인 캐릭터를 만들고 이를 힉스필드의 다양한 스타일과 효과에 적용할 수 있습니다.

1. 힉스필드 사이트(higgsfield.ai)에 접속한 다음 로그인하세요. 구글 계정으로 로그인할 수 있습니다.

2. 힉스필드 메인 화면이 열리면, [Image] 탭을 누른 후 〈Soul ID Character〉를 클릭하세요.

3. 다음과 같은 화면이 나타나면 〈Create Character〉를 누르세요.

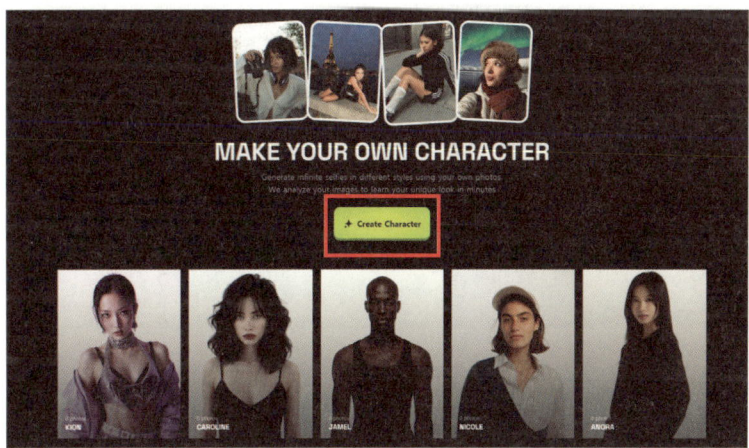

4. 다음 화면에서 〈Upload images〉 버튼을 누른 후 여러분이 만들고자 하는 캐릭터의 사진을 업로드하세요. 독사진, 다양한 각도에서 찍은 얼굴이 잘 나타난 것으로 20장 이상 올리는 것이 좋습니다.

5. 힉스필드가 업로드된 사진을 분석합니다. 사진의 개수와 질에 대한 평가를 보고 필요하면 추가로 업로드하세요. 캐릭터 이름을 "KimDukJin"이라고 입력한 후 〈Generate〉를 클릭했습니다.

6. 와~, 제 캐릭터가 나타났습니다. 이미지 효과를 넣거나 연출을 할 수 있습니다. 생성된 캐릭터의 〈Generate〉를 클릭하세요.

7. 이미지를 생성할 수 있는 새로운 영역이 나타납니다. 생성된 사진 옆에 있는 〈General〉 버튼을 클릭하세요.

8. 비주얼 스타일 보드에서 캐릭터에 적용할 스타일을 선택하세요. 여기서는 〈Y2K〉를 선택하겠습니다.

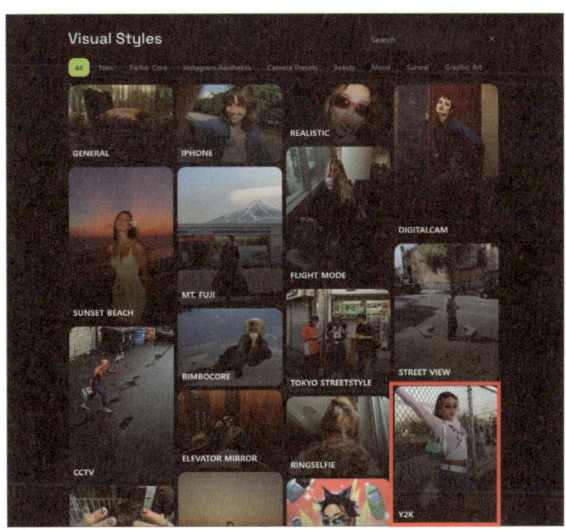

9. 이제 저의 캐릭터를 구체적으로 어떻게 만들지 요청하겠습니다. 힉스필드 프롬프트는 내용을 짧고 구체적으로 작성하는 것이 좋고, 영어로 적는 것이 미세하게 조정할 때 유리한 경우가 많습니다.

> Y2K backstage candid; singer leaning on postered wall, head tilt, relaxed smile; trucker cap, rhinestones, wired earphones; on-camera flash
>
> Y2K 백스테이지 캔디드; 포스터 벽에 기대어 있는 가수, 머리 기울임, 편안한 미소; 트러커 캡, 라인스톤, 유선 이어폰; 카메라 플래시

10. 이미지를 생성할 수 있는 새로운 영역이 나타나면 〈Generate〉 버튼을 클릭하세요.

11. 힉스필드가 4개의 캐릭터 이미지를 만들어 주었습니다. 결과물을 확인해 보니 3번째 이미지가 캐릭터의 얼굴과 특징을 매우 잘 살렸네요. 힉스필드에서는 이러한 방식으로 캐릭터 이미지를 다양하게 만들고 변형할 수 있습니다.

힉스필드로 숏폼 영상 만들기

이번에는 생성한 이미지를 바탕으로 영상을 만들어 보겠습니다. 힉스필드 메인 페이지에 들어가면 보드에 많은 비디오 효과들이 큐레이션되어 있습니다. 〈View all Visual Effects(모든 비주얼 효과 보기)〉 등 '더보기' 옵션을 누르면 더 많은 효과들을 볼 수 있습니다.

힉스필드의 가장 큰 장점은 프롬프트로 연출 방법을 하나하나 작성하지 않아도 원하는 효과를 골라 영상을 만들 수 있다는 점입니다.

1. 힉스필드 메인 페이지에서 마음에 드는 영상 효과를 클릭하세요. 여기서는 'Kling 2.1 Master'에서 〈Aerial Pullback〉을 선택했습니다.

2. 여러분이 선택한 영상 효과가 적용된 예시 영상들이 나옵니다. 〈Generate〉 버튼을 누르세요.

3. ⟨Start frame⟩을 클릭해 앞에서 'Soul ID Character' 기능으로 만들어 둔 사진을 업로드한 후 다음과 같이 요청하고 ⟨Generate⟩ 버튼을 클릭합니다.

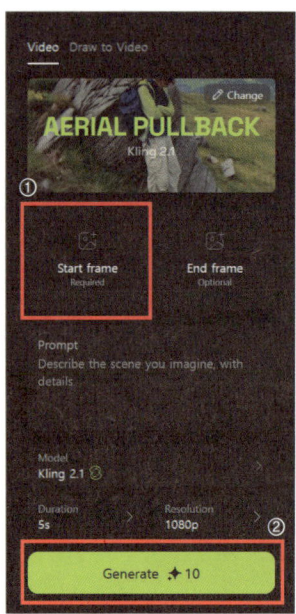

> Camera slowly zooms out, On the sand nearby: discarded electronics — a closed laptop, a desktop tower with monitor, a tablet, and a smartphone — lightly sand-dusted and partly buried.
>
> 줌 아웃 되며, 근처 모래 위에는 버려진 전자기기―닫힌 노트북, 데스크톱 타워와 모니터, 태블릿, 스마트폰―에 고운 모래가 살짝 묻어 있고, 일부는 부분적으로 파묻혀 있다.

4. 힉스필드가 순식간에 5초 영상을 만들어 주었습니다. 힉스필드가 만든 영상을 좀더 자세히 볼까요? ⟨플레이⟩ 버튼을 누르세요.

5. 힉스필드가 만든 영상이 재생됩니다. 카메라가 자연스럽게 줌 아웃이 되고, 프롬프트에 입력한 것처럼 여러 전자기기들이 바닷가에 널부러져 있습니다.

에필로그

AI 시대에 우리에게 필요한 것, 회복 탄력성

2025년도 정신없이 바쁘게 달려온 것 같습니다. 수백 번의 강의를 통해 많은 분들을 뵙고, 방송과 칼럼을 통해 AI의 변화 흐름에 대해 다양한 이야기를 드렸는데요. "AI 시대를 어떻게 살아가야 할까요? 우리에게 필요한 역량은 무엇일까요?" 묻는 분들이 많습니다.

그럴 때마다 저는 2025년 세계경제포럼의 '미래 일자리 보고서'에 나온 얘기를 인용합니다. 이 보고서는 2030년까지 우리가 키워야 할 핵심 기술(CoreSkill)을 소개하는데, 상당히 놀랐던 것은 회복력·유연성·민첩성 같은 단어가 핵심 기술로 나왔다는 것입니다. '회복 탄력성'이 핵심 기술이라는 것이죠.

왜 그럴까를 고민하다가, 문득 저 자신을 돌아보았습니다. 그러다 찾게 된 결론이 "AI 시대에는 그 속도와 범위만 다를 뿐, 누구나 충격을 받기 때문"이라는 것입니다.

2025년 AI의 발전속도를 보며 많은 놀라움을 느꼈지만, 특히 충격을 받았을 때가 있었습니다. 바로 구글의 노트북LM에서 팟캐스트를 기가 막히게 라디오 방송처럼 만들어 주기 시작했을 때입니다. 공중파 라디오를 꾸준히 15년 정도 해온 사람으로서 두려움이 느껴졌고, '내가 해오던 것이 대체되겠구나'라는 충격에 휩싸인 것이죠. 충격을 받은 그때, 저는 어떻게 했을까요? 그냥 잤습니다.^^;;

그런데 이후 조금 맑은 머리로 다시 한번 들어보니, 장점과 단점, 가능성과 한계점이 보이더군요. 고민을 좀더 해보니, 오히려 지금 상황에서 이것을 제대로 활용하면 새로운 기회가 생기고 비즈니스가 만들어질 것이라는 생각이 들었습니다.

우리에게 '회복 탄력성'이 그 어느 때보다 필요한 이유가 바로 이것입니다. 기술과 산업의 변화가 줄 충격을 미리 선제적으로 학습하고 경험한 뒤, 충격을 먼저 받고 그 이후에 회복하는 것입니다. 아직 그 충격이 크지 않을 때, 미리 맞아보는 것이죠. 그리고 이후에 새로운 비즈니스 모델을 고민하고, 내 일에서 적용할 수 있는 부분을 함께 생각해 보는 것이 중요합니다.

그렇다면 '회복 탄력성'을 키우려면 무엇이 필요할까요? 저는 '비효율의 낭만'을 누리는 것에서부터 시작된다고 생각합니다. AI가 줄여준 시간의 반만이라도 여유에 쓰고, 나의 감각을 확장시키고 다르게 해석할 수 있는 눈을 기르며, 넉넉한 회복력을 키울 수 있게 하는 비효율의 낭만…. 이것이 오히려 AI 시대에 우리 자신으로서 살아가게 하는 힘이 되지 않을까요?

결국 AI 시대에도 사람의 연대와 감각, 그것을 키우기 위한 소통은 여전히 중요합니다. 더 많은 곳에서 소통하고 많은 것들을 나누겠습니다. 2026년에도 함께 나아가 보시죠. 감사합니다.

김덕진 드림